Lenore E. Walker
Warum schlägst Du mich?

SERIE PIPER
Band 1994

Zu diesem Buch

Die Thematik »Mißhandelte Frauen« und »Gewalt in der Familie« war lange tabu und hat erst in letzter Zeit die Öffentlichkeit erreicht. Aktuelle Daten belegen: Geprügelt wird in allen Gesellschaftsschichten, auf allen Bildungsniveaus. Die Psychologin Lenore E. Walker, Expertin für die Problematik Mißbrauch in der Familie, vermittelt in diesem Buch ein tieferes Verständnis für die Psychologie der geschlagenen Frau, für ihre Schwierigkeiten, sich aus dieser verhängnisvollen Beziehung zu lösen. Ein Buch für von Gewalt betroffene Frauen, die sich im Spiegel dieser erschütternden Zeugnisse über ihre eigene Situation klarer werden wollen; ein Buch aber auch für Angehörige, Freunde und professionelle Helfer.

Lenore E. Walker, geboren in New York, N. Y., Psychologin mit Gruppenpraxis in Denver, Colorado, spezialisiert auf Therapie und rechtliche Unterstützung von mißhandelten Frauen. Prof. für Psychologie an der University of Denver, Col., seit Jahren national wie international – auch auf UNO-Ebene – aktiv als Sprecherin, Gutachterin, Expertin für die Fragen »Gewalt in der Familie« und »Mißbrauch an Frauen und Kindern«. Initiatorin zahlreicher sozialpolitischer Maßnahmen und Institutionen wie Frauenhäuser u. a.

Lenore E. Walker

Warum schlägst Du mich?

Frauen werden mißhandelt und wehren sich
Eine Psychologin berichtet

Piper
München Zürich

SERIE PIPER
FRAUEN

Die Originalausgabe dieses Buches erschien 1979
unter dem Titel »The Battered Woman«
bei Harper & Row Publishers, Inc., New York.

Aus dem Amerikanischen von
Hannelore und Wolf Friedrich

Redaktion der deutschen Ausgabe: Ingrid Veblé-Weigel

ISBN 3-492-11994-8
Deutsche Erstausgabe Mai 1994
© 1979 by Lenore E. Walker
Alle Rechte der deutschen Ausgabe:
© R. Piper GmbH & Co. KG, München 1994
Umschlag: Federico Luci
unter Verwendung einer Collage von Federico Luci
Gesamtherstellung: Clausen & Bosse, Leck
Printed in Germany

Dieses Buch widme ich meinem Vater David Auerbach sowie meinem Mann Morton Flax in liebendem Angedenken. Sie lehrten mich, daß Männer Frauen zärtlich und ohne Gewalt lieben können.

INHALT

Einleitung 9
Prolog – Die Geschichte von Anne 20

Teil I Die Psychologie der mißhandelten Frau

Einleitung 35
1. *Klischee und Wirklichkeit* 43
2. *Die sozialpsychologische Theorie der gelernten Hilflosigkeit* 70
3. *Die Zyklustheorie der Gewalt* 84

Teil II Methoden der Gewaltanwendung in gewalttätigen Beziehungen

Einleitung 103
4. *Körperliche Mißhandlung* 111
5. *Sexuelle Mißhandlung* 146
6. *Finanzielle Deprivation* 171
7. *Zwietracht in der Familie* 191
8. *Soziale Mißhandlung* 214

Teil III Der Ausweg

Einleitung 241
9. *Frauenhäuser* 248
10. *Rechtliche und medizinische Alternativen* 256
11. *Psychotherapie* 272
12. *Die neue Welt von morgen* 299

Hilfseinrichtungen 307

Einleitung

Erst seit ein paar Jahren richtet sich die Aufmerksamkeit einer breiteren Öffentlichkeit auf das Problem der mißhandelten Frauen, wobei sich das öffentliche Bewußtsein dafür parallel zum Anwachsen der Frauenbewegung entwickelte. Bis heute hat es in der Menschheitsgeschichte noch nie einen öffentlichen Aufschrei gegen diese Art von Brutalität gegeben. Jetzt müssen wir allerdings erkennen, daß dieses Problem sehr viel weiter verbreitet und daß es furchtbarer ist, als man je gedacht hatte, und daß die Mythen, die uns früher die Rechtfertigungen lieferten, warum zwischen Männern und Frauen, die sich angeblich lieben, derartige Gewalt vorkommt, verlogen sind. Witze über das Verprügeln von Frauen scheinen gar nicht mehr so lustig zu sein (wenn sie es denn je waren). Manche Beobachter schätzen – wie auch ich –, daß nicht weniger als 50 % aller Frauen zu irgendeinem Zeitpunkt ihres Lebens Opfer von Mißhandlung sind. Entgegen landläufiger Auffassung harren diese Frauen nicht in ihren Beziehungen aus, weil sie sich so gerne schlagen lassen, sondern aus komplexen psychologischen und soziologischen Gründen heraus, die ich im vorliegenden Buch im einzelnen dargelegt habe. Meistens werden diese Frauen als »masochistisch« hingestellt, weil sie ihre Beziehung nicht aufgeben; daß sie jedoch unfähig sind, sich selbst zu helfen, wird nicht gesehen oder einfach ignoriert. Das gesamte Spektrum von innerfamiliärer Gewalt ist bestürzend. Schließlich sollen Familien doch einen stillen Zufluchtsort vor den Belastungen und dem Streß der Außenwelt bieten. Um diese idyllische Vorstellung von Familie aufrechterhalten zu können, hat die Gesellschaft sich schuldig gemacht, indem sie den gesamten Bereich häuslicher Gewalttätigkeit ganz unter den Teppich gekehrt hat.

Je mehr wissenschaftliche Untersuchungen dazu durchgeführt werden, desto klarer erkennen wir, daß ein Zusammenhang besteht zwischen mißhandelten Frauen und Kindesmißhandlung. Männer, die ihre Frauen schlagen, wurden Berichten zufolge als Kinder selbst geschlagen. Und es liegen Hinweise vor, daß Inzest mit kleinen Mädchen häufig in Familien vorkommt, in denen Gewalt herrscht. In einigen Untersuchungen wurde die Frage aufgeworfen, ob viele Männer von ihren Frauen geschlagen werden; aber für diesen Tatbestand gibt es bis heute keine verläßlichen Daten. Wie weit verbreitet jede Art von Gewalt in der Gesellschaft ist, ist allerdings endlich Grund zu Besorgnis geworden.

Viele Theoretiker haben Aggressivität als die naturgegebene ordnungstiftende Kraft im Lauf der Dinge angesehen – unter Hinweis auf die Tiere, wo das Überleben des Tüchtigsten hochaggressive Arten hat entstehen lassen. Interessanterweise hat man in vergleichenden Untersuchungen herausgefunden, daß männliche Tiere durch Gewaltanwendung zwar oft weibliche beherrschen, daß das aber nicht immer so ist. Manchmal ist das Weibchen dominant und verantwortlich dafür, daß ähnliche Gewalt gegenüber dem Männchen angewendet wird. Ich bin überzeugt, nur da, wo es wahre Gleichheit zwischen Männern und Frauen gibt, kann es eine gewaltfreie Gesellschaft geben. Ich glaube zwar, daß Aggressivität kein angeborener Charakterzug ist, sondern früh im Leben erlernt wird, ich glaube aber nicht, daß wir die Gewalt aus unserer Welt verbannen können, wenn wir nicht zugleich die sexuelle Diskriminierung beseitigen.

Die Frauenbewegung hat auf das ungeheure Ausmaß an Gewalt hingewiesen, die offenbar im allgemeinen von Männern gegen Frauen angewendet wird. So viele gesellschaftliche Institutionen sind mit Männern besetzt, in deren Verantwortlichkeit gestellt ist, sich um Frauen zu kümmern – dazu gehört auch die Familie. Es ist nur natürlich, wenn diese männerbeherrschten Institutionen auf die weiblichen Opfer ihrer eigenen Aggressivität nicht reagiert haben. Wird all diese Gewalt wirklich benötigt, um die eine Hälfte der Bevölkerung zu beherrschen? Mein feministisches Urteil zu der gesamten Gewalttätigkeit lautet, daß im menschlichen Leiden der Sexismus der eigentliche wunde Punkt ist. Männer kämpfen mit anderen Männern, um zu beweisen, daß sie keine Schlappschwänze sind wie die Frauen. Frauen zeigen gegenüber der Welt Passivität, während sie darum kämpfen, ihr Leben zusammenzuhalten, ohne die Männer wissen zu lassen, wie stark sie eigentlich sind – aus Furcht, sie könnten das männliche Image ihrer Männer verletzen. Und Männer schlagen ihre Frauen, um sich an der Spitze dieses ganzen Wirrwarrhaufens zu halten. Kleine Mädchen und Jungen verinnerlichen diese Geschlechtsrollen-Erwartungen während der frühen Sozialisation. Wenn wir uns also nicht um gleiche Machtbeziehungen zwischen Männern und Frauen bemühen, werden die Frauen weiterhin Opfer jener Formen von Gewaltanwendung sein, denen ich gemeinsam mit Ihnen in diesem Buch nachgehe.

Als ich Anfang 1975 begann, mich für die Probleme mißhandelter Frauen zu interessieren, unternahm kein anderer Psychologe vergleichbare Untersuchungen. Einige Soziologen, wie Murray Straus, Richard Gelles und Susan Steinmetz, sammelten Material für soziale Ursachen von Gewalt in der Familie. Feministinnen wie Susan Brownmiller erforschten die Geschichte der Vergewaltigung als eines Mittels der Männer, Frauen zu beherrschen. Feministische Psychologinnen wie Phyllis Chesler arbeiteten an einer Neubewertung der Frage, ob traditionelle psychoanalytische Therapie für Frauen wegen deren stark frauenfeindlicher theoretischer Grundlage nützlich sei. Niemand erforschte jedoch die Psychologie der mißhandelten Frauen als Opfer. So beschloß ich, an der Quelle anzufangen, also bei den mißhandelten Frauen selbst.

Anfang 1975 war ich praktizierende Psychologin an der Medizinischen Fakultät der Rutgers-Universität, Brunswick, New Jersey. Ich hatte ferner eine Stelle an der Rutgers-Graduierten-Fakultät für Angewandte und Klinische Psychologie. Meine private psychotherapeutische Praxis spiegelte meine feministischen Ansichten wieder. Viele meiner Klientinnen waren Frauen in Übergangszeiten ihres Lebens. Als ich meine Arbeit mit diesen Frauen begann, wobei ich oft neue Methoden wie Selbstbehauptungstraining einsetzte, fingen einige an, von Mißhandlungen durch ihre Männer zu berichten – körperliche und seelische Mißhandlungen. Einige dieser Männer und Frauen waren verheiratet, andere nicht. Meine erste Befürchtung war, Kritiker der Frauenbewegung könnten recht haben. Vielleicht brach die Gewalt aus, weil die Frauen anfingen, eigene Entscheidungen zu treffen, um so ihr Leben in die Hand zu nehmen. Der Feminismus hatte tatsächlich durch die Änderung der Machtverhältnisse einen gewaltigen Einfluß auf die Familie. Würden starke, selbstsichere Frauen in der Lage sein, in harmonischer Gleichheit mit den geliebten Männern zu leben? Glücklicherweise ergab eine weitere Untersuchung, daß diese Befürchtungen unbegründet waren: In all den Beziehungen, wo Gewalttätigkeiten vorkamen, hatte von Beginn der Beziehung an Zwang geherrscht. Die Psychotherapie, die diese Frauen erhielten, gab ihnen die Kraft, nicht nur anderen gegenüber von ihren Erlebnissen zu sprechen, sondern die gewalttätige Beziehung zu beenden.

Diese frühen Fälle regten meine Neugier an, und so begann ich, meine Kollegen in der Medizinischen und der Psychologischen Fakultät über ihre Patientinnen zu befragen, die von körperlicher oder seelischer Mißhandlung durch Männer berichteten. Nach und nach überwiesen diese Kollegen solche Frauen an mich. Das feministische Kontaktnetz war eine weitere reiche Quelle von Freiwilligen für diese Forschung. Ziemlich bald konnte ich mich kaum noch retten vor solchen Frauen, und so begann die langwierige Aufgabe des Interviewens. Alle waren bereit, mit einer Psychologin zu sprechen, wenn Anonymität garantiert war. Es stellte sich heraus, daß mein feministischer Standpunkt und meine Bereitschaft, den Opfern zuzuhören, ohne sie zu tadeln, meine größten Pluspunkte waren. Anfangs wußte ich nicht, welche Fragen ich stellen sollte; so ließ ich sie ihre Geschichte auf ihre eigene Weise erzählen. Das war zwar zeitaufwendig, erwies sich aber als nützlicher Weg zur Informationssammlung. Diese Frauen berichteten mir, wie selten sie irgend jemandem ihre ganze Geschichte erzählen konnten. Die meisten Zuhörer unterbrachen sie nämlich, sobald sie zu einigen der scheußlicheren Details kamen. Entweder glaubte man ihnen nicht, oder es hieß, man könne doch nur annehmen, daß sie das, was ihnen zustieß, gern erlebten, da sie ja die Gewaltsituation, in der sie lebten, nicht aufgaben. Der Schmerz, den diese Frauen beim Erzählen ihrer Geschichte durchlebten, war freilich Beweis genug, daß keine ein tiefes seelisches Bedürfnis hatte, sich mißhandeln zu lassen.

Im Sommer 1975 ging ich nach Denver, Colorado, und nahm mein Forschungsmaterial mit. Meine Universitätsstellung im Colorado Women's College erleichterte meine Arbeit. Zeitungsartikel, Rundfunksendungen, einige Fernseh-Sondersendungen und viel Mundpropaganda brachten mir weitere mißhandelte Frauen, die bereit waren zu reden. Es meldeten sich schon bald mehr Freiwillige für Berichte und für das Interviewen als ich brauchte und arbeitsmäßig bewältigen konnte. Als ich angefangen hatte, hatte man diesem uralten Problem noch wenig öffentliches Interesse geschenkt. Als aber die Medien erst einmal daran gingen, sein Vorhandensein öffentlich zu machen, fühlten sich die mißhandelten Frauen freier, ihre Geschichte zu erzählen. Als eine Zeitung eine Rede brachte, die ich vor der American Psychological Association gehalten hatte, riefen mehr als 50 mißhandelte Frauen in einer Woche an, um ihre Geschichte von sich aus zu berichten. Sechs Monate nach Erscheinen dieses Artikels riefen noch mehrere Frauen an, sie hätten die Telefonnummer aufgehoben, bis sie den Mut oder die Gelegenheit gefunden hätten, anzurufen. Meine Teilnahme an einem Dauer-Nachtgespräch im Rundfunk erbrachte weitere Freiwillige, die sich nicht getraut hatten, das Telefon am Tage zu benutzen.

Bis heute habe ich 120 ins Einzelne gehende Berichte mißhandelter Frauen zusammengetragen. Von über 300 weiteren Fällen habe ich Teile gehört. Dutzende von Helfern habe ich interviewt, die mißhandelten Frauen ihre Dienste angeboten haben. Diese Frauen kamen aus allen Teilen der USA und auch aus England, wo ich einige Zeit damit verbrachte, im Sommer 1976 Heime für mißhandelte Frauen zu besuchen. Mein Buch enthält eine Auswahl von Personen, die sich selbst zur Verfügung stellten. Sie wurden nicht nach dem Zufallsprinzip ausgewählt, und sie können nicht als eine nach den Regeln der Statistik gewonnene Datenmenge in Betracht gezogen werden, aus der man spezielle Verallgemeinerungen ableiten kann. Deshalb habe ich nirgendwo in diesem Buch versucht, zur Analyse der Daten statistische Methoden anzuwenden. Ich habe mich vielmehr auf die Gemeinsamkeiten konzentriert, die von den mißhandelten Frauen zum Ausdruck gebracht wurden, und bin von da aus zu Verallgemeinerungen gelangt. Die hier berichteten Geschichten sind typisch für das, was ich in meinen Interviews gehört habe. Nach meiner Überzeugung werden wir nur, wenn wir uns anhören, was mißhandelte Frauen sagen, in der Lage sein zu verstehen, was ihnen geschehen ist, wie sie zu Opfern wurden und wie wir zu einem Wandel in der Gesellschaft beitragen können, so daß diese schrecklichen Verbrechen an Frauen nicht mehr verübt werden können.

Eine der ersten Aufgaben, der ich mich anfangs in den Interviews stellen mußte, war es, zu lernen, was es eigentlich heißt, eine mißhandelte Frau zu sein. Frauen, die sich unsicher waren, ob sie wirklich mißhandelt wurden, riefen mich an und baten, ich solle eine Festlegung des Begriffes vornehmen. Es war zwar völlig offensichtlich, daß Frauen, die schwere Verletzungen erlitten hatten, mißhandelt worden waren, aber manche Frauen berichteten von Situationen, in denen es nicht zu körperlichem Schaden kam. Es wurde schwierig, zu unterscheiden zwischen den Frauen, die in enttäuschenden und unglücklichen Ehen lebten, und denen in gewalttätigen Beziehungen. Bis etwa zur Mitte meines Projektes ließ sich diese Unterscheidung noch nicht gut treffen. Der gemeinsame Faktor, der immer wieder im Leben mißhandelter Frauen auftrat, waren die lebensbedrohenden Vorfälle. Schon früh kam ich zu dem Schluß, daß der Bericht einer Frau als gültig zu akzeptieren war, wenn sie das Empfinden hatte, von ihrem Mann seelisch und/oder körperlich mißhandelt zu werden. Es gab zwar viele Frauen, die über Mißhandlungen durch ihre Väter, Kinder, Enkel berichten wollten; sie wurden aber in die Forschung nur aufgenommen, wenn sie von ihren derzeitigen oder früheren Gatten oder Liebhabern ebenfalls mißhandelt wurden. Beim Zuhören konzentrierte ich mich auf Vorfälle mit gewalttätiger Mißhandlung. Nachdem ich den Zyklus der Mißhandlungen erkannt hatte, hörte ich mir die Bänder zur Bestätigung noch einmal an. In jedem einzelnen Fall war die Selbstdiagnose einer Frau zutreffend. Mißhandelte Frauen können selbst am besten beurteilen, ob sie mißhandelt werden oder nicht. Ich lernte bald, daß eine Frau, wenn sie Grund zu der Vermutung hat, sie werde mißhandelt, es auch wahrscheinlich ist. Wenn sie sich in ihrer Beurteilung überhaupt irrt, dann nur darin, daß sie die gewalttätige Beziehung bestreitet oder bagatellisiert. Mißhandelte Frauen übertreiben selten.

Mißhandlung zu definieren war auch für andere, die sich mit diesem Problemkomplex befassen, schwierig. Die Ausgangsdefinition der meisten Forscher ist physische Gewalttätigkeit mit daraus resultierender Körperverletzung. Körperliche Gewalt ist auch der anerkannte Maßstab für die Forschung im Bereich der Kindesmißhandlung. Ich konnte jedoch nicht über die dringlichen Einwendungen jener mißhandelter Frauen hinwegsehen, die mit Nachdruck äußerten, daß seelische Mißhandlung oft schlimmer sei als körperliche. Daher trug ich nach und nach Fakten über die Ausübung von körperlichem und seelischem Zwang zusammen. Ich fand heraus, daß es beide Formen von Gewalt in gewalttätigen Paarbeziehungen gibt, und sie lassen sich nicht trennen – trotz der Schwierigkeiten bei der Dokumentation. Blaugeschlagene Augen und gebrochene Rippen zu zählen und denen dann nach medizinischen Normen Schweregrade zuzumessen ist ziemlich einfach. Wenn man seelische Mißhandlung messen will, muß der Schweregrad abgeschätzt werden im Zusammenhang mit der Häufigkeit des Auftretens und der subjetiven Wirkung auf die Frau. Die meisten Frauen in diesem Forschungsobjekt beschreiben Vorfälle von seelischer Erniedrigung und verbaler Schikane als ihre schlimmsten Mißhandlungen, ganz gleich ob sie körperlich mißhandelt worden waren oder nicht. Darüber hinaus war die Gefahr körperlicher Gewalt ja immer gegeben: Jede glaubte, der Gewalttäter sei fähig, sie oder sich selbst umzubringen. Wenn man diese erweiterte Definition gewalttätigen Verhaltens als sowohl körperlich wie seelisch zutreffend verwendet, dann tritt die anfänglich »unsichtbare« mißhandelte Frau viel deutlicher hervor. Somit ist die in dieser Untersuchung für mißhandelte Frauen verwendete Definition die folgende:

Eine mißhandelte Frau ist eine Frau, die wiederholt einem gewalttätigen körperlichen oder seelischen Verhalten seitens eines Mannes unterworfen ist, durch das sie gezwungen werden soll, zu tun, was er verlangt, und zwar ohne jegliche Rücksicht auf ihre Rechte. Zu den mißhandelten Frauen gehören Gattinnen oder Frauen, die in irgendeiner intimen Beziehung zu einem Mann stehen. Ferner müssen die zwei Personen, damit von einer mißhandelten Frau die Rede sein kann, den Mißhandlungszyklus mindestens zweimal durchlaufen haben. Jede Frau kann sich einmal in einer Mißhandlungssituation mit einem Mann befinden. Wenn das ein zweites Mal vorkommt und sie in dieser Situation bleibt, dann ist sie als mißhandelte Frau zu definieren.

Immer wieder habe ich in diesem Buch »Ehefrauen« an die Stelle von »Frauen« gesetzt und »Ehemänner« statt »Männer«, und zwar aus Gründen besserer Lesbarkeit, obschon gewalttätige Beziehungen auch außerhalb der Ehe existieren. Es ist freilich wichtig festzuhalten, daß gewalttätige Beziehungen bei verheirateten Paaren häufiger sind. Der Trauschein dient in unserer Gesellschaft offenbar auch als Gewaltfreibrief.

Meine Untersuchungen haben, glaube ich, für mich mehr Fragen aufgeworfen als Antworten gegeben. Als ausgebildete Wissenschaftlerin habe ich mich bei einigen Schlußfolgerungen, die ich in diesem Buch angestellt habe, recht unwohl gefühlt. Sie schienen mir zu vorläufig zu sein, um sie in der von mir dann doch verwendeten Art und Weise hinzuschreiben. Bis jetzt freilich sind sie wiederholt durch alle verfügbaren Daten bestätigt worden. Ferner muß gesagt werden, erst wenn die psychologischen Theorien von den Opfern, den Übeltätern und den Helfern begriffen worden sind, können die Mittel, diese Gewalt wirksam zu beenden, in die Tat umgesetzt werden. In unserer Kultur glaubt man, daß starke Individuen ihre negativen Umstände überwinden können. Wir halten an der Illusion fest, daß wir gegen unsere eigenen Mißstände vorgehen und daß wir, wenn wir nur genügend tüchtig sind, alles Widrige überwinden können. Wenn mißhandelte Frauen dadurch, daß sie immer wieder zum Opfer werden, auf der Verliererseite stehen, dann schieben wir alle das auf deren Unzulänglichkeiten und sind nach wie vor überzeugt, es gebe einen richtigen Weg; wir hätten ihn nur noch nicht gefunden. Meine Schlußfolgerungen machen diese ebenso tröstliche wie falsche Überzeugung zunichte. Das Verständnis für das Phänomen der mißhandelten Frau ist bestenfalls getrübt. Klar ist aber, daß sozialpsychologische Faktoren eine mißhandelte Frau an ihren Gewalttäter ebenso stark binden, wie »Wunderklebstoffe« unbelebte Substanzen zusammenhalten. Mißhandelte Frauen sind nun einmal Opfer; aus dieser Perspektive erzähle ich ihre Geschichte.

Ich habe das Buch in drei Teile gegliedert. Der erste beschreibt die Fälle, die ich ausgewählt habe, und widerlegt die klischeehaften irrigen Ansichten, die uns daran gehindert haben, die mißhandelten Frauen als Opfer zu sehen. Eingehend wird die sozialpsychologische Theorie der gelernten Hilflosigkeit, wie sie für mißhandelte Frauen gilt, dargelegt – ein theoretisches Konstrukt, das ich aus den Interviews abgeleitet habe. Mein zweites theoretisches Konstrukt, die Zyklustheorie der Gewalt, wird in Kapitel 3 vorgetragen. Zusammen bilden diese drei Kapitel die psychologische Perspektive, die uns ermöglicht, die mißhandelte Frau als Opfer zu sehen.

In Teil II des vorliegenden Buches versuche ich die verschiedenen von diesen Frauen geschilderten Gewaltmethoden herauszuarbeiten. Es handelt sich dabei um körperliche, sexuelle und finanzielle Mißhandlung, aber ebenso auch um gesellschaftliche Mißhandlung und Zerstörung als Folge von Familienzwist. In diesem Abschnitt erzählen die Frauen ihre eigene Geschichte. Diese wurde jeweils überarbeitet, um die Anonymität der Frauen zu wahren; die Einzelheiten einer jeden Geschichte sind allerdings real. Daran muß man sich, wenn man diese Darstellungen liest, erinnern, denn manche Gewaltakte sind so bizarr, daß man glauben möchte, so hat sich das nicht abgespielt.

Teil III untersucht die rechtlichen, medizinischen, psychologischen und sonstigen Dienste, die die mißhandelten Frauen nach wie vor in ihrer Opferrolle festhalten. Mit einem etwas positiveren Tenor versuche ich aufzuzeigen, welche Dienste nach Meinung der mißhandelten Frauen selbst hilfreicher wären. Das letzte Kapitel bemüht sich um einen Ausblick auf eine Gesellschaft, die derartige Gewalt unter ihren Bürgern beseitigen könnte.

Mir ist bewußt, daß dieses Buch aus einer feministischen Sicht geschrieben wurde. Es gibt ein Bild davon, was in einem häuslichen Gewaltakt geschieht, und zwar aus der Sicht nur eines der beiden Beteiligten. Den Männern wird nicht die gleiche Zeit zur Widerlegung eingeräumt. Ich betrachte vielmehr die Frauen als Opfer, um zu begreifen, welchen Tribut solche häusliche Gewalt von ihnen fordert. Dabei rücke ich dann leider häufig alle Männer in ein besonders negatives Licht, – und nicht nur jene Männer, die solche

Verbrechen begehen. Vielleicht müssen wir sie, wenn mehr über Gewalttäter bekannt ist, ebenfalls als Opfer sehen. Ganz gewiß haben diejenigen, die ich kenne, ihre Verbrechen nicht ohne schwere seelische Not begangen. Auch sie sind in einem Zwang gefangen, der ihnen von der gesellschaftlich bedingten Notwendigkeit, die Herrschaft aufrechtzuerhalten, auferlegt wurde. Es ist mir ein großes Anliegen, liebe Leser, daß Sie bei der Lektüre dieser Frauenberichte nicht in eine Abwehrhaltung geraten – werden Sie aber zornig! Möge Ihr Zorn Sie zu irgendeiner positiven Handlung antreiben, die gegen Frauen begangenen Ungerechtigkeiten abzustellen. Wenn Männer und Frauen hier gemeinsam handeln, dann muß es uns gelingen, die Gesellschaft zum Besseren zu wandeln.

Viele Menschen haben mir ganz wesentlich bei der Abfassung dieses Buches geholfen. Ohne die Unterstützung und Liebe meines verstorbenen Mannes, Morton Flax, hätte ich die Freiheit zu schöpferischer Tätigkeit nicht gehabt. Seine Fähigkeit, mir einerseits die Vertrautheit und andererseits den Raum zu geben, den ich brauchte, zeigten mir, daß ich es schaffen würde. Durch ihn und viele meiner Freunde habe ich erkannt, daß die Revolution der Männer, die der Frauenbewegung entsprechen wird, begonnen hat. Unsere Kinder, Michael, Karen, Jeffrey, Wendy, Douglas und Stacey, werden hoffentlich die vielen Früchte dieser Revolution ernten. Besonders danke ich Michael und Karen für ihre Mitwirkung an dem Buch.

Ferner möchte ich meiner Redaktionsassistentin Bonnie Downing für ihre Freundschaft danken, für ihr Organisationstalent, ihre Fähigkeit, mich immer wieder an Termine zu erinnern, und überhaupt für ihre Kompetenz. An manchen Tagen bewahrten mich Bonnies Fröhlichkeit und ihr gesunder Menschenverstand davor aufzugeben. Mehrere Schreibkräfte haben an dem Manuskript gearbeitet. Shirley Downs hat es mit ihrer unglaublichen Geschicklichkeit fertiggebracht, daß das Ganze wie ein Buch aussah. Vickey Talbert und Carol Casperson haben frühere Fassungen sorgfältig getippt. Besonderer Dank geht an Karen Schreiber, daß sie mit mir anfing, und an meine Interviewerinnen Diana Huston, Carol Casperson, Sally Wilson, Lorraine Hagar, Gayle Costello, Madeline Millensifer, Sharon Morikawa und Mickey Gudet. Meiner literarischen Agentin Mary Yost muß man das Lob aussprechen, daß sie immer an mich geglaubt hat. Ihre Unterstützung gerade am Anfang war von unschätzbarem Wert. Besondere Anerkennung verdienen Kitty Benedict, meine frühere Redakteurin bei Harper & Row, und Elisabeth Jakab, die mich »erbte«, als Kitty anderswohin ging. Angesichts Elisabeths großer Einfühlsamkeit in Frauenfragen und ihrer großartigen redaktionellen Fähigkeiten war es eine Freude, mit ihr zusammenzuarbeiten.

Anonymer Dank muß an all die vielen Helfer gehen, die mich, während ich durch die USA und England reiste, an ihren Besorgnissen teilhaben ließen. Sie haben dieses Buch mitgestaltet. Und schließlich muß ich all den mißhandelten Frauen danken, die den Mut hatten, mir ihre Geschichte zu erzählen. Ohne sie hätte dieses Buch nicht geschrieben werden können.

Prolog
Die Geschichte von Anne

Die folgende Geschichte einer mißhandelten Frau stammt aus den Interviews mit solchen Frauen, die ich in meiner psychotherapeutischen Praxis geführt habe. Ich habe die Geschichte überarbeitet und einige Einzelheiten verändert, um die Anonymität der Frau zu wahren.

Der Grund, warum ich Ihnen diese Geschichte erzähle ist, daß ich anderen Mädchen helfen möchte, damit sie nicht denselben Fehler machen wie ich, weil ich nie, nie, nie im Leben gedacht hätte, daß mir das passieren könnte.

Ich heiratete 1970 an meinem achtzehnten Geburtstag, und ich dachte, ich sei unheimlich verliebt. Ich kannte meinen Mann seit einem Dreivierteljahr. Meine Mutter war mit allem, was ich wollte, einverstanden, aber mein Vater war gegen diese Heirat. Der Vater meines Mannes arbeitete für meinen Vater, und das machte die Sache auch irgendwie ein bißchen heikel.

Im ersten Jahr unserer Ehe kamen wir echt gut miteinander aus und machten viele Dinge zusammen. Ich hatte keine Ahnung, daß er gewalttätig war bis ungefähr zum sechsten Monat unserer Ehe. Bevor wir heirateten, hatte er damit gedroht, unser Haus niederzubrennen und mich zu entführen, wenn ich ihn nicht heiratete. Er hatte auch gedroht, meine Eltern umzubringen. Einerseits glaubte ich ihm, aber andererseits auch wieder nicht. Ich wußte, daß er wirklich zu Grausamkeiten fähig war, aber ich hätte nie gedacht, daß er sie mir zufügen würde. Das erste Mal, daß ich merkte, daß er auch mir gegenüber gewalttätig sein konnte, war eines Abends, als eine meiner Freundinnen anrief, von der er wußte, daß sie ihn nicht leiden konnte. Sie wollte mit mir zum Essen und anschließend einkaufen gehen. Ohne ihn zu fragen, sagte ich, daß ich dazu Lust hätte. Als ich ihm anschließend erzählte, wer es war und was ich gesagt hatte, gerieten wir in einen heftigen Streit, der damit endete, daß er mich quer durchs Zimmer schleuderte. Er hat mich nicht so sehr physisch verletzt – ich meine, ich hatte zwar blaue Flecken, aber ich glaube, mehr als alles andere war mein Ego verletzt. Ich sagte drohend zu ihm: »Das wirst du nie wieder mit mir machen!«, und er schwor rauf und runter, daß er es nie wieder tun würde. Wenn ich an all das denke – das ist etwas, was ich in meiner Erinnerung ganz schön unterdrückt habe. Es ist schwierig, das alles wieder auszugraben, wenn es auch Episoden gibt, die mir immer im Gedächtnis bleiben werden.

Es stellte sich heraus, daß er Alkoholiker war, und er arbeitete auch nicht. Er trank den ganzen Tag und rauchte Hasch, während ich finanziell für ihn aufkam. Ein guter Grund, ihn zu verlassen, was? Na ja! Eines Morgens wollte ich, daß er mich zur Arbeit fuhr. Er hatte herumgesumpft und war wirklich spät nach Hause gekommen, und er hatte einfach keine Lust. Ich erinnerte ihn daran, daß er gesagt hatte, er würde mich zur Arbeit fahren, und ich wurde einfach wütend. Normalerweise versuchte ich wirklich, nicht die Geduld zu verlieren und tolerant zu sein, bis ich einfach nicht mehr konnte und wütend wurde. Da passierte es wieder. Er warf mir einen richtig gemeinen, bösen Blick zu und schleuderte mich gegen die Wand.

Ich kann mich auch noch an andere Male erinnern, wo ich in der Arbeit ein kurzärmeliges Kleid trug und jemand zu mir sagte: »Was hast du denn für einen riesigen blauen Fleck am Arm, Anne?« Ich wurde immer sofort nervös und ging in die Defensive. Ein paar Jungens, die mich ganz gut kannten, fragten mich: »Hat Doug das getan?«, und ich sagte dann immer: »Nein, nein, nein.« Ich habe immer alles abgestritten.

Weder meinen noch seinen Eltern hatte ich erzählt, was bei uns los war. Auf jeden Fall rief ich diesmal meine Mutter an und bat sie, mich in die Arbeit zu fahren, weil mir klar war, daß er stärker war als ich und daß es keinen Sinn hatte, mich mit ihm herumzustreiten. Meine Nase blutete und ich heulte, so daß meine Mutter wissen wollte, was passiert war. Schließlich erzählte ich ihr, daß Doug schuld daran war. Natürlich ist ihre Tochter ihr ganzer Stolz und ihre ganze Freude, und sie war tief getroffen. Sie ging also zu ihm hinauf und redete mit ihm. Er war immer noch total verkatert, und *er versuchte sie die Treppe hinunterzustoßen. Sie war total geschockt und hatte sich bei dem Vorfall auch verletzt, aber keine von uns beiden erzählte meinem Vater etwas davon. Er war von Anfang an gegen diese Ehe gewesen. Es war meine Mutter gewesen, die mir erlaubt hatte zu heiraten. Nachdem Doug merkte, was er angerichtet hatte, beruhigte er sich, und er entschuldigte sich. Wie immer redete er sich heraus und bemäntelte alles.*

Damals lebten wir noch in Ohio, aber Doug und ich hatten immer davon gesprochen, nach Kalifornien zu ziehen, und so willigte ich ein, mit ihm wieder nach Kalifornien zu gehen. Ich hatte dort keine Stelle, und ich war voll und ganz von den geschäftlichen Beziehungen meines Vaters abhängig, um mich über Wasser zu halten. Hier zögere ich, weil ich mich an einige Male erinnern kann, wo er mich verletzt hat, aber das ist so tief in meiner Erinnerung begraben, daß es nur ganz selten mal hochkommt. Manchmal, wenn ich versuche, mich daran zu erinnern, gelingt es mir einfach nicht, aber an die Zeit in San Francisco kann ich mich wirklich gut erinnern.

Es gab eine lange Zeitspanne, wo er mich nicht mißhandelte. Anfangs als wir nach Kalifornien kamen, war immer ich diejenige, die sich um alles kümmern mußte, die Geld verdienen mußte und die dafür sorgen mußte, daß die Welt für Doug in Ordnung war. Das war ganz schön hart, auf diese Weise erwachsen zu werden. Er hatte schon in Ohio angefangen zu trinken, aber in Kalifornien wurde es wirklich schlimm. Je mehr er trank, desto brutaler wurde er.

Ein paar Mal schlug ich zurück, aber ich kapierte schnell, daß er härter zuschlagen konnte und daß es keinen Sinn hatte, weil er das nur als Rechtfertigung dafür nahm, mir weh zu tun. Er sagte dann: »Du hast mich ja zuerst geschlagen.« Ich meckerte immer an ihm herum (wie er das nannte) und sagte, es müsse einfach besser werden mit ihm und er müsse versuchen, etwas zu tun. Ich meinte es gut, aber er wurde dann immer gewalttätig. Er ließ es nicht zu, daß ich mich mit irgend jemandem traf, den er nicht mochte, und er drohte damit, daß er mich schlagen würde, wenn ich es doch täte. Wenn ich Briefe schrieb, wollte er sie immer lesen, ehe ich sie abschickte, um sich zu vergewissern, daß ich nicht herumerzählte, daß er mich schlug. Immer häufiger setzte er die Drohung, er werde mich schla-

gen, ein, um zu verhindern, daß ich ihn verließ. Einmal schlug er mich mit seinem Gürtel, bis ich Striemen hatte. Zum Glück hatte ich an meinem Arbeitsplatz einen Freund, mit dem ich reden konnte. Er war Lehrer und verheiratet, so daß er gut mit Kindern umgehen konnte, wobei ich das Kind war. Ich zeigte ihm die Striemen und begann zu weinen, und er sagte, ich sei wirklich verrückt, bei Doug zu bleiben. Er sagte, am liebsten würde er mich sofort in ein Flugzeug nach Ohio setzen. Aber ich weiß nicht: wenn ich einmal etwas angefangen habe, möchte ich auch alles versuchen, bevor ich aufgebe.

Ich bin allerdings einige Male im Urlaub alleine nach Hause gefahren, weil ich dachte, daß es besser werden würde, wenn ich danach wieder zurückkam. Ich fuhr zu meiner Schwester und kam mit jeder Menge Enthusiasmus zurück, dem Willen mich selbst zu behaupten, so von der Sorte: »Ich tue, was ich will. Niemand wird für mich denken.« Doug merkte, daß ich anfing, mich ihm zu widersetzen und ihm zu verstehen gab, er solle aufhören, für mich zu denken.

Einmal kaufte mir eine Freundin einen ganz tollen Pullover, und er riß ihn mir buchstäblich vom Leib, während ich wie verrückt schrie. Wie immer war er betrunken. Ich kann mich nicht erinnern, worum es bei dem Streit ging, aber ich erinnere mich genau an das, was passierte. Wie früher schleuderte er mich auf den harten Holzfußboden und dann gegen die Wand. An dem Punkt, als er mir die Kleider vom Leib gerissen hatte und gedroht hatte, mich und meine Eltern umzubringen, beschloß ich aus dem Zimmer zu rennen. Er packte mich, steckte mich in die Dusche und drehte das kalte Wasser auf. Das war so ein Schock, daß ich hysterisch zu weinen begann. Die Nachbarn konnten sich bei all dem Geschrei und Geheule wahrscheinlich nicht vorstellen, was los war. Einer rief die Polizei. Als Doug als nächstes das heiße Wasser aufdrehte, rannte ich aus dem Badezimmer, aus der Wohnung und floh splitternackt und triefend vor Nässe die Treppen hinunter. Alle Nachbarn standen vor ihren Türen und fragten sich, was eigentlich los war.

Jetzt werden Sie wahrscheinlich sagen: »Ach, das arme Mädchen.« Da vergeht einem das Lachen. Das ist etwas, worüber ich von

Zeit zu Zeit nachdenke, aber ich habe meine Lektion gelernt. Das ist das einzige, was ich tun konnte, daraus lernen und den Entschluß fassen, daß ich das nicht mehr mitmachen würde. Auf jeden Fall kam die Polizei. Es lag eine Anzeige vor. Sie wollten sich davon überzeugen, ob mit mir alles in Ordnung war. Was sollte ich sagen. »Klar, alles o. k.«, sagte ich, weil ich wußte, wenn ich etwas anderes sagte, würde er mich wahrscheinlich wieder mißhandeln.

Nun hatte ich endgültig die Nase voll, und ich sah für unsere Ehe einfach keine Zukunft mehr. Das Leben war zu schön, als daß ich es so, unter diesen deprimierenden Umständen hätte weiterführen wollen. Ich wußte, daß es draußen im Leben viele nettere Leute gab. Ich redete mit seinen Eltern und mit meinen, ohne daß er etwas davon wußte. Unter vielen Tränen erzählte ich ihnen die ganze Geschichte. Das war für sie ein ganz schöner Schock, und meine Mutter sagte, sie würde mir ein Flugticket schicken. Ich dachte jetzt wirklich ernstlich daran wegzugehen.

Die Kommunikation zwischen Doug und mir war ziemlich schlecht. Ich konnte ihm nicht sagen, was ich fühlte, weil er mir, wenn ich es versuchte, damit drohte, mich umzubringen. Er hatte schon einmal die Pistole auf mich gerichtet und gesagt, wenn es nicht besser würde mit mir, dann wäre es so weit. Als ich aus der Wohnung floh, hatte ich wirklich panische Angst, aber anschließend tat er nur so und sagte: »Du hast gemeint, ich bring dich um? Du bist ja verrückt. Wie kommst du nur auf so eine Idee?« Sie wissen schon, er spielte den Unschuldigen. Ich weiß, daß ich auch meine Fehler gemacht habe. Zwischen achtzehn und zweiundzwanzig habe ich mich sehr verändert, und ich erkenne heute, wo ich den Fehler in meiner Ehe gemacht habe: ich habe das kleine Mädchen gespielt. Er behandelte mich auch so, indem er mich nicht einmal das Konto, auf dem ich mein Geld hatte, auf meinen Namen führen ließ und indem er mir ein Taschengeld von zwei Dollar die Woche gab.

Sex mit meinem Mann war eher wie eine Vergewaltigung, wenn man sich das vorstellen kann, daß man von seinem eigenen Mann vergewaltigt wird. Es hat mir keinen Spaß gemacht, mit ihm zu schlafen. Er hat manchmal wirklich verrückte Sachen mit mir gemacht. Zum Beispiel hat er mich mal mitten in der Nacht gewaltsam festgehalten und mir meine ganzen Schamhaare abgeschnitten. Ich weiß, daß manche Männer darauf stehen, auf eine Scham ohne Haare, aber jemanden mit Gewalt festzuhalten, ist doch seltsam. Er wollte auch bestimmte sexuelle Praktiken, zum Beispiel daß ich ihn oral befriedigte, was ich einfach scheußlich finde. Manchmal hat er versucht, mich in kalten Nächten auf das Flachdach zu ziehen und dort mit mir zu schlafen, während ich weinte und immer wieder »nein, nein, nein« sagte. Von meinen Eltern, vor allem von meiner Mutter, hatte ich die ganze viktorianische Vorstellung von Sex vermittelt bekommen, aber ich hatte doch Gefühle und war eine zärtliche Frau. Es war nur so, daß mir durch ihn total die Lust darauf vergangen war. Er kaufte mir sogar einen Vibrator, aber das hat mir überhaupt nichts gebracht, außer daß es mich wütend machte.

Gegen Ende unserer Ehe wollte er, daß ich ein Verhältnis mit jemand anderem anfing, aber so war ich nicht erzogen; das konnte ich einfach nicht. Ich hatte viele Möglichkeiten dazu, aber ich konnte es nicht. Ungefähr vor einem Jahr brachte er einen seiner Freunde vom Billard-Salon mit nach Hause und lud ihn ein, die Nacht über zu bleiben. Ich sah sofort, daß sich dieser Typ von mir angezogen fühlte, und ich hatte Angst. Während Doug draußen war, fing sein Freund an, sich an mich ranzumachen, mich zu küssen usw. Er preßte mich nieder und begann, den Reißverschluß meiner Hose aufzuziehen. Ich sagte immer wieder »nein, bitte nicht« und schließlich »das tut mir weh!« An diesem Punkt kam mein Mann, der an der Türe gehorcht hatte, herein und sagte dem Typen, er solle gehen.

Später an diesem Abend wollte er dann mit mir schlafen, und er wollte immer wieder das tun, was dieser Typ gemacht hatte, weil ihn das aufgeilte. Er gab mir wirklich das Gefühl, nur ein Stück Fleisch, ein Etui für ihn zu sein. Mein Mann hatte mir gesagt, ein Mädchen sei lediglich eine Dienerin, die nicht denken könne, ein Etui für ihn, ein Stück Fleisch.

Am nächsten Tag ging es mir nicht gut, so daß ich zu Hause blieb. Während ich da saß und Makramé-Arbeiten für Weihnachtsgeschenke machte, dachte ich noch einmal über das nach, was in der Nacht vorher geschehen war. Ich war ganz alleine, saß da und dachte: »Mensch, irgendwie ist das gar nicht wahr. Ich kann einfach nicht glauben, daß das wirklich passiert ist. Ich muß mir das doch nicht gefallen lassen. Wer bin ich denn eigentlich.«

Also rief ich am nächsten Tag meinen Freund in der Arbeit an, »meinen Beichtvater«, und erzählte ihm, was passiert war. Er war mir gegenüber die ganze Zeit einfach toll gewesen und hat mich davor bewahrt, daß mein Glaube an die Menschheit ganz vor die Hunde ging. Diesmal sagte er zu mir: »Anne, du bist verrückt. Du bist auf einem Auge blind. Du siehst überhaupt nicht, was da vor sich geht. Du solltest jetzt unbedingt dein Flugticket nehmen und nach Hause fliegen.« Das hat mich wirklich erschüttert, und ich dachte an all die Nächte, in denen ich mir so einen Scheiß, so eine physische und psychische Quälerei hatte gefallen lassen, und ich wußte, daß das so nicht mehr weitergehen konnte. So konnte ich nicht für den Rest meines Lebens weitermachen und in der ständigen Angst davor leben, daß mein Mann durchdreht und mich aus weiß Gott welchen Gründen mißhandelt. Ich sah wirklich ein, daß mein Freund recht hatte, und so sagte ich: »O. k., ich tue, was du sagst, ich treffe dich in der Arbeit, und ich gehe hier weg.«

Das war eine schwere Entscheidung, und es ist mir lange Zeit schwer gefallen, sie zu treffen. Einmal war ich zu stolz und wollte nicht, daß meine Eltern erfuhren, was los war. Außerdem hatte ich Angst, daß ich, wenn ich Doug verließ und meinen Eltern alles erzählte, später vielleicht noch in ihn verliebt sein und zu ihm zurückkehren könnte, und dann würde er mir wirklich weh tun, wenn er wüßte, daß ich irgend jemandem etwas erzählt hätte.

Ob Sie es glauben oder nicht, ein kleiner Hund gehörte auch zu den Dingen, die mich daran gehindert hatten wegzugehen. Als ich einmal meine Schwester besuchte, behielt er meinen Hund als Geisel. Was mich auch am Weggehen hinderte, waren meine Sachen, von denen die ganze Wohnung voll war. Alles gehörte mir. Von meinen Eltern bekam ich ja alles. Ich wußte, wieviel jeder Gegenstand wert war, und es fiel mir sehr schwer, mich davon zu trennen.

Aber als ich mich in der Wohnung umsah, wurde mir plötzlich klar, daß alles zerbrechlich war, nur ich nicht, daß alles ersetzbar war außer mir. Also nahm ich meinen kleinen Hund und ging.

Draußen regnete es. Es war Dezember. Ich hatte Herzklopfen, und mein Adrenalinspiegel muß wie verrückt gestiegen sein. Als ich das Haus verließ, sah ich meinen Mann und seinen Freund auf die Wohnung zukommen, aber sie sahen mich nicht. Ich machte kehrt und ging in die andere Richtung. Ich ging mit meinem Hund durch den Regen. Mein Herz klopfte wie wild. Den ganzen Weg in die Stadt nahm ich immer die Seitenstraßen aus Angst, er würde mir folgen. Jedesmal, wenn ich um die Ecke bog, hatte ich rasende Angst. Ich konnte einfach nicht fassen, was da ablief, und dachte immer wieder daran, wie mein Mann und sein Freund im Regen daherkamen und miteinander redeten.

Doug hatte irgendwann vorher davon geredet, ich sollte mit irgend jemandem ein Verhältnis anfangen, der mich anmachte, und daß ich in einem Massagesalon arbeiten sollte. Er hatte sogar davon gesprochen, wieviel Geld ich verdienen könnte, wenn ich mich entschließen würde, ein Callgirl zu werden. Ich reimte mir das alles zusammen und rechnete aus, daß er Geld dafür nahm, daß er seinen Freund mit mir schlafen lassen wollte.

Eine weitere Sache ist, daß Doug bisexuell ist. Ich wußte, daß er vor unserer Heirat homosexuelle Erfahrungen gemacht hatte, aber ich dachte, er würde sich ändern. Als wir in San Francisco lebten, bat mich einer meiner besten Freunde, doch dafür zu sorgen, daß mein Mann ihn nicht immer in den Po kniff. Wahrscheinlich wollte ich einfach nicht wahrhaben, daß so etwas wirklich passierte.

Ehe ich ihn verließ, hatte ich ihm gesagt, daß ich gehen würde, wenn sich die Dinge nicht ändern würden, und er hatte mir damit gedroht, daß es ganz einfach für ihn wäre, jemanden anzuheuern, der mich und meine Eltern umbringen würde. Er sagte, er hätte jemanden, der mich beschattete, und er wollte den Vorstand der Firma meines Vaters anrufen und ihm ganz schreckliche Dinge über meinen Vater erzählen. Einer der ersten Schritte, die ich auf meinem Weg in die Freiheit gemacht hatte (ich weiß, daß sich das wahrscheinlich wie jemand anhört, der aus dem Gefängnis ausgebrochen ist, aber so ungefähr habe ich mich auch gefühlt), war, daß ich zu ihm sagte, er solle den Chef meines Vaters ruhig anrufen. Er hatte ja noch nicht mal mit meinem Vater gesprochen, weil er solche Angst vor ihm hatte. Er konnte gar nicht glauben, daß ich es einfach darauf ankommen ließ und lachte nur.

Den ganzen Weg in die Stadt, wo ich meinenFreund in der Arbeit treffen wollte, hatte ich wirklich Angst, er würde mich verfolgen. Mein Freund fuhr mich zu einer Freundin, wo ich übernachtete. Die ganze Zeit fragte ich mich: »Wann kommt er und holt mich?« Ich hatte wirklich Angst, panische Angst. Am nächsten Vormittag flog ich mit meinem kleinen Hund nach Hause nach Ohio. Bei einem Zwischenaufenthalt, bei dem ich umsteigen mußte, versteckte ich mich auf der Toilette im Flughafen, weil ich dachte, es könnte jemand hinter mir her sein.

Ich war wirklich erleichtert, als ich wieder bei meinen Eltern war. Sie waren überglücklich, mich zu sehen und – oh, Mann, ich wußte ja, wie sehr sie mich liebten. Ich kann in Worten gar nicht beschreiben, was für eine Angst in mir war dadurch, daß ich geschlagen und mißhandelt worden war, und ich wußte, daß mein Vater meine Mutter niemals anrühren würde und niemals angerührt hat, weil er ein Gentleman ist. Meine Eltern sind beide ganz liebe Leute. Nie haben sie mich geschlagen, als ich noch ein Kind war. Es war auch nie nötig, weil sie mich so erzogen haben. Nachdem ich meinen Mann verlassen hatte, blieb ich zehn Monate bei meinen Eltern, ehe ich hierher zog.

Im Augenblick lebe ich allein und bin sogar dabei, das richtig zu genießen. Ich bin jetzt viel glücklicher als während meiner Ehe. Das haben auch viele meiner Freunde, die mich seit Jahren kennen, festgestellt und gesagt. Das College, wo ich Geisteswissenschaften studiere, macht mir Spaß. Es wird wahrscheinlich eine Weile dauern, bis die Wunden verheilt sind, aber ich bin schon ganz schön weit gekommen durch die Hilfe meiner Eltern und Freunde.

Mir ist klar, daß ich mehr psychischen als physischen Schaden davongetragen habe. Einmal hatte ich Grippe und war wirklich krank, und trotzdem zwang er mich dazu, mit dem Auto durch einen Schneesturm nach Cheyenne in Wyoming zu fahren. Ich hatte echt Angst, weil die Straßen vereist waren und wir keine Winterreifen hatten. Ich war selber erstaunt, wie weit ich bereit war zu gehen, wenn er in solchen Situationen Zwang auf mich ausübte. Ein ander-

mal, als wir vom Einkaufen zurückkamen, zog er den Einkaufswagen die drei Treppen bis zu unserer Wohnung hoch. Als das Mayonnaiseglas zerbrach, wurde er so wütend, daß er den ganzen Wagen die Treppe hinunterwarf, so daß die Lebensmittel durch die Gegend flogen. Dann zwang er mich dazu, alles wieder aufzuheben und aufzuwischen. Es war sehr erniedrigend, während alle mich anschauten, als wollten sie sagen: »Was ist denn das für ein Verrückter?«

Was die seelischen Folgen angeht, so habe ich Angst vor Männern, und wenn ich bei einem Mann irgend etwas entdecke, das auf Gewalttätigkeit hinweist, ist meine erste Reaktion die, daß ich zurückschrecke, und dann will ich auf keinen Fall mehr irgend etwas mit ihm zu tun haben. Mir ist stärker bewußt, worauf Männer aus sind, was sie von mir wollen, als daß ich mir jemals ganz sicher wäre, ob ich die »netten« erkenne. Normalerweise spreche ich nicht mit vielen Leuten darüber, daß ich mißhandelt worden bin, weil ich immer noch Probleme mit meiner Selbstachtung habe, wenn ich denke, daß ich mir tatsächlich so viel Brutalität habe gefallen lassen. Ich habe immer noch manchmal ein Gefühl der Unzulänglichkeit, und ich habe eine geringe Meinung von mir selbst, wahrscheinlich weil ich zuviele Menschen als Autoritätspersonen betrachte. Ich glaube, es wird noch eine ganze Weile dauern, bis ich wirklich ein richtiges Bild von mir habe. Das Kind in mir ist durch die Brutalität meines Mannes sehr verängstigt worden. Er hat mich auch daran gehindert, erwachsen zu werden, weil er immer für mich gedacht hat. Obwohl ich einen Job hatte und mich um viele wichtige Dinge kümmern mußte, die er nicht in die Hand nahm, erkenne ich jetzt, wo er mich in meiner Entwicklung zur erwachsenen Frau behindert hat.

Auch auf meine Mutter haben sich die Gewalttätigkeiten, die ich erlebt habe, psychisch ausgewirkt, weil sie sich Vorwürfe macht, daß sie damit einverstanden war, daß ich Doug gegen den Wunsch meines Vaters heiratete. Da zwischen meiner Mutter und mir immer ein freundschaftliches Verhältnis bestand, erzählte ich ihr schließlich alles, was passiert war, was ich – wie ich erst jetzt erkenne – vielleicht nicht hätte tun sollen. Der Gedanke, daß sie das zugelassen hat, tut ihr weh, und ich versuche ihr ihre Schuldgefühle zu nehmen, indem ich ihr sage, daß ich wahrscheinlich auch ohne ihre Einwilligung geheiratet hätte. Mein Vater vermehrt ihre Schuldgefühle noch, und ich glaube nicht, daß er ihr je verzeihen wird.

Ich habe immer noch häufig Angst. Nicht daß ich in permanenter Angst vor meinem Ex-Ehemann lebte, aber die ersten Monate, in denen ich allein lebte, waren wirklich ganz schön hart. Wenn ich einen schwarzen Volkswagen mit einem Rolls-Royce-Kühler sah, wie den, den Doug fährt, erstarrte ich buchstäblich und dachte: »Jetzt ist es so weit.« Oder »Wann wird er auftauchen?« Nachdem ich zu meinen Eltern zurückgegangen war, durfte ich lange Zeit nicht ans Telefon gehen, aber meine Eltern hatten einen privaten Sicherheitsdienst, und mein Vater war ein guter Tontaubenschütze, der mir auch das Schießen beigebracht hat, so daß ich allmählich mutiger wurde und merkte, wie lächerlich das alles war. Aber trotzdem – immerhin hat Doug selbst zugegeben, daß er verrückt ist, und ich wußte einfach nie, was er vielleicht tun würde. Wie schon gesagt, die ersten Monate waren hart, und ich hatte ziemliche Depressionen, als ich so alleine lebte mit all meinen Ängsten, Erinnerungen und meiner Selbstablehnung.

Ich habe inzwischen mit Doug telefoniert. Er rief mich an und erzählte mir, daß er seinen Job verloren hat, daß er immer noch trinkt und daß er 30 Kilo Übergewicht hat. Es ist einfach schrecklich. Er ist nämlich, ob Sie es glauben oder nicht, eigentlich sehr intelligent und hat einen IQ von 152. Immer hat er von Plänen und Zielen gesprochen, die mir sehr eingeleuchtet haben, und ich habe ihm geglaubt. Ich glaube, er hätte es zu etwas bringen können, wenn er es versucht hätte, aber er dachte, die ganze Welt sei gegen ihn. Manchmal meinte ich, es sei eine Auszeichnung, mit ihm befreundet zu sein, aber da gab es eben auch noch die andere Seite von Doug. Alles, was ich erzählt habe, ist wirklich passiert. Wenn er sich betrank und wütend wurde, dann trat seine gemeine, böse Seite zutage, und ich konnte einfach nicht glauben, daß jemand so sein konnte.

Ich wollte einfach nicht wahrhaben, daß all die Dinge, von denen ich hier erzählt habe, wirklich geschehen sind. Mein Problem hatte zum großen Teil darin bestanden, daß ich immer dachte, die Dinge würden sich ändern, es würde besser. Wenn ich mir meine Ge-

schichte noch einmal anhöre, dann weiß ich, daß es unwirklich klingt, daß sich jemand all das gefallen läßt, was ich mir gefallen ließ, aber es hat einfach eine ganze Weile gedauert, bis ich erkannte, wie dumm es war, auf eine Veränderung zum Besseren hin zu hoffen.

Teil I
Die Psychologie der mißhandelten Frau

Einleitung

Die Mißhandlung der Ehefrauen hat eine uralte Geschichte. Susan Brownmillers Untersuchung zur Geschichte der Vergewaltigung liefert eine Beschreibung der Kompromißlösungen, auf die Frauen im Laufe der Geschichte eingegangen sind, um wirtschaftliche und körperliche Sicherheit zu erlangen. In ihrem Buch *Against Our Will* weist sie darauf hin, daß Frauen es von jeher vorzogen, mit der willkürlichen Strenge eines einzigen Mannes fertig zu werden, statt von vielen Männern übel behandelt zu werden und daß seit den Tagen der Bibel Frauen dadurch die Freiheit gegen Sicherheit eingetauscht haben, daß sie sich mit einem einzelnen Mann zusammentaten, um sich vor den Attacken der vielen zu schützen. Frauen wurden ja tatsächlich gekauft und wurden so der legale Besitz der Männer. Die Männer glaubten, es sei ihre Pflicht, ihre Frauen zu verteidigen, glaubten freilich auch, sie hätten das Recht, ihr »Eigentum« nach ihrem Ermessen zu züchtigen. Die körperliche und wirtschaftliche Stärke des Mannes bestärkte die Frau darin, dieses »Züchtigungsrecht« zu akzeptieren. In dem von Maria Roy herausgegebenen Buch *Battered Women: A Psychosociological Study of Domestic Violence* macht Terry Davidson in einem Kapitel geltend, daß vor der Schaffung der Bibel die Frauen so nicht behandelt wurden; sie wurden vielmehr als die Lebensgöttinnen verehrt.

In den Kulturen, wo Frauen in religiösen und anderen Dingen souverän waren, wurde Männern umgekehrt nicht Gewalt angetan. Männer und Frauen bereiteten sich gegenseitig Freude; sie glaubten, daß die Geister der Ahnen die Väter ihrer Kinder waren. Davidson stellt fest, daß erst von dem Moment an, wo Männer erkannten, wie wesentlich sie an der Schaffung von Leben beteiligt waren, die Dinge sich allmählich änderten. Der Mann wurde zum Patriarchen in religiösen und anderen Angelegenheiten, und es entstand eine repressive Lebensweise, die sich durch eine strenge kulturelle Haltung gegenüber den Frauen ausdrückte. Es gibt inzwischen schon viele Menschen – und dazu gehöre auch ich –, die glauben, daß wir am Beginn einer neuen gesellschaftlichen Ordnung stehen, die das Patriarchat überwinden und durch eine egalitäre Gesellschaft ersetzen wird. Wahrscheinlich liegt darin auch der Grund dafür, daß die Frauenbewegung solch große Ängste geweckt hat: Sie wird ganz richtig als Beginn dieser Revolution erkannt. Ein Eckpfeiler für die Schaffung einer neuen egalitären Gesellschaftsordnung wäre demnach errichtet, wenn man der Flut der gegen Frauen begangenen Gewalt Einhalt gebieten könnte.

Heutzutage glauben immer noch viele Männer, ihre Rechte, Frauen zu beherrschen, seien Grundrechte. Diese Vorstellung wurde nicht nur von der Religion unterstützt, sondern auch vom Gesetz; das fängt schon mit dem jahrhundertealten Recht eines Ehemannes an, seine Frau mit einem Stock zu schlagen »nicht dikker als ein Daumen«. Anfang des 19. Jahrhunderts haben englische und amerikanische Gerichte das Züchtigen der Ehefrau als Recht des Mannes anerkannt. Diese Regelung wurde später dahingehend geändert, daß man im Fall von Ehekonflikten Nichteinmischung oder »stillschweigende Duldung« (benign neglect) vorschlug – außer bei übermäßiger Gewalt.

Wenn auch seit geraumer Zeit die Einhaltung dieser Gesetze nicht mehr erzwungen wird, so existiert die Haltung, die es überhaupt ermöglichte, sie aufzustellen, nach wie vor. In einigen amerikanischen Staaten blieb die »Stockvorschrift« bis vor kurzem in den Gesetzbüchern. Viele US-Staaten haben noch eine Art »Stockvorschrift«, an die sie sich bei der Frage, ob ein Straftäter zu verhaften und strafrechtlich zu verfolgen sei, halten, indem sie die Stiche der Wundnaht zählen, die das Opfer benötigte. Gewalttäter führen immer wieder das Recht der Ehefrauzüchtigung als Rechtfertigung für ihr gewalttätiges Verhalten an. Von einem Mann in New York City wird berichtet, daß er gegenüber einer Richterin, die ihn wegen an seiner schwangeren Frau begangenen Körperverletzungen ins Gefängnis schickte, äußerte, er sei sehr erstaunt, daß sie meine, sie könne sich einmischen in die Art und Weise, wie er sein Zuhause gestalte. In einem kürzlich gesendeten Fernseh-Dokumentarfilm behauptete ein Gewalttäter, daß er, wann immer seine Frau sich nicht richtig verhalte, das Recht habe, sie zu verprügeln. In einem anderen Film behauptete ein Mann, es sei sein Recht, seine Frau nach seinem Ermessen zu züchtigen. Wenn sie etwas Geringfügiges mache, behauptete er, verprügele er sie ein bißchen; wenn sie etwas mache, was ihm ganz und gar mißfalle, dann verprügele er sie richtiggehend. Die in meiner Forschungsarbeit interviewten Frauen haben alle gesagt, ihre Männer meinten, es sei ihr Recht, die Frauen zu züchtigen. Die meisten dieser Frauen haben dieses »Recht« nicht einmal in Frage gestellt. Sie waren in dem Glauben erzogen worden, daß sie es sind, die etwas ganz falsch machen, wenn ihre Männer sie ständig schlagen.

Das Verprügeln der Ehefrauen wurde als akzeptable Lösung von Ehestreitigkeiten angesehen, soweit die Gewalt auf das Zuhause beschränkt war. Partywitze wie »Hey, Jack, hast du mal wieder deine Frau verprügelt?« oder »Wo hat sich Helen denn ihr blaues Auge geholt?« oder »Hast du wieder angefangen, sie zu prügeln, Jim?« belegen diese Haltung. Von den Psychologen Darryl und Sandra Bem wurde kürzlich ein sozialpsychologisches Experiment durchgeführt, um festzustellen, ob Fremde einer Frau zu Hilfe kommen würden, die auf einem Bürgersteig von einem Mann körperlich oder mit Worten angegriffen wird. Passanten sahen zu verschiedenen Zeiten zwei Männer im Streit, zwei streitende Frauen und einen Mann und eine Frau, die in einen Streit verwickelt waren. In allen drei Fällen war die Schwere der verbalen oder physischen Attacke dieselbe. Bei den zwei Männern und den zwei Frauen griffen die Fremden viel öfter ein als bei dem Mann und der Frau. Über ihr Verhalten befragt, sagten die Fremden, ihrer Meinung nach hätten sie nicht das Recht, in einen Ehestreit einzugreifen. Es wurde angenommen, daß es sich, wenn ein Mann und eine Frau sich in der Öffentlichkeit streiten, um ein Ehepaar handeln müsse, und das gebe dem Mann die Freiheit, die Frau zu beschimpfen oder zu mißhandeln.

Eine Frau in meiner Untersuchung berichtete von einer ähnlichen Gewalttätigkeit. Sie meldete sich zur Arbeit, nachdem sie in der vorausgegangenen Nacht von ihrem Ehemann schwer geprügelt worden war. Ihr Gesicht war geschwollen und durch blaue Flecke entstellt. An ihrem Arbeitsplatz fragte sie niemand, wie sie zu den

Verletzungen gekommen war; sie selbst gab von sich aus keine Auskunft. Eine mitleidige Kollegin brachte ihr mittags einen Teller Suppe, denn es war klar, daß sie ihre Lippen nicht weit genug öffnen konnte, um irgend etwas Festes zu kauen. Dann kam ihr Mann ins Büro und verlangte, daß sie mit ihm nach Hause ging. Das wollte sie nicht, da sie befürchtete, er würde ihr wieder etwas antun. In Gegenwart von zwei Kollegen drehte er ihr den Arm auf den Rücken und zerrte sie aus dem Büro. Die Kollegen griffen nicht ein. Sie riefen aber auch nicht nach der Polizei oder sonst jemandem, um sicherzugehen, daß die Frau nicht in Gefahr geriet. Als später mehreren Leuten diese Geschichte erzählt wurde, äußerten diese alle, sie könnten verstehen, warum die Kollegen nicht eingegriffen hätten. Es sei doch ein Ehestreit gewesen und damit ein Eingreifen trotz des kriminellen Verhaltens des Gewalttäters »für Unbefugte verboten«.

In meiner Untersuchungsarbeit habe ich versucht, mißhandelte Frauen als Opfer gewalttätigen Verhaltens anzusehen und nicht als die Verursacher der Gewalt. Zwar taten oder sagten diese Frauen oft etwas, das den Gewalttäter erboste; es war aber eindeutig, daß er sie auch so geschlagen hätte. Irgend etwas im Verhalten der Frau sagte ihm, daß sie sein Recht, sie gewaltsam zu züchtigen, akzeptieren würde. Ich gebe ihr die Bezeichnung »Opfer«, weil ich überzeugt bin, daß unsere Gesellschaft durch ihre Festlegung der Rolle der Frau diese gesellschaftlich so geformt hat, daß sie glaubt, sie habe keine andere Wahl, als solch ein Opfer zu sein. Warum manche Frauen diese kulturelle Norm ablehnen, während andere ihr zum Opfer fallen, wird teilweise durch die psychologischen Theorien erklärt, die ich hier darlege. Zuerst ist es freilich notwendig, den Vorgang der Übernahme der Opferrolle zu verstehen.

Der Psychologe William Ryan wandte den Ausdruck »dem Opfer die Schuld geben« ursprünglich auf Menschen an, die Rassen-Diskriminierung erlebten. In seinem Buch *Blaming the Victim*, erörterte er, wie von Vorurteilen geprägte Haltungen den Täter ebenso wie das Opfer der Diskriminierung in Mitleidenschaft ziehen, was beide daran hindert, mit den jeweiligen Situationen angemessen umzugehen. Diese Haltungen tragen vielmehr zur Aufrechterhaltung des Status quo bei und verhindern so den offenen

Dialog, der für die Beseitigung rassischer Vorurteile erforderlich ist. Ferner halten sie das Opfer in einer klar vorgeschriebenen Rolle fest, die durch die klischeehaften irrigen Ansichten gegeben ist, und ermöglichen es den Selbstgerechten, ihre verdrehten Ansichten beizubehalten.

Für alle Frauen, die als Einzelne oder im Kollektiv Opfer von Gewalttätigkeiten, begangen von Männern, geworden sind, ist die Situation genauso. Dadurch, daß wir die Einstellung fortbestehen lassen, es sei vernünftig, das Opfer für seine Mißhandlung verantwortlich zu machen, sprechen wir letztendlich die Männer von ihrem Verbrechen frei. Aus den wissenschaftlichen Untersuchungen, die Dr. Margie Leidig an der Universität von Colorado durchgeführt hat, geht hervor, daß solche irrigen Vorurteile in sieben Bereichen der Gewalt gegen Frauen bestehen: 1. Mißhandlungen 2. Vergewaltigung 3. Inzest mit kleinen Mädchen 4. Pornographie 5. Prostitution 6. sexuelle Belästigung am Arbeitsplatz und 7. sexuelle Belästigung der Klientin durch den Arzt, den Therapeuten, den Rechtsanwalt und so weiter.

Daß man die Frauen beschuldigt, sie veranlaßten die Männer, sie zu mißhandeln, hat zur Beschämung, Verwirrung, Leugnung und zum weiteren Verlust der Selbstachtung bei den Frauen geführt. Der Täter fühlt sich in seinem gewalttätigen Verhalten gerechtfertigt, weil die Gesellschaft sagt, es ist ja eigentlich Schuld der Frauen, nicht seine. Seine Meinung, es wäre in Ordnung, sie zu schlagen, weil sie etwas getan hat, was ihn erboste, wird bestätigt. Was bei dieser Ideologie, daß das Opfer alles auslöst, übersehen wird, ist die Tatsache, daß solche Gewalt kein akzeptables Verhalten ist. Manche Forscher haben zwar versucht, das Verhalten der Täter dadurch zu begreifen, daß sie das etwaige provokative Verhalten des Opfers untersuchten, aber diese Forschung führt in Sackgassen hinein und fördert die Fortsetzung solcher Verbrechen dadurch, daß man sie rational begründet. Die Gewalt wird aber erst dann aufhören, wenn ein jeder, Mann oder Frau, damit aufhört, defensiv rationale Gründe zu suchen, und statt dessen anfängt zu begreifen, wie solch ein Handeln in unserer Kultur entsteht und warum es sich fortsetzt.

Vom Beginn meiner Arbeit an hatte ich den Eindruck, daß diese

Frauen von Männern körperlich und seelisch mißhandelt werden und dann in ihrem Zustand von einer Gesellschaft festgehalten werden, die gegenüber ihrer mißlichen Lage gleichgültig ist. Sie wurden also geschlagen und dann noch dafür getadelt, daß sie ihrem Geprügeltwerden kein Ende setzten. Man sagt ihnen, sie hätten die Freiheit, die Gewaltsituation aufzugeben, sie werden dann aber getadelt, sie zerstörten damit ihr Familienleben. Sie sind zwar frei, allein zu leben, können aber keineswegs erwarten, gleiche Bezahlung für gleiche Arbeit zu erhalten. Man ermutigt sie, ihren Gefühlen Ausdruck zu geben, und dann werden sie geschlagen, wenn sie Zorn zum Ausdruck bringen. Sie haben dasselbe unveräußerliche Recht, nach individuellem Glück zu streben, wie die Männer, aber sie müssen sicherstellen, daß die Männer und die Kinder zuerst zu ihrem Recht kommen. Sie werden getadelt, wenn sie nicht um Hilfe bitten; wenn sie es aber tun, rät man ihnen, nach Hause zu gehen und das unangemessene Verhalten abzustellen, das ihre Männer veranlaßt, ihnen weh zu tun. Sie tragen ja nicht nur die Verantwortung für ihre eigenen Prügel; sie müssen auch noch die Verantwortung für die geistige Gesundheit ihrer Schläger übernehmen. Wären sie nur bessere Menschen, so geht die Rede, dann würden sie auch einen Weg finden, nicht in die Opferrolle zu fallen. Wir müssen also die rechtfertigenden Denkklischees untersuchen, die dem wahren Verständnis für dieses Problem im Weg stehen.

Als ich damit anfing, mißhandelte Frauen zu befragen, bemerkte ich, wie tief sie von dem Diktum der Gesellschaft betroffen waren, sie seien verantwortlich für das, was mit ihnen geschieht, und sollten somit auch in der Lage sein, das zu beenden. Dies schwächte natürlich ihre Selbstachtung, die durch ihre Erlebnisse schon genug geschwächt worden war. Und es lähmte sie eher, als daß es sie anspornte, ihre Lebenssituation zu ändern. Die Frage »Warum bleiben mißhandelte Frauen in diesen Beziehungen?« ist immer wieder gestellt worden. Als offensichtlich wurde, daß dieses Problem epidemieartig verbreitet ist, erkannte ich allmählich, daß ich nach sozialpsychologischen Ursachen und nicht so sehr nach der seelischen Erkrankung des Individuums Ausschau halten mußte. Das Phänomen der gelernten Hilflosigkeit schien logisch genau zu passen. Ich war betroffen von den Ähnlichkeiten, die ich in den Beschreibungen mißhandelter Frauen erkannte im Vergleich mit den experimentellen Opfern gelernter Hilflosigkeit wie in Kapitel 2 dargestellt. Die Passivität der Frauen und ihre Unfähigkeit, eine Situation aufzugeben, selbst wenn man ihnen den Ausweg zeigte, war auffallend ähnlich dem Verhalten der Hunde in dem Experiment, das in jenem Kapitel erörtert wird. Es ist durchaus möglich, daß die Sozialisation nach Geschlechtsrollen in der frühen Kindheit die Frauen dafür empfänglich macht, Opfer von Männern zu werden, die ihrerseits gesellschaftlich so geprägt sind, daß sie Gewalt gegen Frauen anwenden. Warum die eine Frau geschlagen wird und die andere nicht, ist noch immer nicht klar. Vielleicht ist der Umfang und die Art der Geschlechtsrollenklischees in der Familie, aus der sie stammt, eine Erklärung. Sich mit einem Gewalttäter als Paar zusammenzutun muß als etwas *rein Zufälliges* angesehen werden, wenn *fünfzig Prozent* aller Frauen in ihrem Leben mißhandelt werden. Warum der eine Mann seine Frau mißhandelt, während ein anderer eine akzeptablere Alternative findet, ist ebenfalls noch ein Rätsel. Von der theoretischen Perspektive sozialen Lernens aus möchte ich vermuten, daß wir die Antworten finden, wenn wir besser verstehen, wie gewalttätiges Verhalten gelernt und von Generation zu Generation weitergegeben wird. Daher muß das zweite Kapitel über sozialpsychologische Theorien als ein Anfang betrachtet werden, als ein Rahmen, in dem weitere Forschung betrieben werden kann.

Daß gewalttätiges Verhalten, wenn es einmal aufgetreten ist, beibehalten wird, wurde in dieser Untersuchung ebenfalls zu einer zwingenden Frage. Ich wußte zwar, es wurde nicht etwa deshalb beibehalten, weil die Männer oder die Frauen Gefallen daran hatten, aber die Frage der näheren Einzelheiten, warum eine Frau in ihrer Beziehung blieb, erforderte eine Antwort. Die Entdeckung der Zyklustheorie der Gewalt ergab sich durch Deduktion aus den empirischen Tatsachen. Sie wird in Kapitel 3 dargelegt als ein wichtiges und praktisches Konstrukt. Ein Großteil meiner Behandlungsalternativen beruht auf der Abklärung der Verstärkungen für gewalttätige Beziehungen. Wenn der schale Charakter der kurzfristigen

Belohnungen solcher Beziehungen einmal bekannter geworden ist, werden sich Frauen meiner Meinung nach nicht weiterhin in die Opferrolle drängen lassen.

1 Klischee und Wirklichkeit

Über die Mißhandlung von Frauen ist wie über andere Gewaltverbrechen an ihnen ein Nebelschleier rechtfertigender Denkklischees gelegt worden. Alle diese Klischees haben die irrige Vorstellung weitergetragen, das Opfer habe den tätlichen Angriff selber ausgelöst. Manche dienten als Schutz vor Blamage; andere wurden geschaffen, um Helfer vor ihrer eigenen Entmutigung zu schützen, wenn es ihnen nicht gelang, der Brutalität ein Ende zu setzen. Es ist wichtig, all die Denkklischees, die sich um mißhandelte Frauen gebildet haben, zu widerlegen, damit wir voll und ganz verstehen, warum Mißhandlungen eigentlich geschehen, wie sie Menschen in Mitleidenschaft ziehen und wie man sie beenden kann.

Die mißhandelte Frau stellen sich die meisten Menschen vor als kleine, gebrechliche, verhärmte Person, die mal hübsch gewesen sein mag. Sie hat mehrere kleine Kinder, hat keinen Beruf erlernt und ist wirtschaftlich von ihrem Mann abhängig. Es wird oft angenommen, sie sei arm und gehöre einer Minderheit an. Sie ist es gewohnt, mit der Gewalt zu leben; ihre Ängstlichkeit und ihre Passivität werden besonders hervorgehoben. Auf manche mißhandelten Frauen paßt zwar diese Beschreibung, aber die Forschung beweist, daß es sich um ein irreführendes Stereotyp handelt.

Die meisten mißhandelten Frauen stammen aus der mittleren und der höheren Einkommensschicht, wo die durch den Wohlstand gegebene Macht in den Händen der Ehemänner liegt. Viele dieser Frauen sind groß und könnten durchaus versuchen, sich physisch zu verteidigen. Nicht alle haben Kinder; wo es der Fall ist, gehören diese nicht notwendigerweise einer bestimmten Altersgruppe an. Einige mißhandelte Frauen sind zwar ohne Arbeit; eine weitaus größere Zahl aber sind sehr kompetente Berufstätige und erfolgreiche Karrierefrauen, darunter Ärztinnen, Rechtsanwältinnen, Managerinnen, Krankenschwestern, Sekretärinnen, Nur-Hausfrauen und andere. Mißhandelte Frauen finden sich in allen Altersstufen, Rassen, ethnischen und religiösen Gruppierungen, sozioökonomischen Gruppen und auf allen Bildungsebenen. Wer sind aber nun die mißhandelten Frauen? Wenn Sie eine Frau sind, dann besteht eine 50-prozentige Wahrscheinlichkeit, daß Sie es sein könnten!

Klischee Nr. 1: Der Problemkomplex der Mißhandlung der Frau betrifft nur einen kleinen Prozentsatz der Bevölkerung.

Wie die Vergewaltigung ist auch die Mißhandlung amerikanischer Frauen ein Verbrechen, über das nur sehr wenig berichtet wird. Daten über das Verprügeln von Ehefrauen sind schwer zu erlangen, weil sich der Vorgang in der Regel in der Nacht zu Hause ohne Zeugen abspielt. Die Statistiken über Frauenmißhandlungen liegen vergraben in den Akten über Anrufe bei der Polizei wegen Familienzwistigkeiten, in den Krankenhausakten der Notaufnahme und in den Akten von Sozialdiensten, Psychologenpraxen und Lebensberatern. Die US-amerikanische Kommission für Bürgerrechte hat kürzlich eine Untersuchung abgeschlossen, die die Vermutung unterstützt, daß es in den Akten der Polizei infolge mangelhafter Berichtsmethoden fälschlicherweise nur spärlich Protokolle über mißhandelte Frauen gibt. Meine eigene Schätzung geht dahin, daß nur eine von zehn Frauen Mißhandlungen meldet.

Marjorie Fields, eine New Yorker Anwältin, die sich auf Frauenmißhandlungen spezialisiert hat, berichtet, daß von 500 Frauen, die an Scheidungsprozessen in Brooklyn 1976 beteiligt waren, 57,4 % sich beklagten, sie seien von ihren Ehemännern physisch angegriffen worden. Sie hatten diese Angriffe etwa vier Jahre lang erlitten, bevor sie die Scheidungsklage einreichten. Einer Studie von Levinger zufolge berichteten von 600 scheidungswilligen Frauen in Cleveland 36,8 %, daß sie von ihren Männern körperlich mißhandelt wurden. In der ersten epidemiologischen Studie über mißhandelte Frauen in den USA, durchgeführt von den Soziologen Murray Straus, Richard Gelles und Susan Steinmetz, wird berichtet, daß 1976 in 28 Prozent aller amerikanischen Familien physische Attacken vorkamen. Diese Zahl – fast ein Drittel aller Familien – ist sicherlich Beweis, daß das Problem der mißhandelten Frau weit verbreitet ist.

Klischee Nr. 2: Mißhandelte Frauen sind masochistisch.

Schon immer war die vorherrschende Meinung die, daß nur Frauen geschlagen werden, die »es mögen und verdienen«. Noch vor zwanzig Jahren wurde in einer Studie über mißhandelte Frauen behauptet, Prügel würden von Frauen mit negativen Persönlichkeitsmerkmalen, einschließlich Masochismus, provoziert. »Guten Ehefrauen« wurde beigebracht, der richtige Weg, Attakken zu stoppen, sei es, das eigene Verhalten zu überprüfen und sich zu bemühen, es so zu ändern, daß man den Männern gefalle: weniger provokativ sein, weniger aggressiv, weniger frigide. Es fand sich dort keinerlei Hinweis darauf, daß es aus anderen Gründen als masochistischen zur Provokation kommen könnte, daß Aggressivität ein Versuch sein könnte, weitere Attacken abzuwehren, und daß Frigidität das sehr natürliche Resultat erlittener starker körperlicher und seelischer Schmerzen sein könnte. Für Mißhandlungen ist nun mal die Schuld auf die Frau gefallen, und das gewalttätige Verhalten des Mannes hat man bestehen lassen. Das Klischee von der masochistischen Frau ist bei all denen beliebt, die sich bemühen, die mißhandelte Frau zu verstehen. Wie mitfühlend die Leute auch sein mögen, sie kommen häufig zu dem Schluß, der Grund, warum eine mißhandelte Frau in solch einer Beziehung bleibt, sei der, daß sie masochistisch ist. Damit ist gemeint: dadurch, daß der geliebte Mann sie schlägt, erlebt sie ein gewisses Vergnügen, oft verwandt dem sexuellen Vergnügen. Weil das ein so weit verbreitetes Stereotyp ist, fragen sich viele mißhandelte Frauen allmählich, ob sie tatsächlich masochistisch sind.

Klischee Nr. 3: Mißhandelte Frauen sind verrückt.

Diese irrige Ansicht ist dem Masochismus-Klischee darin verwandt, daß die Schuld an der Mißhandlung den negativen Persönlichkeitsmerkmalen der Frau zugeschrieben wird. Die Überlebensstrategien mißhandelter Frauen haben ihnen oft die Fehldiagnose eingebracht, verrückt zu sein. Ungewöhnliche Handlungsweisen, die ihnen vielleicht helfen, in einer gewalttätigen Beziehung zu überleben, wurden von unaufgeklärten Medizinern und anderen Angehörigen helfender Berufe aus dem Zusammenhang gerissen. Mehrere Frauen in unserem Projekt berichteten, sie seien wegen Schizophrenie, Verfolgungswahn, schweren Depressionen in Krankenhäuser eingewiesen worden. Eine Frau, die davon sprach, sie höre Stimmen, die ihr sagten, sie solle ihren Mann töten, hatte zahlreiche Elektroschockbehandlungen erhalten. Aber wenn man nur zuhörte, wie sie die brutale Behandlung durch ihren Ehemann beschrieb, wurden ihre Halluzinationen sehr verständlich. Viele Frauen berichteten, sie hätten hohe Dosen Psychopharmaka von Ärzten bekommen, die auf ihre offensichtlichen Symptome reagierten und sich nicht bemühten, ihre Familiensituation zu verstehen. Es ist nicht klar, ob diese Frauen zum Zeitpunkt der Diagnose offen psychotisch waren. Als klinische Psychologin kann ich nur feststellen, daß zu dem Zeitpunkt, wo ich diese Frauen befragte, keine ausreichenden Hinweise auf derartige Störungen vorlagen. Eine Frau wurde von uns befragt, kurz nachdem sie aus einem staatlichen Krankenhaus entlassen worden war. Es war dafür gesorgt worden, daß sie vorübergehend ein Obdach bekam, sie bekam Rechtsbeistand zur Eröffnung des Scheidungsprozesses, und ihrem gewalttätigen Mann wurde ihr Aufenthaltsort nicht bekanntgegeben. Innerhalb weniger Tage besserte sich ihr geistiger Gesundheitszustand auffallend. Ich frage mich, wieviele weitere Frauen, die als geisteskrank fehldiagnostiziert wurden, in Wirklichkeit nur versuchten, mit ihrem Gewalttäter fertig zu werden. Nach den vielen Berichten, die ich von ihnen gehört habe, kann ich ihre Stärke nur bewundern, mit der sie ihre geistige Gesundheit bewahrt haben.

Klischee Nr. 4: Frauen der Mittelschicht werden nicht so oft oder so gewalttätig mißhandelt wie ärmere Frauen.

Die meisten bisher erstellten Statistiken über Mißhandlungen kamen aus Familien der unteren Schichten. Frauen dieser Schichten kommen aber eben leichter in Kontakt mit kommunalen Dienststellen, und daher sind ihre Probleme offenkundiger. Frauen der Mittel- und Oberschicht wollen nicht, daß ihre Mißhandlungen an die Öffentlichkeit gelangen. Sie befürchten die gesellschaftliche Blamage und eine Schädigung der Karrieren ihrer Ehemänner. Viele meinen außerdem, der Respekt, den ihre Männer in der Öffentlichkeit genießen, lasse eher Zweifel an der Glaubwürdigkeit ihrer Mißhandlungsgeschichten aufkommen. Daß mißhandelte Frauen seit kurzem im Zentrum öffentlichen Interesses stehen, hat freilich viele dieser Frauen aus der Mittel- und Oberschicht aus ihrer Zurückhaltung herausgeholt. Die Publizität, die diesem Problem jetzt gegeben wird, schafft ein Klima, in dem sie annehmen, daß ihnen jetzt endlich geglaubt wird. Sie sprechen von einem ungeheuren Gefühl der Erleichterung, wenn sie ihre Geschichte erzählt haben und feststellen, andere glauben ihnen jetzt.

Klischee Nr. 5: Frauen aus Minderheitengruppen werden öfter mißhandelt als Angloamerikanerinnen.

Die zu dieser Studie befragten Frauen waren lateinamerikanischer, indianischer, asiatischer und pazifischer Herkunft, ferner Schwarze sowie Angloamerikanerinnen. Obwohl jede von ihnen in einer Kultur mit unterschiedlichen Wertvorstellungen und Haltungen in bezug auf die Rollen von Männern und Frauen aufwuchs, vermochte keine irgendeinen Einfluß auf die von ihr erlebte Gewalttätigkeit zu nehmen. Angloamerikanische Frauen ebenso wie solche aus Minderheiten berichteten von ähnlichen Mißhandlungen und erlebten in ähnlicher Weise Verwirrung, Schuld und die Unfähigkeit, den Attacken ihrer Männer Einhalt zu gebieten. Frauen aus Minderheiten sprachen allerdings davon, daß sie weniger als Angloamerikanerinnen die Möglichkeit hätten, sich an jemanden um Hilfe zu wenden.

Klischee Nr. 6: Religiöse Überzeugungen verhindern Gewalttätigkeit.

Die katholischen, protestantischen, mormonischen, jüdischen, orthodoxen und sonstigen religiös eingestellten Frauen in meinem Forschungsprojekt gaben alle an, daß ihre religiösen Überzeugungen sie vor gewalttätigen Männern nicht schützten. Die meisten Frauen hatten religiöse Überzeugungen. Einigen half ihr Glaube an eine Gottheit, ihre Leiden zu ertragen; er gab ihnen Gewißheit und Trost. Manchmal war der Gottesdienstbesuch der einzige sichere Außenkontakt, den sie hatten. Andere gaben freilich an, sie gingen nicht mehr in die Kirche, um damit einen Konfliktpunkt mit ihrem gewalttätigen Partner auszuschalten. Noch andere gaben ihre Religion enttäuscht auf, weil sie die Empfindung hatten, ein gerechter und gnädiger Gott hätte sie nicht so sehr leiden lassen. Andere sagten, sie hätten ihren Glauben verloren, nachdem sie ohne Erfolg Hilfe bei einem religiösen oder spirituellen Führer gesucht hätten.

Manche Frauen erzählten, ihr religiöser Berater habe ihnen nahegelegt, sie sollten um Führung beten, bessere Frauen werden, nach Hause gehen und ihren Ehemännern dabei helfen, »spiritueller zu werden und Gott den Herrn zu finden«. Es braucht nicht gesagt zu werden, daß diese Frauen keine Zeit hatten zu warten, daß ihre Männer »Gott den Herrn finden«, während sie weiterhin brutal geschlagen wurden. Andere Frauen dagegen berichteten voll Freude, daß ihre menschlich eingestellten religiösen Berater ihre Probleme verstanden und ihnen halfen, aus ihren katastrophalen Beziehungen auszubrechen.

Klischee Nr. 7: Mißhandelte Frauen sind ungebildet und besitzen eine geringere berufliche Qualifikation.

Das Bildungsniveau der befragten Frauen reichte von der 5. Volksschulklasse bis zu akademischen Abschlüssen, darunter auch Doktortitel. Es handelte sich dabei um Nur-Hausfrauen, Lehrerinnen, Maklerinnen, Anwältinnen, Psychologinnen, Krankenschwestern, Geschäftsfrauen, Politikerinnen und erfolgreiche Managerinnen. Manche leisteten gute Arbeit in ihren Berufen, manche schlechte. Viele waren zwar erfolgreiche Karrierefrauen, erklärten aber, sie würden ihre Karrieren aufgeben, wenn das die Mißhandlungen in ihren Beziehungen beenden würde. Die meisten hatten es mit Berufswechsel oder Zuhausebleiben versucht, ohne daß dies irgendeine Wirkung auf das Verhalten ihrer Gatten gehabt hätte. Diejenigen Frauen, die vorzogen, Nur-Hausfrauen zu sein, bemühten sich geradezu heroisch, ihr Leben nicht vor die Hunde gehen zu lassen: Sie strengten sich sehr an, mit den Finanzen zurechtzukommen, reduzierten das Chaos in der Familie so weit wie möglich und waren bestrebt, das Leben ihrer prügelnden Gatten angenehm zu gestalten. Den meisten war der Status in ihrem Zuhause wichtiger als in ihrem Beruf. Damit hing aber ihre Selbstachtung von ihrer Fähigkeit ab, gute Ehefrauen und tüchtige Hausfrauen zu sein, und war nicht ein organischer Bestandteil ihrer erfolgreichen beruflichen Aktivitäten.

Klischee Nr. 8: Gewalttäter sind in allen Beziehungen brutal.

Ausgehend von den Frauen in meinem Projekt, schätze ich, daß nur etwa 20 % der mißhandelten Frauen mit Männern zusammenleben, die nicht nur ihnen gegenüber gewalttätig sind, sondern gegenüber jedem, der ihnen in den Weg kommt. Leider ist es gerade diese Gruppe von Männern, die am meisten erforscht worden ist. Sie gehören oft zu den Ärmeren und leben außerhalb der üblichen gesellschaftlichen Normen. Oft haben sie weniger Möglichkeiten oder erlernte Fähigkeiten, die ihnen helfen könnten, mit der Welt fertig zu werden. Von solchen Männern werden die meisten Straßenverbrechen begangen. Sie haben aber auch den meisten Kontakt mit den gesellschaftlichen Institutionen und haben offenbar laufend Schwierigkeiten mit der Polizei. Sie leben oft von der Sozialhilfe; ihre Kinder haben in der Schule Verhaltens- und Lernprobleme; sie sind die Klienten von Polikliniken. Gerichte schicken sie statt ins Gefängnis zu Therapien. Weil so viele unserer Mittel für diese Menschen eingesetzt werden, scheint es oft so, daß sie für alle Gewalttätigkeiten in unserer Kultur repräsentativ sind. Das ist aber, wenn es um mißhandelte Frauen geht, einfach nicht wahr. Die meisten Männer, die ihre Frauen mißhandeln, sind in anderen Zusammenhängen ihres Lebens im allgemeinen nicht gewalttätig.

Klischee Nr. 9: Gewalttäter sind beruflich erfolglos und wissen nicht, wie sie mit der Welt fertig werden sollen.

Es ist behauptet worden, daß Männer, die sich ihren Frauen unterlegen fühlen was ihre Fähigkeiten betrifft, sich in die Gewalt flüchten. Gegenteilige Ergebnisse sind aus England berichtet worden, wo bei Ärzten, Sozialdienstmitarbeitern und der Polizei die höchste Zahl von Mißhandlungen an Ehefrauen vorkam. Die meisten beruflich erfolgreichen Frauen, die freiwillig an diesem Forschungsprojekt teilnahmen, hatten ähnlich erfolgreiche Ehemänner. Zu den wohlhabenden Gewalttätern gehörten Ärzte, Anwälte, Staatsbeamte, Manager, Wissenschaftler, Professoren und Vertreter. Viele dieser Männer gaben einen guten Teil ihrer Zeit und Energie her für Tätigkeiten in der Gemeinde. Oft wären sie gar nicht in der Lage, ihre hohe Produktivität aufrechtzuerhalten, wenn sie nicht von ihren Frauen unterstützt würden. In einer Stadt assistierte die Frau des Bürgermeisters, deren Make-up-Schichten die schweren Blutergüsse verdeckten, die ihr Mann ihr zugefügt hatte, ihm regelmäßig bei allen seinen Amtspflichten. In manchen Fällen verloren früher erfolgreiche Männer ihre Leistungsfähigkeit wegen Alkohol oder emotionaler Probleme. Von vielen Männern berichteten die Frauen, sie seien in ihren Leistungen schwankend. Als Gesamtgruppe aber wären die Gewalttäter in diesem Sample in bezug auf Tüchtigkeit von anderen Männergruppen nicht zu unterscheiden.

Klischee Nr. 10: Trinken ist die Ursache für gewalttätiges Verhalten

Mehr als die Hälfte der mißhandelten Frauen in diesem Sample gab an, es bestehe eine Beziehung zwischen Alkohol und Mißhandlungen. Viele neigten dazu, das Trinken ihrer Männer für die gewalttätigen Vorfälle verantwortlich zu machen. Bei näherem Befragen wurde jedoch klar, daß die Männer sie schlugen, ob sie getrunken hatten oder nicht. Eine gewisse Verbindung zwischen Trinken und Schlagen kann aber doch nicht abgestritten werden. Worin diese genau besteht, läßt sich noch immer nicht sagen. Es ist allerdings wohl vernünftig anzunehmen, daß in vielen Fällen Alkohol als Auslösefaktor verantwortlich gemacht wird, während er in einer gewalttätigen Beziehung nur *eine* Komponente ist. Für die mißhandelte Frau ist es psychologisch leichter, die Gewalttätigkeit auf die Trunkenheit des Mannes zu schieben. Die Männer in diesem Projekt tranken oft zur Beschwichtung ihrer Ängste. Trinken schien ihnen ein Gefühl der Macht zu geben. Viele Frauen glaubten, wenn sie ihre Männer dazu bringen könnten, mit dem Trinken aufzuhören, dann würde das Schlagen aufhören. Leider aber trat das eben nicht ein.

Die schlimmsten körperlichen Mißhandlungen mußten tatsächlich die Frauen erleiden, deren Männer ständig tranken. Aber wir müssen noch eine ganze Weile weiterforschen, bis wir mehr über den Zusammenhang zwischen Trinken und Schlagen wissen. Ich habe den starken Verdacht, daß es spezielle Veränderungen in der Zusammensetzung des Blutes gibt, die bei einer generalisierten Streßreaktion, wie z. B. dem Schlagen, auftreten. Darüber hinaus mag es sich dabei um dieselben chemischen Stoffe handeln, die im Blut von Alkoholikern zu finden sind. Es ist durchaus möglich, daß grundlegende Veränderungen im chemischen Aufbau des Gehirns die Ursache für beide Zyklen sind. Es steht zu hoffen, daß wir in dem Maße, wie unsere wissenschaftliche Technik präziser wird, in der Lage sein werden, mit größerer Genauigkeit diese chemischen Veränderungen zu messen.

Klischee Nr. 11: Gewalttäter sind Psychopathen.

Wenn man Gewalttäter als asoziale und psychopathische Persönlichkeiten ansehen könnte, dann könnte der individuelle seelische Krankheitszustand zur Unterscheidung der Gewalttäter von normalen Männern herangezogen werden. Leider ist die Sache so einfach nicht. In unserem Sample wurde von den Gewalttätern berichtet, sie hätten viele Arten von Persönlichkeitsstörungen neben den psychopathischen. Ein Charakteristikum, das sie tatsächlich mit echten Psychopathen gemeinsam haben, ist ihre außergewöhnlich ausgeprägte Fähigkeit, Charme als eine Methode der Manipulation einzusetzen.

Alle befragten Frauen beschrieben ihre Peiniger als gespaltene Persönlichkeiten, ganz so wie Dr. Jekyll und Mr. Hyde. Der Gewalttäter kann entweder sehr, sehr lieb oder ganz, ganz schrecklich sein. Darüber hinaus kann er zwischen diesen beiden Charakteren hin und her pendeln mit der Raffinesse eines Hochstaplers. Im Gegensatz zum Psychopathen empfindet der Gewalttäter jedoch ein Gefühl der Schuld und Scham über seine unbeherrschten Handlungen. Wenn er mit seiner Gewalttätigkeit aufhören könnte, würde er es tun.

Klischee Nr. 12: Die Polizei kann mißhandelte Frauen schützen.

Die Frauen in diesem Projekt glauben ganz offensichtlich nicht, daß das zutrifft. Nur 10 Prozent haben jemals die Polizei zu Hilfe gerufen. Von diesen haben die meisten gesagt, die Polizei sei ineffektiv gewesen: Sobald die Polizisten abzogen, gingen die Tätlichkeiten von neuem und um so stärker los.

Der Soziologe Murray Straus hat in seinen Studien über Gewalt in der Familie solche Übergriffe ein Verbrechen genannt und erklärt, käme die Gewalt in einem beliebigen anderen Rahmen und nicht zu Hause vor, würde sie Strafverfolgung nach sich ziehen. Er zitiert Untersuchungen, die angeben, daß zwischen 25 und 67 Prozent aller Morde in allen Gesellschaften innerhalb der Familie vorkommen.

Eine kürzlich in Kansas City und Detroit abgeschlossene Studie zeigt, daß in diesen Städten bei 80 Prozent aller Mordfälle die Polizei ein- bis fünfmal vorher interveniert hatte. Somit ist im Zusammenhang von Mann und Frau ein Mord kein »Verbrechen aus Leidenschaft«, sondern vielmehr das Endresultat lang anhaltender, ungehemmter Gewalt.

Klischee Nr. 13: Ein Gewalttäter ist kein liebevoller Partner.

Dieses Klischee ist der Ursprung anderer irriger Ansichten, ganz besonders der von der masochistischen Frau. Frauen hat man beschuldigt, sie liebten die Brutalität der Schläger und nicht deren Freundlichkeit, denn die Gesellschaft fand es schwierig, das liebevolle Verhalten von Gewalttätern zu begreifen. Diese werden aber von ihren Opfern oft, wenn sie nicht gerade gewalttätig sind, als spaßige kleine Jungen beschrieben. Sie sind lustig, aufmerksam, empfindsam, anregend und liebevoll gegenüber ihren Frauen. Die später beschriebene Zyklustheorie der Gewalttätigkeit erklärt, wie gerade das liebevolle Verhalten der Gewalttäter die Frauen in der gewalttätigen Beziehung festhält.

Klischee Nr. 14: Wer seine Frau schlägt, schlägt auch seine Kinder.

Diese Ansicht ist bis zu einem gewissen Grade in Tatsachen begründet. In meinem Sample schlägt etwa ein Drittel der Gewalttäter die Kinder. Von diesen Männern wurde auch vermutet, sie verhielten sich gegenüber ihren Töchtern sexuell verführerisch. In einem weiteren Drittel der Fälle schlugen mißhandelte Frauen ihre Kinder.

Die Kinder im letzten Drittel wurden zwar nicht körperlich mißhandelt, sie erlitten aber eine heimtückischere Art der Kindesmißhandlung, insofern sie in der Familie lebten, in der der Vater die Mutter schlug. Diejenigen Frauen in meinem Sample, die erlebt hatten, daß der Vater ihre Mutter schlug, berichten von seelischen Narben, die niemals heilten. Kinder, denen ich während dieser Forschungsarbeit begegnete, machten offenbar ähnliche Traumen durch. Das National Center for Child Abuse and Neglect (Nationales Zentrum für Kindesmißhandlung und -vernachlässigung) hat einen Bericht vorgelegt, wonach der Prozentsatz der Männer in gewalttätigen Beziehungen, die auch ihre Kinder schlagen, größer ist als der von Männern, die das nicht tun. Die Daten des National Center zeigen, daß es, wenn es in diesen Familien zu parallel verlaufender Kindesmißhandlung kommt, diese zu 70 Prozent von den Männern begangen wird.

Klischee Nr. 15: Einmal eine mißhandelte Frau, immer eine mißhandelte Frau.

Diese irrige Ansicht ist der Grund, warum viele Menschen Frauen nicht ermutigt haben, ihre gewalttägige Beziehung zu verlassen. Sie meinen, die Frau würde sich doch nur wieder einen gewalttätigen Mann zulegen. Zwar hatten mehrere Frauen in diesem Sample eine Reihe von gewalttätigen Beziehungen, aber dieses Schema traf keineswegs auf die meisten der Befragten zu. Sie wollten wohl eine neue intime Beziehung zu einem Mann, aber sie waren außerordentlich darauf bedacht, sich nicht wieder einen gewalttätigen Mann auszusuchen. Bei älteren Frauen, die eine gewalttätige Beziehung aufgegeben hatten, war die Zahl der Wiederverheiratungen gering. Die meisten hatten eine Ehe verlassen gegen den Rat der Familien und der Freunde. Sie wollten lieber allein sein, als die Mann-Frau-Beziehung noch einmal zu probieren. Frauen, die ein gewisses für sie hilfreiches Eingreifen erlebt hatten, heirateten kaum wieder einen Gewalttäter.

Klischee Nr. 16: Einmal ein Gewalttäter, immer ein Gewalttäter.

Wenn die sozialpsychologische Lerntheorie für gewalttätiges Verhalten stimmt, dann kann man Gewalttätern beibringen, hinsichtlich ihrer aggressiven Reaktionen umzulernen. Selbstbehauptung statt Aggression, Verhandeln statt Zwingen ist dann das Ziel. Meine theoretische Perspektive besagt also, daß der Irrglaube »einmal ein Gewalttäter, immer ein Gewalttäter« eben ein Irrglaube ist. Bis jetzt ist das durch keine Analyse von Daten widerlegt worden.

Klischee Nr. 17: Lang anhaltende gewalttätige Beziehungen können sich bessern.

Das möchte zwar jeder glauben, der von der positiven Kraft von Verhaltensänderungen überzeugt ist, meine Untersuchungen haben aber nicht gezeigt, daß das zutrifft. Beziehungen, die dadurch aufrechterhalten wurden, daß der Mann Macht über die Frau hat, widersetzen sich hartnäckig einem Arrangement der Machtaufteilung nach dem Gleichheitsprinzip. Selbst bei bester Unterstützung werden diese Beziehungen daher nicht frei von Gewalt. Bestenfalls finden gewalttätige Übergriffe weniger häufig statt und weniger schwer. Ohne jegliche Hilfe steigern sie sich bis zu Mord und Selbstmord. Für solche Paare liegt die größte Hoffnung in der Beendigung der Beziehung. Mit einem neuen Partner besteht die größere Chance, daß sie die Machtstruktur neu gestalten und als Gleiche in einer gewaltlosen Beziehung leben können.

Klischee Nr. 18: Mißhandelte Frauen verdienen ihre Prügel.

Die absurde Vorstellung, daß mißhandelte Frauen provozieren, daß sie verprügelt werden, indem sie ihre Männer über den kritischen Punkt hinaus reizen, ist weit verbreitet. Jeder kann eine Geschichte erzählen, in der die Frau offensichtlich verdiente, was sie bekam: Sie war zu herrisch, zu beleidigend, zu schlampig, zu patzig, zu wütend, zu widerlich, zu provozierend oder zu sehr sonst irgendwas. In einer Kultur, in der jeder zwischen Siegern und Verlierern Partei ergreift, meint man, Frauen, die ständig geschlagen werden, verdienen das. Es wird angenommen, wenn sie nur ihr Verhalten ändern würden, würden die Gewalttäter ihre Selbstbeherrschung wiedererlangen. Die Berichte der Frauen in diesem Projekt zeigen jedoch, daß die Gewalttäter ihre Selbstbeherrschung wegen ihrer eigenen inneren Gründe verlieren, nicht wegen der Dinge, die die Frauen taten oder nicht taten. Darüber hinaus enthebt, philosophisch gesehen, dieser Irrglaube die Männer der Verantwortung für ihre Handlungen. Es gibt aber niemanden, der diese Art von Brutalität, wie sie auf den folgenden Seiten dargestellt wird, wirklich verdient hätte.

Klischee Nr. 19: Mißhandelte Frauen können jederzeit ihre Familie verlassen.

In einer Gesellschaft, in der Frauen kulturell dahingehend indoktriniert werden, daß Liebe und Ehe ihre wahre Erfüllung seien, riskiert man nichts, wenn man so tut, als stünde es ihnen frei, die Familie zu verlassen, wann immer die Gewalttätigkeit überhand nimmt. In Wahrheit haben mißhandelte Frauen nicht die Freiheit, fortzugehen, wenn sie attackiert wurden. Ihre seelische Unfähigkeit, das zu tun, wird im nächsten Kapitel eingehend beschrieben. Teil II befaßt sich mit der bitteren Realität, daß man keinen Ort hat, wo man hingehen könnte, und keine Mittel, um zu überleben. Eine mißhandelte Frau ist nicht so frei, daß sie ohne Hilfe ihren Zustand als Opfer beenden könnte.

Klischee Nr. 20: Gewalttäter beenden ihre Gewaltakte »wenn wir erst mal verheiratet sind«.

Eine kleine Zahl von Frauen in diesem Sample berichtete von Gewalt in ihren vorehelichen Beziehungen. Sie dachten, ihre Männer würden mit den Mißhandlungen aufhören, wenn sie erst einmal verheiratet wären, weil die Männer sich dann sicherer fühlen und mehr Vertrauen haben würden, daß die Liebe ihrer Frauen ausschließlich ihnen gilt. In jedem dieser Fälle hat sich das eheliche Glück nicht eingestellt. Vielmehr nahmen der Argwohn und das besitzergreifende Verhalten der Gewalttäter noch zu – parallel zu der steigenden Zahl von Gewaltakten.

Klischee Nr. 21: Kinder brauchen ihren Vater, selbst wenn er gewalttätig ist – oder »Ich bleibe ja nur um der Kinder willen«.

Dieses Klischee fällt schneller in sich zusammen als andere, wenn man ihm das Datenmaterial über die hohe Zahl von Kindern gegenüberstellt, die in den Familien mit starkem Gewaltpotential körperlich und sexuell mißhandelt werden. Zweifellos gehören in einer idealen Familie zu den Kindern auch Mutter und Vater. Im Vergleich zu Kindern von Alleinerziehenden sagen jedoch die Kinder mißhandelnder Eltern alle, sie würden lieber mit nur einem Elternteil leben. Die riesige Erleichterung, mit nur einem Elternteil zu leben, wird von Kindern, die vorher in gewalttätigen Familien gelebt hatten, in allen Fällen umfassend zum Ausdruck gebracht. In diesem Sample hatten kleine Kinder aus Familien, wo der Vater die Mutter schlug, schwere emotionale und schulische Probleme. Die Frauen in diesem Sample blieben noch lange, nachdem die Kinder ihr Zuhause verlassen hatten, bei ihren Peinigern, und »beerdigten« so den Irrglauben, sie blieben, weil das für die Kinder besser sei. Sie blieben wegen der symbiotischen Liebesbande, die sich gewöhnlich in solchen Beziehungen im Laufe der Zeit herausbilden.

Wer aber sind nun die mißhandelten Frauen?

Die gemeinsamen Charakteristika mißhandelter Frauen

Wie schon früher ausgeführt, waren die für dieses Buch befragten Frauen eine uneinheitliche Gruppe, bestehend aus allen Altersstufen, Rassen, Religionen (auch solche ohne Religion), Bildungsniveaus, Kulturen und sozioökonomischen Gruppen. Die jüngste war 17 Jahre alt und die älteste 76. Die kürzeste gewalttätige Beziehung dauerte zwei Monate, die längste 53 Jahre; dann starb der Gewalttäter eines natürlichen Todes.

Für die mißhandelte Frau in diesem Projekt gilt allgemein:

1. Sie hat eine geringe Selbstachtung,
2. sie glaubt all die irrigen Ansichten über gewalttätige Beziehungen,
3. sie hängt in bezug auf ihr Zuhause an Traditionen und hält sehr viel vom Zusammenhalt der Familie und dem Klischee der vorgeschriebenen weiblichen Geschlechtsrolle,
4. sie übernimmt die Verantwortung für die Handlungen des Gewalttäters,
5. sie hat Schuldgefühle, streitet aber die panische Angst und den Zorn, den sie empfindet, ab,
6. sie zeigt der Welt ein passives Gesicht, hat aber die Stärke, ihre Umwelt so zu manipulieren, daß sie verhindert, weiterhin gewalttätig behandelt oder gar umgebracht zu werden,
7. sie steht unter starkem Streß und trägt psychophysiologische Beschwerden davon,
8. sie benutzt den Geschlechtsverkehr, um so Intimität herzustellen,
9. sie ist überzeugt, niemand sei in der Lage, ihr zu helfen, ihre üble Lage zu ändern, außer sie selbst.

Einige Frauen waren nicht verheiratet und lebten mit ihren Peinigern nicht zusammen; die meisten jedoch lebten mit ihnen oder waren mit ihnen verheiratet. Viele Frauen berichteten, sie hätten vor der Ehe mit ihren gewalttätigen Männern zusammengelebt, ohne Mißhandlungen durchzumachen. Das fing gewöhnlich in den ersten sechs Monaten ihrer Ehe an. Einige Frauen hatten keine Kinder; mehrere hatten sieben oder mehr; einige wenige wurden während ihrer Schwangerschaft interviewt. Für viele war es ihre erste Ehe, für andere die zweite, dritte und in einem Fall die fünfte. Während einige Frauen noch immer mit den Gewalttätern zusammenlebten, hatten andere, bevor sie an diesem Forschungsprojekt teilnahmen, die Beziehung bereits aufgegeben. Eine Anzahl Frauen fing mit der Beendigung ihrer gewalttätigen Beziehung an, während die Interviewer noch mit ihnen in Kontakt waren. Mehrere Frauen wurden, während sie sich im Krankenhaus von den Verletzungen erholten, die ihnen der Gewalttäter zugefügt hatte, an uns verwiesen. Nach allem, was ich weiß, ist keine dieser Frauen verstorben. Vier haben ihren Ehemann umgebracht, und mehrere andere wurden wegen Körperverletzung verhaftet. Die Frauen, die mit uns sprachen, lebten in städtischer Umgebung, in Vororten und in abgelegenen ländlichen Regionen. Sehr viele Frauen lebten in Gegenden, die Anonymität gewähren. Viele Frauen aus dem Großraum Denver lebten in den Ausläufern der Gebirge, wo sie isoliert waren, besonders im Winter.

Geringe Selbstachtung

Wegen ihrer verringerten Selbstachtung unterschätzten diese Frauen typischerweise ihre Fähigkeit, irgend etwas zu bewerkstelligen. Sie zweifelten an ihrer Kompetenz und spielten jeglichen Erfolg, den sie hatten, herunter. Jene mißhandelten Frauen, die Aktivitäten außerhalb der Familie aufweisen konnten, beurteilten ihr Können und ihre Leistungen draußen realistischer als sie es in bezug auf ihre Aufgaben und Pflichten als Ehefrau und Hausfrau vermochten. Sie waren ständig im Zweifel über ihre Fähigkeiten als Hausfrauen, Köchinnen oder Liebhaberinnen. Die ständige Kritik ihres Mannes in diesen Bereichen beeinflußte ihr Urteilsvermögen negativ. Frauen haben es im allgemeinen nicht gelernt, ihr Leben zu Hause und ihr Leben draußen so wie die Männer zu integrieren. Sie neigen dazu, ihre Leistungen zu Hause und draußen nach getrennten Kriterien zu beurteilen. In bezug auf Leistungen zu Hause sind mißhandelte Frauen meist traditionell eingestellt, da das ja die Grundlage für ihre Selbstachtung ist. Aktivitäten außerhalb der Familie spielen einfach in der Bewertung dessen, wie sie sich selbst empfinden, keine Rolle. Wenn die Dinge zu Hause nicht gut laufen, hält sich die mißhandelte Frau also für eine Niete. Sie hat sich all die kulturellen Irrtümer und Klischees zu eigen gemacht und lädt sich die Schuld am Verhalten des Gewalttäters auf. Sie stimmt mit der Ansicht der Gesellschaft überein, daß der Gewalttäter sein Verhalten ändern würde, wenn sie nur ihr Verhalten ändern könnte. Hat sie mit ihm eine Zeitlang zusammengelebt, ist sie sich dessen bewußt, daß sie ihn zwar oft bis zu einem gewissen Grade manipulieren kann, in Wahrheit aber nur wenig Kontrolle über sein Verhalten hat. Dadurch hält sie sich noch mehr für eine Niete. Die meisten der befragten Frauen kamen schließlich so weit zu sagen, daß sie sich immer noch nicht ganz sicher seien, ob es nicht doch etwas gäbe, das sie anders hätten machen können, wodurch sie den Gewalttäter hätten veranlassen können, sein Verhalten zu ändern.

Traditionalistinnen

Die traditionsgebundene Orientierung der mißhandelten Frau zeigt sich deutlich in ihrer Ansicht über die Rolle der Frau in der Ehe. Erst einmal akzeptiert sie bereitwillig die Vorstellung, daß »der richtige Platz für eine Frau in der Familie ist«. Ganz gleich, wie wichtig ihr ihre Karriere auch sein mag, sie ist bereit, diese aufzugeben, wenn es den Gewalttäter glücklich macht. Oft tut sie das dann auch, was zu wirtschaftlicher Not in der Familie führt. Selbst jene, die glauben, daß Frauen das Recht auf eine Karriere haben, vermuten, daß gerade diese Karriere die Schwierigkeiten des Gewalttäters verursacht. Andere Frauen, die die Berufsarbeit nicht aufgeben können, haben Schuldgefühle. Viele dieser Frauen arbeiten zwar, weil die Familie das Geld braucht, aber sie sagen auch, daß die am Arbeitsplatz verbrachte Zeit ihnen eine kurze Verschnaufpause von dem unterdrückenden Einfluß des prügelnden Partners bietet. Das

Bedürfnis des Mannes, seine Frau ganz in Besitz zu nehmen, ist oft die Ursache, daß sie ihre Arbeit verliert oder aufgibt. Der Gewalttäter malträtiert sie mit seinen ewig wiederkehrenden Verdächtigungen über ihr angebliches Verhalten am Arbeitsplatz. Gewöhnlich ist er eifersüchtig auf ihre Beziehungen in der Arbeit, besonders auf die mit anderen Männern.

Mißhandelte Frauen, die berufstätig sind, geben ihrem Mann ihr Geld ab. Sogar jene Frauen, die die finanzielle Stabilität der Familie schaffen, meinen, ihr Einkommen gehöre ihrem Ehemann. Letzten Endes geben sie dem Mann das Recht, die endgültigen Entscheidungen darüber zu treffen, wie die Familieneinnahmen ausgegeben werden. Die mißhandelte Frau sieht den Mann als das Oberhaupt der Familie an, selbst wenn in vielen Fällen sie diejenige ist, die die Familie zusammenhält; sie trifft die Entscheidungen in finanziellen Dingen und in bezug auf das Wohlergehen der Kinder; sie macht den Haushalt und hat oft noch einen Beruf. Sie legt sich krumm, um sicherzugehen, daß ihr Mann das Empfinden hat, er ist das Oberhaupt der Familie. Einige der befragten Frauen verrieten uns, zu welchen raffinierten Täuschungsmanövern sie greifen mußten, um etwas Geld auf die Seite zu legen – Geld, das sie insgeheim sparten, um die Ehe aufzugeben. Oft haben sie das dann nicht durchgezogen, aber ihr Notgroschen half ihnen, überhaupt zurechtzukommen. Andere verließen die Beziehung, sobald sie genug Geld hatten.

Wahrerinnen des Friedens

Eine weitere häufig bei mißhandelten Frauen vorkommende Verhaltensweise ist das Bemühen, andere Menschen und Ereignisse in der Umgebung unter Kontrolle zu halten, um so den Gewalttäter daran zu hindern, seine Beherrschung zu verlieren. Die Frau glaubt, daß sie, wenn sie alle Faktoren in seinem Leben im Griff hat, ihn davor bewahren kann, wütend zu werden. Sie macht sich selbst dafür verantwortlich, ein für jeden sicheres Umfeld zu schaffen. Eine der befragten Frauen verwandte im Interview sehr viel Zeit darauf, die Anstrengungen zu schildern, die es sie kostete, ihre Mutter, seine Mutter und ihre eigenen Kinder unter Kontrolle zu halten, so daß niemand ihren Mann aus der Fassung bringen würde. Sie fand heraus, daß das Leben zu Hause angenehm war, wenn sie alle diese Menschen durch interessante Manöver in Schach hielt. Sobald jemand aus der Reihe tanzte, fing ihr Mann mit dem Prügeln an.

Reaktionen auf schweren Streß

Die mißhandelten Frauen in diesem Sample arbeiteten angestrengt und lebten dabei ständig in Streß und Angst. Das wirkte sich körperlich und seelisch auf sie aus. Die meisten mißhandelten Frauen sagten zwar, sie könnten während eines Gewaltaktes Schmerz sehr lange aushalten, andererseits aber gehen sie oft wegen verschiedener leichterer Beschwerden zum Arzt. Mißhandelte Frauen klagen oft über große Müdigkeit, Rückenschmerzen, Kopfschmerzen, allgemeine Unruhe und Schlaflosigkeit. Bei den seelischen Beschwerden handelt es sich häufig um Depression, Angst und generelles Mißtrauen. Mißtrauisch zu sein und verschlossen, hilft einer Frau oft, weitere Prügel zu vermeiden. Viele dieser Frauen geben sich größte Mühe, ein paar Augenblicke zu finden, wo sie von ihren aufdringlichen Männern ungestört sind. Oft verbergen sie vor ihren Männern Dinge, von denen sie befürchten, sie könnten einen neuen Gewaltakt auslösen.

Gewalt in der Kindheit und Geschlechtsrollen-Klischees

Es interessierte mich sehr zu erfahren, ob die mit ihren Ehemännern in gewalttätigen Beziehungen lebenden Frauen mit ihren Eltern auch in solchen Beziehungen gelebt hatten. In einer kleinen Anzahl von Fällen war dies zwar so, aber viel mehr Frauen berichteten, daß sie zum ersten Mal im Zusammenleben mit ihrem Ehemann einem gewalttätigen Mann ausgesetzt waren. Ihre Väter beschrieben sie als Traditionalisten, die ihre Töchter wie zerbrechliche Puppen behandelten. Die Töchter sollten hübsch und damenhaft sein und sollten heranwachsen, um nette junge Männer zu heiraten, die für sie sorgen würden, wie ihre Väter es getan hatten. Als kleine Mädchen abgöttisch geliebt, konnten diese Frauen in den Augen ihrer Väter nichts Unrechtes tun. Durch solches Verhätscheln und die Erziehung nach Geschlechtsrollen-Klischees lernten sie, daß sie nicht kompetent seien, für sich selbst zu sorgen, und daher auf Männer angewiesen sein würden.

Die gemeinsamen Charakteristika gewalttätiger Männer

Wer sind nun die Gewalttäter? Die in den Berichten beschriebenen Gewalttäter sind ebenfalls eine uneinheitliche Gruppe. Bei ihnen waren alle Altersstufen, Rassen, Religionen (auch solche ohne Religion), alle Bildungsniveaus, Kulturen und sozioökonomischen Gruppen vertreten. Der jüngste war 16 Jahre alt und der älteste 76. Für den uninformierten Beobachter waren sie nicht zu erkennen und durch demographische Daten nicht charakterisiert.

Im allgemeinen hat der Gewalttäter den Frauen in diesem Sample zufolge:

1. eine geringe Selbstachtung,
2. er glaubt all die irrigen Ansichten über gewalttätige Beziehungen,
3. er ist ein Traditionalist, der an die männliche Vormachtstellung glaubt und an das Klischee der männlichen Geschlechtsrolle in der Familie,
4. er macht andere für seine Handlungen verantwortlich,
5. er ist geradezu pathologisch eifersüchtig,
6. er zeigt eine gespaltene Persönlichkeit,
7. er steht unter starkem Streß, mit dem er durch Trinken und Verprügeln der Frau fertigzuwerden versucht,
8. er benutzt Sex häufig als einen Akt der Aggression, um seine Selbstachtung angesichts schwindender Virilität zu steigern,
9. er glaubt nicht, daß sein gewalttätiges Verhalten negative Folgen haben könnte.

Die ersten drei Charakteristika der Gewalttäter sind denen der mißhandelten Frauen auffallend ähnlich. Für Gewalttäter ist es typisch, daß sie bestreiten, sie hätten ein Problem, obwohl sie sich dessen bewußt sind; sie werden wütend, sollten ihre Frauen die wahre Situation verraten. Diese Männer wollen das Problem gar nicht erörtern, und Versuche, mehr über Gewalttäter zu erfahren, waren nicht von Erfolg gekrönt. Wenn dann diese Männer in ein Interview einwilligen, oft um ihren Frauen in der reuigen und liebevollen Phase eine Freude zu machen, können sie die Einzelheiten eines akuten Gewaltaktes nicht beschreiben. Sie gehen Fragen aus dem Wege oder behaupten, sie erinnerten sich nur an einen kleinen Teil des Vorgefallenen. So kommt das Wissen, das wir über diese Männer haben, von den mißhandelten Frauen selbst und von unseren wenigen, mageren Beobachtungen.

Die Forscher Eisenberg und Micklow stellten fest, daß 90 Prozent der Gewalttäter in ihrem Forschungsprojekt beim Militär gewesen waren. 25 Prozent wurden unehrenhaft entlassen. Für mein Sample habe ich solche Daten nicht systematisch zusammengetragen, aber ich habe persönlich den Eindruck, daß auch hier ein hoher Prozentsatz beim Militär gewesen war. Del Martin, feministische Autorin des Buches »*Battered Wives*«, nimmt an, daß es eine Wechselbeziehung gibt zwischen dem Militär als einer »Schule für Gewalt« und späterem gewalttätigem Verhalten bei Männern.

Übermaß

Im Verhalten eines Gewalttäters gibt es immer ein Element des Übermaßes. Er berichtet zum Beispiel, er beabsichtige keineswegs, seiner Frau weh zu tun; er habe sich vielmehr vorgenommen, ihr eine »Lektion zu erteilen«. Es geht vielleicht damit los, daß er ihr einen Klaps gibt, zweimal, dreimal. Bevor er es merkt, hat er sie zehnmal, zwölfmal geschlagen, dazu noch geboxt und gestoßen. Selbst wenn die Frau übel zugerichtet ist, setzt der Gewalttäter oft unbeherrscht seine brutale Attacke fort. Entsprechendes gilt für seine Großzügigkeit. In seinen liebevollen Perioden überschüttet er die Frau mit Beweisen der Aufmerksamkeit und der Zuneigung und mit Geschenken. Einer kaufte seiner Frau nicht etwa eine kleine Flasche Parfüm; er erstand für sie eine 90-ml-Flasche. In einem anderen Fall bat die Frau um einen Taschenrechner, der ihr helfen sollte, das Konto immer ausgeglichen zu halten. Er kaufte ihr einen Rechner, der mathematische Rechnungen durchführen konnte, die keiner der beiden verstand. Mehrere Frauen beklagten sich über die Extravaganz ihrer Ehemänner und sagten, daß sie länger und angestrengter arbeiten mußten, um die Kundenkreditkonten wieder auszugleichen. Diese Eigenschaft des Übertreibens ist häufig ein Merkmal von gewalttätigen Beziehungen.

Exzessive besitzergreifende Art und Eifersucht

Zu den Hauptmerkmalen des Gewalttäters gehört auch seine besitzergreifende Art, seine Eifersucht und Aufdringlichkeit. Um sich sicher zu fühlen, muß er sich in das Leben der Frau übermäßig einbringen. In manchen Fällen bringt er sie zur Arbeit, zum Lunch und am Ende des Arbeitstages nach Hause. In anderen Fällen, wenn er in die Arbeit geht, verlangt er von ihr vielleicht, daß sie ihm Kaffee bringt, Lunch, sein Scheckheft und daß sie überhaupt über jeden Augenblick ihres Lebens Rechenschaft ablegt. In einem extremen Fall begleitete der Gewalttäter seine Frau bis zur Tür der Damentoilette, wenn sie irgendwo unterwegs waren. Trotz dieser ständigen Überwachung einer jeden Tätigkeit der Frau ist der Gewalttäter immer noch argwöhnisch in bezug auf mögliche Beziehungen seiner Frau zu anderen Männern und Frauen.

Ein häufiges Thema für die Beschimpfungen seitens des Gewalttäters ist sein Verdacht, die mißhandelte Frau habe eine oder mehrere Affären. Die meisten interviewten Frauen hatten keine anderen sexuellen Kontakte. Wenn sie sich auf Affären einließen, dann waren diese im allgemeinen von sehr kurzer Dauer und stellten einen Versuch dar, ihre Einsamkeit und ihren Streß etwas zu lindern. Die meisten mißhandelten Frauen erwarten nicht, daß eine neue Beziehung irgendwie besser sein könnte als die, die sie gerade durchleiden. Wenn sie eine solche Hoffnung hätten, dann hätten sie wahrscheinlich auf der Suche nach einem neuen Märchenprinzen den Gewalttäter längst verlassen.

Gewalt in der Kindheit und Geschlechtsrollen-Klischees

Während mißhandelte Frauen typischerweise nicht aus gewalttätigen Familien kommen, ist das bei den Gewalttätern häufig der Fall. Viele von ihnen haben erlebt, daß ihre Väter die Mütter schlugen, manche wurden selbst geschlagen. In den Familien, wo offene Gewalt in den Berichten nicht vorkam, war ein allgemeiner Mangel an Achtung vor Frauen und Kindern offensichtlich. Diese Männer erlebten oft einen eklatanten Mangel oder sogar völligen Entzug von gefühlsmäßiger Zuwendung. Diese Berichte unterstützen die Vorstellung von der Zyklustheorie der Generationen, die heute in unserer Literatur über Kindesmißhandlung so populär ist. Kinder, die mißhandelt oder Zeugen solcher Mißhandlungen wurden, sind dann wahrscheinlich die Mißhandelnden von morgen.

Die Beziehung der Gewalttäter zu ihren Müttern

Die Frauen berichteten ebenfalls, daß ihre gewalttätigen Männer ungewöhnliche Beziehungen zu ihren Müttern haben, oft charakterisiert als ambivalente Haßliebe. Die Mutter des Gewalttäters hat offenbar ganz erheblichen Einfluß auf sein Verhalten, aber oft mißhandelt er auch sie. Tatsächlich berichten viele Frauen, daß akute Gewaltakte durch einen Besuch bei der Schwiegermutter ausgelöst werden. Die Wutausbrüche der Männer erinnern oft an die Wutanfälle böser kleiner Jungen, mit denen sie ihre Mamis provozieren. In meinem Projekt gibt es mehrere Berichte von Frauen, die von ihren relativ jungen Söhnen verprügelt wurden. In einem derartigen Fall hat ein 21jähriger College-Student seine 65jährige Mutter mehrmals in der Woche geschlagen. Wenn die Mutter krank war oder ihm einfach wegen vorausgegangener Prügel nicht zur Verfügung stand, prügelte er seine 21jährige Freundin.

Es sind noch viel mehr wissenschaftliche Untersuchungen erforderlich, bis wir definitive Aussagen über die Beziehung zwischen dem Gewalttäter und dessen Mutter machen können. Von seiten der Psychologie ist viel Schaden dadurch angerichtet worden, daß sie Mütter als für die emotionalen Schwächen ihrer Kinder Verantwortliche in ein negatives Licht setzte. Wir müssen also bei diesem Problem sorgfältig auf die Rolle der Mutter eines Gewalttäters achten. Ferner müssen wir uns die Rolle des Vaters und die Vater-Sohn-Beziehung ansehen. Die bisher zusammengetragenen Informationen können als Ausgangspunkt dienen, um neue Fragen zu stellen, die beantwortet werden müssen.

Der geistige Zustand von Gewalttätern

Symptome seelischer Not wurden bei Gewalttätern oft festgestellt, besonders unmittelbar vor einem akuten Gewaltakt. Oft hieß es, Alkohol und andere Drogen besänftigten seine Nervosität. Viele dieser Männer brauchten offenbar Alkohol, aber nur wenige waren den Berichten zufolge süchtig auf harte Drogen. Letztere waren während der Militärzeit süchtig geworden, gewöhnlich in Vietnam. Die Frauen berichteten häufig von Persönlichkeitsstörungen. Sie sagten, die Gewalttäter seien Einzelgänger und seien mit anderen Menschen gesellschaftlich nur auf eine oberflächliche Weise befaßt. Sie brächten beständig etwas Besonderes zuwege, das andere vielleicht nicht bewerkstelligen könnten. Besonders gern suchten sie ihre Frauen zu beeindrucken. Ein Mann zum Beispiel nahm seine Braut in ein Möbelhaus mit und händigte dem Verkäufer zweitausend Dollar bar aus für ein Schlafzimmer, das sie sehr bewundert hatte. Diese Art von Verhalten bestärkte die Frauen darin, ihre Männer als mit außerordentlichen Fähigkeiten begabt anzusehen.

Die Männer werden des weiteren beschrieben als äußerst sensibel für Nuancen im Verhalten anderer Menschen. Daß sie die feinsten Signale von anderen beachten, gibt ihnen die Fähigkeit, Reaktionen schneller vorauszusagen als die meisten von uns. Sie helfen also ihren Frauen im Umgang mit anderen Menschen durch ihre meistens zutreffenden Voraussagen über das Verhalten der anderen. Wenn diese Männer dann unter Streß ihr Kompensationsverhalten aufgeben, wird ihre Sensibilität dem Wesen nach paranoid. Wenn sie sich jedoch wohl fühlen, profitieren die Frauen von diesem Schutzverhalten und wissen es zu schätzen, da mißhandelte Frauen ja gern allzu leichtgläubig und vertrauensselig sind. Ein nicht geringer Teil dieses scheinbaren Selbstschutzverhaltens führt zu Mord und Selbstmord, wenn die Gewalttätigkeit des Mannes seiner Kontrolle entgleitet.

Hirnleiden

Viele mißhandelte Frauen meinten, das gewalttätige Verhalten ihrer Ehemänner habe Ähnlichkeit mit einer Art zerebralem Anfall und es könne vielleicht einen Zusammenhang zwischen neurologischen Störungen und Gewalt geben. Die am häufigsten angesprochene Störung waren psychomotorische Epilepsieanfälle. Hierbei handelt es sich um eine Störung des Gehirns, die sich in plötzlichen unerklärten Anfällen mit heftigen Bewegungen zeigt. Menschen, die daran leiden, erinnern sich oft an ihre Anfälle nicht, besonders wenn sie zu gewalttätigem Verhalten führen. Manchmal gibt sich eine bevorstehende Attacke durch ein Vorgefühl, auch Aura genannt, zu erkennen, meistens aber ist das auslösende Moment unbekannt. Eine medikamentöse Behandlung hilft oftmals, Anfälle zu verhindern oder deren Häufigkeit zu reduzieren. Eine Heilung ist nicht möglich.

Neurologen erforschen den Zusammenhang zwischen solchen Erkrankungen des Gehirns und Gewalttätigkeit. Interessant ist allerdings, daß offenbar nur Männer und nicht Frauen von solch einer neurologischen Störung betroffen werden.

Eine weitere Krankheit, die als eventuelle Ursache für Wutausbrüche genannt wurde, war Hypoglykämie (Verminderung des Blutzuckers). Diese Krankheit ist charakterisiert durch einen niedrigen Blutzuckerspiegel, der eine Unterversorgung der Körperzellen verursacht. Die Gehirnzellen werden viel schneller gereizt als der übrige Körper, und solche Gereiztheit kann, den Theorien zufolge, Gewaltausbrüche auslösen. Eine Frau berichtete, daß es ihr, wenn sie eine steigende Anspannung spürte, gelang, einen akuten Gewaltakt dadurch zu vermeiden, daß sie ihrem hypoglykämischen Mann etwas zu essen gab. Kleinere gewalttätige Vorfälle ereigneten sich zwar noch, aber die Wutausbrüche verschwanden. Diese Verbesserung war seit mehr als sechs Monaten vor ihrem Interview stabil und folgte drei Jahren mit Gewaltakten. Ich frage mich, wie sehr ihr fürsorgliches Verhalten, ihm etwas zu essen zu geben, auch dazu beigetragen hat, seine Explosivität zu verringern.

Weitere Unterstützung für die Theorie neurologischer oder blutchemischer Veränderungen bei Gewalttätern findet sich in der alternden Bevölkerung. Manche ältere Frauen berichten von dramatischen Veränderungen im Verhalten ihrer Ehemänner, wenn diese älter werden. Senilität oder Arterienverkalkung kann bewirken, daß früher nichtgewalttätige Männer anfangen, ihre Frauen zu mißhandeln. Eine 68jährige Frau berichtete, daß ihr 70jähriger Mann sie mit seinem Spazierstock attackierte. Andere Darstellungen schildern das grausame Schicksal, das Frauen befallen kann, die ihr ganzes Leben der Befriedigung ihrer Ehemänner gewidmet haben und dann feststellen müssen, daß das Älterwerden hirnorganische Psychosyndrome mit sich bringt, die zu gewalttätigen Ausbrüchen führen.

Abschließend sei gesagt, daß mißhandelte Frauen und Gewalttäter aus allen Schichten des Volkes kommen. Unser Sample hat gezeigt, daß sie sich durch demographische Charakteristika oder Stereotype nicht erkennen lassen. Ihnen gemeinsam sind zwar einige Persönlichkeitsmerkmale, aber wir wissen nicht, wie sehr die Opfer- oder Täterrolle solche Persönlichkeiten erzeugte oder ob sie sich erst einmal gesucht und gefunden haben. Die Erforschung der Wechselbeziehungen zwischen soziologischen und psychologischen Faktoren führt uns wohl eher zu einer Lösung als die Konzentration auf die Einzelpersönlichkeit.

2
Die Sozialpsychologische Theorie der gelernten Hilflosigkeit

Einführung

Sozialwissenschaftler befassen sich schon seit langem mit den Erscheinungsformen und der Art von Gewalt zwischen verschiedenen Gesellschaften, aber Gewalt zwischen Familienmitgliedern hat nicht viel Beachtung gefunden, obwohl die meisten Menschen in irgendeiner Art von Familienstruktur leben. Die Familie wurde traditionell als eine Oase des Friedens in einer sonst gewalttätigen Welt angesehen. In den letzten Jahren ist es jedoch immer offensichtlicher geworden, daß die Familie, besonders die Kleinfamilie, keineswegs wie erwartet der ruhige Zufluchtsort ist. Im Gegenteil, sie ist häufig ein fruchtbarer Boden für oftmals tödliche Aggressionen.

Frühere Untersuchungen zur Gewalt in der Familie waren oft klinisch orientiert und konzentrierten sich auf die pathologischen Phänomene der Betroffenen, vor allem auf die innerseelischen Konflikte des Mannes und der Frau. Die Studien, die ich seit 1975 durchgeführt habe, geben Grund zu der Annahme, daß diese Vorgehensweise nicht ausreicht, das Problem der mißhandelten Frau zu verstehen. Die Soziologen Straus, Steinmetz und Gelles fanden heraus, daß mindestens 28 Prozent aller Familienmitglieder in ihren Ehen Gewalt erleben. Wenn eine Situation so häufig und so verbreitet ist, dann haben wir es nicht mehr mit Individualpsychologie zu tun, sondern mit einer schweren kollektiven Störung im sozialen Zusammenleben. Eine Kombination soziologischer und psychologischer Variablen erklärt das Syndrom der mißhandelten Frau besser.

Die soziologischen Variablen sind von anderen gut dokumentiert worden. Del Martin deckt in ihrem Buch *Battered Wives* (a. a. O.) detailliert auf, wie eine sexistische Gesellschaft das Schlagen von Frauen erleichtert, wenn nicht sogar tatsächlich fördert. Ihre ebenso wie meine Untersuchungen zeigen, daß diese Frauen nicht deshalb in ihrer Beziehung bleiben, weil sie sich im Grunde gern schlagen lassen. Es fällt ihnen aus vielschichtigen sozialpsychologischen Motiven heraus schwer wegzugehen. Viele bleiben wegen ihrer wirtschaftlichen, rechtlichen und gesellschaftlichen Abhängigkeit. Andere wollen aus Angst nicht weggehen, weil sie keinen sicheren Ort haben, wo sie hingehen könnten. Polizei, Gerichte, Krankenhäuser und Sozialdienste bieten ihnen keinen angemessenen Schutz. Psychologen beraten sie gern dahingehend, sie sollten die Familie um jeden Preis zusammenhalten, was sich oft als der Faktor erweist, der ihnen ihre geistige Gesundheit bewahrt und sie manchmal am Leben erhält. Gewalttäter wie mißhandelte Frau befürchten, sie können allein nicht überleben und erhalten so eine bizarre symbiotische Beziehung weiterhin aufrecht, aus der sie sich nicht lösen können.

In diesem Kapitel wird ein psychologischer Erklärungszusammenhang entwickelt, der darlegt, warum mißhandelte Frauen überhaupt zum Opfer werden und wie der Vorgang der Übernahme der Opferrolle bis zum Punkt der psychologischen Paralyse fortgeführt wird. Diese psychologische Begründung ist mit der als »gelernte Hilflosigkeit« bezeichneten Theorie des sozialen Lernens gegeben.

Beeinflussen die überlegene körperliche Stärke eines Mannes und die Aussage der Gesellschaft, eine Frau gehöre dem Mann wie sein Eigentum, die Selbstwahrnehmung einer Frau? Haben Frauen gelernt zu glauben, sie seien gegen Männer machtlos, wie es die Theorie der gelernten Hilflosigkeit nahelegt?

Durch wissenschaftliche Studien an Tieren und neuerdings an Menschen versuchen Psychologen zu verstehen, wie die Wahrnehmung der Kontrollierbarkeit von Ereignissen im Leben eines Menschen beeinflußt, wie dieser Mensch sich selbst sehen und empfinden und wie er handeln kann. Wir schauen uns kurz einige Prinzipien der Lerntheorie an, die uns einen Rahmen liefern soll, der uns hilft, besser zu verstehen, wie mißhandelte Frauen sich selbst und ihre Situation sehen und empfinden.

Verhalten und Konsequenz

Die meisten Pflanzen und Tiere haben wenig willensmäßige Steuerungsmöglichkeit in bezug auf das, was ihnen in ihrer Umwelt zustößt. Die meiste Zeit reagieren sie nur auf äußere Reize. Wenn man zum Beispiel eine Pflanze auf ein Fensterbrett stellt, wachsen ihre Blätter und Stiele dem Licht entgegen. Die Art und Weise, wie die Pflanze wächst, hat nichts damit zu tun, ob sie die Richtung ändern kann, aus der das Licht kommt. Ihre Bewegungen ändern somit nichts an der Beziehung zwischen Reaktion und Konsequenz. Dem Licht entgegenzuwachsen ist keine willensmäßige Reaktion; die Pflanze wächst so ohne Rücksicht auf die Folgen. Solches Verhalten kann weder ganz noch auch nur teilweise geändert werden. Da Menschen jedoch keine Pflanzen sind, bringen wir viele willensmäßige Reaktionen hervor, die ganz oder teilweise geändert werden können in Abhängigkeit von den Konsequenzen. Wenn eine willensgesteuerte Reaktion einen Unterschied bewirkt in dem, was geschieht, oder in erfolgreicher Weise auf die Umwelt einwirkt, neigen wir dazu, das Verhalten zu wiederholen. Dies ist das Prinzip der Verstärkung. Wenn wir erwarten, daß ein Verhalten zu einem bestimmten Ergebnis führen wird, und unsere Erwartungen werden erfüllt, wenn wir uns so verhalten, dann haben wir das Gefühl, die Kontrolle über diese Situation zu haben. Um zu prüfen, ob wir tatsächlich eine gewisse Kontrolle über eine bestimmte Situation hatten, treffen wir die Wahl, uns das nächste Mal auf dieselbe Art zu verhalten, und wenn dann unser Verhalten durch das Ergebnis wieder bekräftigt wird, bestätigen wir damit unsere Fähigkeit, es unter Kontrolle zu haben. Wir können beschließen, dieses Verhalten *nicht* zu zeigen, sodaß es dann *nicht* zu der Konsequenz kommt. Menschen können somit entscheiden, ob sie diese willensgesteuerte Reaktion wieder zeigen wollen oder nicht, je nachdem, ob sie ihre Erwartungen erfüllt sehen wollen oder nicht. Dies gibt uns ein gewisses Ausmaß an Macht oder Kontrolle über unser Leben. Wenn wir andererseits erwarten, daß gewisse Dinge eintreten, wenn wir auf eine bestimmte Art reagieren, und sie tun das nicht, dann suchen wir häufig nach einer Erklärung, *warum* genau diese Erwartungen sich nicht erfüllt haben. Wenn wir keinerlei logische Erklärung finden können, nehmen wir nach einer gewissen Zeit an, wir hätten keine Kontrolle über das Ergebnis. Auf diese Weise lernen wir, welche Art Dinge in unserer Umwelt wir unter Kontrolle haben und welche Dinge außerhalb unserer Kontrolle liegen.

Verlust der willensgesteuerten Kontrolle

Wenn ein Organismus Situationen erlebt, die er nicht beherrschen kann, ist die Motivation, auf solche Geschehnisse im Wiederholungsfall zu reagieren, beeinträchtigt. Das haben Laborexperimente gezeigt. Selbst wenn der Organismus später in der Lage ist, angemessen zu reagieren und doch die Ereignisse zu steuern, wird er dennoch Mühe haben zu glauben, daß er die Reaktionen unter Kontrolle hat und daß sie tatsächlich funktionieren. Darüber hinaus wird er Schwierigkeiten haben zu lernen, wie er diese Reaktionen wiederholen soll. Dies führt zu einer offensichtlichen Störung im emotionalen und physischen Wohlbefinden des Organismus. Depression und Angst sind anscheinend die Merkmale im Verhalten eines solchen Organismus.

Gelernte Hilflosigkeit

Der Forschungsbereich, der sich mit der Verstärkung anfänglicher Reaktionen und nachfolgendem passivem Verhalten befaßt, wird als gelernte Hilflosigkeit bezeichnet. Der Experimentalpsychologe Martin Seligman stellte die Hypothese auf, daß Hunde, die man negativer, weder vom Verhalten noch den Umständen abhängiger Verstärkung unterwarf, lernen konnten, daß ihr willensgesteuertes Verhalten gar keine Wirkung auf die Steuerung dessen hatte, was ihnen zustieß. Wenn ein solcher Aversion erzeugender Stimulus wiederholt wurde, nahm die Motivation des Hundes zu reagieren jeweils ab.

Seligman und seine Kollegen setzten Hunde in Käfige und verabreichten ihnen in unterschiedlichen, zufallsbestimmten Intervallen elektrische Schocks. Diese Hunde lernten schnell, daß sie, ganz gleich wie sie reagierten, den Schock nicht unter Kontrolle halten konnten. Anfangs versuchten sie, dem durch verschiedene willensgesteuerte Bewegungen zu entgehen. Wenn nichts, was sie taten, die Schocks beendete, hörten die Hunde mit jeglicher weiterer willensgesteuerter Tätigkeit auf und wurden willfährig, passiv und unterwürfig. Wenn die Forscher dann versuchten, dies Verfahren zu ändern und den Hunden beizubringen, sie könnten dadurch entkommen, daß sie auf die andere Seite des Käfigs gingen, wollten die Hunde nicht reagieren. Selbst wenn die Käfigtür offengelassen und den Hunden der Ausweg gezeigt wurde, blieben sie tatsächlich passiv, weigerten sich wegzugehen und vermieden den Schock nicht. Man mußte die Hunde wiederholt zum Ausgang zerren, um ihnen beizubringen, wie sie wieder willensgesteuert reagieren konnten. Je früher die Hunde in ihrem Leben eine solche Behandlung erfuhren, desto länger dauerte es, die Wirksamkeit dieser sogenannten gelernten Hilflosigkeit zu überwinden. Wenn sie jedoch einmal gelernt hatten, daß sie fähig waren, die willensgesteuerte Reaktion auszuführen, verschwand ihre Hilflosigkeit.

Ähnliche Experimente wurden mit anderen Lebewesen durchgeführt; dazu gehörten Katzen, Fische, Nagetiere, Menschenaffen und Menschen – die Ergebnisse waren dieselben. Manche Tiere lernten die Hilflosigkeit schneller und wurden in einer größeren Zahl von Situationen hilflos. Für einige war dieses Lernen selektiv und trat nur in einer Situation auf. Für andere wiederum übertrug sich das Gefühl der Machtlosigkeit generell auf jegliches Verhalten.

Die Generalisation des Phänomens der gelernten Hilflosigkeit wurde an Ratten demonstriert. Neugeborene Ratten wurden vom Experimentator in der Hand gehalten, bis alle willensgesteuerten Fluchtbewegungen aufhörten. Dann wurden sie freigelassen. Diese Prozedur wurde mehrmals wiederholt. Dann tat man die Ratten in einen wassergefüllten Bottich. Innerhalb von dreißig Minuten ertranken die Ratten, die die Behandlung für gelernte Hilflosigkeit durchgemacht hatten. Viele versuchten nicht einmal zu schwimmen und sanken sofort auf den Boden des Bottichs. Unbehandelte Ratten dagegen konnten bis zu sechzig Stunden schwimmen, bevor sie ertranken. Das Gefühl der Machtlosigkeit wurde von der Situation des Sich-Herauswindens, um dem Festgehaltenwerden zu entgehen, generell übertragen auf die Situation des Schwimmens, um dem Tod zu entgehen. Da die Ratten ja alle physisch fähig waren, schwimmen zu lernen, um am Leben zu bleiben, war es also der psychologische Effekt der gelernten Hilflosigkeit, der gemäß der Theorie das Verhalten der Ratten erklärte.

Die Theorie der gelernten Hilflosigkeit hat drei grundlegende Komponenten: Informationen darüber, was geschehen wird; Denken oder kognitive Repräsentation dessen, was geschehen wird (Lernen, Erwarten, Meinen, Wahrnehmen); Verhalten in bezug auf das, was geschieht. In der zweiten Komponente der kognitiven Repräsentation tritt die falsche Erwartung auf, daß Verhalten und Konsequenz voneinander unabhängig seien. Hier haben kognitive, motivationale und emotionale Störungen ihren Ursprung. Wichtig ist die Erkenntnis, daß die Erwartung zutreffend sein kann oder nicht. Wenn somit eine Person eigentlich die Variablen von Verhalten und Konsequenz unter Kontrolle hat, aber glaubt, sie/er habe das nicht, dann reagiert sie/er mit dem Phänomen der gelernten Hilflosigkeit. Wenn so jemand meint, sie/er habe die Kontrolle über die Wechselbeziehungen zwischen Verhalten und Konsequenz, selbst wenn das gar nicht zutrifft, dann wird das Verhalten nicht beeinflußt. Deshalb ist die eigentliche Kontrollierbarkeit gar nicht so wichtig wie die Meinung, die Erwartung oder das kognitive Muster. Manche Menschen werden länger als andere durchhalten bei den Versuchen, Kontrolle auszuüben; sie werden jedoch aufgeben, wenn sie wirklich meinen, die Situation sei hoffnungslos. Man bedenke den Patienten, der seinen Lebenswillen verliert und stirbt, obwohl er hätte weiterleben können. Der Patient meint, nichts könne ihm helfen, ganz gleich ob eine Heilung in Wirklichkeit möglich ist.

Wenn wir einmal der Ansicht sind, wir könnten nicht unter Kontrolle haben, was uns zustößt, fällt es uns schwer zu glauben, wir könnten es jemals beeinflussen, selbst wenn wir später erleben, daß die Situation günstig endet. Dieses Denkmodell ist wichtig, um begreiflich zu machen, warum mißhandelte Frauen nicht den Versuch unternehmen, sich aus einer gewalttätigen Beziehung zu befreien. Wenn die Frauen einmal von ihrer Hilflosigkeit überzeugt sind, wird diese Selbstwahrnehmung Realität, und sie werden passiv, unterwürfig, »hilflos«. Sie lassen es zu, daß Dinge, die für sie außerhalb ihrer Kontrolle zu liegen scheinen, tatsächlich ihrer Kontrolle entgleiten. Wenn man Frauen zuhört, wie sie ihre Mißhandlungen beschreiben, sieht es oft so aus, als ob sie de facto gar nicht so hilflos wären, wie sie sich selbst sehen. Ihr Verhalten war aber eben durch ihre negative kognitive Einstellung bestimmt oder durch ihre subjektiven Wahrnehmungen dessen, was sie tun konnten oder nicht konnten – und nicht durch die gegebene Sachlage. Das Verhalten mißhandelter Frauen ist offenbar dem von Seligmans Hunden, Ratten und Menschen ähnlich.

Über die subjektive Wahrnehmung oder Beurteilung von Geschehnissen hinaus unterscheiden sich Menschen auch darin, wie sie normale Vorkommnisse erklären. Verschiedene Menschen bringen ganz unterschiedliche Voraussetzungen mit dafür, warum sie an bestimmte Ursachen von Geschehnissen glauben. Manche Menschen glauben zum Beispiel, daß die meisten Vorkommnisse im Leben von äußeren Faktoren verursacht werden. Wir nennen diese Menschen »externalizers« (sie interpretieren das Leben durch äußere Faktoren). Tiefreligiöse Menschen gehören genauso zu dieser Kategorie wie Menschen, die es für richtig erachten, starren Regeln und Vorschriften streng zu folgen. Menschen, die meinen, sie hätten viel Einfluß auf die Geschehnisse in ihrem Leben, nennen wir »internalizers« (sie interpretieren das Leben durch innere Faktoren). Man hat festgestellt, daß »externalizers« leichter Opfer der gelernten Hilflosigkeit werden als »internalizers«. Es müssen aber erst noch weitere Untersuchungen angestellt werden, um herauszufinden, ob mißhandelte Frauen als »externalizers« einzustufen sind.

Wie bei den Experimenten mit Ratten breiten sich die Gefühle der Hilflosigkeit bei Menschen häufig von einer speziellen, Aversion erzeugenden Situation auf eine weitere aus. Eine mißhandelte Frau muß deshalb nicht lernen, daß sie den Prügeleien eines Mannes nicht entgehen kann – vielmehr nur, daß sie der allgemeinen Gewaltausübung durch Männer nicht entrinnen kann.

Hilflosigkeit beeinträchtigt auch das Problemlösungsverhalten der Menschen. Experimente mit College-Studenten zeigen, daß der Schaden zwar nicht irreversibel ist, aber es ändert sich die Motivation, problemlösende Handlungen zu initiieren. Dadurch wird die Lernfähigkeit beeinträchtigt, und das Verhaltens-Repertoire, aus dem Menschen normalerweise auswählen können, wird eingeschränkt. Auf diese Weise werden dann auch mißhandelte Frauen blind für ihre Wahlmöglichkeiten. Menschen, die sich hilflos vorkommen, glauben wirklich, daß sie keinen Einfluß auf den guten oder schlechten Ausgang von sie betreffenden Geschehnissen haben. Frauen, die gelernt haben, daß Mißhandlungen ein Teil ihres Lebens sind, haben damit auch gelernt, daß sie deren Auftreten nicht beeinflussen können.

Die von Opfern der Gewaltakte erlebte zeitliche Abfolge scheint parallel der von Opfern großer traumatischer Katastrophen erlebten zeitlichen Abfolge zu verlaufen. Man hat zeigen können, daß viele Menschen, die eine Katastrophe erlebt haben, sofort danach ihre Zeit und ihre Energie freiwillig anbieten, um so ihre Gefühle der Hilflosigkeit zu bekämpfen. Manche werden Rote-Kreuz-Helfer in einem großen Gebiet; andere werden freiwillige Helfer in ihrer unmittelbaren Nachbarschaft. Das Gefühl, irgend etwas tun zu können, hilft im allgemeinen dem Helfer ebenso sehr, wie es dem Opfer hilft. Diesem Phänomen begegnet man auch in solchen Selbsthilfegruppen wie den Anonymen Alkoholikern und den Gruppen »Reach for Recovery« (Schritte zur Genesung). Die generelle Reaktion auf große traumatische Ereignisse, z. B. Orkane, Erdbeben, Flugzeugabstürze oder katastrophale Brände ist ein Gefühl der Machtlosigkeit. Allerdings lösen sich diese Gefühle, wenn solche Geschehnisse sich nicht wiederholen, im Laufe der Zeit gewöhnlich auf. Wenn es andererseits innerhalb kurzer Zeit wiederholte traumatische Erlebnisse gibt, dann werden Menschen dafür immun, werden passiv und sind überzeugt, daß sie gar nichts tun können, um sich selbst zu helfen. Man denke an die Beispiele in Konzentrationslagern. Ein chronisches Gefühl der Machtlosigkeit nimmt überhand, das sich nicht auflöst. Die Reaktion von Opfern wiederholter Katastrophen ähnelt dem, wie mißhandelte Frauen ihre Machtlosigkeit wahrnehmen. Es gilt auch als wahrscheinlich, daß Hilflosigkeit im Sinne eines relativen Kontinuums gelernt wird. Vermutlich gibt es verschiedene Grade gelernter Hilflosigkeit, die eine Frau erwirbt durch ein Zusammenwirken traditioneller Normen der Frauenrolle und durch die Entwicklung ihrer individuellen Persönlichkeit. Die dyadische Mann-Frau-Beziehung ist vielleicht ein Bereich, der von diesem interaktiven Entwicklungsprozeß speziell betroffen ist. Mißhandelte Frauen werden offenbar am häufigsten in ihren Beziehungen mit Männern von Gefühlen der Hilflosigkeit heimgesucht. Frauen in verantwortungsvollen Berufen und Karrieren verfallen in traditionelles, klischeehaftes Frauenverhalten bei ihren Männern, selbst wenn sich derartiges Verhalten in anderen Bereichen ihres Lebens nicht zeigt.

So wird also, wenn man das Denkmodell der gelernten Hilflosigkeit auf mißhandelte Frauen anwendet, der Prozeß der Viktimisierung erkennbar. Wiederholte Mißhandlungen verringern, so wie elektrische Schocks, die Motivation der Frau zu reagieren. Sie wird passiv. Zweitens wird ihre kognitive Fähigkeit, Erfolg als solchen zu erkennen, verändert. Sie glaubt einfach nicht, daß ihr Verhalten zu einem günstigen Ergebnis führen wird, ganz gleich ob es so sein könnte oder nicht. Nachdem die mißhandelte Frau ihr Gefühl der Hilflosigkeit generalisiert hat, tritt als nächstes ein, daß sie glaubt, nichts was sie tut, könnte überhaupt etwas an irgendeiner Situation ändern – nicht nur an der speziellen, die gerade eingetreten ist. Sie sagt: »Ganz gleich, was ich tue – Einfluß habe ich keinen.« Alternativen fallen ihr nicht ein. Sie sagt: »Ich bin unfähig und zu dumm zu lernen, wie ich die Dinge ändern könnte.« Schließlich wird ihr Gefühl für emotionales Wohlbefinden ganz unsicher. Sie neigt jetzt mehr zu Depression und Angst.

Sind mißhandelte Frauen im »klinischen« Sinn depressiv? Viele neue kognitive Theorien in der Psychologie definieren klinische Depression als einen Zustand, in dem ein Mensch die übertriebene Überzeugung hat, was immer er tut – es ist nicht gut genug. Solche Menschen sind auch überzeugt, daß ihre Unzulänglichkeiten sie daran hindern, ihr Leben effektiv zu steuern. Eine Frau, die glaubt, sie sei hilflos einer Situation ausgeliefert, mag dann ebenfalls glauben, sie sei gar nicht in der Lage, eine Situation in den Griff zu kriegen. Die kleine Zahl von Frauen, die ich interviewt habe, liefert keine Basis für wissenschaftliche Schlußfolgerungen über Depression; es scheint aber doch so zu sein, daß ein Großteil ihres Verhaltens darauf abzielt, Depressionen abzuwehren. Viele von ihnen versuchten zum Beispiel ein gewisses Maß an Kontrolle über die Gewaltakte zu haben. Sie akzeptierten diese Akte zwar als unvermeidlich, versuchten aber doch, Zeit und Ort unter Kontrolle zu halten. Dieses geringe Maß an Kontrolle war offenbar der Versuch, sich nicht total hilflos vorzukommen. Wenn eine Frau zum Beispiel anfängt, an einem Mann herumzunörgeln, wohl wissend, daß er in der Arbeit einen schweren Tag hatte, kann sie ihren Glauben, sie verdiene wirklich die Prügel, die sie die ganze Zeit kommen sah, vor sich rechtfertigen, weil sie ja angefangen hat. Es sieht zwar so aus, als habe sie masochistisch ihre eigene Opfersituation geschaffen, aber ein solches Verhalten kann durchaus der verzweifelte Versuch sein, ein gewisses Maß an Kontrolle über ihr Leben auszuüben.

Ein weiteres Faktum, das wir in bezug auf Depressionen beobachteten, betraf das Maß der Angst bei mißhandelten Frauen. Wenn diese Frauen darüber sprachen, wie sie mit der Gefahr von Mißhandlungen und der Furcht davor lebten, dann war da weniger Angst, als wir erwartet hatten. In vielen Fällen, so schien es, erzeugte das Zusammenleben mit dem Gewalttäter weniger Angst als das Getrenntleben. Warum? Die Frau glaubt oft, daß ihr vielleicht doch eine gewisse Einflußnahme möglich ist, wenn sie bei ihm ist. Eine weitere Erklärung ist die, daß die Angst dazu anspornt nach Auswegen zu suchen, wie man die Gefahr vermeiden oder steuern kann. Angst ist ihrem Wesen nach ein Signal für Gefahr. Physiologisch betrachtet, sendet das autonome Nervensystem Hormone aus, die mit dem unmittelbar gegebenen Streß fertig werden sollen. Wenn dieser Streß unter Kontrolle ist, pendelt sich die Angst wieder auf ein normales Niveau ein. Oder es werden ständig größere Mengen Hormone ausgeschüttet, um unter solch anhaltendem Streß leben zu können. Diese Reaktion tritt auch ein, wenn gewisse Gefahren als unbeherrschbar betrachtet werden. Was in solchen Situationen aber auch eintritt, ist, daß die Angst sich nicht wieder auf das normale Niveau einpendelt; vielmehr nimmt sie ab, und die Depression regiert.

Wie mißhandelte Frauen zu Opfern werden

Es scheint wenig Zweifel zu geben, daß bei Männern wie Frauen Gefühle der Machtlosigkeit zu Ursache und Aufrechterhaltung gewalttätigen Verhaltens beitragen. Obwohl viele Männer sich tatsächlich machtlos fühlen, was die willentliche Einflußnahme auf ihr Leben betrifft, so behaupte ich doch, daß die bloße Tatsache, eine Frau zu sein, speziell eine verheiratete Frau, automatisch eine Situation der Machtlosigkeit schafft. Das ist eben eine der nachteiligen Wirkungen der Geschlechtsrollentypisierung nach den traditionellen Rollenklischees.

Frauen wird systematisch beigebracht, ihr persönlicher Wert, ihr Überleben und ihre Autonomie beruhten nicht auf wirkungsvollem und schöpferischem Umgang mit Lebenssituationen, sondern vielmehr auf ihrer äußeren Schönheit und ihrem Reiz für Männer. Sie lernen, daß sie keine unmittelbare Kontrolle über ihre Lebensumstände haben. Schon früh im Leben lernen kleine Mädchen von ihren Eltern und von der Gesellschaft, daß sie passiver sein sollen als Jungen. Sie werden systematisch dahingehend trainiert, daß sie die zweitbesten sind, so daß sie in der Ehe von vornherein benachteiligt sind. In unserer patriarchalischen Gesellschaft bietet die Ehe Männern und Frauen nicht die gleiche Machtposition. Die Vorstellung, die Ehegesetze schützten die Frauen, muß man in Frage stellen angesichts von Statistiken, welche die Probleme seelischer Gesundheit und krimineller Gewalt bloßlegen, unter denen verheiratete Frauen leiden. Ganz im Gegenteil, das Rechtswesen scheint die historische Vorstellung von der männlichen Vormachtstellung festzuschreiben. In den meisten Staaten der USA kann ein Ehemann wegen Vergewaltigung seiner Frau nicht schuldig gesprochen werden. Noch immer hat der Ehemann das Recht zu entscheiden, wo die Familie lebt, wodurch die Bewegungsfreiheit der Frau eingeschränkt wird. Macht in der Ehe ist auch mit dem wirtschaftlichen und gesellschaftlichen Status verknüpft. Da Männer öfter als Frauen besserbezahlte Posten mit höherem Status innehaben, gibt ihnen ihr berufliches Prestige eine Entscheidungsgewalt, die sie einsetzen können, um die physische und psychische Überlegenheit des Mannes zu demonstrieren. Schließlich sind die meisten Männer an körperlicher Kraft überlegen – eine weitere Quelle männlicher Macht und Selbstsicherheit.

Die kulturellen Verhältnisse, Ehegesetze, wirtschaftliche Realitäten, körperliche Unterlegenheit – alle diese Fakten lehren die Frauen, daß sie keine unmittelbare Kontrolle über ihre Lebensumstände haben. Wenn sie auch nicht wie die Hunde in den Experimenten elektrischen Schocks unterworfen werden, so werden sie doch einer elterlichen und institutionellen Konditionierung unterworfen, die ihre Alternativen einschränkt und sie vor den Folgen jeglicher mißbilligter Alternativen schützt. Vielleicht haben mißhandelte Frauen wie die Hunde, die lernen, daß ihr Verhalten nichts zu tun hat mit ihrem späteren Wohlergehen, die Fähigkeit verloren, effektiv zu reagieren.

Folgen gelernter Hilflosigkeit

Ein Resultat gelernter Hilflosigkeit kann, wie bereits erörtert, die Depression sein. Ein weiteres Resultat ist offenbar eine veränderte Wahrnehmung der Folgen der Gewalt. Beständig mit Furcht zu leben scheint eine Unempfindlichkeit dafür hervorzurufen, wie schwerwiegend Gewalttätigkeit und Tod sind.

Ungewöhnlich oft kommen in den Berichten über gewalttätige Übergriffe Revolver, Messer und andere Waffen vor. Ich bin immer wieder sehr erstaunt, daß nicht mehr Menschen bei diesen Vorfällen unbeabsichtigt getötet werden. Die interviewten Frauen erklärten, sie fürchteten den Tod nicht, wenn sie auch nicht wirklich glaubten, sie würden bei einem Gewaltakt sterben. Diejenigen befragten Frauen, die ihren Ehemann umgebracht hatten, stellten alle fest, sie hätten keine Ahnung gehabt, daß sie ihn getötet hatten – bis die Polizei sie dann informierte. Eine Frau widersetzte sich wütend den Polizisten, als man sie zur Feststellung der Personalien in die Abteilung für Mord brachte. Sie meinte, ihr Mann würde sich von den schweren Schußwunden wieder erholen, die er erlitten hatte. Mehrere Männer brachten ihre Überraschung darüber zum Ausdruck, daß ihre Wut den Frauen irgendwelche Schmerzen oder Verletzungen gebracht hatte. Die an diesen Gewalttakten beteiligten Männer ebenso wie die Frauen versicherten anderen Leuten wiederholt, daß sie einander gar nicht weh tun wollten. Da wir mit immer mehr mißhandelten Frauen sprechen, erkennen wir auch, wie sehr die Wahrscheinlichkeit zunimmt, daß in dem Maße, wie die Heftigkeit der Akte sich steigert, immer mehr Frauen letzten Endes von ihren Männern umgebracht werden oder sie diese umbringen.

Gelernte Hilflosigkeit beenden

Wenn gewalttätiges Verhalten dadurch aufrechterhalten wird, daß man immer wieder die eigene Hilflosigkeit wahrnimmt, läßt sich dieses Syndrom denn dann beenden? Sehen wir uns noch einmal die Studien an Tieren an; wir sehen dann, daß den Hunden nur dadurch beigebracht werden konnte, ihre Passivität zu überwinden, daß sie wiederholt aus ihrer »Bestrafungssituation« herausgezerrt wurden und ihnen gezeigt wurde, wie sie den Schock vermeiden konnten. Genauso wie die Hunde uns geholfen haben zu verstehen, warum mißhandelte Frauen ihre Gewaltsituation nicht freiwillig verlassen, kann uns ihr Beispiel vielleicht auch Wege zeigen, wie die Frauen ihr Geschlagenwerden von vornherein verhindern können. Ein erster Schritt wäre wohl, die mißhandelte Frau dazu zu überreden, die Gewaltbeziehung aufzugeben – oder den Gewalttäter dazu zu überreden. Dieses »Zerren« erfordert vielleicht Hilfe von außen, wie sie auch die Hunde von den Forschern erhielten. Die Frauenhäuser sind hier ein wirksames Mittel. Zweitens aber muß man mißhandelten Frauen beibringen, ihre Mißerfolgserwartung zu ändern, um so ein negatives Denk- und Wahrnehmungsmuster gänzlich umzukehren. Sie müssen verstehen lernen, worin Erfolg eigentlich besteht, müssen ihre Motivationen und Bestrebungen intensivieren und in der Lage sein, neues und wirksameres Verhalten zu entwickeln, so daß sie lernen können, mit ihrem eigenen Leben besser fertig zu werden. Selbstachtung und Gefühle der Kompetenz sind dabei äußerst wichtig, denn sie schützen vor Gefühlen der Hilflosigkeit und Depression. Frauen müssen fähig sein, daran zu glauben, daß ihr Verhalten Auswirkungen hat auf das, was mit ihnen geschieht. Gesprächs- oder sonstige Psychotherapie kann die Frauen lehren, ihr eigenes Leben im Griff zu haben und fähig zu sein, aus dieser Art der potentiellen Opferrolle herauszukommen.

Gewalttätiges Verhalten muß ein Ende haben. Wir können uns den Preis nicht leisten, den unsere Gesellschaft dafür zahlen muß. Die gründliche Erforschung einiger typischer in gewalttätigen Beziehungen auftretender Umstände führt uns vielleicht zu wirksamen Methoden, diesen tragischen Prozeß von Grund auf zu ändern. Mit der Untersuchung einiger von den Gewalttätern angewandter Techniken, die Frauen zu Opfern zu machen und deren weitere seelische Zerstörung zu bewirken, hoffe ich, in diesem Buch die Einsicht in das Wesen der Mißhandlung zu fördern.

3
Die Zyklustheorie der Gewalt

Mißhandelte Frauen sind nicht ständig Mißhandlungen ausgesetzt, noch geschehen diese zu gänzlich vom Zufall bestimmten Zeiten. Eine der auffälligsten Entdeckungen während der Interviews war ein klarer Zyklus von Gewaltakten, den diese Frauen erleben. Diesen Zyklus zu verstehen ist sehr wichtig, wenn wir erkennen wollen, wie man die Gewaltakte verhindern oder beenden kann. Dieser Zyklus hilft uns auch zu erklären, wie mißhandelte Frauen zu Opfern werden, wie sie in das Verhalten der gelernten Hilflosigkeit hineingeraten und warum sie keinen Fluchtversuch unternehmen.

Der Gewaltzyklus hat offensichtlich drei deutliche Phasen, die für dasselbe Paar und von Paar zu Paar in Zeit und Intensität variieren: die spannungsaufbauende Phase – die Explosion, also die akute Mißhandlung – und die ruhige, liebevolle Pause. Bis jetzt war ich nicht in der Lage abzuschätzen, wie lang ein Paar in einer der Phasen bleibt; auch kann ich nicht voraussagen, wie lang es dauert, bis ein Paar den Zyklus durchlaufen hat. Es liegen Anhaltspunkte vor, daß gewisse Situationen den Ablauf in der Zeit beeinflussen. Die Untersuchung einiger Beziehungen, die zwanzig Jahre oder länger bestanden haben, weist darauf hin, daß mehrere unterschiedliche Zyklusschemata vorkommen können. Diese Zyklen entsprechen dann oft unterschiedlichen Lebensabschnitten. Es gibt auch einige Anhaltspunkte dafür, daß bestimmte Formen therapeutischer Intervention größeren Erfolg haben, wenn sie in einer bestimmten Phase vorgenommen werden und nicht in einer anderen.

Phase Eins – Die Stufe des Spannungsaufbaus

Während dieser Zeit kommen kleinere gewalttätige Zwischenfälle vor. Die Frau kann mit diesen Vorfällen auf ganz verschiedene Weise umgehen. Gewöhnlich versucht sie, den Gewalttäter mit Hilfe von Methoden zu besänftigen, die sich bereits vorher als erfolgreich erwiesen haben. Sie wird fürsorglich, wird willfährig und erahnt schon im voraus jede seiner Launen. Oder sie geht ihm aus dem Weg. Sie gibt dem Mann zu verstehen, daß sie seine Mißhandlungen als berechtigterweise gegen sie gerichtet akzeptiert. Nicht daß sie meint, man sollte sie mißhandeln; vielmehr glaubt sie, daß sie so, wie sie sich verhält, eine Steigerung seiner Wut verhindern kann. Wenn sie richtig handelt, dann geht der Kelch an ihr vorbei; wenn der Mann explodiert, nimmt sie die Schuld daran auf sich. Im Grunde genommen ist sie seine Komplizin geworden, dadurch daß sie einen Teil der Verantwortung für sein gewalttätiges Verhalten auf sich genommen hat. An der realistischen Einschätzung der Situation ist sie nicht interessiert, weil sie sich verzweifelt bemüht, ihn daran zu hindern, ihr noch mehr weh zu tun. Damit sie diese Rolle durchhält, darf sie es nicht zulassen, daß sie auf den Gewalttäter wütend wird. Sie greift auf einen sehr verbreiteten psychologischen Verteidigungsmechanismus zurück, den die Psychologen natürlich »Realitätsleugnung« nennen. Sie gesteht sich selbst nicht ein, daß sie darüber wütend ist, seelisch oder körperlich verletzt worden zu sein. Sie legt sich Vernunftsgründe zurecht, daß sie vielleicht die Mißhandlung tatsächlich verdient hat und identifiziert sich dabei oft mit der ganz falschen Argumentation des Gewalttäters. Wenn er das von ihr zubereitete Essen auf den Küchenboden schmeißt, folgert sie, daß sie es vielleicht tatsächlich zu lang gekocht hat – aus Versehen. Während sie den von ihm angerichteten Schmutz aufwischt, denkt sie vielleicht, daß er in seiner Reaktion etwas extrem war, aber für gewöhnlich ist sie so dankbar, daß es ja nur ein relativ kleiner Vorfall war, daß sie beschließt, auf ihn nicht wütend zu sein. Sie weiß, der Vorfall hätte schlimmer sein können. Er hätte ihr das Essen ins Gesicht schmeißen können. Die mißhandelte Frau neigt also dazu, ganz gleich wie schlimm diese einzelnen Vorfälle sein mögen, diese zu bagatellisieren in dem Wissen, daß der Gewalttäter wesentlich mehr hätte anrichten können. Vielleicht macht sie aber auch eine bestimmte Situation für den Ausbruch des Mannes verantwortlich. Bei der Arbeit hatte er womöglich Schwierigkeiten, oder er hatte zuviel getrunken und wußte gar nicht, was er da tat. Wenn jeder einzelne Vorfall auf äußere Faktoren geschoben werden kann und nicht auf den Mann, dann ist es leichter für sie, sich ihre

Wut nicht einzugestehen. Wenn äußere Faktoren für die Gewalttätigkeit des Mannes verantwortlich waren, denkt sie, sie kann ja doch nichts tun, um die Situation zu ändern. Wenn sie nur geduldig wartet, denkt sie, wird sich die Situation von selbst ändern und eine Besserung in seinem Verhalten ihr gegenüber bringen. Solche Gedankengänge bringen aber leider keine Besserung – sondern schieben nur die zweite Phase des Zyklus hinaus, den akuten Gewaltakt.

Frauen, die eine gewisse Zeitlang mißhandelt worden sind, wissen, daß diese kleineren gewalttätigen Vorfälle sich nur noch steigern können. Sie benutzen jedoch denselben psychologischen Verteidigungsmechanismus und gestehen sich dieses Wissen nicht ein, um so mit der Situation fertig zu werden. Sie gestehen sich auch ihre große Angst vor der unvermeidlichen zweiten Phase nicht ein, indem sie sich vormachen, sie hätten eine gewisse Kontrolle über das Verhalten des Gewalttäters. Während der Anfangsabschnitte dieser ersten Phase haben sie tatsächlich eine gewisse begrenzte Kontrolle. Während die Spannung sich aufbaut, geht diese Kontrolle jedoch sehr schnell verloren. Jedesmal, wenn ein kleinerer Gewaltakt vorkommt, bleiben spannungsbildende Restwirkungen. Die Wut der mißhandelten Frau nimmt ständig zu, auch wenn sie das vielleicht nicht erkennt oder zum Ausdruck bringt; jegliche Kontrolle, die sie vielleicht über die Situation hat, schwindet dahin. Der Gewalttäter, angefeuert dadurch, daß sie sein gewalttätiges Verhalten offensichtlich passiv akzeptiert, bemüht sich gar nicht, sich zu beherrschen. Die Laissez-faire-Haltung der Gesellschaft verstärkt auch noch seine Überzeugung, er habe das Recht, die Frau zu züchtigen. Er ist sich freilich bewußt, daß sein Verhalten unangemessen ist, selbst wenn er das nicht zugibt. Die meisten Gewalttäter sind ja nur in ihrem eigenen Zuhause gewalttätig. Sie verstehen nur zu gut, daß solches Verhalten in der Öffentlichkeit nicht toleriert werden würde. Der Umstand, daß er weiß, sein Verhalten ist Unrecht, erzeugt in ihm die weitere Angst, daß sie seiner überdrüssig wird und ihn verläßt. So wird er also noch tyrannischer, eifersüchtiger und besitzergreifender in der Hoffnung, daß seine Brutalität sie gefangenhält. Im historischen Rückblick hat diese Art von Verhalten ja Erfolg gehabt. Erst in der letzten Zeit hat die mißhandelte Frau angesichts der Tatsache, daß die Gesellschaft ihrer Situation zunehmend Aufmerksamkeit schenkt und sich Sorgen um sie macht, begonnen, einen Ausweg zu suchen.

Die Bemühungen der mißhandelten Frau, mit den kleineren gewalttätigen Vorfällen der spannungsaufbauenden Phase fertig zu werden, sind das Beste, was sie tun kann. Die meisten Frauen in einer sexistischen Gesellschaft erleben ähnliche Vorfälle. Der Unterschied zwischen den meisten Frauen und den mißhandelten liegt darin, daß die mißhandelte Frau für das Syndrom der gelernten Hilflosigkeit anfälliger ist; sie hat eben gelernt, daß es nicht in ihrer Macht liegt, die nächsten Phasen des Zyklus zu verhindern. Viele Paare sind geradezu Experten darin, diese erste Phase für lange Zeiträume beizubehalten; beide Partner wollen den akuten Gewaltakt vermeiden. Durch einen äußeren Vorfall wird dann oft diese heikle Balance umgestoßen. Viele mißhandelte Frauen erkennen das und bemühen sich sehr, möglichst viele äußere Faktoren unter ihre Kontrolle zu bekommen, um so weitere Gewaltakte zu verhindern. Wie schon erwähnt, arbeiten sie angestrengt daran, das Verhalten anderer Familienmitglieder gegenüber dem Gewalttäter zu manipulieren. Sie decken ihn, tragen Entschuldigungen für sein grobes Benehmen vor und bringen oft Näherstehende, die ihnen helfen könnten, gegen sich auf. Manche Frauen vertreiben ihre Eltern, Geschwister und oft sogar die Kinder, weil sie befürchten, diese könnten den Mann aus der Fassung bringen und dann selbst in Mitleidenschaft gezogen werden. Sie erkennen, daß der Gewalttäter dazu imstande ist, weiteres Unheil anzurichten. Oft droht er der Frau während der verbalen Attacken derartige Brutalitäten an. Eine Frau berichtete, daß die erste Phase in dem Maße, wie ihre Kinder älter wurden, immer länger dauerte. Nachdem die Kinder von zu Hause fort waren, konnte Phase Eins mehrere Jahre dauern, bis dann ein akuter Gewaltakt eintrat. Zehn Jahre waren ohne einen solchen Akt vergangen, als eines der Kinder dieses Paares einen tödlichen Unfall erlitt. Ihr Ehemann brachte nun seinen Kummer dadurch zum Ausdruck, daß er sie so schwer prügelte, daß sie mehrere Monate ins Krankenhaus mußte. Zum Zeitpunkt ihres Interviews waren fünf Jahre seit diesem Gewaltakt vergangen. Kleinere gewalttätige Vorfälle passierten ständig; die beiden waren eindeutig in der ersten Phase des Gewaltzyklus. Wahrscheinlich konnten sie in dieser Phase bleiben, bis ein weiteres äußeres Ereignis die Steigerung bis hin zur zweiten Phase bewirkte.

In dem Maße, wie der Gewalttäter und die Frau die steigende Spannung während der ersten Phase spüren, wird es immer schwieriger, daß ihre Methoden, damit fertig zu werden, funktionieren. Jeder von den beiden gerät immer mehr außer sich. Der Mann steigert sein besitzergreifendes, unterdrückendes und brutales Verhalten. Seine Bemühungen in Richtung psychologischer Demütigung werden aggressiver, seine Wortergüsse länger und feindseliger. Die kleineren Gewaltakte nehmen an Häufigkeit zu, und die daraus resultierende Wut hält länger an. Jetzt ist die mißhandelte Frau nicht mehr in der Lage, das Gleichgewicht wieder herzustellen, wie das in dieser Phase anfangs möglich war. Sie ist weniger fähig, sich gegen die Schmerzen und Verletzungen zu wehren. Dabei ist es den Berichten zufolge am schwersten, mit den seelischen Qualen umzugehen. Von dem ständigen Streß erschöpft, zieht sich die Frau gewöhnlich mehr von dem Gewalttäter zurück, fürchtet sie doch, sie könnte versehentlich eine Explosion auslösen. Er dagegen beginnt, da er ihr Sichzurückziehen merkt, sie mehr und mehr zu unterdrücken. Er fängt an, darauf zu achten, ob sie irgendwie ihre Wut zeigt, denn er spürt sie, selbst wenn die Frau sie sich vielleicht nicht eingesteht oder denkt, sie verbirgt sie mit Erfolg. Jeder Schritt, den sie macht, wird falsch interpretiert. Er schleicht um sie herum und läßt ihr kaum Luft zum Atmen. Die Spannung zwischen den beiden wird unerträglich.

Phase Zwei – Der akute Gewaltakt

Gegen Ende der spannungsaufbauenden Phase gibt es einen Punkt, wo der Prozeß auf keinerlei Kontrollversuche mehr anspricht. Wenn der Punkt der Unvermeidlichkeit einmal erreicht ist, findet die nächste Phase, der akute Gewaltakt, statt. Charakteristisch für Phase Zwei ist die unbeherrschbare Entladung der Spannungen, die sich während der Phase Eins aufgebaut haben. Dieses Fehlen der Kontrolle und die große zerstörerische Wirkung unterscheiden den akuten Gewaltakt von den kleineren gewalttätigen Vorfällen in Phase Eins. Das soll nicht heißen, daß die Vorfälle in Phase Eins nicht ernster Natur seien und keine gesetzeswidrigen Angriffe darstellten, aber was den Unterschied zwischen den beiden Phasen kennzeichnet, ist einerseits, wie ernst die beiden Personen die Vorfälle in Phase Zwei ansehen, und andererseits deren Unbeherrschbarkeit.

Während der Phase Zwei akzeptiert der Gewalttäter – ebenso wie die mißhandelte Frau – voll und ganz, daß seine Wut außer Kontrolle gerät. Während der Phase Eins waren die Prügel vom Mann wohlüberlegt »ausgeteilt« worden. In Phase Zwei rechtfertigt er vielleicht anfänglich sein Verhalten vor sich selbst, aber am Ende begreift er nicht mehr, was geschehen ist. Seine Wut ist so groß, daß sie ihn blind macht für jegliche Kontrolle über sein Verhalten. Er fängt an und will der Frau eine Lektion erteilen – und zwar ohne die Absicht, ihr irgendeine bestimmte Verletzung zuzufügen – und hört auf, wenn er meint, sie hat die Lektion gelernt. Wenn es soweit ist, ist sie jedoch im allgemeinen sehr schwer geschlagen worden. Wenn Gewalttäter akute Vorfälle beschreiben, konzentrieren sie sich darauf, ihr Verhalten zu rechtfertigen. Oft zählen sie eine große Zahl kleiner Ärgernisse auf, die es in Phase Eins gegeben hatte. Manchmal machen sie Trinken oder Überarbeitung dafür verantwortlich. Der Auslösefaktor für den Eintritt in Phase Zwei ist selten das Verhalten der mißhandelten Frau, es ist vielmehr ein äußeres Ereignis oder der innere Zustand des Mannes.

Gelegentlich provoziert die mißhandelte Frau tatsächlich einen Gewaltakt der Phase Zwei. Wenn das passiert, waren die beiden gewöhnlich schon eine lange Zeit in gewalttätiges Verhalten verwickelt. Oft spürt die Frau, daß die Zeit der Unvermeidbarkeit ganz nahe ist, und sie kann dann ihre Nervosität, ihre Wut oder ihre panische Angst nicht länger ertragen. Aus der Erfahrung weiß sie auch, daß dem akuten Gewaltakt die dritte Phase der Ruhe folgt. Sie zieht es vor, die zweite Phase hinter sich zu bringen, statt weiterhin in Furcht davor zu leben; daher provoziert sie den Gewalttäter zur

Explosion. Sie hat dann die Kontrolle darüber, wann und warum der Vorfall eintritt, statt dem Mann ganz und gar preisgegeben zu sein. Freilich erkennt die mißhandelte Frau oft nicht, daß sie den Vorfall provoziert; nur einige tun es.

Die zweite Phase des Zyklus ist kürzer als die erste und die dritte. Für gewöhnlich dauert sie von zwei bis zu 24 Stunden, wenn auch einige Frauen von einem Schreckensregime von einer Woche und mehr berichtet haben.

Aus den Berichten der Frauen über die zu den Gewaltakten führenden Ereignisse lassen sich bis jetzt keine Vorhersagen darüber ableiten, welcher Art die Gewalt sein wird, die während des akuten Stadiums eintritt. Selbst diejenigen Frauen, die, während unsere Interviews im Gange waren, den Übergang von Phase Eins zu Phase Zwei durchmachten, konnten uns keine Hinweise geben, die ermöglicht hätten, den gewalttätigen Vorfall der Phase Zwei vorauszusagen. Mangelnde Vorhersagbarkeit und mangelnde Kontrolle sind beide für Phase Zwei charakteristisch.

Das Erahnen dessen, was passieren könnte, verursacht der mißhandelten Frau schweren seelischen Streß: Sie wird ängstlich, depressiv und klagt über weitere psychophysiologische Symptome. Schlaflosigkeit, Appetitverlust oder das Gegenteil, zuviel essen oder schlafen, ständige Müdigkeit werden während dieser Zeit häufig berichtet. Viele Frauen leiden dann unter schweren Spannungskopfschmerzen, Magenbeschwerden, hohem Blutdruck, allergischen Hautreaktionen und heftigem Herzklopfen. Im Fall einer Frau, die wir interviewten, verhinderten ihre körperlichen Beschwerden zeitweilig einen akuten Gewaltakt der Phase Zwei. Wenn sie wegen starker Rückenschmerzen ins Krankenhaus mußte, war ihr Mann von aufmerksamem und liebem Wesen und verhielt sich ähnlich wie in der dritten Phase des Zyklus. Sobald sie jedoch aus dem Krankenhaus nach Hause zurückkehrte, ging es mit der Brutalität wieder los.

Was an Informationen über akute gewalttätige Vorfälle vorliegt, kommt von den mißhandelten Frauen. Die wenigen Gewalttäter, die interviewt worden sind, waren nicht in der Lage, viel über das zu berichten, was mit ihnen während der zweiten Phase geschieht. Andere waren ja nicht dabei, die die Vorfälle hätten beobachten können. Man hat den Gedanken ausgesprochen, daß die Anwesenheit einer weiteren Person (außer einem der Kinder) de facto die Art der sich zwischen den beiden abspielenden Gewalt drastisch ändert und tatsächlich einen akuten Gewaltakt verhindern könnte. So erscheint der Schluß vernünftig, daß die Männer wissen, daß ihr Verhalten unangemessen ist, denn sie machen die Gewalttätigkeiten so sehr zu einer Privatsache. Den Berichten mißhandelter Frauen zufolge können nur die Männer die Phase Zwei beenden. Die einzige Chance, die die Frauen haben, besteht darin, einen sicheren Ort zu finden, wo sie sich verborgen halten können. Warum der Mann aufhört, ist auch nicht klar. Er mag einfach in einen Zustand der Erschöpfung oder der gefühlsmäßigen Aushöhlung geraten sein. Es ist keineswegs ungewöhnlich, daß ein Gewalttäter die Frau aus tiefem Schlaf weckt, um mit der Attacke zu beginnen. Wenn sie dann auf seinen Wortschwall antwortet, wird er noch wütender über das, was sie sagt. Bleibt sie still, erbost ihn ihre Reserviertheit. Geschlagen wird sie, ganz gleich worin ihre Reaktion besteht. De facto erregt ihn das Jammern und Schreien der Frau nur noch mehr – ebenso ihre Versuche, sich zu wehren. Vielen Frauen wird der Arm verdreht und gebrochen, wenn sie ihn heben, um Schläge abzuwehren. Zu schweren Verletzungen kommt es, wenn sie stürzen oder gegen Gegenstände im Zimmer gestoßen werden. Zur Gewalt gehört ein Element des Übermaßes, und der Mann kann einfach nicht aufhören, selbst wenn die Frau schwer verletzt ist.

Verzerrtes Zeitgefühl scheint bei den Versuchen der mißhandelten Frauen, das, was ihnen zustößt, unter Kontrolle zu halten, eine wichtige Rolle zu spielen. Die mißhandelten Frauen berichten, daß sie während eines akuten Gewaltaktes für gewöhnlich recht gut zu handeln vermögen. Das bedeutet nicht, daß die Frau ihren Angreifer abwehrt, sondern eher, daß sie während seines Wutanfalls in der Lage ist zu verhindern, daß er weiter gereizt wird. Im allgemeinen erkennt sie, daß sein gewalttätiges Verhalten außer Kontrolle geraten ist und daß er auf Vernunft nicht reagieren wird. In den meisten Fällen leistet sie keinen Widerstand; sie bemüht sich, ruhig zu bleiben und abzuwarten, bis der Sturm vorbei ist. Die Schmerzen empfindet sie nicht so sehr, aber sie fühlt sich seelisch in der Falle und unfähig, der Situation zu entfliehen. Mit diesem Gefühl geht gewöhnlich die Überzeugung einher, daß der Angreifer, wenn sie irgendwelchen Widerstand versucht, nur noch um so gewalttätiger wird. Es tritt auch ein Gefühl der Distanz von dem eigentlichen Angriff auf. Manche Frauen sagen, es war, als ob sie zurücktreten könnten und zusehen, wie ihr entkörpertes Ich gegen eine Wand geschleudert oder die Treppe hinuntergeworfen wurde. Diese Dissoziation ist verknüpft mit ungläubigen Zweifeln, daß der Vorfall überhaupt wirklich mit ihnen passiert. Eine ungeheuer große Zahl von Einzelheiten der Attacke bleiben im Gedächtnis, was auf eine ebenso ungeheuer große Konzentration auf die sich tatsächlich abspielenden Vorgänge schließen läßt. Vielleicht hilft das den Frauen, am Leben zu bleiben. Extreme Beispiele seelischer Grausamkeit werden ebenfalls berichtet. Mißhandelte Frauen können wörtlich wiedergeben, was die Männer zu ihnen gesagt haben. Viel schwieriger ist es für die Frauen, sich daran zu erinnern, was sie selbst während der Attacke taten. Das eine Gefühl, das immer beim Zuhörer ankommt, ist die Vergeblichkeit jeglichen Fluchtversuchs.

Wenn der akute Angriff vorüber ist, folgt ihm gewöhnlich anfangs ein Schock; man gesteht sich das Gewesene nicht ein und kann es nicht glauben, daß es real geschehen ist. Die Gewalttäter ebenso wie ihre Opfer finden Wege, die Schwere solcher Attacken rational zu begründen. Wenn es zu körperlicher Gewalt gekommen ist, bagatellisiert die mißhandelte Frau oft ihre Verletzungen. Eine Frau zum Beispiel, deren Ehemann versuchte, sie mit einer Metallkette zu würgen, berichtete, daß sie dankbar war, daß sie nur Druckstellen um den Hals hatte und keine durch die Kette verursachten Schnittwunden. Die Tatsache, daß sie hätte erwürgt werden können, umging sie mit den Worten: »Ach was, die Haut ist ja nicht mal aufgeplatzt.« Wenn die Frauen von demütigenden Wortergüssen berichten, fällt es ihnen auch leicht, die potentielle Verletzung, die sie davontragen können, zu überspielen. Zum Beispiel sagt eine Frau vielleicht: »Er hat das ja bloß gesagt, weil er wütend war. Wenn er normal drauf gewesen wäre, hätt' er es ja gar nicht gesagt.«

Während dieser der Attacke unmittelbar folgenden Zeit suchen die meisten Frauen keine Hilfe, außer sie sind so übel zugerichtet, daß sofortige ärztliche Behandlung erforderlich ist. Die Notaufnahmen in den Krankenhäusern führen keine Statistiken über solche von ihnen behandelten Frauen, aber die meisten Notaufnahme- und Intensivstationsschwestern können viele Geschichten von mißhandelten Frauen erzählen. Sie können es selbst kaum glauben, daß diese Frauen, sobald sie genesen sind, zu den Männern nach Hause zurückkehren, die ihnen die Verletzungen beigebracht haben.

Ein großer Teil der Reaktionen, von denen mißhandelte Frauen berichten, ähnelt denen von Katastrophenopfern. Letztere erleiden im allgemeinen 22 bis 48 Stunden nach der Katastrophe einen emotionalen Kollaps. Zu den Symptomen dieser Opfer gehören Teilnahmslosigkeit, Depressionen und Gefühle der Hilflosigkeit. Mißhandelte Frauen zeigen ein ähnliches Verhalten. Häufig bleiben sie mindestens die ersten vierundzwanzig Stunden für sich, und es kann mehrere Tage dauern, bis sie Hilfe suchen. Mitarbeiter psychotherapeutischer Dienste berichten, daß ihre Klientinnen oftmals nicht unmittelbar nach einem Gewaltakt anrufen, sondern eher einige Tage danach. Dasselbe ergibt sich, wenn es um medizinische Behandlung bei körperlichen Verletzungen geht, die kein Notfall sind. Es ist keineswegs selten, daß eine Frau mit einer gebrochenen Rippe mehrere Tage wartet, bevor sie einen Arzt aufsucht. Dieses Verzögerungssyndrom herrscht auch vor, wenn mißhandelte Frauen Hilfe bei Rechtsanwälten oder irgendwelchen anderen Stellen suchen. Bis jetzt wissen wir nicht, ob Frauen schneller dabei wären, Hilfe in Zufluchtsstätten zu suchen, wenn diese zahlreicher zur Verfügung stünden. Vielleicht sind sie der Meinung, wenn sie niemandem von ihrer Mißhandlung erzählen, können sie so tun, als ob in Wirklichkeit gar nichts geschehen wäre.

Frauen, die mißhandelt worden sind, sagen, daß sie glauben, niemand könne sie vor den Gewalttätigkeiten ihrer Männer schützen. Sie stellen dazu fest, daß sich diese Männer wohl außerhalb der Reichweite des Gesetzes bewegen.

Die Polizei wird gewöhnlich während der Phase Zwei gerufen – wenn sie überhaupt gerufen wird. Von den befragten Frauen hatten nur 10 Prozent jemals die Polizei gerufen. Viele sagten, sie riefen die

Polizei nicht, weil sie nicht das Gefühl hätten, die Polizei könnte effektiv mit den Gewalttätern umgehen. Statistiken bestätigen diese Annahme. In Kansas City fand man 1976 in einer Studie heraus, daß über 80 Prozent aller Frauen, die von ihren Männern ermordet wurden, ein- bis fünfmal die Polizei um Hilfe gerufen hatten, bevor es zum Mord kam.

Die Polizei selbst bestätigt die Schwierigkeit, einen akuten Gewaltakt der Phase Zwei zu unterbrechen. Man hat sie dahingehend ausgebildet, mit Opfern und Gewalttätern Gespräche zu führen, sie zu beruhigen und sie dann wieder allein zu lassen. Viele Frauen berichten von Versuchen der Polizisten, sie davon abzuhalten, Anzeige zu erstatten. Techniken der Gesprächstherapie mögen in anderen Phasen des Gewalttätigkeitszyklus zwar nützlich sein, sie sind es aber nicht während der Phase Zwei; die meisten Frauen berichten vielmehr, daß die Gewalttätigkeiten de facto zunehmen, nachdem die Polizisten gegangen sind. Es ist sehr gefährlich, daß Helfer, wenn sie eingreifen, es mit der ihrem Wesen nach unbeherrscht von selbst ablaufenden Gewalt der Phase Zwei zu tun haben. In den Trainingsprogrammen der Polizei steht nichts über die Hartnäckigkeit im Verhalten der Gewalttäter; sie verstehen sein Verhalten gar nicht. Die meisten Polizisten freilich sind überhaupt nicht in irgendwelchen Methoden ausgebildet, solche Wut aufzulösen. Morton Bard, ein Psychologe in New York City, der mit der Polizei zusammenarbeitet, hat Untersuchungen angestellt, die zeigen, daß die Zahl der Todesfälle tatsächlich sinkt, wenn Polizeibeamte richtig ausgebildet sind, um mit gewalttätigen Familiensituationen umzugehen.

Polizisten beklagen sich auch darüber, daß sie, wenn sie versuchen, sich während eines Vorfalls der Phase Zwei einzuschalten, von den Frauen selbst angegriffen werden. Verständlicherweise werden sie unwillig, wenn ausgerechnet der Mensch, dem sie helfen wollten, sich gegen sie wendet. Sie interpretieren das Verhalten der Frau als Mittäterschaft bei der Gewalttätigkeit des Ehemannes. Was sie dabei nicht begreifen, ist der Umstand, daß die mißhandelte Frau weiß, wenn die Polizei fortgeht, ist sie wieder mit dem Gewalttäter allein, und sie hat große Angst davor, weiter mißhandelt zu werden.

Wenn sie die Polizisten angreift, versucht sie damit nur, dem Mann gegenüber ihre Loyalität zu demonstrieren – in der Hoffnung, so weitere Prügel abzuwenden. Mißhandelte Frauen sagen, sie würden die Polizisten niemals angreifen, wenn sie sicher wären, die Polizei nähme ihre Ehemänner mit und ließe es nicht zu, daß diese zurückkommen. Mißhandelte Frauen verstehen aber nur allzu gut, wie ineffektiv die Polizei im Umgang mit den Gewalttätern ist. Vielleicht liegt darin der Grund, warum so wenige jemals nach der Polizei rufen.

Phase Drei – Zuwendung und reuiges, liebevolles Verhalten

Die Beendigung der Phase Zwei und der Übergang in die dritte Phase des Gewalttätigkeitszyklus wird von beiden Seiten begrüßt. Genau so, wie mit Phase Zwei Brutalität verknüpft ist, ist die dritte Phase gekennzeichnet durch ein äußerst liebevolles, zugewandtes und reuiges Verhalten des Gewalttäters. Er weiß, daß er zu weit gegangen ist, und er bemüht sich, es ihr gegenüber wieder gutzumachen. Während dieser Phase wird die Übernahme der Opferrolle durch die mißhandelte Frau komplett.

Die dritte Phase folgt der zweiten unmittelbar und bringt eine Zeitspanne ungewöhnlicher Ruhe. Die in Phase Eins aufgebaute und in Phase Zwei gelöste Spannung ist verschwunden. In dieser Phase legt der Gewalttäter ständig ein charmantes, liebevolles Verhalten an den Tag. In der Regel tun ihm seine Handlungen in den vorausgegangenen Phasen leid, und er vermittelt der mißhandelten Frau seinen Zustand der Reue. Er bittet sie sehr um Verzeihung und verspricht, daß er es nie wieder tun wird. Sein Verhalten wird beschrieben als typisch für einen kleinen Jungen, der etwas Unrechtes getan hat, das Kind, das man mit der Hand in der Keksdose ertappt hat. Der gesteht es ja auch, wenn er auf frischer Tat ertappt wird und fleht um Verzeihung. Der Gewalttäter glaubt ehrlich, daß er der Frau, die er liebt, nie mehr weh tun wird; er glaubt, daß er sich von jetzt an beherrschen kann. Er glaubt freilich auch, daß er ihr eine solche Lektion erteilt hat, daß sie sich nie wieder auf eine solche

Weise verhalten und er daher nicht in die Versuchung geraten wird, sie zu schlagen. Er bringt es fertig, jedermann zu überzeugen, daß er es diesmal wirklich ernst meint. Er unternimmt etwas, um seine Aufrichtigkeit zu beweisen: Er gibt das Trinken auf, die Verabredungen mit anderen Frauen, Besuche bei seiner Mutter oder was sonst seinen inneren Angstzustand beeinflußt.

Zu Beginn dieser dem akuten Gewaltakt unmittelbar folgenden Phase bin ich gewöhnlich den mißhandelten Frauen begegnet. Zu diesem Zeitpunkt wollen sie am ehesten fliehen. Einige Frauen, die sich freiwillig zur Teilnahme an den Interviews gemeldet hatten, nahmen sofort mit mir Verbindung auf, nachdem sie wegen ihrer während des akuten Gewaltaktes erlittenen Verletzungen ins Krankenhaus gekommen waren. Während sie aber vom Ende der Phase Zwei in die Phase Drei des Gewaltzyklus voranschritten, war die Änderung bei diesen Frauen, die ich täglich im Krankenhaus besuchte, wirklich dramatisch. Innerhalb weniger Tage waren sie nicht mehr einsam, wütend, verletzt und voll Angst, sondern glücklich, vertrauensvoll und liebevoll. Anfangs hatten sie ihre Situation ganz realistisch eingeschätzt. Sie akzeptierten, daß sie nicht in der Lage waren, das Verhalten des Gewalttäters zu beherrschen. Sie erlebten Wut und Schrecken, und das half, sie dazu zu motivieren, wesentliche Veränderungen in ihrem Leben in Erwägung zu ziehen.

Diese Frauen waren durch und durch erfüllt von ihrem Wunsch, nicht mehr Opfer sein zu wollen – bis dann der Gewalttäter eintraf. Ich erkannte immer, wann der Ehemann einer Frau mit ihr Kontakt aufgenommen hatte, und zwar an dem Übermaß an Blumen, Süßigkeiten, Karten und anderen Geschenken in ihrem Krankenzimmer. Am zweiten Tag nahmen die Telefonanrufe oder Besuche zu und ebenso seine eindringlichen Bitten, ihm zu verzeihen, und seine Versprechungen, es nie wieder tun zu wollen. Gewöhnlich zog er andere hinzu in seinem heftigen Kampf, sie nicht zu verlieren. Seine Mutter, sein Vater, die Geschwister, Tanten, Onkel, Freunde und jeder, den er sonst noch heranziehen konnte, rief an und setzte sich ihr gegenüber für ihn ein. Sie alle versuchten, sie über ihr Schuldgefühl zu beeinflussen: Sie sei seine einzige Hoffnung; ohne sie wäre er vernichtet. Was würde mit den Kindern passieren, wenn sie ihnen den Vater nähme? Die emotional zerstörerischen Rollenmodelle, die der Gewalttäter und die mißhandelte Frau jenen Kindern lieferten, schienen nicht von Bedeutung zu sein. Jeder gab zwar zu, daß der Gewalttäter im Unrecht war, aber die mißhandelte Frau wurde doch verantwortlich gemacht für die Folgen jeglicher Bestrafung, die ihm zuteil würde. Da die meisten mißhandelten Frauen ja an traditionellen Werten in bezug auf die Dauerhaftigkeit von Liebe und Ehe festhalten, fallen sie leicht dem Schuldgefühl zum Opfer, das gegeben ist, wenn man eine Familie zerstört, selbst wenn es keine sehr glückliche ist. Man hat ihnen beigebracht, eine Ehe sei ewig, und sie glauben das. Der mißhandelten Frau wird auch vermittelt, daß der Gewalttäter Hilfe braucht, wobei unausgesprochen mitschwingt, daß er, wenn sie bei ihm bleibt, diese Hilfe bekommt. Während dieser intensiven Kampagne, sie dazu zu überreden, bei dem Gewalttäter zu bleiben, glaubt jeder wirklich an diese vordergründig vernünftigen Überlegungen. Die Wahrheit ist jedoch, daß die Chancen, daß der Gewalttäter Hilfe sucht, minimal sind, wenn sie bei ihm bleibt. Wir haben festgestellt, daß der Zeitpunkt, zu dem ein Gewalttäter am ehesten Hilfe sucht, erst gegeben ist, *nachdem* die Frau ihn verlassen hat, und er denkt, Psychotherapie oder sonstige Hilfe würde ihn in die Lage versetzen, sie zurückzugewinnen.

Andere mißhandelte Frauen erzählen oft Geschichten, die denen ähnlich sind, welche die Frau im Krankenhaus erlebt. Deren Belohnung dafür, daß sie die Gewalttätigkeiten akzeptieren, besteht in einer Zeitspanne der Ruhe und der Zuwendung. Für manche Frauen ist dieser Zeitraum allerdings nicht immer ein glücklicher. Eine Frau sagte, sie fürchte die Phase sehr, weil ihr Mann dadurch, daß er extravagante Geschenke kaufte, die sie sich nicht leisten konnten, zu erreichen versuchte, daß sie sich besser fühlte und er weniger schuldig. Wenn sie dann versuchte, die Geschenke zurückzugeben, wurde er sehr schnell wieder gewalttätig. Wenn sie sie behielt, machte sie sich Sorgen, wie sie sie bezahlen könnten. Sie mußte dann Überstunden machen, um das Geld dafür zu verdienen oder sonst Rücknahmeverfahren in Kauf nehmen. So hatte sie also keine wirkliche Erholungspause; sie mußte auch während der Phase Drei leiden.

Die mißhandelte Frau möchte gern glauben, daß sie nicht mehr unter Mißhandlungen zu leiden haben wird. Die Verständigkeit des Mannes unterstützt ihren Glauben, daß er sich wirklich ändern könne; ebenso wirkt sein liebevolles Verhalten während dieser Phase. Sie bringt sich selbst zu der Überzeugung, daß er wirklich tut, was er, wie er sagt, tun will. Während dieser Phase erlebt die Frau andeutungsweise die Erfüllung ihres ursprünglichen Traumes, wie wunderschön die Liebe ist. Sein Verhalten bestärkt sie darin, in ihrer Beziehung zu bleiben. Sogar Frauen, die eine gewalttätige Beziehung längst aufgegeben haben, erinnern sich mit Begeisterung an die aufrichtige Liebe, die sie in diesem Zeitabschnitt empfunden haben. Die traditionelle Vorstellung, daß zwei Menschen, die sich lieben, schwierigste widrige Umstände meistern werden, herrscht vor. Die mißhandelte Frau glaubt gern, daß das Verhalten, das sie während der Phase Drei erlebt, erkennen läßt, wie ihr Mann in Wirklichkeit ist. Sie identifiziert den guten Mann mit dem Mann, den sie liebt. Er ist jetzt all das, was sie je an einem Mann wollte. Sie sieht ihn stark, verläßlich, aber eben auch liebevoll. Wenn man ihm nur helfen könnte – dann wäre er die ganze Zeit *so*. Es läßt sich auf keine Weise erkennen, ob das die Wahrheit ist oder nicht. Interessant ist jedoch, daß diese Frauen es vorziehen zu glauben, daß das reuige Verhalten stärker auf die reale Persönlichkeit hinweist als das gewalttätige Verhalten. Helfer mißhandelter Frauen geraten an diesem Punkt geradezu in Verzweiflung, da die Frauen gewöhnlich die Anklagen fallenlassen, Rückzieher machen bei Trennung oder Scheidung und im allgemeinen bemüht sind, die Dinge wieder zurechtzurücken, bis der nächste Gewaltakt eintritt. Während dieser Zeit erkennt die mißhandelte Frau auch, wie labil und unsicher der Gewalttäter in Wirklichkeit ist. In seinen flehentlichen Bitten sind Drohungen enthalten, daß er sein Leben hinschmeißen wird, wenn sie ihm nicht verzeiht. Er erinnert sie daran, wie sehr er sie braucht, und behauptet, etwas Schreckliches wird mit ihm passieren, wenn sie ihn verläßt. Selbstmord ist da keine leere Drohung. Nahezu 10 Prozent der Männer, die in unserem Sample die Frauen mißhandelten, haben sich umgebracht, nachdem ihre Frauen sie verlassen hatten. Mißhandelte Frauen spüren die Verzweiflung ihrer Männer, ihre Einsamkeit und ihre Entfremdung von der übrigen Gesellschaft. Sie sehen sich als die Brücke zum emotionalen Wohlergehen ihrer Männer. Fast die Hälfte der interviewten Frauen berichtete, daß die geistige Gesundheit ihrer Ehemänner sich verschlechterte, nachdem sie sie verlassen hatten. Mindestens ein Viertel stellte fest, daß ihre eigene geistige Gesundheit durch eine Trennung ernstlich in Gefahr geraten würde.

Die zwei Menschen, die in solch einer gewalttätigen Beziehung leben, werden ein symbiotisches Paar – jeder ist so sehr vom anderen abhängig, daß das Leben beider drastisch in Mitleidenschaft gezogen wird, wenn einer versucht wegzugehen. Während der Phase Drei, wenn die liebevolle Zuwendung am intensivsten ist, wird diese symbiotische Verbindung ganz fest. Beide machen sich selbst und sich gegenseitig vor, zusammen könnten sie die Welt aus den Angeln heben. Das Gefühl der übermäßigen Abhängigkeit voneinander und des übermäßigen Vertrauens zueinander ist in jeder Phase des Zyklus offensichtlich. Das Festigen der Bindungen geschieht jedoch während der Phase Drei.

Da fast alle Vorteile des Verheiratetseins oder der Paarbeziehung für die mißhandelte Frau sich in Phase Drei ergeben, ist dies die Zeitspanne, in der es am schwierigsten für sie ist, eine Entscheidung über die Beendigung der Beziehung zu treffen. Leider ist das aber auch der Zeitraum, in dem für gewöhnlich die Helfer mit ihr zu tun haben. Wenn die Frau sich weigert, die Beziehung aufzugeben und sich darauf beruft, daß sie ihn doch wirklich liebe, dann beruht dieser Entschluß auf dem derzeitigen liebevollen Verhalten der Phase Drei und bezieht sich nicht auf das leidvollere Verhalten in Phase Eins oder Phase Zwei. Sie hofft, daß das gewalttätige Verhalten, wenn die anderen zwei Zyklen eliminiert werden können, aufhören wird und die von ihr idealisierte Beziehung bleiben wird. Wenn sie bereits mehrere Zyklen durchlaufen hat, trägt das Wissen, daß sie ihre seelische und körperliche Sicherheit für diesen vorübergehenden Traumzustand eingetauscht hat, zu ihrem Selbsthaß und zu ihrer Beschämung bei. Ihr Selbstverständnis bröckelt ab, während sie mit der Erkenntnis ringt, daß sie sich für kurze Perioden von Phase-Drei-Verhalten verkauft. Sie wird so eine Komplizin ihrer eigenen Mißhandlung. Die befragten Frauen gestanden, wenn auch etwas betreten, immer wieder ein, daß sie ihre Männer während dieser Phase sehr liebten. Die Wirkung der Großzügigkeit, Verläßlichkeit, Hilfsbereitschaft und des echten Interesses ihrer Männer an ihnen ist also wirklich sehr groß.

Die genaue Zeitdauer der Phase Drei hat man bis jetzt nicht bestimmen können. Sie dauert offenbar länger als Phase Zwei, ist aber kürzer als Phase Eins. In manchen Fällen ist es anscheinend schwierig, Anhaltspunkte dafür zu finden, daß sie länger als nur einen kurzen Augenblick anhält. Ein deutliches Ende dieser Phase scheint es auch nicht zu geben. Die meisten Frauen berichten, noch bevor sie es bewußt wahrnehmen, gehe das ruhige, liebevolle Verhalten unmerklich wieder über in kleine Gewaltakte. Der Spannungsaufbau der Phase Eins tritt wieder ein; ein neuer Zyklus gewalttätigen Verhaltens beginnt. Einige Frauen sind allerdings sehr geschickt darin geworden, diese liebevolle Phase für eine längere Zeit auszudehnen. Wenn dieser Phase dann eine intensive Periode von Phase-Eins-Verhalten folgt, verlieren diese Frauen oft die Beherrschung über ihre unterdrückte Wut und verletzen ihre Männer schwer. Drei Frauen in unserem Sample haben ihre Ehemänner erschossen und eine hat ihn erstochen. Viele andere haben mit Messern und anderen tödlichen Waffen zurückgeschlagen. In jedem Fall geschah solche Vergeltung nach mehreren kurzen, aber intensiven Gewaltzyklen, denen längere Perioden der Ruhe folgten. Der Mord geschah dann, nachdem das Phase-Eins-Verhalten wieder einsetzte. Die betroffenen Frauen hatten offenbar das Gefühl, daß sie mit irgendwelchen weiteren Attacken nicht mehr fertig werden könnten. Keine von ihnen sagte, sie hätte die Absicht gehabt, ihren Mann zu töten; jede stellte fest, sie wollte ihn nur daran hindern, sie noch mehr zu verletzen.

Teil II
Methoden der Gewaltanwendung in gewalttätigen Beziehungen

Einleitung

Viele Frauen, denen ich landauf, landab begegnet bin, fragen oft zaghaft, ob ich ihnen wohl sagen könnte, wie man verhindern oder gar beenden kann, daß sie mißhandelt werden. »Geben Sie mir doch Anregungen«, bitten sie dringlich. »Wie kann ich erkennen, ob mein Mann mich verprügeln wird oder nicht?« ist eine weitere Frage. Meine Forschungen haben mir die Antworten auf solche Fragen nicht geliefert. Das Beste, was ich tun kann, ist, einige der üblichen Methoden zu umreißen, zu denen Männer greifen, um Frauen zu mißhandeln. Diese sind sowohl seelischer als auch körperlicher Art. Ich bin mir zwar sicher, daß ich nicht all die verschiedenen Arten, wie man eine Frau demütigen und mißhandeln kann, erfahren habe, aber ich habe in den folgenden fünf Kapiteln einige der repräsentativeren Methoden der Gewaltanwendung, die Männer in gewalttätigen Beziehungen benutzt haben, detailliert dargestellt.

Zu definieren, worin gewalttätiges Verhalten eigentlich besteht, ist für viele Menschen – dazu gehören auch die mißhandelten Frauen selbst – schwierig. Jeder kann sich die Art von Gewalt vorstellen, die Knochenbrüche und blutende Wunden erzeugt. Verwirrend wird es, wenn die Gewalt weniger akute und weniger sichtbare Resultate hervorruft. Frauen stellen häufig die Frage: »Bin ich eigentlich eine mißhandelte Frau, wenn mein Mann mich nur ganz gelegentlich schlägt?« »Wenn er mir nur droht, mich zu verletzen, und dann zur Strafe mir meine Wagenschlüssel wegnimmt, werde ich damit mißhandelt?« »Wenn er mich jeden Tag stündlich anruft und mich fragt, wie es mir geht, werde ich dann mißhandelt?« Die Frauen fangen gewöhnlich damit an, daß sie sagen: »Ich habe eine Freundin, die man wahrscheinlich als mißhandelte Frau ansehen könnte, aber ich selbst bin mir einfach nicht sicher. Ich weiß nicht, ob sie jemals ernstlich verletzt worden ist. Freilich behandelt ihr Mann sie tatsächlich gemein.«

Was muß man als lebensbedrohenden Vorfall bezeichnen? Es

trifft zwar zu, daß kleine Vorfälle sich summieren und in einer akuten gewalttätigen Episode explodieren können, ohne daß es irgendwann nennenswerte Provokationen gegeben hat, aber viele Leute reservieren das Etikett »gewalttätig« nur für solche Vorfälle, bei denen es zu schweren körperlichen Verletzungen kommt. Für mich ist es wichtig, auch den Verlauf der Mißhandlung zu analysieren. Das langsame emotionale Quälen, das unsichtbare Narben erzeugt, ist ebenso etwas Gewalttätiges wie schnelle, harte Schläge. In meinem Projekt hat keine Frau berichtet, sie sei körperlich mißhandelt worden, ohne gleichzeitig auch zu sagen, sie habe seelische Quälerei erlebt. Der entstandene seelische Terror ruft eine Streßreaktion hervor, die körperliche und seelische Probleme der verschiedensten Art verursacht bis hin zu Selbstmord. Die Kenntnis vieler ganz verschiedener Beispiele gewalttätiger Vorfälle kann uns helfen festzustellen, ob es sich gegebenenfalls um wirkliche Gewalttätigkeit handelt.

Wenige mißhandelte Frauen, die ich interviewt habe, waren sich sicher, ob sie sich als mißhandelt einstufen sollten. Die meisten fingen an, einen Vorfall zu beschreiben, zögerten dann und wollten Bestätigung dafür haben, daß sie auch tatsächlich eine Mißhandlung beschrieben. Andere waren wenig geneigt, von irgend etwas anderem zu reden als einer schweren körperlichen Mißhandlung, die medizinisches Eingreifen erforderte. Trotz intensiver Testmethoden waren diese Frauen kaum bereit, solche schweren körperlichen Attacken als gewalttätiges Verhalten zu klassifizieren. Sie waren sich sicher, daß sie angegriffen wurden und daß sie Verletzungen davongetragen hatten, seelische wie körperliche, aber sie waren doch unsicher, ob sie das Etikett »mißhandelte Frau« auf sich selbst anwenden sollten. Manche wollten dem Stigma entgehen, das mit diesem Etikett verknüpft ist. Andere wollten sich einfach die Realität nicht eingestehen. Die meisten fürchteten sich davor, die Hoffnungslosigkeit zu akzeptieren, die diese Realität für ihre Beziehung bedeutete. Für viele paßte das Klischee von der ungepflegten mißhandelten Frau gar nicht zu dem Bild, das sie von sich selbst hatten. Dieses Nichtwahrhabenwollen ist ähnlich dem bei Alkoholikern beobachteten, die ja meinen, alle Alkoholiker müßten Penner im Kneipenviertel sein, und Durchschnittsmenschen seien per definitionem nicht Alkoholiker. Gewalttäter und mißhandelte Frauen haben ähnliche Schwierigkeiten, es zu erkennen und zu akzeptieren, wenn sie miteinander Probleme haben. Sich klarzuwerden über die verschiedenen Techniken der Gewaltanwendung, die in gewalttätigen Beziehungen verwendet werden, dürfte dazu beitragen, einen Teil dieser Verwirrung aufzuklären und es den mißhandelten Frauen und den Gewalttätern leichter zu machen zu erkennen, wie es um sie steht.

Nachdem ich zwanzig Interviews durchgeführt hatte, wurde mir klar, daß die Darstellungen der Gewalttätigkeiten, die mir die Frauen lieferten, einige auffallende Ähnlichkeiten aufwiesen. Die Geschichten wiederholen sich so sehr, daß ich mich dabei ertappte, wie ich selber ergänzte, was die Frauen ausgelassen hatten. Die Frauen fingen an, auf mich zu reagieren, als ob ich übernatürliche Kräfte hätte. Wie konnte jemand erraten, was sie zu verbergen sich die allergrößte Mühe gegeben hatten? Während der Lektüre der nächsten vier Kapitel werden Sie ebenfalls ohne Zweifel in der Lage sein, einige dieser Ähnlichkeiten klar zu erkennen:

1. *Anfängliche Überraschung.* Die meisten Frauen stellten fest, daß sie von der Gewalt, die ihre Männer an den Tag legten, völlig überrascht wurden. Bevor der erste Vorfall eintrat, hätten sie nicht voraussagen können, daß diese Männer so gewalttätig sein könnten. Rückblickend konnten sie dann charakteristische Merkmale von Situationen erkennen, die zu dem tatsächlichen akuten Gewaltakt hinführten. Unter einer sanften Fassade versteckte sich die potentielle Brutalität.

2. *Unvorhersagbarkeit akuter Gewaltakte.* Wenn mißhandelte Frauen auch mehrfach den Gewaltzyklus durchliefen, konnten sie doch nicht genau vorhersagen, wann eine akute Mißhandlung eintreten würde. Sie waren ebensowenig in der Lage, vorauszusagen, wie schwerwiegend die Gewalttätigkeit während eines solchen Vorfalls sein würde. Soweit sie nicht selbst eine Provokation ausübten und sich dessen auch bewußt waren, beherrschten die Männer die akuten Gewaltakte völlig.

3. *Überwältigende Eifersucht.* Gewalttäter waren eifersüchtig auf andere Männer, Freundinnen, die Familie, die Kinder, Enkel und die Arbeitsplätze. In dem Maße, wie die Eifersucht des Gewalttäters zunahm, nahm auch seine besitzergreifende und aufdringliche Art in bezug auf die mißhandelte Frau zu.

4. *Ungewöhnliche Sexualität.* Mißhandelte Frauen berichteten alle von ungewöhnlichen Arten sexuellen Verhaltens, die ihre Männer von ihnen in ihren Beziehungen erwarteten. Manche hielten diese Sexualität für bizarr. Andere rechneten dazu auch verführerische und offen inzestuöse Beziehungen zu den Töchtern. Doch trotz dieser Dinge sprachen die Frauen gemeinhin von der Sensibilität und der Sinnlichkeit, die diese Männer ihnen gegenüber an den Tag legten, wenn sie nicht gerade brutal auftraten.

5. *Klare Erinnerung an die Einzelheiten einer akuten Mißhandlung.* Mißhandelte Frauen konnten sich stets die Einzelheiten solcher Gewaltvorfälle ins Gedächtnis zurückrufen. Sie erinnerten sich an jedes gesprochene Wort und an jeden Schlag, der sie traf. Sie konnten diese schauerlichen Details zwar mit anderen besprechen, aber die meisten Menschen ertrugen es nicht, ihren Berichten zuzuhören, und das vertiefte nur ihre Scham und ihr Bedürfnis, alles zu verheimlichen.

6. *Verheimlichung.* Obwohl diese Frauen sich so lebhaft an die gewalttätigen Vorfälle erinnerten, stritten sie diese Tatsachen häufig ab und verheimlichten sie, um die Gewalttäter zu schützen. Sie wußten also genau, was vorgefallen war, und konnten es wiederholen, bestritten aber zugleich die Verantwortung ihrer Männer dafür. So entwickelte sich, wenn doch niemand ihnen zuhören wollte und es für sie notwendig war, das Geschehene abzustreiten, ein Deckmantel des Konspirativen.

7. *Trinken.* Viele mißhandelte Frauen berichteten, daß ihre Männer Schwierigkeiten hatten, den Alkoholkonsum unter Kontrolle zu halten. Aus den Darstellungen ging hervor, daß ihre Männer alko-

holsüchtig waren, ganz gleich, welche Mengen sie tranken. Eine klare Beziehung ließ sich zwar nicht feststellen, aber übermäßiges Trinken war eine allgemeine Erfahrung, die die meisten Frauen berichteten.

8. *Außerordentliche seelische Mißhandlung.* Nahezu alle mißhandelten Frauen sprachen von harter Kritik und schweren verbalen Attacken seitens der Gewalttäter. Ständig wurden diese Frauen ganz stümperhafter Handlungen beschuldigt. Die Männer waren geradezu Meister darin, die Schwachpunkte der Frauen zu finden und für ihre eigenen Zwecke zu benutzen. Es hieß, sie benutzten bei ihren seelischen Quälereien Methoden der Gehirnwäsche. Bei diesen Machtkämpfen waren die Frauen immer die Verlierer.

9. *Drohungen gegen die Familie.* Eine wichtige Methode der Gewaltanwendung bestand darin, daß die Gewalttäter damit drohten, den Familien oder nahestehenden Freunden und Freundinnen der mißhandelten Frauen etwas anzutun. Die meisten Frauen glaubten, daß der Mann dazu imstande war, seine Drohungen wahrzumachen.

10. *Außerordentlicher Terror durch die Verwendung von Schußwaffen und Messern.* Es wurde berichtet, daß Gewalttäter ihre Frauen mit fürchterlichen Beschreibungen erschreckten, wie sie sie foltern würden. Oft verliehen sie diesen Beschreibungen Nachdruck durch die Verwendung von Revolvern, Messern und anderen Waffen bei ihrem gewalttätigen Verhalten.

11. *Allmächtiges Können.* Mißhandelte Frauen glauben, daß Gewalttäter Dinge tun können, die andere nicht fertigbringen. Dazu rechnen positive wie negative Dinge. Der Gewalttäter erweckt ein Gefühl der Allmacht durch seine außerordentliche Sensibilität für Menschen, und die mißhandelte Frau glaubt an sein allmächtiges Können. Gleichzeitig glaubt sie aber auch das Gegenteil – daß er nämlich labil ist und jeden Augenblick zerbrechen kann.

12. *Bewußtsein des potentiellen Todes.* Die mißhandelten Frauen sagten alle aus, sie seien sich dessen bewußt, daß ihre Gewalttäter sie umbringen könnten. Sie wußten, daß die Gewaltdrohungen keine leeren Drohungen waren und daß die Gewalttäter durchaus dazu imstande waren, die Frauen und/oder sich selbst umzubringen.

Die nächste Gruppe von Interviews bekam ein wenig den Charakter eines Kriminalromans, nachdem mir die auffallenden Ähnlichkeiten in den Darstellungen der befragten Frauen immer klarer wurden. Ich ging dazu über, eingehendere Fragen zu stellen, um die Zyklustheorie zu untermauern, die ich zu formulieren unternahm. Als ich in meinem Fragen beharrlicher wurde, kamen auch weniger offensichtlich erkennbare Gewaltakte ins Gedächtnis zurück. Diese Vorfälle unterschieden sich vielleicht in ihrer Intensität, Häufigkeit oder der speziellen von dem Gewalttäter benutzten Methode, trotzdem waren sie gewalttätig und aggressiv. Nachdem diese Vorfälle als Gewaltakte klar festgelegt waren, fingen die Frauen an, sich an andere zu erinnern. Nachdem einige Maßstäbe dafür, worin Methoden der Gewaltanwendung bestehen, bestimmt waren, konnten die Frauen sich Gewaltakte ins Gedächtnis zurückrufen und sie noch ergänzen.

Um ganz sicherzugehen, daß ich diese Interviews nicht durch Suggestivfragen beeinflußte, hörte ich auf, die Interviews selbst durchzuführen. Ich bildete mehrere andere Interviewerinnen aus, ohne ihnen irgendwelche theoretischen Überlegungen mitzuteilen, schon gar nicht die Zyklustheorie. Ein Teil der Ausbildung bestand zwar darin, Bandaufnahmen früherer Interviews anzuhören, aber die Möglichkeit, daß die Frauen ähnliche Erfahrungen gemacht haben könnten, wurde in keiner Weise erwähnt. Die Übereinstimmungen in den Darstellungen dieser Gruppe mit denen der vorausgegangenen zwei Gruppen waren auffallend. Die anderen Interviewerinnen kamen zu denselben Ergebnissen wie ich. Die Methoden der Gewaltanwendung waren zwar für jedes Individuum einmalig, waren aber doch außerordentlich ähnlich.

Die schrecklichen körperlichen Mißhandlungen von Frauen haben zwar neuerdings Publizität erlangt, ihre Leiden werden aber noch immer sehr unterschätzt. Obwohl in meinem Projekt der körperliche Schaden durch die Mißhandlungen größer oder kleiner sein konnte, die Auswirkung der Schädigung war doch dieselbe. Es zeigte sich dieselbe Ineffektivität der Selbstverteidigung und dieselbe Ergebnislosigkeit des Kontaktes mit Helfern. Verwandte, Ärzte, Polizisten, Therapeuten und andere – sie alle waren nicht imstande, den mißhandelten Frauen zu helfen, aus ihrer üblen Lage herauszukommen. Viele Frauen gerieten in Verwirrung darüber, ob ihr Verhalten ineffektive Selbstverteidigung war oder einfach seinem Wesen nach provozierend. Als detaillierte Darstellungen von Gewalt zur Verfügung standen, erwies sich das, was wie verbale Provokation von seiten der Frau aussah, als der Versuch, sich gegen weitere Brutalität zu wehren. Die Frauen gingen mit den Verletzungen auf eine Art und Weise um, wie sie nach solchen Verletzungen typisch ist. Die meisten befaßten sich damit, das Geschehene zu verheimlichen, abzustreiten und die Schuld des Mannes als ihre eigene auf sich zu nehmen – was alles zu einem weiteren Verlust der eigenen Selbstachtung führte.

Im Verlauf dieser Untersuchung fing ich an, meine Ergebnisse verschiedenen Gruppen in USA und England mitzuteilen. Ich bat andere, die mit mißhandelten Frauen arbeiteten, darauf zu achten, ob die Zyklustheorie zutraf und wie es mit den Ähnlichkeiten stand, die bestimmte Gruppen von mißhandelten Frauen klar kennzeichneten. Nach jedem Vortrag, den ich hielt, kamen Frauen zu mir und teilten mir ihre persönlichen Erlebnisse mit. Wiederum waren die Berichte von Gewalttaten ähnlich, wenn die Einzelheiten auch variierten. Viele äußerten, daß sie sich selbst bis jetzt noch nie als mißhandelte Frauen eingeschätzt hätten.

Die nächsten Kapitel sollen also dazu beitragen, Methoden der Gewaltanwendung klar herauszuarbeiten, so daß gewalttätiges Verhalten klarer definiert, etikettiert und von Gewalttätern und mißhandelten Frauen erkannt werden kann. Die Methoden, die am meisten relevant und in den Einzelfällen ähnlich sind, finden sich in den Bereichen Körper, Sex, Wirtschaft (Finanzen), Familie und Gesellschaft. Ich habe jedem Bereich ein Kapitel gewidmet, erkenne dabei aber durchaus, daß es in jedem einzelnen Fall Überschneidungen in allen Bereichen geben kann. Die interviewten Frauen haben alle ihre Genehmigung erteilt, daß ihre schlimmen Geschichten erzählt werden. Sie tun das in der Hoffnung, daß andere die Methoden der Gewaltanwendung erkennen und deren Auftreten in Zukunft verhindern.

4
Körperliche Mißhandlung

Wenn auch in der letzten Zeit durch Fernsehdokumentationen, Zeitungsartikel und Tatsachenberichte in Zeitschriften die mit Blutergüssen übersäten und blutüberströmten Opfer von Mißhandlungen in den Blickpunkt der Öffentlichkeit gerückt wurden, so werden die körperlichen Mißhandlungen, die Frauen erleiden, doch immer noch sehr unterschätzt. Manche Vorfälle sind grausiger oder erniedrigender als andere, aber alle sind sie grauenerregend. Die schlimmsten in dieser Studie erfaßten Vorfälle traten meist während der zweiten Phase des Mißhandlungszyklus auf, wenn auch einige bereits in der ersten Phase, in der sich die Spannung aufbaut, passierten. Meistens ging die Mißhandlung von den Männern aus, in manchen Fällen fügten allerdings auch die Frauen den Männern Verletzungen zu. Das geschah im allgemeinen, wenn sich die Frauen verteidigten.

Männer sind nicht nur körperlich kräftiger als Frauen, sondern sie werden auch von Kind an zum Kämpfen erzogen. Frauen haben weder dieselbe Körperkraft, noch dieselbe Erziehung, so daß sie bei Handgreiflichkeiten von vornherein im Nachteil sind. Selbst die Frauen, die irgendeine Art der Selbstverteidigung gelernt hatten, waren nicht in der Lage, ihre Kenntnisse so einzusetzen, daß sie einen physischen Angriff seitens ihre Männer erfolgreich hätten abwehren können. Wenn auch die meisten Männer in den untersuchten Fällen größer waren als die von ihnen angegriffenen Frauen, so war das noch nicht immer so. Das Klischee vom 1,84 m großen Football-Spieler, der seine 1,52 m große, 45 Kilo leichte Frau verprügelt, wurde im allgemeinen bestätigt, ebenso wie das Klischee des zweithäufigsten Männertypus, nämlich des kleinen, schlanken, schüchternen, aber explosiven Mannes.

Die von den Frauen im Rahmen dieses Projekts berichteten Mißhandlungen reichten von kleineren bis hin zu schweren körperlichen Angriffen. Zu ersteren gehören zum Beispiel Ohrfeigen, ein Schlag aufs Hinterteil, Kneifen in die Wange oder den Arm, ein eher spielerischer Boxhieb, Ziehen an den Haaren. Wenn solche Verhaltensweisen regelmäßig und ohne Rücksicht auf das Wohlbefinden der Frau vorkamen, wurden sie als Mißhandlungen eingestuft. In vielen Fällen eskalierten diese kleineren Angriffe schnell zu schweren physischen Mißhandlungen. Wenn ein Mann eine Frau zum ersten Mal geschlagen hatte, schien es ihm leichter zu fallen, das wieder zu tun. Es ist, als wäre damit ein Tabu gebrochen und als geriete das Verhalten, wenn die Schranken erst einmal gefallen sind, außer Kontrolle.

Zu den schweren körperlichen Angriffen gehören Schläge mit der offenen Hand oder mit der Faust ins Gesicht oder auf den Kopf; Fußtritte, das Herumtrampeln auf den Frauen und Fausthiebe auf alle Körperteile; Würgen bis zur Bewußtlosigkeit; die Frauen durchs Zimmer, die Treppe hinunter oder gegen einen Gegenstand stoßen oder schleudern; heftiges Schütteln; Verrenken oder Brechen des Arms; Brandverletzungen durch Bügeleisen, Zigaretten und heiße Flüssigkeiten; Verletzungen durch geworfene Gegenstände; unter Zwang ausgeführtes Abrasieren der Schamhaare; erzwungener gewalttätiger Geschlechtsverkehr; Stichwunden und Verstümmelung mit verschiedenen Gegenständen, einschließlich Messer und Beil; Schußwunden. Am häufigsten wird von körperlichen Verletzungen berichtet, die die Männer den Frauen mit Händen und Füßen beibringen, und zwar vor allem am Kopf, im Gesicht, am Rücken und im Bereich der Rippen. Gebrochene Rippen und Armbrüche, die entstehen, weil die Frauen den Arm heben, um sich zu verteidigen, zählen zu den häufigsten Knochenbrüchen.

Verschiedene Frauen in diesem Sample erlitten Hals- und Rückenwirbelbrüche – eine, nachdem der Mann auf ihrem Rücken herumgetrampelt war, andere, nachdem sie gegen einen Gegenstand im Zimmer geschleudert worden waren. Eine Frau erlitt den Verlust ihrer einen Niere und schwere Verletzungen an der anderen, als sie gegen einen Küchenherd geschleudert wurde. Andere erlitten schwere innere Blutungen und Blutergüsse. Auch von geschwollenen Augen und Nasen, ausgeschlagenen Zähnen und Gehirnerschütterungen wurde berichtet. In einer großen Zahl von Fällen waren chirurgische Eingriffe nötig. Frauen wurden oft bewußtlos geschlagen. Viele wurden bis zur Bewußtlosigkeit gewürgt.

Die meisten Frauen halten sich nach solchen brutalen Mißhandlungen möglichst verborgen. Ihre Fähigkeit, stärkste Schmerzen auszuhalten, ohne sofort ärztliche Hilfe in Anspruch zu nehmen, ist außerordentlich groß. Häufig gehen sie erst nach mehreren Tagen zum Arzt. Ärzte, die Frauen unmittelbar nach solch brutalen Mißhandlungen untersucht haben, äußerten sich oft darüber, wie sehr diese Frauen große Schmerzen aushalten, ja bagatellisieren können. Gewöhnlich muß eine Frau erst körperlich angegriffen werden, ehe sie sich selbst gegenüber zugibt, daß sie mißhandelt wird. Selbst die extremste Form von psychischem Terror wird noch entschuldigt. Daher waren die meisten Frauen im Sample körperlich mißhandelt worden, ehe sie sich freiwillig bereit erklärten, daran teilzunehmen. Wie schon früher erwähnt waren jedoch fast alle Frauen sehr überrascht, als der erste akute Gewaltakt geschah. Die wenigen, die in Beziehungen lebten, in denen sie nie körperliche Mißhandlung erfahren hatten, waren sich aber immer bewußt, daß diese Möglichkeit doch drohte.

Hier sind einige repräsentative Geschichten der befragten Frauen. Rochelle war einundvierzig Jahre alt, als sie heiratete. Ehe sie George begegnete, war sie zwar mit anderen Männern gegangen, aber seit einer Reihe von Jahren hatte es niemanden in ihrem Leben gegeben, der einen besonderen Platz eingenommen hätte. Als sie George kennenlernte, machte er gerade die Scheidung von seiner ersten Frau durch. Die Frau hatte ihn verlassen und die Kinder mitgenommen, und George fühlte sich einsam und traurig. Sie begegneten sich im Büro, und George schmeichelte sich bei Rochelle ein, indem er kleine Pflichten übernahm, die ihr die Arbeit erleichterten. Sie gingen mehrere Monate miteinander, ehe sie heirateten.

Eigentlich war ich gar nicht auf der Suche nach jemandem. George sah mich immer beim Packen von Kisten und half mir dabei. Wissen Sie, er war einer von den Angestellten, der einfach nur nett war. Dann rief er mich an und erzählte mir ganz genau, in welcher Lage er sich zu diesem Zeitpunkt befand. Er machte gerade eine Scheidung durch, und ich sagte ihm, er solle warten, bis alles vorbei war. Dann gingen wir eine Weile miteinander. Ich hatte nie den Ver-

dacht, daß das passieren könnte! Ich wußte nicht einmal, daß so etwas überhaupt passierte, weil ich das bei mir zu Hause oder bei Freunden nie erlebt hatte. Wenn ich jetzt zurückblicke, dann sehe ich Anzeichen dafür, daß das ein Problem gewesen sein könnte, aber ich habe das damals nicht so gesehen. Zum Beispiel entzog er sich Situationen gern, konfrontierte sich nicht mit ihnen, mit den Problemen, sagte einfach, die Dinge wären in Ordnung, wenn sie es gar nicht waren. Er ignorierte Probleme einfach. Ich habe eine bessere Bildung als er, und ich versuchte, mit ihm zu reden und ihm zu zeigen, daß das ein Problem war. Ich finde, es ist wirklich eines. Ich glaube, er fühlt sich in jeder Beziehung unterlegen, außer in seiner brutalen Kraft. In Wirklichkeit stimmt das gar nicht. Er ist intelligent. Seine Lebensumstände sind so, daß er nicht auf ein College gehen konnte. Er hätte das schon geschafft, er ist nämlich wirklich intelligent.

Der erste Vorfall ereignete sich kurz nach unserer Hochzeit, nach ein paar Wochen vielleicht. Mein Vater ist in einem Verband, und er wollte, daß wir alle zu der Jahresversammlung des Verbandes gingen. Wir wußten schon vor unserer Hochzeit, daß ich dort hingehen würde. Es war ungefähr drei Wochen nach unserer Hochzeit. Er schlug mich so brutal, daß ich kaum mehr laufen konnte. Einen Monat nach unserer Hochzeit hatte ich einen gebrochenen Arm und geplatzte Adern. Ich habe nichts dagegen getan, aber sie haben mir so lange weh getan, daß ich etwas hätte unternehmen sollen. Einer der schlimmsten Vorfälle war, als er mich aus dem Bett stieß, so daß ich mit dem Kopf aufschlug. Ich hatte eine Platzwunde am Kopf und einige Blutergüsse, die ich für wirklich ernst hielt. Diesmal ging ich ins Krankenhaus, weil ich wußte, daß ich wirklich schwer verletzt war.

Ich konnte eigentlich gar nicht richtig begreifen, was diese Angriffe auslöste. Er wurde wütend, und dann fing er an, mich anzuschreien, und ich verteidigte mich dann meistens. Er warf mir vor, ich hätte Hintergedanken, wenn ich ihn so reizte. Ich versuche, ihn nicht zu reizen, aber ich glaube nicht, daß zwei Menschen zusammenleben können, ohne daß sie sich manchmal gegenseitig reizen. Er reizt mich ganz sicher! Ich versuchte, ihm herauszugeben, ihm zu widersprechen, mich zu verteidigen. Ich hatte immer ein etwas schlechtes Gewissen, wenn ich ärgerlich wurde. Jetzt habe ich keines mehr, weil ich glaube, daß ich nicht schuld bin. Zumindest provoziere ich ihn nicht bewußt. Er tut mir so leid. Er hat nie wirklich eine Chance im Leben gehabt.

Lorraine wurde in ihrer zweiten Ehe mißhandelt. Das erste Mal heiratete sie, als sie sechzehn war und schwanger, einen HighSchool-Direktor in einer Kleinstadt. Sie bekamen noch weitere vier Kinder, und Lorraine verbrachte siebzehn jener zwanzig Ehejahre damit, die fünf Kinder großzuziehen. Dann ging sie nochmal zur Schule, um medizinisch-technische Assistentin zu werden. Nachdem sie zwei Jahre gearbeitet hatte, verließ ihr Mann sie wegen einer anderen Frau. In dieser Ehe war sie nie mißhandelt worden. Lorraine lebte eineinhalb Jahre alleine, ehe sie Dick begegnete, den sie dann heiratete. Im Gegensatz zu George (Rochelles Mann in der vorhergehenden Geschichte) war Lorraines Mann gebildeter als sie. Er hatte einen College-Abschluß und an der Universität Seminare für kreatives Schreiben besucht.

Ich hätte Dick als einen der aufregendsten Männer bezeichnet, die mir je begegnet sind. Als ich ihn kennenlernte, lebte ich in einem sehr großen alten Haus, das mir auch gehörte. Es gab einige Wohneinheiten, die ich vermietete, um genügend Geld für meinen Unterhalt und den meiner Kinder zu verdienen. Dick antwortete auf eine Anzeige in der Zeitung und mietete meine Wohnung im Untergeschoß. Er war wie jemand aus einer anderen Welt. Er hatte Reisen nach Mexiko und Europa gemacht und dort auch gelebt. Sein Beruf als freier Schriftsteller und Fotograf, die Tatsache, daß er sein eigener Chef war, das alles war so anders als der Beruf meines ersten Mannes, der als High-School-Direktor immer nach der Pfeife anderer Leute tanzen mußte. Das faszinierte mich.
Wahrscheinlich machte er zunächst auf sich aufmerksam, indem er mir anbot, mir eine ganze Reihe Arbeiten im Haus abzunehmen. Es machte ihm Spaß, handwerkliche Dinge als Ausgleich zu machen. Wir lernten uns dann besser kennen, als wir viel an seiner Wohnung

im Untergeschoß machten. Innerhalb von drei Monaten zogen wir zusammen. Er hatte den größten Teil seines Erwachsenenlebens, etwa vom siebzehnten Lebensjahr an, getrunken, und er trank ziemlich viel, als er mir begegnete. Schon bevor ich dann mit ihm zusammenzog, mißhandelte er mich.

Der erste Vorfall – ich erinnere mich noch an mein totales Erstaunen – ereignete sich, als er mir einmal die Miete nicht rechtzeitig zahlen konnte. Er begann eines Abends zu trinken, und es endete damit, daß er mich anbrüllte und mich gegen die Wand schleuderte und einen Stuhl nach mir warf. Ich glaube, ich war so völlig von den Socken darüber, daß ich dachte, das müsse ein absolut einmaliges Vorkommnis sein. Ob Sie es glauben oder nicht, ich schüttelte das irgendwie ab und ging mit weit offenen Augen und leider auch mit einem ganz offenen Herzen in diese Beziehung.

Wir lebten elf Monate zusammen, ehe wir heirateten, und er hat mich die ganze Zeit mißhandelt. Ich wußte ganz genau, was mir bevorstand, und ich kann immer noch nicht begreifen, daß ich ihn heiraten wollte...

Barbara wurde zur mißhandelten Frau irgendwann im ersten halben Jahr ihrer Ehe mit Ed. Sie war bereits in den Fünfzigern, war mehrere Jahre Witwe gewesen, ehe sie Ed kennenlernte und war besonders verletzlich. Ed war reizend, voller Leben und gab ihr das Gefühl, wieder jung zu sein. Obwohl sie vor der Hochzeit keine sexuellen Beziehungen hatten, ist Barbara sicher, daß es Eds Sinnlichkeit ist, die sie eigentlich anzog. Als sie dann verheiratet waren, wurde die sexuelle Beziehung für sie eine wahre Freude. Ed zeigte Barbara, daß sie Gefühle hatte, von denen sie bisher nichts gewußt hatte. Jene ersten Monate beschreibt sie als ganz und gar idyllisch. Da ihr erster Mann ihr genügend Geld hinterlassen hatte, so daß sie sehr bequem leben konnte, war Arbeit für beide monatelang kein Thema.

Ed und ich machten alles zusammen während der ersten Monate unserer Ehe. Mir erschien das so wunderbar, so schmeichelhaft, wenn ich morgens neben ihm aufwachte. Wir gingen zusammen ein-

kaufen und verbrachten einen Tag nach dem anderen nur damit, daß wir uns aneinander freuten. Ed ging überall mit mir hin, und ich ging überall mit ihm hin. Ich verstand noch nicht, daß die Nähe, die wir erlebten, so anormal war.

Unser erster Streit entzündete sich an meinen Kindern. Meine Kinder beklagten sich gelegentlich, daß Ed ihnen, wenn wir zu Besuch waren und ich mit den Enkelkindern spielte, ein gewisses Unbehagen bereitete, weil er nichts zu tun hatte. Eines Tages hatten Ed und ich geplant, den Tag zusammen zu verbringen, als meine Tochter anrief und mich fragte, ob ich bei meiner dreijährigen Enkelin babysitten würde. Ich hatte meiner Tochter immer ausgeholfen und paßte sehr gern auf dieses Kind auf. Ed schien die Kleine auch zu mögen, aber aus irgendeinem Grund war er an jenem Tag so gereizt, daß er nichts von ihnen wissen wollte. Ich schlug vor, ob er nicht den Tag dazu benützen wolle, alleine etwas zu unternehmen. Ich würde zu meiner Tochter fahren, um auf das Kind aufzupassen. Ed wurde zornig. Er begann zu schreien und brüllte, ich liebte ihn nicht, ich würde nur meine Kinder und Enkelkinder lieben. Dann erzählte er mir, wie nutzlos er sich fühlte, weil er nichts zu tun hatte, weil es nichts in seinem Leben gab. Ich protestierte und sagte: »Vielleicht willst du doch mitkommen«, weil ich dachte, wenn er mitkäme, würde er sich vielleicht mehr als Familienmitglied fühlen. Aber er wurde nur noch wütender. Ich verstand das einfach nicht. Meine Tochter, mein Schwiegersohn, meine Enkelin waren immer nett zu ihm gewesen, aber er sah das nicht. Er schrie und brüllte und drosch mit den Fäusten auf mich ein. Er schleuderte mich gegen die Wand und schrie, er werde mich niemals wegfahren lassen, daß ich bei ihm zu bleiben habe und nicht weggehen könnte. Ich wurde hysterisch und sagte zu ihm, ich würde tun, was ich für richtig hielt. Meine Tochter erwarte mich und ich würde gehen. Ed wurde noch wütender und begann mich noch mehr zu schlagen. Ich war nahezu fassungslos und konnte nicht glauben, was da passierte.

Ich dachte, daß Ed vielleicht nicht so sehr das Gefühl hätte, nicht dazuzugehören, wenn wir ein kleines Unternehmen zusammen gründeten. Ich konnte wirklich verstehen, daß er vielleicht auf meinen früheren Mann und meine Kinder eifersüchtig war, aber ich konnte einfach nicht glauben, daß er sich deshalb so brutal verhalten würde. Wahrscheinlich wollte ich es nicht wahrhaben, daß Ed emotional gestört war. Ich liebte ihn so sehr. Er brachte soviel Freude in mein Leben. Ich konnte der Tatsache, daß ich ihn verlieren könnte, einfach nicht ins Auge sehen.

Denise war dreiundzwanzig und Jerry fünfundzwanzig, als sie sich kennenlernten. Vor der Hochzeit schien er sehr liebevoll, sanft und verständnisvoll zu sein.

Ich konnte nicht begreifen, daß Jerrys Vater seine Mutter schlug. So etwas war mir noch nie vorher begegnet. Ich hatte nur das Gefühl, daß da was nicht stimmte. Ich habe das nicht sonderlich hinterfragt, aber er hat erwähnt, daß er das nie tun würde, daß er es schrecklich fände, daß es ihn wirklich unglücklich machte, daß er eine schreckliche Kindheit gehabt hatte und all so was. Er hat nie sehr viel darüber gesprochen, wie er als Kind behandelt worden war, aber ich erfuhr von seiner Mutter und seiner Schwester, wahrscheinlich erst nach unserer Hochzeit, daß er ziemlich schlecht behandelt wurde. Ich weiß bestimmt, daß er seelisch mißbraucht wurde, aber ich bin nicht sicher, was das Schlagen betrifft, ob er viel geschlagen wurde oder nicht. Ich glaube nicht, daß sie das jemals deutlich gesagt haben. Psychisch war er sicher noch mehr zerrissen als seine Mutter.

Nach unserer Hochzeit explodierte er bei der geringsten Kleinigkeit. Anscheinend brauchte er ununterbrochen besonders liebevolle Zuwendung, und ich machte einen Fehler nach dem anderen, weil ich ihm das nicht gab. Offensichtlich brachte ihn das sehr auf. Ich hatte immer das Gefühl, daß ich nicht liebevoll genug war, daß das eine Charakterschwäche von mir war, daß ich nicht genug Liebe geben konnte. Das ist im Grunde das Gefühl, das er mir vermittelte.

Die körperliche Mißhandlung begann sofort nach der Hochzeit. Er schlug mich häufig, und ich wehrte mich dagegen. Manchmal tat ich das auch nicht, weil ich dachte, wenn ich mich nicht wehrte, würde ihn das vielleicht kurieren. Ich habe nie angefangen, ich meine mit den körperlichen Angriffen. Mir lag das einfach nicht, jemanden zu schlagen. Dann versuchte ich es damit, daß ich zurück-

schlug. Ich dachte, das wäre eine Lösung, daß er, wenn ich mich wirklich wehrte, damit aufhören würde. Aber das war auch keine Lösung. Im Gegenteil, das machte alles wohl nur noch schlimmer.

Ich sah wirklich rot. Ich meine, wenn er mich schlug, dann war das, als würde man einem Stier ein rotes Tuch hinhalten. Ich konnte kaum noch klar sehen, war einfach fassungslos. Ich hätte ihn umbringen können. Ein paarmal ging ich so weit, daß ich ihn mit dem Messer bedrohte. Ich glaube nicht, daß ich zugestochen hätte, aber ich war verdammt nah dran. Ich hatte das Gefühl... ach, ich würde es tun müssen.

Anfangs konnte ich niemandem erzählen, was passierte, doch es jagte mir Angst ein. Ich hatte eine Freundin, der ich davon erzählte, und es stellte sich heraus, daß sie auch geschlagen wurde. Sie konnte mich verstehen, aber es war etwas, das ich niemand anderem mitteilen wollte. Jedesmal wenn ich zu meinen Eltern ging, schwieg ich wieder. Auch meinen Geschwistern gegenüber... ich redete einfach mit niemandem darüber. Es war mir sehr, sehr peinlich. Für sie war er immer noch der liebevolle, sanfte, charmante Mann.

Madeline lernte Joe kennen, als sie noch mit ihrem ersten Mann verheiratet war. Joe war zwar nicht der erste Mann, mit dem sie sich noch während ihrer Ehe einließ, aber er hatte etwas, das Madeline vom ersten Augenblick an anzog. Wie viele andere Frauen beschreibt auch sie, daß ihr Freund etwas Aufregendes, Lebenssprühendes hatte, das anderen Männern oft fehlte. Nach zehn Jahren Ehe hatte sie das Gefühl, das Leben sei ohne Sinn. Nachdem Madeline mehrere Monate mit Joe gegangen war, beschloß sie, ihren Mann zu verlassen. Sie war zum damaligen Zeitpunkt wegen Depressionen in psychiatrischer Behandlung, und ihr Ehemann überredete sie dazu, ihre beiden kleinen Töchter erst einmal ihm zu überlassen, bis sie wieder auf den Beinen war. Er und sein Rechtsanwalt hatten sie auch dazu gebracht, gewisse Papiere zu unterschreiben, und damit hatte sie, ohne es zu wissen, auf das Sorgerecht für ihre Kinder verzichtet, sobald die Scheidung endgültig vollzogen war. Sie wollte ihre Kinder wiederhaben, aber ihr Mann war beim Militär und wurde nach Übersee versetzt, und sie sah die Kinder jahrelang nicht wieder. Joe wurde zu ihrem ein und alles, und sobald die Scheidung vollzogen war, heiratete sie ihn.

Eine halbe Stunde nachdem wir geheiratet hatten, redete Joe nicht mehr mit mir. Ich habe nie verstanden, warum er wütend wurde. »Wütend« ist vielleicht nicht der richtige Ausdruck, er schien nämlich gar nicht wütend zu sein. Er hörte einfach auf, mit mir zu sprechen. Ich begriff überhaupt nicht, was los war. Ich war so glücklich, und er war so reserviert. Wir fuhren in unser Motel, und er wollte mit mir schlafen. Es wurde eine absolut brutale Geschichte daraus. Er war so gewalttätig – überhaupt keine Zärtlichkeit, keine liebevolle Zuwendung. Ich zog mich an, floh aus dem Motel und lief einfach eine Weile herum. Ich wußte nicht, was ich tun sollte. Ich beschloß, daß ich mich, wenn er nicht mit mir verheiratet sein wollte, von ihm trennen würde. So ging ich ins Motel zurück, um das Geld zu teilen und meine Kleider zu holen. Er entschuldigte sich tausendmal. Er sagte, er wisse nicht, warum er sich so benommen habe, und er versprach, daß das nie mehr vorkommen würde. Wir fuhren nach Idaho, wo wir leben wollten. Während unserer Reise war er einen Tag nett und liebevoll, und am nächsten mißhandelte er mich und beschimpfte mich, ich würde mich wie ein Schwein benehmen. Er tat mir so leid. Er war so charmant, so begabt, aber so unsicher. Es fiel ihm sehr schwer, Liebe zu geben.

Ungefähr ein halbes Jahr ging das so. Am Ende der sechs Monate konnte ich seine Beschimpfungen einfach nicht mehr ertragen. Eines Tages kam ich nach der Arbeit nach Hause, und er begann mir vorzuwerfen, ich würde flirten und mich zu sexy kleiden. Ich nannte ihn einen Lügner und schlug ihm ins Gesicht. Daraufhin verpaßte er mir ein blaues Auge. Danach habe ich ihn nie mehr geschlagen. Die Auseinandersetzungen wurden nur noch schlimmer.

Obwohl Brenda wußte, daß Ira seiner ersten Frau gegenüber gewalttätig gewesen war, glaubte sie alle seine Geschichten darüber, wie seine Frau ihn zum Wahnsinn trieb. Sie ergriff für Ira Partei, und wenn sie auch Gewalttätigkeit nicht billigte, so hatte sie doch nicht den geringsten Zweifel, daß Iras Frau die Schläge verdient hatte. Innerhalb von zwei Monaten nach der Hochzeit jedoch schlug Ira auch sie.

Das erstemal, daß Ira mir gegenüber gewalttätig wurde, war, als seine Mutter zu Besuch bei uns war. Wir gingen zusammen ins Kino und anschließend nach Hause. Während ich das Abendessen machte, saßen Ira und seine Mutter am Tisch, und wir redeten zu dritt über den Film, den wir gerade gesehen hatten. Ich war nicht einverstanden mit dem, was seine Mutter über eine der Figuren sagte. Ich war anderer Meinung und sagte, ich fände, sie hätte nicht recht. Sie interpretierte das, was geschehen war, anders als ich. Ira wurde wütend. Er warf das Glas Wasser, das er gerade trank, nach mir. Dann begann er mich abzutrocknen, da ich triefnaß war. Während er mich mit dem Handtuch abwischte, begann er mir ins Gesicht zu schlagen. Seine Mutter saß da und sagte kein Wort. Ich floh absolut schockiert aus dem Zimmer. Mehrere Monate lang wiederholte sich das nicht. Und das nächstemal passierte es wieder bei einem Streit wegen seiner Mutter. Manchmal glaube ich, daß er eigentlich gar nicht mich schlug. Eigentlich schlug er seine Mutter.

In diesen Beispielen wird deutlich, daß all die Frauen überrascht waren, als ihre Männer oder Freunde begannen, sie zu schlagen. Selbst wenn ihre Männer schon früher gewalttätig gewesen waren und sie davon wußten, hatten diese Frauen das Gefühl, ihnen könnte das nicht passieren. In vielen Fällen meinten die Frauen, sie könnten sich irgendwie um ihre Männer kümmern, sie besser behandeln und die Verletzungen und die Schmerzen heilen, die ihre Männer wohl durchgemacht hatten. Von den meisten Männern wurde berichtet, daß sie in einem von Brutalität geprägten Elternhaus aufgewachsen waren. Viele hatten große seelische Entbehrungen erleiden müssen, viele waren aber auch als Kinder körperlich mißhandelt worden, und viele hatten gesehen, wie ihre Väter die Mütter schlugen. Bei den Frauen war das anders. Nur wenige kannten Gewalttätigkeit von zu Hause oder waren als Kinder mißhandelt worden. Die meisten hatten das nicht erlebt.

Lorraines Reaktion auf die Gewalttätigkeit, mit der sie lebte,

(Fall 2) ist recht typisch für die meisten der Befragten. Während des Interviews sagte Lorraine:

...Ich wußte ganz genau, was mir bevorstand, und ich kann immer noch nicht begreifen, daß ich ihn heiraten wollte. Es gab zwei verschiedene Formen der Mißhandlung, oder vielleicht waren es sogar drei. Da war die verbale Mißhandlung, das Beschimpfen und die Beschuldigungen. Da war das völlige Niedermachen meines Ichs, meiner Persönlichkeit, und dann gab es die dritte Form, die körperliche Mißhandlung, bei der er mich schlug, auf mir saß und mich anbrüllte... und schlug. Es gab also in Wirklichkeit drei verschiedene Formen der Mißhandlung, und manchmal traten sie alle drei gemeinsam auf, was dann zu einer ziemlich schrecklichen Szene führte. In meiner Erinnerung schwimmt alles ineinander, wenn ich versuche zurückzugehen und festzustellen, ob es dabei eine Entwicklung gab oder ob es einfach immer so war.

Die Wut war immer da, jedesmal. Die tauchte schon am Anfang unserer Beziehung auf. Damals wußte ich schon genug über seine Herkunft, seine Kindheit und seine Erziehung, so daß ich begriff, wo diese Gefühle der Wut zum großen Teil herkamen. Ich dachte, ich könnte ihm dabei helfen, daß er lernte, mit diesen Gefühlen umzugehen oder sie zu verändern oder zu akzeptieren.

Ich arbeitete damals in der Stadt, und wir wohnten in den Bergen, so daß ich mehrmals in der Woche hin- und herpendelte. Oft kam ich um 6.30 oder 7.00 abends nach Hause, und er war schon betrunken. Es ging schon in dem Moment an, wo ich das Haus betrat. Er war über irgendeine kleine Begebenheit außer sich vor Wut. Oft kam ich nach Hause, und die Kinder warteten schon draußen auf mich und sagten zu mir: »Geh' nicht rein, Mutter, er ist wieder mal betrunken und verrückt, geh' bloß nicht ins Haus.« Das riß ziemlich schnell ein, daß ich nicht mal mehr in mein eigenes Haus konnte, weil er schon verrückt spielte. Das wurde zur Gewohnheit. Die Kinder und ich mußten gehen und irgendwo bei Freunden unterkommen oder in einem Motel übernachten, nur um aus dem Haus zu sein. Das kostete eine ganz schöne Stange Geld. Ich versuchte mich zu bessern, indem ich lieb war, ruhig war, sehr hilfsbereit war, sexuell attraktiv war, sexuell nicht attraktiv war, dafür sorgte, daß die Kinder sich ruhig verhielten, die Kinder wegschickte, aber es half alles nichts.

Die Gewalttätigkeiten hingen fast immer mit seinem Trinken zusammen. Die Kinder und ich stellten fest, daß wir präzise den Augenblick benennen konnten, wo er sich von dem Mann, den wir wirklich achteten und liebten, in das Monster verwandelte, mit dem wir nicht fertig wurden, das wir nicht verstanden und das wir fürchten lernten. Ich habe versucht, selbst viel Bier zu trinken, damit er weniger trank. Eines abends bezog ich dafür Prügel, dafür daß ich sein Bier trank. Ich kann mich wirklich nur an einige wenige Male erinnern, als er versuchte, das Trinken aufzugeben, wo ich das Richtige sagte oder tat und wo es funktionierte, aber das war nur ganz selten. Nie konnt ich den Lauf der Dinge aufhalten, wenn es einmal angefangen hatte. Ich hatte das Gefühl, daß er mich absichtlich schlug, damit ich von ihm abhängig war.

Ich habe ihn nie wirklich »trocken« erlebt. Einmal hat er sechs Wochen lang nicht getrunken. Sonst hat er sich höchstens drei, vier Tage mal nicht betrunken, so daß ich nicht genau sagen kann, wie er gewesen wäre ohne Alkohol. Ich habe den starken Verdacht, daß die Wut und der Frust und alles andere, das in ihm war, die ganze Zeit da waren und daß das Trinken es ihm nur ermöglichte, all das nach außen dringen zu lassen.

In Lorraines Fall hatte das Trinken zwar einen wichtigen Anteil an dem gewalttätigen Verhalten, aber viele mißhandelte Frauen hatten Partner, die nicht tranken. Die meisten lernten die Warnsignale für eine unmittelbar bevorstehende Mißhandlung zwar erkennen, aber sie waren nicht in der Lage, diese zu verhindern. Die meisten wußten, daß der Mann, wenn er sie an einem Tag nicht schlug, sie am nächsten schlagen würde. Daher ließen sie die Schläge einfach über sich ergehen. Trotz der ungeheuren Brutalität, der sie ausgesetzt waren, waren die meisten der Befragten in der Lage, die Körperverletzungen bis ins Detail zu beschreiben. Dazu noch einmal Lorraine:

An dem Abend, an dem mein Arm so schwer verletzt wurde, hatten Dick und ich einen schrecklichen Streit. Ich saß auf dem Hocker im Bad, und er kam herein und begann mich zu würgen. Die Toilette befand sich auch im Badezimmer, in einer kleinen Nische. Ich saß in der Falle. Er würgte mich bis zu dem Punkt, wo ich wußte, ich würde gleich ohnmächtig werden. Ich griff zu einer Verteidigungsmaßnahme, die ich nur in alleräußersten Notfällen für gerechtfertigt halte. Wir waren beide nackt. Als ich merkte, daß ich bewußtlos wurde, packte ich ihn bei den Hoden und drückte zu. Er ließ mich los. Ich rannte zur Badezimmertür. Er packte mich am rechten Arm und drehte ihn mir so weit auf den Rücken, daß meine Hand zwischen den Schulterblättern, ja fast am Hals war. Er hat mir in jener Nacht viele Schläge versetzt – auf die Schulter, den Rücken und auf den Kopf.

Er benützte dazu die offene Hand oder die Handkante, so ähnlich wie beim Karate. Ich habe nicht mal gemerkt, daß mein Arm so schwer verletzt war, bis ich einige Tage später zum Arzt ging und ihn meine Blutergüsse zählen ließ. Meine Gesprächstherapeutin hatte mir gesagt, wenn ich wieder einmal körperlich mißhandelt würde, sollte ich das dokumentieren lassen. Der Arzt konnte nichts absolut Katastrophales feststellen, aber ich bekam nach und nach wirklich große Probleme mit Rückenschmerzen, und außerdem funktionierte mein Arm einfach nicht richtig. Meine Handmuskulatur funktionierte nicht, vor allem bei meiner Arbeit im Büro. Mein Arm war so entsetzlich müde, und ich konnte ihn nicht mehr bewegen. Ich rief den Arzt an, und er sagte: »Das müßte sich eigentlich in ein, zwei Tagen legen. Wenn es nicht besser wird, kommen Sie.« Nach ein, zwei Tagen war es noch schlimmer, also ging ich zu ihm. Der Arzt fragte mich, ob es bei der Prügelei eine Situation gegeben habe, wo ich versucht hatte, ihn abzuwehren. Ich sah ihn nur an und sagte: »Mein Gott!« Ich wußte, was passiert war, und ich beschrieb ihm die Sache mit dem Armverdrehen. Was passiert war, war folgendes: Die Sehnen am Ellbogen waren gerissen, und die Verbindung war so gestört, daß die Muskeln im Arm nicht mehr funktionierten. Es tat gar nicht so weh, sonst hätte ich schon früher geahnt oder gewußt, daß etwas nicht stimmt. Der Arm hat nur einfach nicht mehr gehorcht. Der Arzt sagte, ich solle zwei Wochen von der Arbeit zu Hause bleiben und den Arm in eine Schlinge legen, dann wäre wahrscheinlich alles wieder in Ordnung. Es war der Arm, mit dem ich arbeitete, und als medizinisch-technische Assistentin braucht man einen gesunden Arm, also hörte ich am nächsten Tag zu arbeiten auf. Der Arm ist nie geheilt. Ich mußte schließlich operiert werden. Dreizehn Monate, nachdem es passiert war, wurde ich erst wieder gesundgeschrieben.

Ich kannte den Arzt eigentlich ganz gut. Er wußte die ganze Zeit, was bei mir los war. Ich hatte sogar Dick im Mai dazu überredet, sich ganz durchchecken zu lassen, ehe wir dann im August heirateten, weil ich davon ausging, daß der Arzt das feststellen könnte, wenn Dick Alkoholiker wäre oder sonst irgend etwas wirklich Schlimmes hätte, was der Arzt aber nicht konnte. Dick ist sehr intelligent. Er weiß, wie er die Dinge hindrehen muß. Auf jeden Fall hatte ich keine Angst davor, meinem Arzt zu erzählen, was los war. Er sagte nie wirklich mit Nachdruck, daß ich aus dieser Situation heraus müsse. Wenn ich ihn danach fragte, wich er immer aus. Schließlich sagte er so etwas wie, Dick sei vielleicht Alkoholiker oder Dick habe eine Persönlichkeitsstörung, mit der zu leben für mich schwierig sein würde, und all so was. Aber er hat mir nie direkt geraten, meinen Mann zu verlassen. Einmal, als ich wirklich sehr schwarz sah, was meine körperliche und geistige Gesundheit anging, fragte ich meinen Arzt, was er denn meinte... »Sie wissen doch Bescheid«, sagte ich, »Werde ich jemals wieder heil und gesund sein?« Und er antwortete: »Also, ich finde, Sie halten sich außerordentlich gut angesichts all dessen, was Sie durchmachen, und ich glaube, wenn Sie es je schaffen, Ihr Leben in halbwegs geordnete Bahnen zu bringen, dann werden Sie auch Ihre Gesundheit wiedererlangen.« Und dann gab er mir Beruhigungsmittel, die mir helfen sollten, mit der Situation fertig zu werden.

Alice war mit ihrem Mißhandler nicht verheiratet. Sie ging seit mehreren Monaten mit ihm. Als 41jährige unverheiratete Ärztin war es für Alice nicht leicht, einen Mann zu finden. Die meisten Männer, von denen sie sich angezogen fühlte, waren verheiratet oder nicht zu haben. Die alleinstehenden Männer, die ihr begegneten, hatten einfach nicht ihr Niveau, oder sie hatten ihre eigenen Sorgen oder Kinder zu unterhalten. Mit etwa 30 Kilo Übergewicht fühlte sich Alice auch körperlich unattraktiv. Sie hatte das Gefühl, die meisten Männer würden sie wegen ihres Aussehens, ihrer Intelligenz und ihres Engagements in ihrem Beruf ablehnen. Als sie Mike kennenlernte, ging für sie die Sonne auf. Sie wurden schon ganz am Anfang ihrer Beziehung intim. Alice beschrieb all das Erregende und Wunderbare, das eine verliebte Frau erlebt.

Ich begegnete ihr zum erstenmal, als sie nach einer Mißhandlung im Krankenhaus lag. Als ich in ihr Zimmer kam, lag sie im Bett, war überall an Schläuche angeschlossen und sah sehr verloren und verängstigt aus. Während wir miteinander sprachen, verwandelte sich ihre Depression in offenen Zorn gegen ihren Angreifer. Sie erzählte die Einzelheiten des Angriffs wie folgt:

Mike und ich waren seit etwas vier Monaten zusammen. Er war das Tollste, das je in mein Leben getreten war. Ich war seit so vielen Jahren nicht mehr mit einem Mann zusammengewesen, daß ich ganz vergessen hatte, wie das war, wie fabelhaft es war, verliebt zu sein, wie beglückend es war, jemanden zu haben, der einen zum Lachen brachte, und jemanden, mit dem man lachen konnte. Ich glaube, ich war so mit meiner Verliebtheit beschäftigt, daß ich einige der kleineren Vorfälle, die sich ereigneten, gar nicht bemerkte. Vielleicht wäre das, was neulich abends passierte, nicht geschehen, wenn ich die Augen aufgemacht hätte. Ich weiß es nicht, ich verstehe das Ganze einfach nicht.

Mike war gegen vier Uhr nachmittags herübergekommen, und wir wollten erst zum Essen und dann zu einem Match gehen. Ich war ganz aufgeregt. Ich war noch nie bei einem Hockey-Match gewesen. Mike wollte mir alles, was vorging, erklären, so daß ich dem Spiel folgen konnte. Wir sollten zusammen mit einigen seiner Freunde gehen. Ich hatte einen Patienten und kam erst gegen 16.30 nach Hause. Mike tigerte schon auf und ab, als ich in die Wohnung kam. Ich entschuldigte mich für mein Zuspätkommen und sagte, es täte mir leid, aber ich hätte den Patienten nicht im Stich lassen kön-

nen. Es hatte schon ähnliche kleine Vorfälle gegeben, aber dies war das erstemal, daß ich ängstlich wurde. Mike wurde ganz rot im Gesicht, und ich schaute ihm in die Augen und bekam Angst. Seine Augen sahen aus, als gehörten sie jemand anderem. Sein ganzer Körper veränderte sich. Er wurde starrer, und Mike begann mich anzubrüllen. Zuerst machte er mich mit seinen Beschimpfungen nur fertig, weil ich mich nur um meine Patienten kümmerte und überhaupt nicht um ihn. Als ich protestierte und versuchte, ihn zu beschwichtigen, schien er nur noch wütender zu werden. Ehe ich wußte, was geschah, schüttelte und schlug er mich, wobei er mich die ganze Zeit anbrüllte. Ich brüllte zurück, er solle aufhören, aber er hörte nicht. Eigentlich erinnerte er mich an Patienten, die psychomotorische Anfälle hatten. An diesem Punkt begann ich, vor ihm zurückzuweichen und versuchte zu fliehen, aber er bekam mich zu fassen und begann mich wie wild in der Küche herumzuschwenken. Plötzlich packte er mich und schleuderte mich durch den ganzen Raum, und ich spürte, wie ich gegen den Herd schlug. Das war das letzte, was ich wußte. Ich fiel hin, und ich spürte, wie jemand auf mir herumtrampelte und mich trat, während ich auf dem Boden lag. Ich hatte so ein Gefühl, als würde ich immer wieder zu mir kommen und dann wieder wegdriften.

Ich weiß nicht, wie lange ich auf dem Boden lag, aber als ich zu mir kam, war Mike weg. Das Haus war dunkel. Die Schmerzen waren so groß, daß ich mich kaum bewegen konnte. Ich wußte, daß ich schwer verletzt sein mußte. Aus den Schmerzen schloß ich, daß ich vielleicht innere Verletzungen hatte. Zum Glück gibt es in der Küche ein Telefon. Ich kroch mit letzter Kraft zum Telefon. Ich zog an der Schnur, so daß es zu Boden fiel, weil ich nicht stehen konnte. Ich rief meinen Praxiskollegen an und sagte ihm, ich sei körperlich verletzt. Ich erzählte ihm nicht, was passiert war, sondern bat ihn nur, einen Notarzt zu schicken. Das nächste, was ich wußte, war, daß ich hier in diesem Krankenhausbett lag. Ich weiß nicht, was passiert ist. Ich weiß nicht, wie ich hierherkam. Alles, was ich weiß, ist das, was sie mir am nächsten Morgen erzählten.

Als Mike mich gegen den Herd schleuderte, und vielleicht als er auf mir herumtrampelte, wurden meine Nieren verletzt. Als sie *mich einlieferten, konnten sie kaum noch den Puls finden, und sie wußten, daß ich innere Blutungen hatte. Sie brachten mich sofort in die Notfallchirurgie und mußten eine Niere entfernen. Die zweite Niere ist auch schwer verletzt, aber sie meinen, daß sie sie retten können. Ich weiß nicht, was passiert ist. Ich weiß nicht, wie das so ausarten konnte. Es kommt mir alles wie ein einziger riesiger Alptraum vor. Ich weiß einfach nicht, was ich tun werde. Wie kann jemand, der so lieb und sanft ist wie Mike, den ich so sehr lieben konnte und der mich so sehr lieben konnte, mir so etwas antun? Ich verstehe das einfach nicht.*

Alices tragische Geschichte war damit nicht zu Ende. Sie bat mich, am nächsten Tag wiederzukommen, um mit mir weiterzureden. Als ich am nächsten Tag das Krankenzimmer betrat, war ich überrascht. Aus dem nackten, kahlen Krankenzimmer war der reinste Blumenladen geworden. Überall standen Blumen und Pralinenschachteln. Alice, die am Tag zuvor noch schwerkrank und deprimiert im Bett gelegen hatte, saß jetzt im Bett, telefonierte und war viel besserer Stimmung. Wir redeten eine Weile miteinander, es kam aber einfach zu keinem richtigen Gespräch, weil wir alle zehn oder fünfzehn Minuten vom Telefon unterbrochen wurden. Mike oder einer von Mikes Freunden oder jemand aus Mikes Familie versuchte Alice dazu zu überreden, doch bei Mike zu bleiben und ihm zu verzeihen. Alice sah mich nach einer dieser Unterbrechungen an und sagte: »Ich weiß einfach nicht, was ich tun soll. Ich liebe ihn, und er liebt mich. Ich kann ihn doch nicht aufgeben, oder? In meinem Alter? So wie ich aussehe? Wer will mich denn sonst?«

Wir sprachen noch ein bißchen miteinander, und ich erklärte mich bereit, am nächsten Tag wiederzukommen. Als ich am nächsten Tag aus dem Aufzug stieg, waren die Blumen bis ins Schwesternzimmer vorgedrungen. Als ich diesmal das Zimmer betrat, saß Alice aufrecht im Bett. Es war kaum zu glauben, daß dies dieselbe Frau war, die nur zwei Tage zuvor so zerschlagen und schwerverletzt war. Sie sprudelte geradezu über vor Aufregung. Sie erzählte mir, wie sehr sie sich freute, daß sie und Mike diese wunderbare Kreuzfahrt machen würden, sobald sie aus dem Krankenhaus käme.

Als ich sie fragte, wie es ihr damit ginge, daß sie wegen Mikes Brutalität im Krankenhaus war, sagte sie:

Ich bin eigentlich gar nicht ganz sicher, wie das Ganze passiert ist. Vielleicht war ich schuld daran. Mike sagt, er habe mich gar nicht gegen den Herd geschleudert. Er habe mich nur geschubst, und ich bin hingefallen und dabei gegen den Herd gestoßen. Ich glaube ihm wirklich. Er kann mich nicht absichtlich so schwer verletzt haben. Es muß einfach ein Unfall gewesen sein.

Die Erfahrung, die Mike und Alice machten, ist keineswegs ungewöhnlich. Viele der mißhandelten Frauen dieser Studie berichteten, daß sie im Lauf der Zeit anfingen, die Realität des akuten Gewaltakts zu leugnen. Es schien, als könnten sie nicht an dem Gedanken festhalten, daß ihre Männer, die sagten, daß sie sie liebten, so brutal waren, wie sich das in den Mißhandlungen zeigte. In vieler Hinsicht diente dieses Leugnen als eine Überlebenstechnik für jene Frauen, die weiterhin mit den sie mißhandelnden Männern zusammenlebten. Ich interviewte noch einige andere Frauen im Krankenhaus, deren Geschichten der von Alice ganz ähnlich waren. Am ersten Tag nach der Mißhandlung erinnerten sie sich klar an jedes Detail, und dabei waren sie oft sehr wütend auf die Männer. Aber nachdem die Phase drei des freundlich-liebevollen Verhaltens einsetzte, kam jede von ihnen zu der festen Überzeugung, daß der Vorfall nicht so abgelaufen war, wie sie ihn ursprünglich in Erinnerung hatte, sondern eher so, wie er ihn ihr schilderte. Außerdem begannen sie auch, einen Großteil der Schuld an dem Vorfall auf sich zu nehmen.

Bei einem akuten Gewaltakt ist es oft schwierig festzustellen, wieviel provokatives Verhalten und Schuld wirklich der mißhandelten Frau zuzuschreiben ist und wieviel auf ihre verzerrte Wahrnehmung der Realität zurückzuführen ist. Vielleicht haben die Frauen das Gefühl, sie hätten mehr Kontrolle, wenn sie einen großen Teil der Schuld auf sich nehmen. Viele von ihnen sprechen davon, daß der körperlichen Mißhandlung eine Runde wüster Beschimpfungen vorausging, an der sie aktiv mitwirkten. Andere sagen, sie seien schuld, weil sie zu einer Waffe gegriffen hatten, wenn es auch die

Männer waren, die sie dann tatsächlich benutzten. Es hat aber auch den umgekehrten Fall gegeben. Ich habe in verschiedenen Mordprozessen ausgesagt, wo der Mann zur Waffe gegriffen hatte, die Frau sie aber benützte, ehe der Mann die Möglichkeit hatte, sie zu gebrauchen. Hier ist ein solcher Fall, in dem die Frau den Mann schließlich tötete:

Wir waren auf der Rückreise nach Minnesota. Als wir zu seiner Mutter kamen, wußte ich, daß das ein Fehler war. Seine Mutter begann sofort, auf mir herumzuhacken wegen all der Dinge, die ich bei unserem Baby falsch machte. Was immer ich tat – nichts war richtig. David stellte sich nie auf meine Seite. Er verteidigte mich nie seiner Mutter gegenüber. Sie hatte immer recht, und was ich tat, war immer falsch. Obwohl er wußte, daß seine Mutter mich nicht mochte und daß ich sie auch nicht besonders mochte, zwang er uns doch, bei ihr zu wohnen. In jedem Zimmer des Hauses konnte ich die Feindseligkeit spüren.
Am zweiten Tag unseres Besuchs saßen wir auf der Terrasse und redeten über jemanden aus der Familie hinter ihrem Rücken. Ich konnte das nicht mehr ertragen, weil ich wußte, daß sie es mit mir genauso machten, deshalb sagte ich ganz ruhig, daß die Leute in einer Familie zusammenhalten müßten, daß sie nicht gegeneinander handeln könnten und daß das einfach nicht fair und nicht richtig sei. Plötzlich stand David auf und sagte: »Du redest zuviel. Du redest einfach zuviel.« Er zog mich vom Stuhl hoch. Er packte mich, und ich fiel der Länge nach auf den Boden. Ich konnte nichts machen. Ich glaube, ich bekam keine Luft mehr. Er setzte einen Fuß auf meine Hüfte oder meinen Magen und das andere Knie auf meinen Hals, und ich spürte, wie ich ohnmächtig wurde. Er brachte sein Gesicht ganz dicht an meines und sagte noch einmal: »Du redest zuviel, Joanna.« Und das war das letzte, woran ich mich für einige Minuten erinnern konnte. Ich glaube, er stand auf und ging ins Haus. Als ich wieder zu mir kam, lag ich immer noch auf dem Boden, und seine Mutter saß einfach da. Sie wandte sich zu mir und sagte: »Du redest wirklich zuviel. Du hast gehört, was dein Mann gesagt hat, du redest einfach zuviel.« Sie stand auf und ging. Ich war

fassungslos. Das erste, was ich dachte, war: Wie kann sie dasitzen und zulassen, daß er mich so behandelt? Er hätte mich umbringen können. Ich hätte sterben können. Das schien seiner Mutter nichts auszumachen, und wahrscheinlich machte es ihm auch nicht viel aus.

Wir haben nie über den Vorfall gesprochen. Am nächsten Tag sollte ich meine Eltern besuchen, also nahm ich das Baby und fuhr zu ihnen, und er blieb bei seiner Mutter. Einige Tage später rief er mich an und sagte, ich müßte einige Dokumente unterschreiben, damit wir unser Haus verkaufen konnten. Er sagte, ich könnte doch einfach zu ihm fliegen, die Dokumente unterschreiben und dann sofort meinen Urlaub fortsetzen. Ich war einverstanden, obwohl ich immer noch an körperlichen Folgen der letzten Mißhandlung litt. Als ich aus dem Flugzeug ausstieg, holte er mich ab, und er war sehr nett und liebevoll. Ich brachte den Vorfall nicht zur Sprache. Ich hatte Angst, seine gute Laune zu verderben. Wir fuhren nach Hause, und er holte die Dokumente hervor. Ich setzte mich in die Küche, schaute ihn an und sagte: »Was ist, wenn ich nicht unterschreibe?« Er sah mich an, und ich schaute in seine Augen und wußte, daß ich das nicht hätte sagen sollen. Er sagte ganz ruhig: »Du wirst diese Dokumente unterschreiben.« Dann rannte er ins Schlafzimmer. Er kam mit einem Revolver zurück und hielt ihn mir an den Kopf. Er sagte noch einmal: »Du wirst diese Dokumente unterschreiben.« Ich war so überrascht und fassungslos, daß ich gar nicht glauben konnte, was da vor sich ging. Ich hatte ihn eigentlich nur auf den Arm nehmen wollen, aber vielleicht war da auch so etwas dabei, daß ich wütend auf ihn war, daß er mich bei seiner Mutter so mißhandelt hatte. Ich war wirklich nicht wütend darüber, daß er die Unterschrift von mir verlangte, denn ich wußte ja, daß ich unterschreiben würde. Deshalb war ich ja überhaupt zurückgekommen. Warum mußte er so etwas tun? Warum mußte er einen Revolver holen? Warum hatte er mich nicht einfach noch einmal bitten können, die Dokumente zu unterschreiben? Ich glaube, ich wußte in diesem Augenblick, daß er mich töten würde. Ich wußte, daß er das fertigbringen würde. Von dem Augenblick an gab es keinen Zweifel mehr, daß einer von uns sterben würde.

Valerie kam aus einem Elternhaus, wo der Vater die Mutter schlug, so daß ihr diese Art von Gewalttätigkeit nicht fremd war. Sie hatte auch bereits zwei Beziehungen hinter sich, in denen die Männer sie geschlagen hatten. Beide Male hatte sie die sie mißhandelnden Männer verlassen. Davor war sie verheiratet gewesen, aber ihr Ehemann hatte sie nie geschlagen. Valerie lebte erst einige wenige Wochen mit Ken zusammen, als die Gewalttätigkeiten anfingen, und sie war nicht sicher, ob es ihre oder Kens Schuld war. Bei dem Interview sagte sie: »Wie kommt es, daß ich offensichtlich immer an Männer gerate, die mich verprügeln?«

Valerie war seit einigen Monaten in Therapie, als sie Ken begegnete. Sie wurde allmählich unabhängiger und begann, Verantwortung für ihr Leben zu übernehmen. Sie lernte Ken kennen, als sie bei der Bank ihr erstes Konto eröffnete. Ken arbeitete als Angestellter dort und sorgte dafür, daß sie die richtigen Papiere ausfüllte. Er war so charmant und hilfsbereit, daß sie sofort wußte, daß sie eine Beziehung mit ihm anknüpfen wollte. Sie flirtete mit ihm, er flirtete mit ihr, und bald schon gingen sie regelmäßig miteinander aus. Je stärker und abhängiger Valerie wurde, desto mehr probierte sie ihr neues Durchsetzungsvermögen an Ken aus. Er reagierte allerdings sehr negativ darauf. Es war, als bedrohe ihn ihre neuerworbene Stärke. Kleinere Handgreiflichkeiten wuchsen sich zu größeren aus, bis es schließlich zu mehreren akuten Gewaltakten kam.

Ich erinnere mich, wie ich auf dem Küchenboden lag, und mein ganzer Körper mir wehtat. Es war niemand da. Ich weiß, daß ich einfach dalag und dachte: »O nein, nicht schon wieder. Ich kann nicht glauben, daß das passiert ist. O mein Gott! ... Wie soll das weitergehen? Sogar er! Ich dachte, er sei so nett und so anders als die anderen Männer. Warum hat er das getan? War ich vielleicht schuld?« Als ich im Kopf ein bißchen klarer wurde, versuchte ich mich aufzusetzen und stellte dabei fest, daß ich diese wahnsinnigen Schmerzen hatte, die einfach nicht vergingen. Schließlich schaffte ich es, auf die Füße zu kommen, und ging durch die anderen Zimmer des Hauses. Als ich ins Schlafzimmer kam, sah ich Ken auf dem Bett sitzen. Er schluchzte. Ich kann mich nicht genau erinnern, was ich dachte. Ich glaube, ich war ein klein bißchen wütend auf ihn, daß er das getan hatte, auf mich, weil ich vielleicht auch schuld war, aber er tat mir auch wieder leid. Und ich fragte mich: »Sind alle Männer so? Ist das wirklich alles? Ich habe nie etwas anderes erlebt. Jeder Mann, mit dem ich je eine Beziehung hatte, hat mich letzten Endes immer enttäuscht. Ich ging zu ihm hinüber und legte ihm die Hand auf die Schulter, und er sah auf und klammerte sich an mich, und wir weinten zusammen.

Ich weiß nicht, wodurch der Streit entstand, und ich weiß auch nicht, wodurch die Handgreiflichkeiten entstehen, zu denen es seither gekommen ist. Manchmal denke ich, es ist meine Schuld, wenn ich ihn anschreie und anbrülle, oder wenn ich mich gegen ihn durchsetzen will und sage, daß ich wirklich etwas selbständig tun möchte. Das kann er offenbar nicht ertragen. Zwei Tage nach diesem Vorfall hatte ich immer noch Schmerzen. Es war kaum zu glauben, wie weh mir mein ganzer Körper noch tat, aber ich ignorierte die Schmerzen einfach. Ich ging zur Arbeit, und wir sprachen nicht mehr darüber. Am dritten Tag wußte ich, daß es wirklich etwas Schlimmes war. Es wurde immer schlimmer statt besser, aber ich machte mir vor, es werde schon vergehen, wenn ich es nicht beachtete. Nach vier Tagen schließlich bat ich Ken, mich in die Notaufnahme zu bringen. Der Arzt war nett, aber er hat überhaupt nichts kapiert. Er führte mich und Ken ins Behandlungszimmer und untersuchte mich dort. Und als er meine Brust berührte, war mir klar, daß ich mir einige Knochen gebrochen hatte. Und die Röntgenaufnahmen zeigten dann auch, daß ich drei gebrochene Rippen hatte. Der Arzt sah Ken und mich an und fragte mich, wie es dazu gekommen sei. »Ich bin auf einen Stuhl gestiegen, um eine Schüssel aus dem Küchenschrank herunterzuholen«, sagte ich ganz schnell, »und dabei bin ich gefallen und habe mich verletzt.« »Wo waren Sie?« fragte der Arzt Ken, der sich ihm zuwandte und sagte: »Ich war im anderen Zimmer. Ich weiß nicht, was passiert ist.« In diesem Augenblick wäre ich am liebsten gestorben. Ich weiß nicht, ob uns der Arzt glaubte oder nicht. Ich glaube eher nicht, aber er stellte auch keine weiteren Fragen mehr. Er hätte mich nur in ein anderes Zimmer führen und mich fragen müssen, wenn Ken nicht dabei war, und ich hätte ihm er-

zählt, was passiert war. Ich glaube, ich war ganz schön wütend und enttäuscht, und ich hatte Angst. Diesmal war es wirklich passiert. Er hatte mir drei Rippen gebrochen. Aber der Arzt stellte keine Fragen mehr, und Ken und ich fuhren damals nach Hause.

Donna war sicher, daß sie ihren Mann in jedem einzelnen Fall so sehr gereizt hatte, daß er sie schließlich schlug. Den Vorfall, der am besten beschreibt, wie die Mißhandlungen in Donnas Leben abliefen, schilderte sie folgendermaßen:

Ich hielt es einfach nicht mehr aus. Ich wußte, daß Paul wahnsinnig geschuftet hatte. Er hatte da diesen Kunden, und er mußte die Arbeit für ihn fertig kriegen, sonst hätte er ihn vielleicht verloren. Ich wußte auch, daß alles aus war, wenn er diesen Kunden verlor. Er hätte dann seine Stelle verloren. Es war einer der größten Kunden, die die Firma hatte, und es war Pauls Aufgabe, dafür zu sorgen, daß der Kunde zufrieden war. Ich war Abend für Abend für Abend alleine gewesen, und ich hielt es nicht mehr aus. Ich brauchte einfach Gesellschaft. Pauls Wutausbrüche und sein verrücktes Verhalten hatten dazu geführt, daß ich keine Freundschaften halten konnte, so daß ich niemanden hatte, an den ich mich hätte wenden können.

Als er an jenem Abend um elf Uhr nach Hause kam, war das Abendessen kalt und zermatscht. Ich stürzte mich auf ihn. Ich begann zu schreien und mit Gegenständen nach ihm zu werfen. Ich weiß, das hätte ich nicht tun sollen. Ich weiß, ich hätte mich beherrschen sollen, aber ich hielt es einfach nicht mehr aus. Ich war doch so allein. Ich dachte, vielleicht nimmt er mich wahr. Wie kann ich dazu bringen, daß er mich wahrnimmt? Ich warf ein Glas nach ihm. Es traf ihn am Kopf, flog dann gegen die Wand und zerbrach. Dann versetzte ich einem Stuhl einen Stoß und traf ihn damit am Knie. Das war zuviel für ihn. Er gab mir einen Kinnhaken, und ich flog durchs Zimmer und landete im Geschirrschrank im Eßzimmer. Dadurch zerbrachen die ganzen Gläser. Als ich das Geschirr hörte, wurde ich wütend. Ich stürzte mich wieder auf ihn, und er fing an, mich zu schütteln. Dann begann er, mich mit der offenen Hand und der Faust zu schlagen. Ich kann mich nur noch daran erinnern, wie er mich ohrfeigte, mich schlug und mir Fausthiebe versetzte und wie die Gläser zerbrachen.

Ich weiß, es war meine Schuld. Ich hätte ihn nie so angehen dürfen, aber ich ertrug das Alleinsein nicht mehr. Ich mußte ihn dazu bringen, daß er mir zuhörte, daß er mich ansah, daß er mich wahrnahm.

In den letzten Fällen läßt sich schwer feststellen, inwieweit die mißhandelten Frauen ihre eigene Opfersituation ausgelöst haben. In Donnas Fall ist es klar, daß ziemlich viel Provokation von ihrer Seite ausging. Es gibt keinen Zweifel daran, daß sie Paul körperlich angriff, ehe er sie angriff. Es geht jedoch ebenso klar aus ihrer übrigen Geschichte hervor, daß Paul sie dadurch mißhandelt hatte, daß er sie ignorierte und ständig Überstunden machte, um in der Firmenhierarchie aufzusteigen, und das die ganzen fünf Jahre ihrer Ehe lang. Wenn dieser eine Vorfall allein auch durch Donnas Provokation ausgelöst worden sein könnte, so könnte es sich auch um eine Vergeltungsmaßnahme gehandelt haben. Redete Joanna wirklich zuviel? Und wenn ja, hat sie es verdient, bewußtlos geschlagen oder mit einem Revolver bedroht zu werden? Weil Ken nicht der erste Mann war, der Valerie schlug, können wir daraus schließen, daß sie etwas tat, das diese Art körperlicher Angriffe auslöste? Ich glaube nicht. Die Wut, die sich in der Anfangsphase aufbaut, geht oft mit den Frauen in dem akuten Gewaltakt durch. Diese Wut mag einen Vorfall auslösen, kann aber auch als Selbstverteidigung verstanden werden.

Sowohl Rochelle als auch Lorraine erlitten einen Armbruch und schwere Armverletzungen, weil sie den Arm gehoben hatten, um sich zu verteidigen. Alle befragten Frauen berichteten, daß es eine Zeit gegeben habe, zu der sie während einer akuten Mißhandlung zurückschlugen, daß das aber zu nichts führte. Es machte die Männer meistens nur nocht wütender, statt sie abzuschrecken. Die Wut der Frauen war zum größten Teil Selbstverteidigung. Sie schlugen zurück, um sich nicht als total hilfloses, passives Opfer zu fühlen.

Frauen, die jahrelang mit ihren gewalttätigen Männern zusammengelebt haben, haben sich eine Reihe von Methoden angeeignet, durch die sie oft eine Eskalation der Gewalttätigkeit verhindern können. Es muß jedoch betont werden, daß diese Methoden die Mißhandlungen nicht verhindern, aber immerhin bleiben die Frauen dadurch am Leben.

In dem Versuch, die Gewalttätigkeiten in ihrer Beziehung zu ihrem Ehemann zu reduzieren, bediente sich Kathy der Hilfe eines Eheberaters. Sie glaubte, wenn sie John zeigte, daß sie ihn wirklich liebte und daß sie tatsächlich wollte, daß ihre Ehe funktionierte, dann würden die Gewalttätigkeiten wenigstens zum Teil aufhören. Leider trat genau das Gegenteil ein:

Nach der letzten Sitzung mit dem Eheberater hatte John das Gefühl, daß ich ihn wirklich verlassen wollte. Offenbar konnte John, selbst wenn ich alle meine Wutgefühle bis zur Sitzung mit dem Eheberater aufsparte, nicht einmal dort damit umgehen. Der Eheberater schien auch mehr auf Johns Seite zu sein als auf meiner, aber das fand ich in Ordnung. Ich glaubte wirklich, daß der Eheberater, wenn ich ihm wenigstens erzählen konnte, was John mir alles antat, John sagen würde, er solle das lassen und daß John dann auf ihn hören würde. Aber er glaubte mir nicht. Jedesmal, wenn ich ihm etwas erzählte, was John tat, sagte dieser Mann zu mir: »Was haben Sie getan, daß das passierte?« Wir waren etwa drei- oder viermal bei der Eheberatung gewesen, als dieser Vorfall passierte. Ich war mir nicht sicher, ob ich noch einmal hingehen würde. Ich hatte wirklich das Gefühl, der Eheberater glaubte mir kein Wort. John konnte so charmant sein, wissen Sie.

John war sehr eifersüchtig auf meinen Chef. Ich mochte meine Arbeit, und ich mochte den Mann. Ehrlich, ich hätte alles für ihn getan, aber ich liebte ihn nicht so, wie ich John liebte. Er war mein Chef. Er war verheiratet. Es war überhaupt nichts zwischen uns. John hielt meine Loyalität meinem Chef gegenüber einfach nicht aus.

Also, John und ich gerieten in jenen schrecklichen Streit. Ehe ich mich's versah, schrie und brüllte er mich an und warf mir vor, ich würde mit meinem Chef schlafen. Ich versuchte, ihm zu erklären, daß es überhaupt keine Möglichkeit für mich gab, mit meinem Boss ein Verhältnis zu haben. Wir waren gar nicht oft genug allein, daß das möglich gewesen wäre. Außerdem fuhr mich John immer morgens in die Arbeit, begleitete mich dann ins Büro bis zu meinem Schreibtisch. Mittags holte er mich dann zum Essen ab, und dann kam er wieder Punkt fünf Uhr. Ich konnte noch nicht mal später aus dem Büro kommen. Wenn mein Chef mich noch länger brauchte, weil er noch irgend etwas hatte, bekam John einen Tobsuchtsanfall. An jenem Abend hatte mein Chef noch einen dringenden Brief zu diktieren, der am selben Abend noch rausgehen mußte, und ich kam nicht aus dem Büro weg. John kam herauf und ging unablässig auf und ab, und bis ich den Brief schließlich getippt und abgeschickt hatte, war ich in Tränen aufgelöst.

Wir gingen zum Essen in ein Restaurant. Es war mein ausgesprochenes Pech, daß ein Junge im Restaurant war, den ich von der High School her kannte. Ich hatte ihn seit vielen, vielen Jahren nicht mehr gesehen, aber er erkannte mich, lächelte und kam an unseren Tisch, um guten Tag zu sagen. Na, das brachte das Faß zum Überlaufen. Ich dachte, John würde gleich einen Schlaganfall bekommen. Er warf mir nur einen jener Blicke zu und sagte kein Wort, bis der Junge wieder ging. Ich war so verkrampft und nervös, daß mein Magen anfing zu rebellieren. Ich mußte zur Toilette. Ich hatte solche Angst, John würde glauben, ich wolle weggehen, um mich noch einmal mit dem anderen zu treffen, daß ich ihn bat, mich zur Toilette zu begleiten. Das tat ich oft, wenn ich das Gefühl hatte, daß er nahe daran war, die Beherrschung zu verlieren, oder daß er mir nachher stundenlang vorwerfen würde, ich hätte mit jemandem Blickkontakt aufgenommen. Tatsächlich ging ich immer mit zu Boden gesenkten Augen, so daß ich nicht in Blickkontakt mit einem anderen Mann kam. Also, ich bat John, mit mir zur Toilette zu gehen, was er auch tat, und er wartete vor der Tür, während ich alles, was ich gerade gegessen hatte, erbrach. Ich habe diese nervösen Magenstörungen, und ich konnte einfach nichts bei mir behalten, wenn ich mich so fühlte. Er begleitete mich zum Tisch zurück, zahlte, und wir gingen.

Den ganzen Weg nach Hause schwiegen wir. Ich hatte Angst, auch nur ein Wort zu sagen. Ich hatte Angst, dadurch würde er aus-

rasten. Er sagte auch nichts zu mir. Wir gingen in die Wohnung, setzten uns hin und John sagte zu mir: »Ich glaube, es ist besser, du verläßt mich, Kathy... Das ist wirklich meine Meinung. Ich glaube nicht, daß wir es schaffen, und ich glaube sogar, daß ich dir sonst wieder weh tun werde.« Ich traute meinen Ohren nicht. Es war das erstemal in den zehn Jahren, die wir verheiratet waren, daß er zugab, daß er schon im voraus ahnte, daß er mich verletzen würde. Ich sagte zu ihm: »O.K., ich glaube auch, es wäre besser, wenn ich jetzt ginge..., nur damit du mich nicht verletzt.« Dann begann ich, meine Sachen zu packen.

Er half mir dabei, und wir beluden zusammen das Auto. Er sagte, er wolle mir helfen, eine Wohnung zu finden. Ich hatte wirklich ein gutes Gefühl, so als hätte ich vielleicht die ganze Sache endlich im Griff. Ich ging noch einmal mit einer Ladung Kleider zum Auto hinunter. Als ich wieder in die Wohnung kam, suchte ich nach meiner Handtasche. Sie war nicht da. Ich schöpfte etwas Verdacht, daß John vielleicht doch nicht die Wahrheit sagte, daß er mich vielleicht doch nicht gehen lassen würde. Ich bekam Herzklopfen, aber ich machte weiter und begab mich auf die Suche nach meiner Handtasche. Ich konnte sie nirgends finden.

Plötzlich war mir klar, daß er mich nicht gehen lassen würde. Ich hörte das Klicken von Pistolen. Da bekam ich wirklich panische Angst. Ich wußte, er würde mich umbringen. Ich hatte nicht den geringsten Zweifel daran.

Ich hatte immer damit gerechnet, daß ich vielleicht einmal würde fliehen müssen, und so hatte ich einen Zündschlüssel unter der Fußmatte im Auto versteckt. Ich raste aus dem Haus, ich nahm weder meine Brille mit, noch zog ich meine Schuhe an. Ich lief nur wie wild davon. John hörte mich, als die Tür zuknallte und brüllte mir nach, aber ich raste einfach weiter, die Treppe hinunter. Ich wartete nicht einmal auf den Aufzug aus Angst, John würde mich verfolgen. Ich stürzte die vier Stockwerke hinunter, warf mich ins Auto, verriegelte alle Türen und fuhr davon.

Kathy hatte sehr viel mehr Glück als Janet. Janet war bereits etwa zwanzig Jahre verheiratet. Sie hatte gelernt vorherzusagen, wann die erste Phase, in der sich die Spannung aufbaute, eskalierte und in einen akuten Gewaltakt umschlug. Gleichzeitig war sie sich aber auch sicher, daß ihr Mann Lewis sie schlagen würde, ganz gleich was sie tat. Janet hatte Lewis mehrere Male verlassen, und jedesmal war er zu ihr gekommen und hatte sie zur Rückkehr überredet. Er drohte oft damit, sie umzubringen, sich selbst umzubringen oder sogar sie beide umzubringen. Janet wußte, daß er durchaus in der Lage war, seine Drohungen wahrzumachen.

Es war merkwürdig still im Haus. Irgendwie wußte ich einfach, daß es heute Abend passieren würde. Es spielte keine Rolle, was ich tat. Ich dachte, ich könnte es vielleicht doch noch verhindern. Wenn ich mir noch etwas mehr Mühe gab, vielleicht würde ja doch nichts passieren. Ich machte einen Eintopf, eines seiner Lieblingsgerichte, und deckte den Tisch mit seinem Lieblingstischtuch. Ich stellte sogar die hübschen Kerzenleuchter auf, die er mir gekauft hatte, nachdem er mich einmal wahnsinnig verprügelt hatte. Ich beschloß, etwas anzuziehen, was ihm wirklich gefiel. Ich war mir nicht sicher, ob ich mit ihm schlafen wollte, also nahm ich etwas, was nicht zu sexy war, einfach nur etwas Hübsches, ein Kleid, daß er mir nach einer anderen Handgreiflichkeit gekauft hatte. Es ist interessant, nicht wahr, daß ich immer die Dinge aussuchte, die er mir danach schenkte. Ich wußte, daß es ihm guttat, wenn ich sie benützte, aber ich muß Ihnen sagen, daß ich sie manchmal nicht einmal anschauen konnte.

Natürlich merkte ich sofort, als Lew nach Hause kam, daß er mit seinen Kollegen nach der Arbeit noch etwas getrunken hatte. Ich beschloß, nichts zu sagen, das ihn noch wütender hätte machen können. Ich ging zu ihm hinein, begrüßte ihn so richtig herzlich mit einer Umarmung und einem Kuß, was er für gewöhnlich gern hatte. Ich erzählte ihm, was ich zum Essen gekocht hatte, und schlug vor, er könne sich ja vor dem Essen noch ein bißchen ausruhen. Er fuhr mich an: »Nein, ich habe Hunger... Ich will sofort essen. Jetzt sofort will ich mein Abendessen haben.« Ich sagte, wir könnten gerne auch gleich essen, er solle sich nur schon die Hände waschen und hinsetzen, das Essen wäre in ein paar Minuten auf dem Tisch.

Ich ging in die Küche und begann, das Essen auf die Teller zu verteilen. Ich hörte, wie sich Lew an den Tisch setzte. Plötzlich hörte ich, wie etwas zu Boden krachte, und seine Schritte, wie er in die Küche gerannt kam, Ich wußte, daß etwas passieren würde. »Warum hast du die verdammten Leuchter auf den Tisch gestellt?« schrie er. »Was ist eigentlich los mit dir? Du bist so saublöd. Weißt du nicht, daß die nur für besondere Gelegenheiten sind? Was ist so Besonderes an heute abend? Warum mußt du immer so etwas tun? Jetzt ist das verdammte Tischtuch ruiniert. Warum mußt du immer alles ruinieren? Du magst wohl die Sachen, die ich dir schenke, nicht. Du kannst wohl nie was richtig machen? Du bist ja so blöd. Du kannst einfach nie was richtig machen.« Und so ging es immer weiter. Ich hielt mir die Ohren zu, weil ich es einfach nicht mehr hören konnte. Mir kamen sofort die Tränen. Ich versuchte ihn zu besänftigen, aber es funktionierte nicht.

»Es tut mir leid«, sagte ich wie immer, wenn ich merkte, daß er so außer Kontrolle geriet. »Bitte setz dich hin und laß uns essen, und ich kümmere mich nachher darum.« Er sagte: »Gut, bring das Essen auf den Tisch. Ich habe Hunger.« Ich teilte den Eintopf fertig aus und trug die beiden Teller ins Eßzimmer. Ich gab mir alle Mühe, mein Entsetzen zu verbergen, als ich das totale Chaos auf dem Tisch sah. Ich weiß nicht, wie er das geschafft hat. Ich weiß immer noch nicht, was eigentlich passiert ist. Vielleicht war er gestolpert. Vielleicht hat er es aber auch absichtlich gemacht. Ich habe keine Ahnung.

Wir setzten uns und begannen zu essen. Die ganze Zeit schrie mich Lew an, daß das Essen scheußlich sei und daß ich eine beschissene Köchin sei. Ich gab mir alle Mühe, ihm nicht zu widersprechen, obwohl ich immer wütender wurde. Ich dachte im stillen: »Warum muß ich überhaupt bei ihm bleiben? Die Kinder sind jetzt aus dem Haus. Was bringt mir das denn?« Schließlich hielt ich es nicht mehr aus. Ich wandte mich ihm zu und sagte: »Wenn du jetzt nicht den Mund hältst, gehe ich.«

Lew stürzte sich auf mich, packte mich, hielt mich mit der linken Hand fest und warf mir mit der rechten den Teller mit Eintopf ins Gesicht. Der durch die Verbrühung hervorgerufene Schmerz war zuviel für mich. Ich schrie wie am Spieß. Er schlug und trat mich und riß mich an den Haaren, bis ich überhaupt nicht mehr wußte, was vor sich ging. Ich wollte wegrennen, aber er packte mich und riß mir, während ich rannte, das Kleid vom Leib. Ich wußte nicht mehr aus noch ein. Ich rannte ins Schlafzimmer, und mir wurde sofort klar, daß das ein Fehler gewesen war. Ich wußte, daß er mir hierher folgen und mich noch mehr verprügeln würde.

Ich schaffte es, ins Badezimmer zu kommen, verriegelte die Tür und betete, daß er nicht wieder – wie in früheren Fällen – das Schloß aufbrechen würde. Diesmal hatte ich Glück. Das Schreien und Brüllen verstummte. Die Schläge gegen die Tür hörten auf. Ich setzte mich auf den Boden, starrte ins Leere und überlegte. Ich wußte nicht, was ich tun sollte.

Einige Minuten, nachdem es ruhige geworden war, stand ich auf und wusch mir das Gesicht. Ich kühlte die Stellen, wo er mir das Essen ins Gesicht geworfen hatte, und hoffte, daß es keine Schwellungen oder Brandblasen geben würde. Ich säuberte mich und zog einen Bademantel an. Langsam öffnete ich die Tür, um zu sehen, was passiert war. Lewis lag auf dem Bett. Es sah so aus, als sei er bewußtlos. Ich schlich auf Zehenspitzen ins Eßzimmer und räumte das Chaos auf, während mir Tränen über das Gesicht liefen und mir klar wurde, daß sich Lewis nicht ändern würde, ganz gleich was ich tat. Es würde mit den Mißhandlungen einfach nicht besser werden.

Ich muß wohl eine Stunde mit Aufräumen beschäftigt gewesen sein. Als ich gerade damit fertig wurde, hörte ich, wie Lewis aufstand. Ich wußte, daß die Dinge immer noch schlecht standen, daß er sich noch nicht ausgetobt hatte, so wie er mit den Türen knallte und nach mir schrie. Ohne lang zu überlegen, beschloß ich wegzugehen. Ich nahm meine Handtasche, zog die Tür leise zu und ging einfach los.

Ich wußte nicht, wo ich hingehen sollte. Lewis hatte einige Wochen zuvor mein Auto verkauft, weil er sagte, ich brauchte es nicht. Die Schlüssel zu seinem Auto hatte ich nicht. Ich dachte, ich könnte vielleicht zu meiner Mutter gehen, die auf der anderen Seite der Stadt wohnte, aber es gab keine öffentlichen Verkehrsmittel dorthin. Lewis hatte damit gedroht, er würde auch meine Mutter umbringen, falls ich je zu ihr gehen würde. Er pflegte genauestens zu beschreiben, wie er das anstellen würde.

Ich wanderte ziellos dahin, als ich an einer Polizeistation vorbeikam, und ich dachte: »Warum eigentlich nicht?« Ich ging hinein und sagte zu dem Polizisten, daß ich zu meiner Mutter wollte. Er schaute mich an und sagte: »Aber Sie haben nur einen Bademantel an. Darf ich Sie vielleicht nach Hause bringen? Ich bringe Sie zu Ihrer Wohnung zurück. Wo wohnen Sie denn?« Ich sagte: »Nein, nein, nein. Sie können mich nicht dorthin zurückbringen, da ist nämlich jemand – ich glaube ein Herumtreiber. Deshalb will ich nicht in meine Wohnung zurück.« Ich dachte, wenn er mich in unsere Wohnung zurückbringen würde, dann würde Lewis sein Gewehr holen und ihn und mich umbringen. Das durfte ich nicht zulassen. Ich durfte nicht zulassen, daß dieser arme, unschuldige Polizist da reingezogen wurde. Ich sagte: »Nein, bitte bringen Sie mich zu meiner Mutter. Ich habe Angst davor, nach Hause zu gehen.«

Ich war wohl gar keine so schlechte Schauspielerin, und wahrscheinlich sah ich auch ganz schön verrückt aus in meinem Bademantel. Meine Augen waren wahrscheinlich vom Weinen rot und geschwollen, und nach den Prügeln, die ich vorher bezogen hatte, sah ich wohl auch nicht gerade gut aus. Die Blutergüsse konnten nicht so schlimm sein, denn er fragte überhaupt nicht danach, wie ich dazu gekommen sei. Ja, er fragte mich noch nicht einmal, ob ich verheiratet sei oder nicht, und ich dachte, jeder in der Stadt wisse wohl, daß ich verheiratet war. Jedenfalls fuhr er mich zu meiner Mutter. Als wir ankamen, bat ich ihn, mich hineinzubegleiten, weil mir dämmerte, daß Lew vielleicht inzwischen gekommen war und schon auf mich wartete. Wir weckten meine Mutter, und es war klar, daß Lew nicht dagewesen war. Meine Mutter hatte Angst, weil sie wußte, was zwischen Lew und mir die ganze Zeit losgewesen war. Sie sagte: »Janet, Janet, was ist denn los?« Ich sagte: »Nichts, Mama«, weil ich es ihr erst erzählen wollte, wenn der Polizist weg war. Ich machte ihr ein Zeichen, sie solle still sein, was sie dann auch war. Meine Mutter ist wirklich ein Segen. Ich weiß nicht, was ich ohne sie täte. Sie war in der ganzen Zeit so phantastisch.

Der Polizist ging, und nun war ich richtig in der Klemme. Lewis hatte gesagt, er habe überall im Haus meiner Mutter Wanzen anbringen lassen. Ich habe ihm das wirklich geglaubt. Er zeigte mir den Hauptkanal, über den er alles, was gesprochen wurde, auffangen konnte, und er zeigte mir die hauchdünnen elektronischen Plättchen. Er erzählte mir, er habe sie in meinem Telefon in der Arbeit installiert und im Haus meiner Mutter, damit er immer alles wisse, was ich sagte. Ich sagte daher zu meiner Mutter: »Ich will dir hier drin nichts erzählen. Komm, setzen wir uns auf die Terrasse, und ich erzähl' dir draußen, was alles passiert ist.« Meine Mutter kapierte zwar nichts, aber sie war doch bereit, mir den Gefallen zu tun, weil sie sah, daß ich ganz schön hysterisch war.

Wir saßen auf der Terrasse, und ich erzählte ihr gerade das Ganze. Wer, glauben Sie, kam da angefahren? – Lew in seinem Auto! Ich wußte es doch! Wir wußten nicht genau, was wir tun sollten. Wir versuchten noch, ins Haus zu kommen, aber es war schon zu spät. Lew packte mich, und sagte zu meiner Mutter, ich würde mit anderen Männern schlafen, ich sei wirklich eine dreckige Hure, das Vorgefallene tue ihm wirklich leid, es würde nie wieder vorkommen. Er wolle wirklich großzügig sein und mich wieder aufnehmen.

Meine Mutter sah mich an und sagte: »Janet, ist das wahr?« Ich wußte nicht, was ich machen sollte. Mir war klar, daß Lewis mich in Ruhe lassen würde, wenn ich ja sagte. Also antwortete ich: »Ja, Mama, es stimmt wirklich.« Sie sagte: »Ach Janet, merkst du nicht, wie schlimm das alles ist? Geh mit ihm zurück. Hör auf herumzurennen. Vielleicht schlägt er dich dann nicht.« Ich dachte im stillen: »Sie versteht auch nichts, und ich bin schuld daran. Ich sorge noch dafür, daß sie nichts versteht.« Ich wußte, wenn ich ihr eines Tages die Wahrheit sagen würde, dann würde sie alles verstehen.

Also fuhr ich mit Lewis zurück, und das reichte ihm noch nicht. Er schlug mich an jenem Abend noch so, daß ich am nächsten Tag zum Arzt gehen mußte. Ich erklärte dem Arzt, ich sei gestürzt und daß ich mir so meine Verletzungen zugezogen habe. Ich sagte ihm nicht die Wahrheit, ich konnte einfach nicht. Wenn ich ihm die Wahrheit sagte, würde mich Lew nur wieder prügeln.

Die meisten dieser Frauen wandten sich an jemanden um Hilfe, aber nie fühlten sie sich so frei, daß sie die Wahrheit über das, was los war, hätten sagen können. Selbst Janet, die merkte, daß ihre Mutter ihr helfen wollte, konnte ihr nicht die Wahrheit sagen. In vielen Fällen drohten die Männer damit, den Eltern der Frauen, ihren Kindern, Freunden, Arbeitskollegen oder anderen Menschen in dem sie tragenden System Gewalt anzutun. Diese Frauen glaubten, daß ihre Männer solcher Gewalttaten durchaus fähig waren. Manchmal ließen sie sich lieber schlagen, als daß sie es zuließen, daß jemand anderer verletzt wurde.

In den meisten Fällen war den Frauen klar, daß ihre Männer sie bekämpfen würden, solange sie lebten. Oft machte der Gewalttäter einen feinen Unterschied, ob er die Frau oder sich selbst umbringen würde. Männer, die bei der Mißhandlung Pistolen oder andere Waffen verwendeten, um die Frauen zu bedrohen, richteten die Waffen oft gegen sich selbst. In manchen Fällen richteten diese verzweifelten Frauen die Waffen gegen ihre Männer. Vier Frauen in meinem Sample töteten ihre Mißhandler. Viele andere wurden wegen Körperverletzung verurteilt. Die Tatsache, daß ein akuter Gewaltakt tödlich ausgehen kann, ist erschreckend. Die bei den Mißhandlungen zutage tretende Gewalt und Wut kennt keine Grenzen und läßt sich nicht beherrschen. Der Tod ist oft sowohl für die Frau als auch für den Mann eine Erlösung von der panischen Angst und den Schmerzen.

Die meisten der befragten Frauen berichteten, daß die körperlichen Gewalttätigkeiten während der Schwangerschaft und der frühen Jahre ihrer Kinder noch akuter wurden. Männer, die von ihren Frauen abhängig sind, sind logischerweise frustriert, wenn sich die Frauen statt um sie um die auf sie angewiesenen Kinder kümmern. Ich vermute, daß das einer der Gründe ist, warum die Gewalttätigkeit während der Schwangerschaft zunimmt. Plötzlich muß der Mann seine Frau mit jemandem teilen. In manchen Fällen sagten die Frauen auch, daß sie das Gefühl hatten, der Mann versuchte zu verhindern, daß ein anderes Wesen, das vielleicht dieselben schlechten Erbanlagen hatte wie er, zur Welt kam. Häufiger handelte es sich aber lediglich um einen Fall pränataler Kindesmißhandlung.

Die Verstümmelungen, die Frauen während der Schwangerschaft

erleiden, sind oft sexueller Natur. Frauen haben es schon erlebt, daß die Vagina verletzt wird, daß ihnen die Brustwarzen abgeschnitten wurden und daß ihnen wiederholt Schläge in ihren hervorstehenden Bauch versetzt wurden. Wir wissen nicht, wie viele Kinder aufgrund solcher Mißhandlungen mit Deformationen zur Welt gekommen sind. Häufig werden den Schwangeren Beruhigungsmittel verschrieben, die ihnen gegen die Angst und Nervosität helfen sollen, die durch ihre gewalttätigen Partner hervorgerufen werden. Auch solche Medikamente können zu Deformationen bei Neugeborenen führen. Andererseits sind die Beruhigungsmittel manchmal das einzige, was die Frauen davor bewahrt, verrückt zu werden.

Andere Formen physischer Mißhandlung, von denen die Frauen indirekt heimgesucht werden, sind all die psychosomatischen Beschwerden. Elaine Hilberman, eine Psychiaterin an der medizinischen Fakultät der Universität von Nordkarolina, die mit ihren Mitarbeiterinnen in einem Ärztezentrum auf dem Lande tätig ist, hat viele Frauen mit psychophysiologischen Beschwerden erlebt, die auf Mißhandlungen zurückzuführen waren. Die Frauen kommen mit Rückenschmerzen, Magenbeschwerden, Atemproblemen, Ekzemen oder anderen Hautausschlägen, Bluthochdruck und anderen durch Streß und Angst hervorgerufenen Störungen. Dasselbe Phänomen beobachteten auch die Sozialarbeiterin Karil Klingbeil am Harborview Medical Center in Seattle und die Psychologin Vikkie Boyd in der Group Health Organization in Seattle. Ich bringe die Interviews mit Frauen, die psychophysiologische Probleme hatten, in dem Kapitel über die Anwendung seelischer Gewalt; ich erwähne sie hier aber, weil durch sie reale körperliche Schäden bei den Frauen entstehen. Der allgemeine Streß, unter dem mißhandelte Frauen Tag für Tag leben, ist eine heimtückische Form körperlicher Mißhandlung.

5
Sexuelle Mißhandlung

Bei der Konzeption des Buches hatte ich ursprünglich nicht vor, ein Kapitel über sexuelle Mißhandlung aufzunehmen, da ich das Sensationelle vermeiden wollte, das sich aus der Beschreibung sexuellen Verhaltens innerhalb einer gewalttätigen Beziehung ergeben könnte. Ich meinte auch, daß bereits viele andere Autoren ganze Bücher geschrieben hatten, in denen sie die mit Vergewaltigung verbundene Erniedrigung offenlegten und versuchten, die psychologischen Abläufe bei Vergewaltigung zu verstehen. Ich konnte diesem Thema in einem einzigen Kapitel wohl kaum gerecht werden, noch wollte ich die sexuellen Mißhandlungen ausschließlich als Vergewaltigungen beschreiben, wenn es auch viele Ähnlichkeiten zwischen Vergewaltigung und sexueller Mißhandlung gibt. In Amerika war das Thema der Vergewaltigung bereits genauer untersucht worden, ehe man dem größeren Bereich jeglicher Gewaltanwendung gegen Frauen überhaupt Beachtung schenkte. Andererseits untersuchte man in England zuerst mißhandelte Frauen, ehe man sich mit Vergewaltigung beschäftigte. Erst heute findet eine Integration der Untersuchungen aller Formen der Gewalt gegen Frauen statt. Daher ging ich von meiner ursprünglichen Meinung ab und beschloß, dieses Kapitel über sexuelle Mißhandlung aufzunehmen in dem Bestreben, zu diesem weitergefaßten Bereich der Untersuchungen über Gewalt gegen Frauen einen Beitrag zu leisten.

Psychologen haben ein Kontinuum des sexuellen Mißbrauchs aufgestellt. Die Psychologin Dr. Margie Leidig von der Universität von Colorado, die wissenschaftliche Untersuchungen über die Erfahrungen, die Frauen mit sexuellem Mißbrauch machen, durchgeführt hat, stuft in ihrer Studie die folgenden als schädigende Erfahrungen ein: 1) obszöne Telefonanrufe 2) Voyeure 3) Exhibitionismus 4) sogenannte kleine Vergewaltigungen wie Fälle, bei denen Männer den Frauen auf der Straße nachpfeifen oder bei denen sie unerwünschte sexuelle Kommentare über den Körper von Frauen abgeben 5) Grapschen 6) Vergewaltigungen 7) sexueller Mißbrauch von kleinen Mädchen und 8) Verführung und Vergewaltigung durch Angehörige der helfenden Berufe. Leidigs Voruntersuchungen zeigen, daß zwischen 80 und 90 Prozent der Frauen in einer Probeerhebung an der Universität mit mindestens zwei der acht Kategorien Erfahrung hatten. Leidig hat in ihrer Arbeit auch die Ähnlichkeiten zwischen sexueller Gewalt und Gewalt gegen Frauen im allgemeinen untersucht. Es überrascht nicht, daß sie in beiden Fällen frauenfeindliche Tendenzen fand. Diese Formen der Gewalt sind ein Phänomen, von dem viel zu selten berichtet wird und von dem wir nur die Spitze des Eisbergs sehen. Eine weitere Ähnlichkeit zwischen Vergewaltigungsopfern und mißhandelten Frauen ist das Phänomen, daß dem Opfer die Schuld zugeschoben wird.

Trotz der Ähnlichkeiten zwischen Vergewaltigung und Mißhandlung gibt es auch signifikante Unterschiede, wenn zwischen einem Paar laufend sexuelle Beziehungen bestehen. Der auffälligste Unterschied besteht darin, daß zu bestimmten Zeiten Sex für beide Partner sehr schön sein kann, vor allem während der dritten Phase des Mißhandlungszyklus, der Phase der liebevollen Zuwendung. In der Phase, in der sich die Spannung aufbaut, und in der Phase der akuten Mißhandlung findet am häufigsten sexueller Mißbrauch statt. Marjory Fields, jene Rechtsanwältin in New York City, die sich auf Gewalt in der Familie spezialisiert hat, behauptet, daß die Zahlen, die herauskämen, wenn man die Vergewaltigungen innerhalb der Ehe in die offizielle Vergewaltigungsstatistik aufnähme, ungeheuerlich wären. Die meisten in meiner Studie interviewten Frauen hatten das Gefühl, von ihren Männern vergewaltigt worden zu sein. Die sexuellen Beziehungen zu ihren Partnern brachten ihnen sowohl Freuden als auch Leiden, und zwar jeweils zu unterschiedlichen und oft überhaupt nicht vorhersehbaren Zeiten.

Mißhandelte Frauen können nur schwer voraussagen, wann der Sex Vergnügen bereiten wird. Da ihre gewalttätigen Männer unberechenbar sind, hoffen sie immer, daß es jedesmal Spaß macht. Verhaltenspsychologen nennen das intermittierende Verstärkung. Experimente haben gezeigt, daß es außerordentlich schwierig ist, ein Verhalten aufzugeben, das immer wieder intermittierend verstärkt worden ist, vor allem wenn das nach einem willkürlichen und variablen Schema geschieht. Dies ist genau der Zustand der sexuellen

Beziehung der mißhandelten Frau zu ihrem Partner. Das trägt dazu bei, daß sie die Opferrolle übernimmt, wobei die liebevolle Zuwendung das verstärkende Element ist, das sie immer wieder hoffen läßt, daß es das nächste Mal besser werden wird. Wenn man die Verstärkungstheorie in Betracht zieht, kann man die mißhandelten Frauen verstehen, die positive sexuelle Erlebnisse mit ihren Partnern beschreiben.

Joan und Peter begegneten sich, als sie achtundzwanzig war. Beide waren sie Künstler. Peter hatte große Erfolge und verkaufte seine Arbeiten sowohl an kommerzielle Unternehmen als auch an Studios. Sehr oft hatte Joan die guten Ideen für kommerzielle Layouts, doch wenn die Arbeit unter ihrem Namen erschien, ließ sie sich nicht verkaufen. Wenn Peter seinen Namen daruntersetzte, brachte sie phantastische Preise. Als Joan ihre sexuelle Beziehung beschrieb, funkelten ihre Augen.

Peter war der großartigste Liebhaber, den ich je gehabt hatte. Er war liebevoll, zärtlich und – ach, so wahnsinnig gut. Irgendwie wußte er immer genau, was er tun mußte, um mich zu befriedigen. Nie habe ich solche Höhepunkte mit irgend jemand anderem erlebt. Ich wußte gar nicht, daß ich sie überhaupt bekommen konnte. Oft lag ich im Bett und zog ihn damit auf, daß er viel mehr Geld mit seinen sexuellen Begabungen verdienen könnte als mit seiner Kunst. Vielleicht war die auch ein Teil davon. Vielleicht übertrug sich etwas von der Kreativität, die er als Künstler hatte, auf unsere sexuelle Beziehung. Alles, was ich dazu sagen kann, ist, daß es keine Rolle spielte, was er tat oder wie er es tat. Ganz gleich, wo er mich berührte, ich hatte das Gefühl, als gingen alle Lichter an. All diese albernen Filme, die man als Teenager sieht, und all die Bücher, die man liest, und in denen steht, wie man die Glocken läuten hört, wie wahre Liebe ist und wie er einen nur anzusehen oder zu berühren braucht, und schon steht man in Flammen – all das stimmte bei Peter und mir wirklich. Wir waren da echt verwandt. Aber wenn seine Stimmung umschlug, konnte er ungeheuer brutal und gemein sein. Bald war es so, daß ich immer Angst hatte, bis ich wußte, welcher Peter bei mir sein würde.

Emily lernte Ned kennen, als er Tankstellenwart war.

Als ich das erste Mal mit meinem Auto in Neds Tankstelle fuhr, wußte ich, daß er etwas Besonderes war. Das Leben war recht langweilig für mich gewesen. Mein Mann war immer auswärts, und ich hatte eigentlich nichts zu tun. Ich hatte das Gefühl, als gehe das Leben an mir vorbei. Mit Ned war das anders. Er kam an mein Fenster und lächelte sein süßes Kleinjungenlächeln und flirtete ein bißchen mit mir, wissen Sie. So fing es an, mit einer harmlosen, kleinen Flirterei. Eines Tages dann – ich konnte es kaum glauben – sah er mich an, und ich sah ihn an, und es war, als wüßten wir, daß es einfach so sein mußte. Wir trafen uns, und wir begannen, miteinander zu schlafen. Sex mit ihm war so phantastisch, ich konnte es kaum glauben. Nichts von der langweiligen Routine, die ich aus meiner Ehe kannte. Mit Ned war es das Wahre. Es war genau so, wie ich es wollte. In meinen wildesten Träumen hätte es nicht besser sein können, bis ich ihn mit irgendeiner Kleinigkeit wütend machte und er mich zu schlagen begann.

Judith ist eine orthodoxe Jüdin, die den Mann, der sie mißhandelt, in einer Jugendgruppe für jüdische Teenager traf.

Meyer war der Jugendgruppenleiter im Gemeindezentrum. Er war groß, hatte dunkles, welliges Haar und sah so gut aus, daß wir Mädchen ihn alle anhimmelten, wenn wir ins Jugendzentrum gingen. Er flirtete gern, aber damals dachte ich, er wollte nur nett sein zu uns Mädchen.

Eines Abends ging ich mit einigen meiner Freundinnen ins Gemeindezentrum, aber es war wenig los an jenem Abend. Meyer kam zu mir herüber und sagte, er wolle mit mir alleine sprechen. Wenn ich jetzt zurückschaue, dann glaube ich, daß er mir eigentlich schon vorher Augen gemacht und mit mir geflirtet hatte, aber ich war damals einfach noch nicht alt genug, das wirklich zu verstehen. Ich meine, wir waren als Teenager so behütet. Wir haben damals sexuelle Anspielungen überhaupt nicht verstanden. Jedenfalls bat mich Meyer, in sein Büro zu kommen, er hätte mir etwas zu zeigen, und ich sagte zu meinen Freundinnen, ich käme gleich wieder und ging zu ihm. Er war einfach so nett. Wir gingen in sein Büro, und er begann, mit mir zu reden, und irgendwie kam er näher, und irgendwie gefiel mir das. Es war ein warmes, gutes Gefühl, und ich mochte Meyer. Ich vertraute ihm, und er war wirklich liebevoll. Damals war er überhaupt noch nicht brutal. Plötzlich wandte ich mich um, und mein Gesicht berührte seines fast. Er sah mich an, und ich sah ihn an, und dann fingen wir an, uns zu küssen. Mehr passierte an jenem Abend nicht, aber wir waren uns einig, daß zwischen uns etwas Besonderes war. Wir waren uns auch einig, daß wir niemandem etwas davon erzählen wollten, weil uns das nicht richtig erschien. Er war der Jugendgruppenleiter, und ich war einfach nur eines der Mädchen, die ins Zentrum gingen. Wir erfanden Ausreden, und man glaubte mir. Niemand wußte, was vor sich ging. Meyer und ich fingen an, ab und zu mal miteinander zu schlafen. Es war schön. Es war angenehm. Es war gut. Aber ich hatte ganz schöne Probleme und er auch, weil unsere jüdische Traditionen sagen, daß man das nicht tun sollte, wenn man nicht verheiratet ist. Im Handumdrehen beschlossen wir zu heiraten, um das gute sexuelle Gefühl, das wir füreinander hatten, zu legitimieren. Es fällt schwer, sich an diese guten Zeiten zu erinnern, da sie so vergiftet wurden durch Meyers unvorhersehbare Grausamkeit mir gegenüber. Aber er darf immer noch im Jugendzentrum arbeiten.

Karen lernte Malcolm kennen, als sie Schwesternschülerin war und er Medizinalassistent am selben Krankenhaus.

Einer der Gründe, warum ich auf die Schwesternschule gegangen war, war die Hoffnung, einen netten, gutaussehenden Arzt kennenzulernen und zu heiraten. Das hatte man mir von Kind an erzählt, und ich fand das vernünftig. Als ich Malcolm zum erstenmal begegnete, arbeitete ich auf der Wachstation. Das war ganz schön hart, weil man immer aufpassen und die Patienten sehr genau beobachten mußte. Malcolm half bei diesem einen Eingriff aus. Es handelte sich um einen Patienten, von dem wir nicht glaubten, daß er es schaffen würde. Das Herz des Mannes war während der Operation mehr-

mals stehengeblieben, und nun beobachteten wir ihn sehr genau im Wachzimmer. Malcolm kam viel häufiger herein, um nach dem Patienten zu sehen, als es die meisten Assistenten taten. Das erste, was mir auffiel, war, wie ungeheuer besorgt er um diesen Mann war. Wenn ich jetzt zurückdenke, dann ist mir, als habe ein Teil seiner Besorgnis auch mir gegolten. Nun, trotz seiner Fürsorge und trotz meiner Fürsorge kam der Mann nicht durch. Er starb. Nachdem wir uns etwa drei Stunden intensiv um ihn bemüht hatten, erschütterte uns das beide sehr. Er war der erste Patient, um den ich mich so intensiv gekümmert hatte und der gestorben war, und ich fing an zu weinen. Malcolm, der auch wußte, daß ich wirklich erschüttert war, legte seinen Arm um mich und versuchte mich zu trösten, da ich fast hysterisch war. Ich war einfach untröstlich. Wenn ich jetzt daran zurückdenke, wundere ich mich wirklich, wie naiv ich war. Damals aber war es einfach das Schlimmste, was mir je passiert war, und ich konnte nicht damit umgehen. Malcolm fragte die diensthabende Schwester, ob er mich nach Hause bringen solle. Sie war einverstanden, und ich ging nur allzugern mit ihm. Auf dem Weg vom Krankenhaus zum Parkplatz schluchzte ich, und er hatte seinen Arm schützend um mich gelegt. Als wir ins Auto stiegen, schien es ganz natürlich, daß wir uns einander zuwandten, und plötzlich umarmten wir uns. Wir blieben mehrere Stunden auf dem Parkplatz. Es war spät nachts, und der Platz war ganz verlassen, und Malcolm und ich begannen uns auf dem Rücksitz zu lieben. Ich weiß nicht, wie das passierte. Ich glaube, ich war noch ganz gefangen von den Gefühlen, die durch das, was vorher passiert war, ausgelöst worden waren. Manchmal denke ich noch an jene Nacht und daran, wie zärtlich und wunderschön der Sex mit Malcolm damals war.

Aus gutem Sex wird nach einer Weile oft Mißhandlung wie in der folgenden Geschichte.

Der Sex zwischen Craig und mir war definitiv eines der Hauptmotive für mich, mit ihm verheiratet zu bleiben. Craig war so aufregend, so lebendig, und der Sex, den wir miteinander hatten, war so toll, daß das eigentlich der Grund war, warum ich mich nicht tren-

nen wollte. Wenn er mich berührte, schien die ganze Welt zu glühen. Ich mag Sex. Ich bin eine sehr sinnliche Frau und am Sex interessiert. Craig wußte das, und ich glaube, er wußte auch, daß er mich damit halten konnte. Wir hatten ständig Sex miteinander. Nicht selten fing es damit an, daß wir früh ins Bett gingen und uns liebten, dann einschliefen und später aufwachten und uns wieder liebten, und das vielleicht noch zwei- oder dreimal, ehe wir am nächsten Morgen aufstanden. Am Anfang unserer Beziehung war das fast jeden Tag so. Ich liebte das sehr, und ich glaube, ich liebte Craig auch, weil er ein so williger und wunderbarer Sexpartner war. Aber dann änderte sich das. Er war nicht mehr so bereitwillig, und ich wußte nie, was ich zu erwarten hatte.

Ein weiterer großer Unterschied zwischen sexuellem Verhalten in einer gewalttätigen Beziehung und Vergewaltigung ist die Tatsache, daß ersteres oft mit einem Hauch von Illegitimität, mit der beide einverstanden sind, beginnt, was bei Vergewaltigung nie der Fall ist. Die meisten der interviewten Frauen hatten schon vor der Ehe sexuelle Beziehungen zu ihrem Partner. Viele der Frauen lernten ihre Liebhaber kennen, als sie noch jung waren und es ihnen schwerfiel, zwischen liebevollem Verhalten und Sex zu unterscheiden. Aber auch viele der älteren Frauen hatten vor der Ehe sexuelle Beziehungen. Wenn auch die Daten noch keine definitiven Schlußfolgerungen zulassen, so sieht es doch so aus, daß viele junge Frauen schwanger wurden und dann heirateten. Für diejenigen, die aus einem gewalttätigen Elternhaus kamen, schien die Ehe die ideale Zuflucht zu sein. In den meisten dieser Fälle waren die Frauen sehr verlegen und beschämt, daß sie sich mit einem Partner, den sie gar nicht sehr gut kannten, auf Sex einließen, aber das Gefühl der Intimität, das sie aus dieser Beziehung zogen, war andererseits sehr schön für sie. Aus den verschiedensten Gründen waren diese Frauen auf der Suche nach einer intimen, liebevollen Beziehung, und sexuelle Intimität hielten sie für dasselbe. Viele gestanden beschämt ein, daß sie sich anfangs über die besitzergreifende Art ihres Liebhabers gefreut hatten, weil sie sie für einen Beweis der Liebe hielten. Die lähmende Unterdrückung dieser Liebe wurde ihnen erst später klar.

Debbie war seit drei Jahren mit Henry verheiratet, als sie Stan, ihren Gewalttäter, kennenlernte. Debbie und Stan unterrichteten beide an einer High School. Henry, Debbies Ehemann, hatte sie zwar nie körperlich mißhandelt, aber seine Mißhandlung könnte man als gesellschaftliche Isolation einstufen.

Ich war jeden Abend alleine, während Henry ausging, trank, sich amüsierte. Ich wußte, daß ich durchdrehen würde, wenn ich nicht aus dieser Ehe herauskam. Nie hatte ich Freunde, und ich konnte nirgends hingehen und nichts machen. Eines Nachmittags saß ich an meinem Pult in der Schule, als Stan hereinkam. Wir unterrichten beide Englisch, und wir wollten unsere Klassen zusammenlegen, damit wir alle gemeinsam einen Film ansehen konnten. Stan war so anders als Henry. Er war freundlich und lieb. Zumindest schien er damals so zu sein. Wir waren mit unserer Planung fertig, und Stan fragte mich, ob ich mit ihm noch etwas trinken gehen wolle. Ich dachte mir: Henry ist ja sowieso nicht zu Hause, warum also nicht? Und so ging ich mit. Wir saßen in einer Bar, hörten gute Musik und redeten miteinander. Ich glaube, das hat mich an Stan am meisten angezogen, daß wir wirklich miteinander reden konnten. Henry und ich hatten seit langem kein richtiges Gespräch mehr miteinander geführt, zumindest keines, in dem nicht dauernd zornige Worte fielen. Wir hatten auch seit Monaten nicht mehr miteinander geschlafen. Ehrlich gestanden, ich glaube, ich war einfach ein bißchen geil. Nach ein paar Drinks erschien mir Stan wirklich sehr sexy und sehr attraktiv. Ich weiß nicht, ob er anfing oder ob ich anfing, und wahrscheinlich ist das auch egal. Ich weiß nur, daß wir in Stans Wohnung gingen und uns dort liebten. Es war nicht toll, aber auch nicht schlecht. Wissen Sie, für eine Frau, die so geil war wie ich, war es absolut super. Ich hatte das Gefühl, daß mich jemand mochte. Ich weiß nicht, ob es so aufregend war, weil ich noch verheiratet war und trotzdem schon mit Stan schlief, aber unsere Affäre dauerte während meiner ganzen Trennung und Scheidung von Henry. Manchmal hatte ich wirklich ein so schlechtes Gewissen, daß ich Henry ansah und dachte: Du armer Kerl. Schau, was ich dir antue. Und ich vergaß ganz, daß ich zwei Jahre hinter mir hatte, in denen

Henry nie zu Hause und ich immer allein gewesen war. Aber irgendwie vergaß ich das, nur weil ich eine Affäre mit Stan hatte. Stan fing erst an, mich zu schlagen, nachdem ich geschieden war. Ich habe das nie verstanden.

Janey war eine erfolgreiche zweiundvierzigjährige Rechtsanwältin, als sie Larry kennenlernte. Sie war zwar fünfzehn Jahre zuvor für kurze Zeit verheiratet gewesen und hatte sich wieder scheiden lassen, hatte aber inzwischen wenige Beziehungen mit Männern gehabt. Dann trat Larry in ihr Leben.

Das war das Tollste, was mir seit langem passiert war. Können Sie sich vorstellen, was für Gefühle eine unattraktive, intelligente Frau hat, die sich jahrelang für völlig asexuell gehalten hatte, wenn sie endlich von einem Mann beachtet wird? Ich weiß, daß das jetzt dumm klingt, aber ich fühlte mich gar nicht als Frau. Ich fühlte mich als Rechtsanwältin. Um in meinem Beruf voranzukommen, mußte man hart und aggressiv sein. Man hatte keine Zeit für solchen Unsinn wie Sex, aber als Larry auftauchte, war das plötzlich kein Unsinn mehr. Plötzlich war ich das süße, kleine, feminine Ding, das es in meiner Vorstellung von mir nie gegeben hatte, und ich muß sagen, daß mir das gefiel. Wenn Larry mich anlächelte mit jenem unglaublich charmanten Lächeln, wenn er mich mit seinen magischen Fingern berührte, dann schien mein ganzer Körper zum Leben zu erwachen. Ich sage Ihnen, wenn ich mit Larry zum Orgasmus kam, dann war das besser, als wenn ich einen Fall vor Gericht gewonnen hätte. Wie finden Sie das bei einer erfolgreichen Anwältin? Es ist mir peinlich, das zuzugeben, weil es so lange gedauert hat und mich soviel gekostet hat, bis ich in meinem Beruf dahin gekommen bin, wo ich jetzt stehe, und ich würde meinen Beruf auch nie aufgeben. Ich weiß das jetzt genau, aber es gab eine ganz kurze Zeit mit Larry, in der ich wirklich dachte, ich könnte meinen Beruf aufgeben. So stark war die sexuelle Beziehung zwischen uns, und es muß der Sex gewesen sein, denn sonst gab es in dieser Beziehung kaum etwas Positives.

Sexuelle Eifersucht spielt fast immer eine Rolle bei gewalttätigen Beziehungen. Der Mißhandler beschuldigt die Frau ständig, sexuelle Beziehungen mit anderen Männern zu haben, manchmal auch mit Freundinnen. Wie unsinnig diese Beschuldigungen sind, wird klar, wenn gleichermaßen von möglichen wie auch völlig unmöglichen Verdächtigen die Rede ist. Jeder, der zu der mißhandelten Frau nett ist, wird Zielscheibe für die sexuelle Eifersucht des Mannes, die sich zum Beispiel auf ihren Vater, ihren Bruder, ihren Chef, ihre Kollegen, ihre Nachbarn, den Angestellten im Supermarkt, den Barkeeper, den Friseur, den Milchmann usw. richtet. In manchen Fällen wird jeder Mann, der die Frau in der Öffentlichkeit auch nur ansieht, zur möglichen Zielscheibe. Oft überträgt sich diese irrationale Eifersucht auch auf ihre Freundinnen, und sie wird beschuldigt, lesbische Beziehungen zu haben. Kein Wunder, daß sich mißhandelte Frauen von anderen Menschen isolieren, vor allem von denen, die sie wirklich lieben.

Mißhandelte Frauen bekommen oft zu hören, daß sie andere Männer sexuell provozieren. Sie werden beschuldigt, sich zu sexy zu kleiden, häufig nachdem die Männer darauf bestanden haben, daß die Frauen die fraglichen Kleider kaufen oder tragen. Ihr Makeup ist nicht richtig; ihr Kleid ist zu kurz; ihre Hosen sind zu eng; ihr Lächeln ist zu einladend; sie reden zuviel – und das alles, so der Mann, weil sie eine Affäre mit einem anderen haben wollen. Im Gegensatz dazu gaben die interviewten Frauen an, daß eine Affäre mit einem anderen Mann das letzte war, was sie sich wünschten. Die meisten hatten schon genug Schwierigkeiten mit ihrem eigenen Mann und konnten sich nicht vorstellen, wie sie mit zweien fertig werden sollten. Für viele waren andere Männer nicht anders als der, von dem sie mißhandelt wurden. Wenn ein anderer Mann freundlich war, vermuteten sie, er sei nur gerade in seiner charmanten Phase liebevoller Zuwendung. Sie befürchteten, daß auch er sie wegen etwas Wirklichem oder Eingebildetem, das sie tun könnten, mißhandeln könnte.

Gelegentlich berichteten einige Frauen, daß sie tatsächlich mit einem anderen Mann schliefen. Gewöhnlich passierte das nur ein- oder zweimal. Die Frauen mit einer außerehelichen Beziehung waren verlegen und fühlten sich schuldig. Einige wenige Frauen gaben zu, daß sie das Gefühl hatten, sie würden eventuelle Liebhaber abschrecken, weil sie so ausgehungert nach Liebe waren. Einige sagten, potentielle Liebhaber würden durch die Möglichkeit eventueller Gewalttätigkeit verschreckt. Die meisten berichteten, sie würden es nicht riskieren, einen anderen Mann der Gefahr auszusetzen, von ihrem Mißhandler verletzt zu werden. Für einige Frauen ebnete die Liebe eines anderen Mannes den Weg dafür, sich von ihrem gewalttätigen Mann zu befreien. Allerdings war letzteres bei den Frauen in meiner Erhebung äußerst selten.

Die meisten der Befragten hatten traditionelle Wertvorstellungen von Sexualität. Sie glaubten, Geschlechtsverkehr ohne Trauschein sei unrecht, und sie waren für die Treue, wenn ihr Verhalten auch diesen Wertmaßstäben nicht immer entsprach. Diejenigen, die zugaben, daß ihnen Sex Spaß machte, waren wegen dieses Eingeständnisses etwas verlegen. Sie hielten nichts von vorehelichem oder außerehelichem Sex, wenn auch fast alle das eine oder das andere praktiziert hatten. Der gewalttätige Mann konnte also den Vorwurf der Untreue als psychologische Waffe einsetzen, um Schuldgefühle hervorzurufen, selbst wenn er nicht genau wußte, ob die Frau untreu gewesen war. Die Schuldgefühle waren vor allem dann eine mächtige psychologische Waffe, wenn die Frauen einem früheren Ehemann untreu gewesen waren. Solche Schuldgefühle hinderten sie dann manchmal daran zu erkennen, wie irrational die Eifersucht ihrer Mißhandler war.

Wendy steckte in dieser Zwickmühle von Schuldgefühlen einerseits und der Eifersucht ihres Mißhandlers andererseits. Sie begegnete Bob, als sie noch mit ihrem ersten Mann verheiratet war, und begann eine Affäre mit ihm. Je stärker ihre Beziehung zu Bob wurde, desto mehr geriet ihre Ehe ins Wanken. Ihre Ehe war wahrscheinlich schon lange ständig schlechter geworden, aber ihre Affäre mit Bob war der Auslöser dafür, daß sie die Scheidung einreichte. Bob war außerordentlich besitzergreifend und eifersüchtig.

Morgens fuhr er mich ins Büro, mittags holte er mich ab, damit wir miteinander essen gehen konnten, und dann holte er mich um fünf

Uhr wieder ab, damit wir zusammen nach Hause fahren konnten. Ich konnte in der Arbeit keine Freunde haben außer denen, mit denen ich tagsüber zwischendurch mal reden konnte. Nie konnte ich mit jemandem zum Essen gehen oder nach der Arbeit irgendwo etwas trinken. Immer war Bob da. Zuerst gefiel mir das. Es gab mir ein Gefühl der Sicherheit. Nach einer Weile aber ging es mir langsam auf die Nerven, weil es mich in meiner Freiheit einschränkte. Eines Tages, als wir zusammen in einem Restaurant waren, saß ein gutaussehender Mann auf der anderen Seite des Raums. Unsere Augen begegneten sich. Sie wissen ja, wie das ist, wenn man mit jemandem Augenkontakt aufnimmt. Ich lächelte ihm zu, und er lächelte zurück. Das war alles. Kein Wort wurde zwischen uns gewechselt. Nun, das war die Ursache für eine gewalttätige Auseinandersetzung an jenem Abend, wie Sie sie nicht für möglich halten würden. Ich wurde beschuldigt, mit diesem Mann zu schlafen, und nicht nur wurde ich beschuldigt, mit ihm eine Affäre zu haben, nein, Bob beschrieb mir auch stundenlang bis ins Detail jeden einzelnen sexuellen Akt, den wir miteinander ausgeführt hatten. Können Sie sich das vorstellen? Ich konnte einfach nicht glauben, was da ablief. Ich konnte noch nicht einmal richtig protestieren, weil mir alles so absurd erschien, aber für Bob war es überhaupt nicht absurd. Er glaubte auch, ich hätte ein Verhältnis mit meinem Chef, und er ging sogar so weit, die Frau meines Chefs anzurufen und ihr seinen Verdacht mitzuteilen. Der arme Mann. Es endete damit, daß ich danach meine Stellung aufgab, obwohl jeder wußte, auch er, daß es kein Verhältnis gab. Mein Chef war einfach nur ein unheimlich lieber, sympathischer Mensch. Außerdem war er in den Sechzigern. Wenn ich an einem sexuellen Verhältnis Interesse gehabt hätte, dann doch bestimmt nicht mit jemandem, der soviel älter war als ich. Aber für Bob spielte es offenbar nie eine Rolle, wer es war. Eines Abends hatten wir eine Party, zu der ich alle unsere Nachbarn einlud. Es war Bobs Idee. Er wollte sie alle kennenlernen. Den ganzen Abend kamen und gingen Leute. Ich wußte, daß ich mit niemandem flirten durfte, und ich wußte, daß ich zwar nett, aber auch wieder nicht zu nett sein durfte. Aber es spielte keine Rolle. Gegen Ende des Abends kamen noch zwei Männer, die zusammen in einer Wohnung lebten, und wir boten ihnen etwas zu trinken an. Ich ging in die Küche, um Eis zu holen und ihre Drinks zu machen, und einer von ihnen kam mit, um mir zu helfen. Wir waren nur ein paar Minuten weg, aber als wir zurückkamen, fing Bob an, mich wie verrückt anzuschreien, daß es zu lang gedauert habe, daß ich in Wirklichkeit mit dem Kerl in der Küche oralen Verkehr gehabt habe. Immer benahm sich Bob so, immer schikanierte er mich damit. Und doch war er es, der darauf bestand, daß ich mich hübsch anzog und daß die Kleider, die ich trug, sexy waren. Anfänglich fand ich diese Eifersucht ganz süß, aber nach einer Weile dachte ich, daß sie krankhaft sein mußte. Ich fand, daß sie, je schlimmer sie wurde und je schlimmer es mit Bobs Trinkerei wurde, auch immer verrückter wurde.

Die Berichte über sexuelle Eifersucht hatten alle ganz ähnliche Züge. In allen Fällen quälten die Männer die Frauen mit detaillierten Phantasien darüber, welche Handlungen sie bei ihrer sexuellen Untreue begingen. Gleichzeitig drangen sie immer mehr in das Denken und Handeln der Frauen ein, so daß diese, selbst wenn sie eine Affäre haben wollten, keine Zeit dafür hatten. Die Männer wandten ihr irrationales Denken selbst auf die geringsten zeitlichen Diskrepanzen an, indem sie den Frauen zwar keine längeren Begegnungen, wohl aber kurzfristig sexuelle Aktivität, wie zum Beispiel oralen Sex, der höchstens zwei bis drei Minuten in Anspruch nahm, vorwarfen. Es ist interessant, daß zwar einerseits berichtet wurde, die Männer seien wunderbare Liebhaber, andererseits aber oft gesagt wurde, sie hätten Schwierigkeiten, zu einer Erektion zu kommen oder diese aufrechtzuerhalten oder schnell zum Orgasmus zu kommen. Es ist durchaus möglich, daß es Teil der sexuellen Eifersucht der Männer ist, daß sie ihre Probleme auf die Frauen projizieren. Viele Männer standen in dem Verdacht, sexuelle Beziehungen zu anderen Frauen zu unterhalten, und in manchen Fällen wurde dieser Verdacht bestätigt. In anderen Fällen hatten sie tatsächlich auch sexuelle Affären mit Männern. Auch die Möglichkeit, daß Männer ihre Gefühle auf Frauen projizieren und ihnen in die Schuhe schieben, ist eine Frage, die durch weitere Forschung erst noch gelöst werden muß.

Ein weiteres Charakteristikum in den sexuellen Beziehungen mißhandelter Frauen sind die Arten sexuellen Verhaltens, auf die sie sich einließen. Sie berichteten von den ungewöhnlichsten und abartigsten Praktiken, die mir je in meiner zehnjährigen Tätigkeit als Krankenhauspsychologin zu Ohren gekommen sind. Ich finde dieses Verhalten äußerst merkwürdig angesichts der im allgemeinen so traditionellen Einstellungen der Frauen der Sexualität gegenüber.

Ganz allgemein stellten wir fest, daß diese Frauen sehr wenig Kenntnis von normalem sexuellem Verhalten hatten, ehe sie die sie mißhandelnden Männer kennenlernten. Es war typisch für sie, daß sie in Familien aufgewachsen waren, in denen Gespräche über Sex tabu gewesen waren. Eine Sexualerziehung gab es nicht. Spätestens in der Pubertät waren sie sich ihrer sexuellen Regungen bewußt, überließen es aber ihren Liebhabern, ihnen beizubringen, worum es beim Sex eigentlich ging. Viele der Frauen ließen sich früh im Leben mit einem Mann ein und hatten kaum Erfahrungen, ehe sie ihren Mißhandlern begegneten. Obwohl berichtet wurde, daß die Männer mehr Erfahrung im Geschlechtsverkehr hatten, wußten die meisten von ihnen auch nicht viel mehr als die Frauen über den Zusammenhang zwischen Liebe und Sex. Anfangs wurde der Sex von den Frauen als gut empfunden, als etwas, das ihnen Erfüllung schenkte. Wie wir bereits gesehen haben, erlebten viele von ihnen freudige Erregung darüber, daß sie jemanden gefunden hatten, der sie liebte. Für sie war sexuelle Intimität die Sprache der Liebe. Im Laufe der Jahre jedoch veränderte sich die Art der sexuellen Beziehungen. Der Sex wurde abartiger, als wäre mehr Abwechslung oder Stimulation notwendig, damit es aufregend war. Da diese Frauen von anderen Frauen isoliert waren, war ihnen nicht immer bewußt, wie bizarr ihre sexuellen Beziehungen waren. Der Mann war bestrebt, seiner Frau die Realitätsmaßstäbe zu liefern, und die Frau konnte dann nur schwer unterscheiden, was auch für die übrige Welt Gültigkeit hatte und was nur für ihre Beziehung. In keinem anderen Bereich ist die Isolation der mißhandelten Frau so schmerzlich wie in ihren sexuellen Beziehungen. Das ist vor allem so in einer Welt, in der sich die sexuellen Sitten ändern. Der Gewalttäter braucht seine Frau nur prüde zu nennen, und schon versucht sie, ihm zu Willen zu sein, indem sie sich seinen neuen Ideen unterwirft. Sie möchte sich nicht als altmodisch empfinden. Die mißhandelte Frau hat auch oft nicht das Recht zu bestimmen, ob sie bei den sexuellen Betätigungen befriedigt wird oder nicht. Ihre Befriedigung – so die meisten Frauen – besteht darin, ihre Männer zu befriedigen. Manchmal ist Sex für die Frauen unangenehm, manchmal ist er aufregend. Am häufigsten ist er ein Kompromiß, um die Gewalt unter Kontrolle zu halten.

Beim Geschlechtsverkehr in gewalttätigen Beziehungen wird signifikant häufig erwähnt, daß folgendes eine Rolle spielt: Tiere, Gegenstände, dritte Personen (gewöhnlich andere Männer), andere Paare, oraler und analer Verkehr, ungewöhnliche Positionen. Es ist wirklich schwierig zu unterscheiden, wann solche Erlebnisse angenehm waren und wann sie für die Frau eine Nötigung darstellten. Ich will die Geschichten der Frauen für sich selbst sprechen lassen.

Millie lernte ihren Mann bei einem Schultanz kennen, als sie vierzehn und er sechzehn war. Sie kam ebenso wie er aus einem Elternhaus, in dem Gewalttätigkeit an der Tagesordnung war. Er war der erste Mensch, der ihr Aufmerksamkeit schenkte. Er war freundlich und sanft und liebevoll.

Ich mochte Jungen und bin mit vielen ausgegangen, aber erst als Jeff auftauchte, verliebte ich mich wirklich. Er war so gut zu mir. Wir unternahmen Dinge zusammen, die uns Spaß machten, wie Limo trinken im Drugstore. Er wollte mit mir zusammen sein und mit mir gemeinsam Dinge unternehmen. Kurz nachdem wir uns kennengelernt hatten, kamen wir auf dumme Gedanken und fingen an, uns zu küssen, zu schmusen und schließlich miteinander zu schlafen. Ich war noch Jungfrau, als ich ihn kennenlernte, und ich hatte echt das Gefühl, erwachsen zu sein, und fand es aufregend, daß wir miteinander schliefen. Ich meinte, weil wir schon miteinander Sex hatten und weil ich noch Jungfrau gewesen war, müßten wir heiraten. Außerdem konnte ich es nicht erwarten, von zu Hause rauszukommen. Meine Mutter und mein Vater rieten mir beide davon ab zu heiraten. Mein Vater sagte, es wäre besser, wenn ich ihn nicht heiratete. Als ich heulend zu meiner Mutter lief, sagte sie, mein Vater sei nur eifersüchtig auf mich und wollte, daß ich ewig zu Hause bliebe.

Ich wurde schwanger. Zeitenweise ging es uns gut miteinander, aber ich habe ihn nicht aus Liebe geheiratet. Ich mochte ihn, aber vor allem meinte ich, ich müßte ihn heiraten, weil ich noch Jungfrau gewesen war und so weiter. Die gemeinsamen Unternehmungen, die uns solchen Spaß gemacht hatten, hörten bald nach der Hochzeit auf. Er hatte nur Volksschule, und er mußte schwer schuften, um genügend Geld zum Leben zu verdienen. Eigentlich fing er erst an, mich zu schlagen, als man sah, daß ich schwanger war, als mein Bauch dicker wurde. Es war, als sei er eifersüchtig auf das Baby, ehe es überhaupt zur Welt kam. Er war eifersüchtig auf meine Kinder, sogar als er zur Marine ging. Oft kam er nach Hause und schlug sie und mich. Wenn die Kinder ruhig waren, dann machte der Sex immer noch Spaß. Aber nachdem er von der Marine zurückkam, wurde der Sex wirklich abartig. Manchmal war es noch wie am Anfang, aber die meiste Zeit wurde es nur schlimmer und schlimmer.

Ich muß zugeben, ich war eine willige Partnerin, aber dann wurde es mir zuviel.

Als Jeff von der Marine zurückkam, erzählte er mir davon, wie er gelernt habe, Frauen in Thailand und Japan zu befriedigen. Natürlich war ich glücklich, daß er wieder bei uns zu Hause war, und ich nahm unsere sexuellen Beziehungen gern wieder auf. Ich wollte auch etwas von dem lernen, was er gelernt hatte. Zuerst fesselte er mich die halbe Zeit. Das machte mir keinen Spaß, und ich bat ihn, es zu lassen. Er versprach, er würde mir nicht wehtun. Wenn er mir wirklich nicht wehtat, war es gar nicht so schlecht, aber ich wußte nie, was auf mich zukam. Natürlich kann man sich gegen nichts wehren, wenn man gefesselt ist. Meistens wollte er, daß ich seinen Schwanz in den Mund nehme. Manchmal tat ich das gern, aber es kam so weit, daß ich es dauernd tun mußte, sonst konnte er nicht kommen. Manchmal fesselte er mich und zwang mich zum Verkehr mit unserem Hund. Der Hund war ein großer deutscher Schäferhund, und das erstemal, als er mir sagte, ich solle das machen, dachte ich, ich würde mich übergeben. Er stieg auf mich, hielt den Hund und er bumste den Hund, während der Hund seinen Penis in mir drin hatte. Manchmal weinte ich. Ich wollte das nicht. Ich meine, der Hund war wie eines meiner Kinder. Er gehörte zur Familie,

Aber jedesmal, wenn ich protestierte, bezog ich Prügel, und dann fesselte er mich und zwang mich doch dazu. Ich meine, was kann man schon machen, wenn einem jemand die Beine spreizt. Also machte ich nach einer Weile einfach die Augen zu und machte mir vor, es sei gar nicht der Hund, sondern er. Wenn der Hund mit Ficken fertig war, stieg Jeff auf mich und bestieg mich genauso wie vorher der Hund. Ich fragte mich immer, wie er mir seinen Schwanz in die Scheide stecken konnte, nachdem der Hund grade drin gewesen war. Mir schien das so ekelhaft, aber ihn erregte offenbar gerade das. Ja, ich glaube er kriegte dann seinen steifsten Schwanz. Er lag dann auf mir und bewegte seinen Schwanz immer wieder raus und rein und rein und raus, bis er endlich kam. Manchmal dauerte das eine halbe Stunde oder länger, bis er es endlich schaffte. Ich hatte das Gefühl, daß er mich immer nur stieß und stieß und stieß. Das machte überhaupt keinen Spaß. Aber ich habe es zugelassen, also bin ich wohl auch schuld daran. Manchmal wünschte ich mir, ich könnte jemanden fragen, ob das normal war oder nicht. Irgendwie hatte ich das Gefühl, es war nicht normal. Aber wen kann man denn fragen? Mit wem kann man denn reden? Ich war ja noch so jung. Ich versuchte, mit einer meiner Freundinnen darüber zu sprechen, und sie sah mich an, als sei ich verrückt und sagte: »Na, es muß ja ganz schön aufregend sein, wenn man einen Mann hat, der im Fernen Osten herumgekommen ist. Ich schätze, die Leute dort haben mehr Spaß daran als wir, oder?« Ich dachte, sie hat recht, und nach einer Weile sprach ich nicht mehr darüber. Einmal fügte er mir solche Risse zu, daß ich zu meinem Gynäkologen gehen und sie nähen lassen mußte. Ich weiß nicht genau, wie es passierte. Ich glaube, er riß die Narbe wieder auf, die ich vom Kinderkriegen hatte. Jedenfalls tat es scheußlich weh. Er riß mir die Nähte nochmal auf, indem er mich zum Verkehr zwang, ehe sie verheilt waren, und ich mußte nochmal zum Nähen. Aber ich log den Gynäkologen an. Ich erzählte ihm nicht die Wahrheit. Wie konnte ich? Er hätte mich für verrückt gehalten. Sie halten mich sicher auch für verrückt. Ich mich manchmal auch. Wie konnte ich so etwas überhaupt zulassen? Wie konnte ich zulassen, daß es immer so weiterging. Und was noch schlimmer ist, wie ist es möglich, daß es mir manchmal Spaß machte?

Lois sah mindestens zwanzig Jahre älter aus, als sie war. Sie hatte überall Narben und schien verkrüppelt zu sein. Viele der Narben waren im Gesicht.

Das hat mir mein Mann angetan, wissen Sie. Wenn ich nicht mit ihm schlafen wollte. Aber auch wenn ich wollte, es schien keinen Unterschied zu machen. Er zog sein Messer raus und schnitt damit Zeichen in meine Haut. Immer wenn wir Sex miteinander hatten, fesselte er mich ans Bett oder einen Stuhl oder so. Manchmal zwang er mich dazu, ihm den Schwanz zu lecken, und er steckte mir die ganze Zeit seinen Penis in den Mund. Manchmal band er mich verkehrt herum fest und hatte analen Verkehr mit mir. Er hat mir so oft Risse im Rektum beigebracht, daß die Ärzte in der Notaufnahme schon lachten, wenn ich kam. Ich glaube, am liebsten hatte er es, wenn er masturbierte und ich ihn gleichzeitig mit verschiedenen Gegenständen masturbieren mußte. Er nahm dazu, was immer ihm gerade in die Finger kam. Er war da manchmal sehr kreativ. Einmal entdeckte er eine Honigmelone, die ich fürs Abendessen vorgesehen hatte, und er schnitt ein rundes Loch hinein, gerade so die Größe von seinem Penis, und dann steckte er seinen Penis in die Melone – raus und rein und rein und raus – und ich mußte zusehen. Er wollte auch immer, daß ich gleichzeitig Dinge sagte und schrie, damit er noch mehr in Erregung geriet. Damals, als er das mit der Melone machte, wollte er sie aufschneiden, nachdem er sich entleert hatte, und dann wollte er, daß ich ein Stück davon aß. Das konnte ich einfach nicht. Ich würgte und erbrach mich, was ihn nur noch mehr anzutörnen schien. Er mußte immer irgend etwas Abartiges machen. Immer steckte er mir irgendwelche Gegenstände in die Vagina, zum Beispiel ein Kruzifix mit dem Bild Jesu darauf. Einmal nahm er eine ganze Handvoll Christophorus-Medaillen und probierte aus, wie viele davon er auf einmal in meine Vagina stecken konnte. Bei dieser Gelegenheit hat er gleichzeitig gewichst, und als er am Kommen war, steckte er seinen Penis direkt an der Scheide vorbei, und das ganze Sperma ergoß sich über mich. Ich erinnere mich daran, daß ich einmal weinte, weil er Goldfische nahm, die ich gerade für die Kinder gekauft hatte. Er wollte sehen, was passierte, wenn er einen

Goldfisch nahm und ihn mir die Scheide hinaufschob. Ich werde nie das Gefühl vergessen, wie dieser Goldfisch herumflutschte. Dann nahm mein Mann seinen Penis und steckte ihn hinterher, und dann waren er und der Goldfisch in mir drin. Ich erinnere mich nur noch daran, daß es er und der Goldfisch war, er und der Goldfisch, er und der Goldfisch. Ich kann mich gar nicht mehr an all die Gelegenheiten erinnern, bei denen er mir irgendwas in die Vagina steckte, schob und stopfte. Manchmal stand ich auf, wenn er mich losgebunden hatte, und ging ins Bad und machte eine Scheidenspülung, um mich zu reinigen. Ich fühlte mich so dreckig und erniedrigt. Einmal erwischte er mich dabei, und schon hatte er ein neues Spielzeug. Von jetzt an nahm er den Gummiball, füllte ihn mit allen möglichen Flüssigkeiten, spritzte sie mir in die Scheide und sah zu, wie sie wieder herauskamen. Davon bekam ich eine scheußliche Infektion, und mein Arzt sagte mir, ich solle die Frauendusche wegwerfen, was ich auch tat. Ich kann mich überhaupt nicht mehr an normalen Verkehr erinnern. Ich weiß zwar, daß wir am Anfang unserer Ehe welchen hatten, aber das hat sich später gründlich geändert.

Maggie erzählte eine entsetzliche Geschichte frankensteinschen Ausmaßes.

Eines Abends – Jerry und ich waren zu Hause – war Jerry übelster Laune. Das Telefon klingelte. Es war ein Mann, den ich kennengelernt hatte, als ich und Jerry getrennt gelebt hatten. Er war derjenige, mit dem ich geschlafen hatte und von dem ich Jerry dann erzählt hatte. Wir hatten nur einmal miteinander geschlafen, aber der Mann war ein Freund eines Freundes, und er kam zufällig gerade durch unsere Stadt und wußte nicht, daß Jerry und ich wieder zusammen waren. Ich ging ans Telefon, und Jerry nahm den anderen Hörer. Als der Mann seinen Namen nannte, erkannte Jerry ihn. Er schaltete sich ein und sagte: »Warum kommen Sie nicht vorbei?« Er erzählt ihm, daß wir wieder zusammen waren, sagte aber, er fände es schön, wenn ich ihn wiedersähe, er habe einiges Nette über ihn gehört. Ich versuchte irgend etwas Komisches, Merkwürdiges zu sagen, um den Mann davor zu warnen vorbeizukommen, aber es ge-

lang mir nicht richtig. Ich hatte wahnsinnige Angst vor Jerrys Wutausbrüchen, und ich sah, daß er gefährlich nahe am Explodieren war.

Der Mann kam, und Jerry war so charmant, wie er nur konnte. Wir setzten uns alle drei ins Wohnzimmer und tranken etwas. Wir lachten und machten Witze, und Jerry entschuldigte sich, er müsse mal verschwinden. Er kam mit geladener Pistole zurück. Der andere wurde weiß. Ich dachte, er würde gleich einen Herzanfall bekommen. Er begann irgend etwas zu murmeln und Jerry zu bitten, er solle doch vernünftig sein. Aber es spielte überhaupt keine Rolle, was der Mann sagte, Jerry terrorisierte ihn mit seiner Pistole genau auf die Weise, die er so gut beherrschte, und sagte, er werde ihn umbringen, weil er seine Frau erniedrigt und mißhandelt habe. Ich weinte und bettelte auch, aber das brachte auch nichts, und so hörte ich damit auf. Ich glaube, ich hörte eher auf als der andere Mann. Ich wußte, daß Jerry nicht hören würde. Ich wußte, daß es nichts bringen würde, und ich hatte Angst, es würde die Sache nur noch verschlimmern. Ich dachte, Jerry würde die Pistole vielleicht nicht einsetzen, wenn ich den Mund hielt. Manchmal half das.

Dann entschied Jerry plötzlich, der Mann würde nur am Leben bleiben, wenn er und ich vor ihm miteinander fickten. Er zwang den Mann dazu, sich ganz auszuziehen. Der Mann hatte solche Angst, daß er sich sogar die Hosen naß machte, als er sich auszog, und ich dachte: Der arme Kerl, wie schrecklich muß das für ihn sein. Ist es nicht komisch, daß ich damals überhaupt nicht an mich dachte? Ich wußte, daß ich nicht in Gefahr war, aber der Mann war es. Ich war irgendwie draußen, mehr wie eine Beobachterin, obwohl ich gleich gefickt werden sollte. Als der Mann ganz ausgezogen war, gab ihm Jerry Anweisungen, was er genau tun sollte. Er sagte ihm wie und wo er mich berühren sollte. Es war wirklich abartig. Ich glaube, was zum Teil so verrückt war, war der Umstand, daß Jerry meinen Körper so gut kannte. Er wußte ganz genau, wo ich reagierte, und als er dem Mann sagte, wo er und wie er mich berühren sollte, erwartete er, daß ich genau so reagierte, wie ich das bei ihm getan hätte. Wissen Sie, es ist komisch, aber nach einer Weile übernimmt der Körper einfach die Regie, und ich konnte ohne Schwierigkeiten reagieren. Ich glaube, ich hatte weniger Probleme als der Mann.

Gerade als der Mann und ich zum Orgasmus kamen, unterbrach uns Jerry. Er wollte die Dinge wirklich in der Hand haben in jener Nacht. Nun begann er sich auszuziehen, wobei er immer noch die Waffe auf uns gerichtet hatte. Dann wandte er sich uns zu und sagte uns genau, was wir machen sollten. Ich mußte seinen Penis in den Mund nehmen, und der Mann mußte seinen Penis in Jerrys Anus stecken. Ich konnte es einfach nicht glauben. Der Mann hatte solche Angst, es war offensichtlich, daß er so etwas noch nie gemacht hatte. Ich meine, irgendwie schien es diesem Mann angenehmer, eine Frau zu vergewaltigen, als das zu tun, was Jerry ihm befahl. Ich sah ihn an und sagte: »Es ist besser, du machst das, denn wenn du es nicht machst, bringt er dich wirklich um.« Ich glaube, der Mann wußte das. Ich wußte es auf jeden Fall. Jerry hatte die ganze Zeit die Waffe in der Hand. Wie dieser Mann überhaupt eine Erektion bekam und sowohl bei mir als auch bei Jerry irgendwelche sexuellen Handlungen vollziehen konnte, ist mir ein Rätsel, aber er blieb dran, bis Jerry endlich kam. Es ist komisch, wissen Sie, aber es spielte keine Rolle, was ich oder der andere in diesem Augenblick taten. Danach zwang Jerry den Mann, wieder zu mir zurückzukehren. Dann kam er zu mir, und so hatten wir in jener Nacht stundenlang zu dritt Sex. Jedesmal, wenn der andere Jerry bat, er solle doch aufhören, griff Jerry wieder zu seiner Waffe. Irgendwann mal nahm Jerry den Penis des anderen in den Mund und steckte gleichzeitig dem Mann die Pistole in den Mund. Die Mischung aus Gewalt und Angst und Sex war einfach unglaublich. Ich glaube nicht, daß ich das je vergessen werde. Nach mehreren Stunden durfte der Mann endlich gehen. Komisch, nicht? Ich kann immer noch kaum glauben, daß ich daran teilgenommen habe. In jener Nacht wurde niemand körperlich verletzt, aber ich weiß, daß ich das nie vergessen werde, und ich wette, daß der andere Mann das auch nie vergessen wird.

Es gibt noch viele offene Fragen, was diese ungewöhnlichen sexuellen Praktiken betrifft. Meine Untersuchungen deckten die Frage der sexuellen Befriedigung der Frauen nicht wirklich ab. Viele sagten, sie würden einen Orgasmus erreichen, aber vermutlich kann man das nicht als einzigen Maßstab für die sexuelle Befriedigung der Frau nehmen. Ich habe berichtet, daß mißhandelte Frauen oft ihr Körpergefühl von den kognitiven Denkprozessen abtrennen. Das hilft ihnen, all die körperlichen Schmerzen auszuhalten, die sie ertragen müssen. Diese Dissoziation muß aber auch zu einer Abstumpfung bei der körperlichen Befriedigung beim Sex führen. Tatsächlich sind die Techniken, mit denen ich den mißhandelten Frauen am meisten helfen konnte, ihr Leben wieder in den Griff zu bekommen, Übungen zum Körperbewußtsein. Wenn sie den Körper wieder in den Griff bekommen, dann gewinnen sie auch wieder Kontrolle über ihr Leben. So kann ich also überhaupt nicht einschätzen, ob das, was mißhandelte Frauen als guten Sex bezeichnen, auch von nichtmißhandelten Frauen als Erfüllung betrachtet würde.

Mißhandelte Frauen scheinen mehr Schwierigkeiten mit Sinnlichkeit als mit Sexualität zu haben. Sinnlichkeit können wir als liebevolle, zärtliche Zuwendung im Zusammenhang mit Intimität bezeichnen. Sinnlichkeit ist ihrer Natur nach nicht immer sexuell, aber sie bedeutet immer gefühlsmäßiges Wohlbefinden. Zu ihr gehört gewöhnlich Berühren, Sehen, Hören, sie kann aber auch die anderen Sinne einschließen. Zum Beispiel können Phantasien und bildhafte Vorstellungen oft sinnliche Gefühle hervorrufen durch die Erinnerung an frühere Stimulationen. Sinnliche Gefühle sind zwar mit sexueller Stimulation verbunden, sie können aber auch allein auftreten. Mißhandelte Frauen sprechen viel davon, daß sie versuchen, häufiger Sinnlichkeit zu erleben, als das in Wirklichkeit der Fall ist. Tatsächlich gibt es in ihren sexuellen Kontakten oft überhaupt keine Sinnlichkeit.

Intime sexuelle Dinge mit irgend jemandem zu besprechen, und sei es auch mit einem Wissenschaftler oder einem Arzt, ruft bei den meisten Menschen Angst oder Unbehagen hervor, und das gilt um so mehr für mißhandelte Frauen. Dennoch habe ich immer wieder versucht, Informationen über Sexualität zu sammeln, weil ich meine, sie können dazu beitragen, daß wir verstehen, wie Intimität zwischen Menschen, die in einer Gewaltbeziehung leben, aussieht.

In unserem Denken passen Liebe und Gewalt nicht zusammen. Doch für gewalttätige Paare passen sie zusammen. Zunächst war es kaum verständlich, daß Frauen mit den Männern, die ihnen Schmerzen zufügten, sexuelle Beziehungen haben wollten. Doch wenn man erst einmal versteht, welche Rolle die liebevolle Phase spielt, dann wird auch das verständlich. Die bisher zusammengetragenen Informationen stellen erst den Anfang dar. Wir müssen noch viel mehr wissen, bevor wir Schlüsse ziehen können.

Es erhebt sich auch die Frage der sexuellen Befriedigung der Männer. Wenn Beziehungen über einen längeren Zeitraum bestanden, wurde berichtet, daß der gewalttätige Mann Schwierigkeiten hatte, eine Erektion zu bekommen und aufrechtzuerhalten. Es besteht eine Beziehung zwischen Impotenz und Alkoholproblemen, die für das Verstehen der sexuellen Leistung des Gewalttäters von größter Wichtigkeit sein könnte. Wir wissen, daß es eine Beziehung gibt zwischen Mißhandlung und Alkoholgenuß, wenn es sich dabei auch wahrscheinlich nicht um eine Ursache-Wirkung-Beziehung handelt. Wenn jedoch ein Mann trinkt und dadurch aggressiver wird und dann Sex haben möchte, dann ist er vielleicht aufgrund des Alkoholgenusses impotent. Von vielen Männern wird gesagt, daß sie bisexuell sind, und manche hatten sogar eine Zeitlang ein Verhältnis mit einem anderen Mann. Es ist nicht bekannt, ob sie ihre Liebhaber auch mißhandelten. Die Frauen, die wie Maggie an Beziehungen zu dritt teilnahmen, berichteten, daß der andere Mann auch mißhandelt wird. Die wenigen, die von der Teilnahme an einer Viererbeziehung berichteten, sagten, daß die andere Frau ebenfalls von ihrem Mann mißhandelt wurde.

Es ist noch weitere Forschung nötig, inwieweit die Teilnahme an ungewöhnlichen sexuellen Praktiken die mißhandelte Frau daran hindert, ihren Partner zu verlassen. Es scheint zwei verschiedene Gründe zu geben, warum die Frauen das nicht tun. Die meisten haben Schuldgefühle und schämen sich wegen der Dinge, die sie tun. Deshalb sagen sie sich, die Mißhandlungen seien die Strafe für ihre angeblichen Sünden. Andere meinen, daß sie, wenn sie diese Beziehung aufgeben, nie wieder solch eine erregende sexuelle Beziehung finden würden. Möglicherweise bleiben sie in dieser Ehe, bis die Brutalität stärker wird als die Verstärkung durch das sexuelle Vergnügen.

Ich kann dieses Thema wohl nicht verlassen, bevor ich nicht auch noch ein paar Worte zur Pornographie gesagt habe. Die Frauenbewegung hat die Pornographie als eine grundlegende Ursache der Vergewaltigungskultur, in der wir leben, angeprangert. Ich stimme sehr mit ihr darin überein, daß sich durch die Arten der Pornographie, die für die Frauen so erniedrigend sind, auch jenes sexuelle Verhalten fortsetzt. Welche Beziehung zwischen Pornographie, Sex und Gewalt besteht, müssen wir erst noch besser verstehen lernen. Die Pornographie trägt dazu bei, daß Frauen nur als Sexobjekte gesehen werden. Sie verstärkt die Ansicht, daß die Frau entweder Hure oder Madonna ist, und sie bestärkt Frauen in ihrem Glauben, daß sie schlecht und sündig sein müssen, wenn sie Sex außerhalb der Ehe und in anderen Positionen als der herkömmlichen vollführen oder sogar mögen. Die Pornographie erleichtert auch das Verführungsverhalten von Vätern ihren Töchtern gegenüber, was wiederum zu Inzest mit kleinen Mädchen führt, ein Thema, das in dem Kapitel über Zwietracht in der Familie näher behandelt wird.

Die Gewalttätigkeit und Brutalität in den sexuellen Beziehungen gewalttätiger Paare scheint im Lauf der Zeit zu eskalieren. In dem Maße wie die Vergewaltigung innerhalb der Ehe zunimmt, nimmt liebevoller, zärtlicher Sex ab. Wenn die Brutalität in den anderen Bereichen der Ehe auf dem Höhepunkt ist, dann müssen offensichtlich auch beim Sex gewalttätigere Techniken eingesetzt werden, damit er überhaupt stattfinden kann. Fast alle Frauen dieser Erhebung haben berichtet, daß sie von ihren Männern mißbraucht werden. Den Begriff der Vergewaltigung in der Ehe kennt das Gesetz in den meisten Bundesstaaten der USA nicht, obwohl die meisten verheirateten Frauen Fälle schildern können, wo eine solche Vergewaltigung vorlag. Die meisten Männer sind der Ansicht, daß ihnen die sexuelle Verfügbarkeit ihrer Ehefrauen durch den Trauschein garantiert wird. Auch Frauen, die mit Männern zusammenleben, haben die irrige Vorstellung, daß ihre Sexualität Tauschobjekt für finanziellen Unterhalt ist. Es scheint auf der Hand zu liegen, daß sexuelle Mißhandlung sowohl innerhalb als auch außerhalb der Ehe geschieht. Brownmillers Hypothese, daß Frauen lieber mit einem Mann verheiratet sind und seine sexuellen Mißhandlungen ertragen, als daß sie das Risiko eingehen, von einer beliebigen Anzahl von Männern in ihrem Leben vergewaltigt und mißhandelt zu werden, ist bezeichnend für die Haltung der Frauen in diesem Sample.

6
Finanzielle Deprivation

Viele glauben, der Eckpfeiler bei der Übernahme der Opferrolle durch die mißhandelten Frauen sei das Finanzielle. So unterschiedliche Gruppen wie Feministinnen und Polizisten glauben, daß die Frauen, wenn sie finanziell unabhängig wären, nicht in ihren Gewaltbeziehungen blieben. Doch verhindert Geld keineswegs, daß Frauen mißhandelt werden. Die Vorstellung von der mißhandelten Frau als einer Angehörigen der Mittel- oder Oberschicht ist für die meisten Menschen schwierig. »Warum geht sie nicht einfach?«, lautet die immer wiederkehrende Frage. »Sie hat doch genug Geld, um gehen zu können«, sagen die Kritiker. Erst wenn wir das Zusammenwirken von finanziellen Faktoren und seelischen Bindungen verstehen, beginnen wir auch das Mißhandlungssyndrom bei der Frau wirklich zu begreifen.

Finanzielle Stabilität erlebt eine Frau nur selten, selbst wenn sie wirtschaftlich unabhängig ist. Berufstätige Frauen, Frauen, die ein Vermögen geerbt haben, und Geschäftsfrauen, sie alle haben das Gefühl, daß ihre Männer über ihr Geld bestimmen – nicht nur Hausfrauen, die tatsächlich vom Einkommen ihrer Männer und von deren Großzügigkeit abhängig sind. Interessanterweise verlassen am ehesten Frauen, die von der Fürsorge leben, die gewalttätigen Beziehungen. Sie wissen, daß der Staat für sie und ihre Kinder aufkommt, wenn sie die Bedingungen, die zum Bezug von Fürsorgezahlungen berechtigen, erfüllen. Wie erniedrigend und demütigend das Fürsorgewesen auch sein mag, diese Frauen wissen doch, daß sie nicht die Opfer eines Chefs (normalerweise ein Mann) werden und auch nicht Opfer ungerechter und nicht durchsetzbarer Gesetze über Alimente und Unterhaltszahlungen für Kinder. Und sie wissen, daß sie nicht in den Teufelskreis der Arbeitslosigkeit geraten.

Frauen sind finanziell besser gestellt, wenn sie verheiratet sind. Normalerweise können Ehemänner mehr verdienen als ihre Frauen. Wenn zwei Einkommen oder zwei Vermögen zusammenkommen, haben die Frauen mehr Kaufkraft. Auch Männer profitieren finanziell von der Ehe, indem sich ihre Kaufkraft erhöht, vor allem wenn sie über die Verwendung des Geldes bestimmen. Verheiratete Männer bekommen für dieselbe Arbeit ein höheres Gehalt als Frauen (ob verheiratet oder unverheiratet) und unverheiratete Männer. Diese Diskrepanz wird gewöhnlich damit gerechtfertigt, daß ein verheirateter Mann seine Familie unterhalten müsse, und sie ist ein Zeichen dafür, wie ungerecht unser ganzes Wirtschaftssystem ist.

Dennoch ist es schwer zu verstehen, warum wohlhabende Frauen in einer gewalttätigen Ehe bleiben. Christina ist ein gutes Beispiel dafür, wie das Finanzielle zur Falle werden kann für eine Frau, die eine eigene Berufslaufbahn hat, die aber doch an einen gewalttätigen Mann gefesselt ist, der über 150.000 $ (etwa 225.000 DM) pro Jahr verdient.

Ich entschloß mich endlich dazu, ihn zu verlassen. Es reichte mir. Obwohl er nur ein- oder zweimal im Jahr wirklich sehr brutal war, wurden die psychischen Schikanen und die kleineren Zwischenfälle doch unerträglich. Ich hatte zwar vor einem weiteren Zwischenfall Angst, der – wie ich befürchtete – unmittelbar bevorstand, reichte aber doch die Scheidung ein. Innerhalb kurzer Zeit schickte das Finanzamt eine Steuerforderung von 35.000 $ (etwa 48.500 DM) an meinen Rechtsanwalt. Das seien die Steuern für meinen Anteil an Russells Einkommen. Obwohl ich kaum etwas von meinem Geld zu sehen bekam, war das der Betrag, den ich dem Staat schuldete. Bei meinem Jahreseinkommen von 18.000 $ (etwa 27.000 DM) konnte ich mir das einfach nicht leisten. Also beschlossen Russell und ich, es noch einmal miteinander zu versuchen. Das war ein Fehler! Ehe ein Jahr vorüber war, hatte ich ihn fast umgebracht, als ich mich wieder einmal gegen eine brutale Mißhandlung zur Wehr setzte. Zum Glück setzte das Gericht dann eine wesentlich vernünftigere Summe für die noch zu zahlenden Steuern fest.

Die amerikanische Gesellschaft unterstützt die Ehe. Obwohl verheiratete Frauen häufiger deprimiert und seelisch krank sind als unverheiratete Frauen, redet man ihnen zu, sie sollten aus finanziellen Gründen verheiratet bleiben, selbst wenn sie mißhandelt werden. Und sie tun das auch.

Das Finanzielle kann in einer Gewaltbeziehung auf zweierlei Art ausgenützt werden. Einmal kann die Frau durch ihre Angst vor Armut in der Beziehung festgehalten werden. Zum andren kann das Geld als Druckmittel eingesetzt werden. Ich möchte mich vor allem mit diesem zweiten Bereich beschäftigen. Geld als Druckmittel ist quer durch alle sozioökonomischen Schichten zu finden, und es ist bei den Armen eine genauso wirkungsvolle Technik wie bei denen, die einen höheren Lebensstandard haben. Die finanzielle Stabilität ist bei gewalttätigen Paaren gewöhnlich ein wunder Punkt, unabhängig von der sozioökonomischen Schicht.

Finanzielle Deprivation ist eine Form des Drucks, der sowohl psychischer als auch physischer Natur sein kann. Die meisten von uns wissen, wie das ist, wenn wir etwas nicht haben, weil wir kein Geld dafür haben. Der Schmerz und die Verletzung, die mit solch einer Einschränkung verbunden sind, sind real, ganz gleich wie hoch das Einkommen ist und ob es sich bei der Deprivation um ein neues Sofa fürs Wohnzimmer handelt, um ein neues Kleid für eine besondere Gelegenheit, um ein neues Auto, weil das alte einfach nicht mehr angemessen ist, oder um Geld für Kinderkleidung oder Lebensmittel oder für die Arztrechnung. Die Geldknappheit ist besonders schmerzlich, wenn die Frauen Nurhausfrauen sind und kein eigenes Einkommen haben. Diese Frauen wissen, daß sie finanziell davon abhängig sind, ob ihre Männer Geld verdienen oder nicht. Selbst wenn die Frauen ein eigenes Einkommen haben, geben sie ihr Geld normalerweise nicht für sich selbst aus, sondern tragen damit zum Unterhalt der Familie bei.

Die rechtliche Stellung der Nurhausfrauen steht immer noch zur Debatte, und sowohl Männer als auch Frauen sind sich ihrer Rechte nicht sicher. Von dieser Atmosphäre der Unsicherheit wird die mißhandelte Frau besonders betroffen. Nicht nur hat sie Angst, daß ihr Mann ihr nicht genügend Geld gibt, sondern sie fürchtet auch, daß seine Erwerbsfähigkeit beeinträchtigt wird, wenn sie ihn nicht bei guter Laune hält. Sie fürchtet solche Einbußen auch dann, wenn das Lebensnotwendigste für ihr Heim mit ihrem Geld bezahlt wird. Ein weiteres Problem besteht darin, daß häufig der Name der Frau beim gemeinsamen Eigentum des Paares nicht auftaucht. Das ist oft so aus Gründen der Kreditfinanzierung. Die Kreditgesetze sind zwar geändert worden und sind heute den Frauen gegenüber viel gerechter, aber der Großteil des gemeinsamen Eigentums wurde vor der Gesetzesänderung erworben. Selbst heute noch werden Frauen dazu überredet, ihr Eigentum den Männern zu überschreiben.

Gewalttäter haben oft eine Geschichte finanzieller Instabilität hinter sich. Berufstätige Männer können unterschiedlich viel verdienen, je nach Laune, Gesundheit oder Lebensumständen. Diese Instabilität ist auch dann vorhanden, wenn die Frau eine eigene Einkommensquelle hat. In vielen Fällen muß die Frau schließlich für die finanziellen Probleme ihres Mannes aufkommen.

Häufig wirkt sich der Einsatz des Finanziellen als Zwangsmittel so aus, daß den Frauen das Lebensnotwendige vorenthalten wird. Die Männer werden wütend auf ihre Frauen und weigern sich, ihnen Geld für die Miete oder für notwendige Medikamente zu geben. Die Angst der Frauen davor, ohne Geld für das Lebensnotwendige dazustehen, fördert diese Art psychischer Mißhandlung. Häufig erzählen Frauen, daß sie ihren Kindern oft Kleidung, medizinische Versorgung oder Nahrung vorenthalten müssen, um ihre gewalttätigen Männer bei Laune zu halten und Schläge zu vermeiden. Der Umgang mit Geld kann innerhalb der Beziehung des Paares in verschiedener Weise unfair gehandhabt werden, und häufig wird dadurch Zwang ausgeübt.

So kann der Mann zum Beispiel seiner Ehefrau seinen Lohn aushändigen, nachdem er den Betrag, den er für sich braucht, weggenommen hat, und sagen: »Bezahle alle Rechnungen.« Was er dabei nicht berücksichtigt, ist die Tatsache, daß vielleicht nicht genügend Geld übrigbleibt, um alle Ausgaben zu decken. Das ist vor allem dann so, wenn der Mann in der Phase Drei des reuigen Verhaltens unverhältnismäßig viel Geld für Geschenke ausgegeben hat. Wenn die Frau mit dem Geld nicht auskommt, wird der Mann wütend und beginnt sie wieder zu schlagen und zu bestrafen. Es ist ihre Pflicht – so seine Logik –, dafür zu sorgen, daß die Rechnungen bezahlt werden. Wenn sie nicht bezahlt werden, ist das ihre Schuld. Er bekommt seinen festen Betrag, und sie bekommt den Rest. Sie kann versuchen auszukommen, indem sie beim Essen spart oder einen Job annimmt, um das Einkommen aufzubessern. Dann wird er wütend, weil sie ihm minderwertiges Essen vorsetzt oder weil sie arbeitet und »Meine Frau geht nicht arbeiten«. Er hält sich für unzulänglich und fürchtet, die ganze Welt könnte dasselbe von ihm denken. Diese Wut eskaliert oft zu körperlicher Mißhandlung oder Demütigung durch Worte oder zu anderen Formen der Gewaltanwendung. Wenn der Mann auch noch ein Alkoholproblem hat, bleibt der Frau oft nichts anderes übrig, als selbst das Geld zu verwalten. Wenn sie ihm das ganz überließe, würde er alles für Alkohol ausgeben.

Eine weitere unfaire Regelung im finanziellen Bereich, von der in meinen Interviews berichtet wurde, sah so aus, daß der Mann der Frau nicht genügend Geld für eigene Bedürfnisse gab. Hier ergriff gewöhnlich der Mann die Initiative und sagte, er werde sich um die Rechnungen kümmern. Die Frau mußte ihn also immer um Geld bitten für die Dinge, die sie brauchte oder wollte. Nicht nur mußte sie um Geld zu ihm kommen, sondern sie mußte im Grunde auch um die Erlaubnis bitten, es ausgeben zu dürfen. So konnte sie ihn zum Beispiel um Geld für einen neuen Mantel bitten, und er konnte antworten: »Aber ich habe dir doch erst letztes Jahr einen gekauft. Reicht der nicht? Wozu brauchst du noch einen?« So befindet sie sich in der Situation, daß sie Ausreden finden, betteln und seine Stimmungen beobachten muß, damit sie den richtigen Zeitpunkt erwischt, wo sie ihn darauf ansprechen kann. Ihre Fähigkeit, mit Geld umzugehen, wird ständig in Zweifel gezogen. Oft begriffen diese Frauen gar nicht, wie unangemessen dieses Verhalten ist, obwohl es ihnen fürchterlich auf die Nerven ging. Viele von ihnen waren vom Haus ihres Vaters direkt in das Heim ihres Ehemannes gegangen, und daß sie sich für das Geld, das sie brauchten, rechtfertigen mußten, war ein Verhalten, das sie von Jugend an gewöhnt waren. Außerdem enthob es sie der Verantwortung, das Geld einzuteilen, eine Belastung, die niemand gerne auf sich nimmt, vor allem wenn das Geld nicht reicht. Diese finanzielle Regelung gründet sich auf die Ansicht, daß der Mann besser mit Geld umgehen kann. Doch kann die Tatsache, daß der Mann die Finanzen schlecht verwaltet oder daß er zu hohe Kredite aufnimmt, ohne daß die Frau davon weiß, beide in den finanziellen Ruin führen. Viele der Befragten erzählten, wie sie ihr Heim, ihr Auto und andere Besitztümer verloren, als die Männer heimlich eine zweite Hypothek aufnahmen und dann ihren finanziellen Verpflichtungen nicht mehr nachkommen konnten. Ein weiterer wirtschaftlicher Faktor, der Einfluß auf eine Gewaltbeziehung hat, ist der Verlust des Arbeitsplatzes. Es besteht kein Zweifel daran, daß die Zahl der Gewalttaten offensichtlich zunahm, wenn die Arbeitslosigkeit sowohl für die Männer als auch für die Frauen chronisch wurde.

Eine weitere finanzielle Zwangssituation tritt auf, wenn der Mann nicht arbeitet und das Einkommen der Frau für den Unterhalt reichen muß. Viele der älteren Befragten befanden sich in dieser Lage. Als die Männer jünger waren, konnten sie einer geregelten Arbeit nachgehen und etwas verdienen. Als sie jedoch älter wurden, waren sie immer weniger in der Lage, einer Arbeit nachzugehen. Bei manchen machte ihr aufbrausendes Wesen normale Geschäftsbeziehungen unmöglich. Bei anderen wirkte der Alkohol katastrophal auf ihre berufliche Laufbahn aus. Die Frauen dagegen hatten im allgemeinen jahrelang eine feste Stellung gehabt. Ihr Geld war es, das der Familie finanzielle Stabilität verlieh.

In einigen Fällen erbten die mißhandelten Frauen Geld. In diesen Beziehungen hatten die Frauen nie die Kontrolle über das Erbe. Bestenfalls wurde es geteilt, doch gewöhnlich diente es zum Unterhalt des gewalttätigen Mannes.

Kates Geschichte ist typisch für eine ältere Frau mit eigenem Einkommen, die finanziellen Zwang erlebte. Sie war Ende vierzig, als ihr erster Mann starb und ihr so viel Geld hinterließ, daß sie bequem davon leben konnte. Ihre Kinder waren erwachsen und brauchten ihre Unterstützung nicht mehr. Sie lernte Pat vor zehn Jahren auf einer der vielen Reisen kennen, die sie unternahm, um ein wenig der Einsamkeit und der Langeweile ihres Lebens zu entkommen.

Als ich Pat kennenlernte, war ich davon beeindruckt, wie charmant und lieb er zu mir war. Mein Mann war seit zwei Jahren tot, und ich bekam gerade erst wieder Interesse daran, vielleicht noch einmal eine Beziehung mit einem Mann einzugehen. Ich wußte von Anfang an, daß Pat dazu neigte, andere zu manipulieren, aber er war einfach zu charmant. Ich gebe jetzt nur sehr ungern zu, daß ich damals recht leicht zu verführen war. Er wußte, daß ich Geld hatte, und ich wußte, daß er keines hatte. So begann unsere Beziehung. Es klingt schrecklich, wenn ich sage, er war fast so etwas wie ein Gigolo, aber in einem gewissen Sinne gab es doch viele derartige Elemente in unserer Beziehung. Wir waren zusammen auf Reisen, ich weiß nicht mehr in welchem Land, und Pat erzählte mir, ihm sei das Geld ausgegangen. Ich hatte an jenem Tag vor, eine Tour zu machen, und ich dachte, wie schön es wäre, wenn wir sie zusammen machen könnten, also sagte ich, ich hätte genügend Geld, und es würde mir nichts ausmachen, ihn einzuladen. Zunächst war Pat etwas überrascht, oder zumindest dachte ich das, aber dann war er auch meiner Meinung, daß die Tour ihm Spaß machen würde, und so fuhr er mit. Nachdem ich ein paar Mal die Rechnung fürs Abendessen beglichen, die Reisekosten übernommen und für alle Unterhaltungen bezahlt hatte, wurde es für Pat leichter, Geld von mir zu akzeptieren, und für mich, es ihm zu geben. Es machte mir wirklich nichts aus, und irgendwie schienen die Dinge viel mehr Bedeutung zu haben, wenn wir sie gemeinsam unternahmen. Es schien, als sei Geld ein geringer Preis für diese Art Gemeinschaft, vor allem wo ich sie nach dem Tod meines Mannes doch so vermißte und so einsam war.

Die Schwierigkeiten fingen eigentlich erst an, als Pat und ich beschlossen zu heiraten. Ich dachte, es sei wichtig für ihn, eine Aufgabe zu haben, so daß wir nicht den ganzen Tag zusammen zu Hause herumhingen. Auf meinen Vorschlag hin beschlossen wir, uns nach einem kleinen Geschäft umzusehen. Wir nahmen etwa 100 000 $ (etwa 150 000 DM) von meinem Geld und kauften ein kleines Reisebüro. Das schien so naheliegend, da Reisen das war, was wir zusammen am liebsten taten. Es dauerte nicht lange, da ging es mit dem Geschäft bergab. Plötzlich brauchte Pat mehr Geld für dies und mehr Geld für das. Wenn ich zu protestieren begann, wurde er gewalttätig. Ich wußte nicht, was ich tun sollte. Ich war hin- und hergerissen, ob ich meine ursprüngliche Investition und das Geschäft retten sollte oder ob ich die Führung des Geschäfts übernehmen sollte, was mir nur mehr blaue Flecken einbringen würde. Ich stehe *jetzt vor einer wirklich schwierigen Entscheidung. Soll ich versuchen, dieses Unternehmen zu retten, indem ich noch mehr Geld hineinstecke, und riskiere ich dabei vielleicht mein Leben? In der letzten Zeit hat er mich immer wieder mit seinem Revolver bedroht. Oder verlasse ich ihn und verzichte damit auf meine Investition? Ich habe das Gefühl, reingelegt worden zu sein, aber ich habe immer noch genügend Geld, so daß ich, wenn ich aufpasse, bis zu meinem Lebensende damit auskommen kann und nicht auf die Unterstützung meiner Kinder angewiesen bin. Deshalb hat mir mein erster Mann ja so viel hinterlassen. Er wollte nicht, daß ich auf die Kinder angewiesen bin, obwohl ich weiß, daß mein Sohn und meine Tochter mehr als bereit wären, mich finanziell zu unterstützen, statt zu erleben, wie mich Pat immer wieder verletzt.*

Adelle war eine Frau Anfang sechzig. Nach über vierzigjähriger Ehe lebte sie nun seit einem Jahr von ihrem Mann getrennt und schlug sich mit der Frage herum, ob sie die Scheidung einreichen sollte. Adelle war eine der vielen behinderten Frauen in diesem Sample. Sie litt an schwerster Arthritis und war arbeitsunfähig. Sie bekam keine Behindertenrente vom Staat, weil sie sich durch den bürokratischen Wirrwarr der Bestimmungen nicht durchfinden konnte. Wir waren in der Lage, ihr dabei zu helfen, doch Behindertenrente zu bekommen, was dazu beitrug, daß sie ihre Selbstachtung zum Teil wiederfand. Adelle begann ihre Geschichte damit, daß sie von einem Leben harter Arbeit erzählte.

Meine Eltern waren Einwanderer, und sie mußten schwer arbeiten, um sicherzustellen, daß wir genug zu essen hatten und unsere Miete bezahlen konnten. Keines von uns Kindern bekam sehr viel an materiellen Gütern. Wir führten ein hartes Leben, angefüllt mit schwerer Arbeit und Religion und wenig Vergnügen, aber das erwarteten wir auch nicht. Wir waren viel zu beschäftigt damit, einfach nur ums Überleben zu kämpfen. Ich lernte Lars kennen, als ich auf dem Gut arbeitete. Ich war Hausmädchen dort, und er war das Faktotum. Ich war immer ganz unattraktiv, aber mir machte das nichts aus. Lars sah auch nicht besonders aus. Er war kein schöner Mann, aber er hatte etwas an sich, was ich irgendwie mochte. Wir heirateten erst nach ungefähr drei Jahren. Ich arbeitete weiter hart, und Lars arbeitete auch. Wir sahen uns außerhalb der Arbeit nur ein- oder zweimal die Woche, wenn wir nicht zu müde waren. Schließlich hatten wir genug Geld beisammen, um zu heiraten. Wir bekamen eine kleine Wohnung von der Familie, für die ich arbeitete, eine kleine Wohnung über der Garage, wo sie Platz für uns hatten. Ich hatte immer da gewohnt, während ich dort arbeitete, und war nur am Wochenende nach Hause gefahren. Es gab ein winziges Schlafzimmer und ein kleines Wohnzimmer und nur eine kleine Küche, in der man nicht viel machen konnte. Aber es war eine hübsche kleine Wohnung, und ich gab mir alle Mühe, sie herzurichten. Normalerweise arbeitete ich den ganzen Tag und verbrachte dann den Abend damit, daß ich in meiner kleinen Wohnung schuftete. Ich will mich gar nicht beklagen, ich erzähle Ihnen das nur, um zu zeigen, wie schwer es manchmal war. Weil wir keine allzu großen Ausgaben hatten, konnte ich das bißchen Geld, das ich verdiente, und Lars' Geld sparen.

Wir waren gerade so weit, daß wir uns ein eigenes Häuschen kaufen und vielleicht daran denken konnten, eine Familie zu gründen, als meine Mutter krank wurde. Mein Vater war schon einige Jahre vor meiner Heirat mit Lars gestorben, aber meine Mutter war immer eine recht gesunde Frau gewesen. Als sie krank wurde, hatten wir wohl keine Wahl. Wir mußten zu ihr ziehen. Zum Glück hatten wir unser Erspartes, so daß wir helfen konnten, den Rest der Hypothek auf ihr Haus abzubezahlen. Sonst hätte sie es verloren.

Ich arbeitete noch eine Weile weiter. Dann aber konnte ich nicht mehr arbeiten und mich gleichzeitig um Momma kümmern, also beschlossen wir damals, eine Familie zu gründen. Lars war ein guter, lieber Mann. Er hat mich damals nie mißhandelt, obwohl es einfach zuviel für ihn war, als die Kinder kamen und es Momma immer schlechter ging. Immer schien das Geld auszugehen. Nie hatten wir welches. Ganz egal, wie sehr ich auch sparte, es blieb so wenig übrig. Aber ich schuftete schwer, und ich war wirklich stolz. Nachdem Momma gestorben war, änderte ich einiges im Haus, so daß es ganz unser Haus wurde.

Als meine kleinen Mädchen größer wurden, bekam Lars immer bessere Stellungen. Er ging auf eine Abendschule und lernte fleißig, und er bekam eine Stelle bei einer guten Firma. Langsam wurde es wirklich besser. Wir verkauften Mommas Haus und kauften uns ein neues. Wissen Sie, da draußen im Süden, wo sie damals alle die neuen Häuser bauten. Ich liebte dieses Häuschen. Ich liebe es immer noch. Ich würde es um keinen Preis der Welt hergeben, nicht einmal obwohl mir die Leute von der Fürsorge sagen, daß ich mein Haus verkaufen muß, wenn ich von ihnen Geld bekommen will. Sie können mich nicht dazu zwingen. Also, jedenfalls arbeitete Lars wirklich hart, und dann hatte er eines Tages einen Arbeitsunfall. Er war auf dem Weg in eines der Lagerhäuser, und einige großen Kisten fielen herunter und trafen ihn am Kopf. Er war bewußtlos, und eine Zeitlang wußte man nicht, ob er durchkommen würde.

Das war der Anfang all unserer späteren Schwierigkeiten. Lars erholte sich zwar wieder, aber der Arzt sagte, er habe einen bleibenden Gehirnschaden. Ich weiß nicht, ob das stimmte oder nicht, weil sich für Lars überhaupt nichts änderte, außer daß er damals anfing, gewalttätig zu werden und mich zu schlagen. Vorher hatte er mich nie angerührt. Er war ein guter Mann, mein Lars, bis zu dem Unfall. Das ist ungefähr sieben Jahre her. Die Firma behielt ihn noch zwei Jahre, und dann rief mich sein Chef eines Tages an und sagte: »Wissen Sie, Adelle, ich weiß nicht mehr, wo Lars ist. Er kommt nicht zur Arbeit. Und wenn er kommt, dann arbeitet er nicht. Es tut mir wirklich leid, aber ich muß ihn entlassen. Es ist mir schrecklich, weil ich glaube, daß das mit dem Unfall zusammenhängt. Er war vorher nie so. Ich weiß einfach nicht, Adelle, aber ich kann ihn nicht behalten.« Also, ich fand das echt nett, daß sein Chef mich anrief, um mir das zu sagen, aber gleichzeitig fand ich es auch beschissen, weil ich glaube, daß es wirklich vom Unfall kommt, daß unser ganzes Leben ruiniert ist. Jedenfalls hatte Lars danach eine Menge Jobs. Ich kann sie gar nicht alle zählen. In keinem blieb er. Er konnte einfach nicht mehr arbeiten.

Einmal nahmen wir uns sogar einen Anwalt, um die Firma zu verklagen, weil sie seine Invalidität verursacht hatte, aber wir konnten nichts machen, weil Lars irgendwelche Papiere unterschrie-

ben hatte, in denen stand, daß er keine Ansprüche gegenüber der Firma mehr habe, damit sie ihm eine kleine Entschädigung zahlten, als er damals rekonvaleszent war.

Die Prügeleien wurden immer schlimmer, bis ich vor einem Jahr schließlich die Polizei holte, die Lars mitnahm und ins Krankenhaus brachte. Die Sozialarbeiterin im Krankenhaus sagte mir, ich sollte nicht mehr mit ihm leben, er sei zu gewalttätig, und er müßte eigentlich eine Weile im Krankenhaus bleiben und an ihrem speziellen Therapieprogramm teilnehmen. Ich wußte, daß es eine Nervenklinik war, und ich wollte ihn wirklich nicht dort lassen, aber mir blieb nichts anderes übrig. Er hätte mich umbringen können. Er ist ein starker Mann, mein Lars. Das hat er mir nie verziehen. Nach zwei Monaten wurde er entlassen, und er kam nach Hause und verprügelte mich ganz entsetzlich. Während er auf mich einschlug, machte er mir Vorwürfe, was ich für eine schlechte Frau sei, daß ich ihn in dieses gräßliche Krankenhaus gesteckt habe. Er schlug mich für all den Schmerz, den er dadurch erlitten hatte, und dann ging er und sagte, er werde nie wieder zurückkommen. Ich weiß, daß er nicht arbeitet. Ich weiß, daß er nichts tut, aber ich weiß auch, daß sein Vater letztes Jahr gestorben ist und daß Lars sein einziger Erbe ist. Ich weiß, daß er Geld kriegen wird. Es ist das einzige Geld in unserem ganzen Leben, und ich möchte etwas davon, damit ich auch leben kann. Wenn er nicht mehr mit mir leben will, verstehe ich das, und das ist in Ordnung. Ich würde jetzt auch lieber alleine leben, die Jahre, die ich noch habe, als weiter mit ihm zu leben, aber ich möchte etwas von dem Geld, und ich weiß nicht, was ich tun soll. Wie kann es sein, daß ich mein ganzes Leben mit diesem Mann verbracht habe, daß ich so geschuftet habe, und dann kommt er zu Geld und darf alles behalten, und ich kriege nichts? Das ist doch nicht fair. Es ist einfach unfair, und ich weiß nicht, was ich tun soll. Ich kann nicht arbeiten, und ich weiß einfach nicht, was ich tun soll.

Loretta ist auch eine Frau, die aus finanziellen Gründen in einer Gewaltbeziehung feststeckte. Sie war zehn Jahre lang mißhandelt worden, während ihre Kinder heranwuchsen. Nach zehn Jahren Mißhandlung beschloß Loretta, wieder die Schulbank zu drücken.

Eines Morgens wachte ich auf und beschloß, daß jetzt Schluß sein mußte. Ich hatte einfach die Nase voll. Mir tat noch alles weh von den Schlägen am Abend vorher, und ich war noch ganz erschöpft, weil ich die halbe Nacht aufgewesen war, während er mich beschimpfte. Ich weiß nicht, warum dieser Morgen anders war als andere, aber ich faßte den Entschluß, daß ich etwas aus mir machen mußte, oder ich müßte immer bei ihm bleiben, oder ich würde sterben. Ohne an die eventuellen Konsequenzen zu denken, beschloß ich, mich an einer Schule anzumelden. Ich ging zum Telefon und rief die MTA-Schule an, auf die eine meiner Freundinnen gegangen war. Ich fand, dies sei ein Beruf so gut wie jeder andere, und ich wußte, daß es nicht allzu lange dauerte, um einen Abschluß zu bekommen. Am Nachmittag meldete ich mich an, und es gefiel mir dort sehr. Die Schule bewahrte mich davor, verrückt zu werden. Ich brauchte fast zwei Jahre für den Abschluß, und in dieser Zeit bezog ich oft Prügel, aber jedesmal waren sie ein bißchen leichter zu ertragen, je näher der Tag rückte, an dem ich wußte, daß ich mein eigenes Geld verdienen konnte. Das war mein kleines Geheimnis. Ich wußte, daß ich, wenn ich mit der Schule fertig war, auch mit meiner Ehe fertig sein würde. Und so war es auch.

Julia hatte da nicht so viel Glück wie Loretta. Der Versuch, sich unabhängig zu machen, fiel ihr viel schwerer. Julia war die Frau eines meiner Kollegen. Sie zu befragen und ihre Geschichte zu verwenden war schwierig für mich. Es wurden aber genügend Fakten abgeändert, so daß sie anonym bleibt, doch ihre Geschichte ist real, ebenso wie die doppelte Gefahr, in der sich mißhandelte Frauen befinden, die mit einem Angehörigen der helfenden Berufe verheiratet sind. Julias Ehemann hatte eine Ausbildung gemacht, während sie als Sekretärin arbeitete. Sie durfte verschiedene Abendkurse besuchen, aber er war der Psychologe. Als Julia wieder auf ein College gehen wollte, weigerte er sich, dafür zu bezahlen. »Du brauchst keinen College-Abschluß«, sagte er. »Du kannst doch mit mir weiterarbeiten, und mehr ist nicht nötig. Außerdem bist du ohnehin klüger als die. Wie kannst du überhaupt mehr lernen, als ich dir schon beigebracht habe?« Julia glaubte ihm, als er das sagte, weil sie seit Jahren seine »stille Gesellschafterin« war. Wenn er Semesterarbeiten fürs College schreiben mußte, half sie ihm. Sie tippte seine Arbeiten nicht nur, sondern sie fing auch an, sie zu überarbeiten und konstruktive Bemerkungen zu machen, wo sie angebracht waren. Er vertraute ihrem Urteil, und bald schrieb sie seine Arbeiten als Ghostwriter. Sie arbeiteten bei den meisten seiner Studien zusammen. Julia sagte, sie brauche keine persönliche Anerkennung. Es sei für sie befriedigend genug, zu sehen, daß er so viel Zustimmung fand. Als jedoch die Mißhandlungen ihr gegenüber eskalierten und sie den Schmerz und das Leid nicht mehr ertragen konnte, dachte sie allmählich daran, die Ehe zu verlassen. Ja sie verließ ihren Mann sogar und lebte vorübergehend allein.

Plötzlich hatte ich das Gefühl, als hätte ich meinen Selbstwert verloren. Ich konnte im Bereich der Psychologie keine Stelle bekommen, denn ich hatte ja keine Zeugnisse. Ich konnte die Arbeit, die ich immer gemacht hatte, nicht mehr tun. Nur über ihn erhielt ich Zutritt zu einer wirklich interessanten Berufstätigkeit. Es war mir egal, daß mein Name nicht auf der Arbeit stand, bis ich wirklich eine eigene Stellung brauchte. Dann erst merkte ich, was für eine Zeitverschwendung all diese Jahre eigentlich gewesen waren. Niemand wollte mich anstellen. Niemand zollte mir die gleiche Achtung, die ich als seine Frau hatte. Es war mir auch egal, daß niemand wußte, daß ich die Arbeiten schrieb, bis ich merkte, daß ich nichts in meinem Lebenslauf schreiben konnte, als ich mich nach einer Arbeit umsah. Wie konnte ich wieder Sekretärin sein, wenn ich all diese interessanten Arbeiten gemacht hatte? Es füllt mich immer noch nicht aus.

In meinem Gespräch mit Julia versuchte ich, sie dazu zu überreden, sich noch einmal auf die Schulbank zu setzen und einen Abschluß zu machen. Sie wäre ganz gewiß dazu in der Lage gewesen. Sie sagte: »Das kann ich nicht. Es dauert zu lange. Das kann ich einfach nicht. Ganz gleich, was Sie sagen, ich brauche keinen Abschluß. Ich brauche ihn nicht, und ich will ihn nicht. Ich will einfach nur die Arbeit machen, die ich machen kann, ohne noch einmal aufs College zu gehen. Es erscheint mir als eine solche Zeitverschwendung.«

Ich habe mich bei diesen Geschichten vor allem auf Frauen aus der Mittelschicht konzentriert, weil die meisten Leute glauben, daß nur Arme durch finanzielle Verhältnisse in die Enge getrieben werden. Selten haben sich die Frauen der Mittelschicht zu Wort gemeldet. »Wenn sie es sich leisten können, warum gehen sie dann nicht?« fragen die Leute. Diese Frauen meinten aber, sie könnten es sich nicht leisten zu gehen. Das Geld band sie neben den seelischen Bindungen an ihre Männer. Man mag es schwierig finden, Mitleid mit Christina zu haben, die ihre Kaufkraft von jährlich über 150 000 $ (etwa 225 000 DM) auf 18 000 $ (etwa 27 000 DM) reduzieren mußte, wenn es so viele Frauen gibt, die von weniger als 10 000 $ (etwa 15 000 DM) leben müssen. Aber Christina war mit dem Verlust ihres Hauses, ihres Feundeskreises, der Schule ihrer Kinder und anderer Eckpfeiler ihres Lebens konfrontiert und sah sich außerdem noch einer schweren Schuldenlast gegenüber, um ihren Teil der noch ausstehenden Steuern zu bezahlen. Und das alles, weil ihr Ehemann sie mißhandelte. In allen diesen Fällen hatten die Frauen keinen persönlichen Einfluß auf ihren wirtschaftlichen Status. Die Männer gaben ihnen Geld oder auch nicht, ganz nach Lust und Laune. Manchmal fühlen sich wohlhabendere Frauen wohler, weil es ihnen gelungen ist, ihre Männer dazu zu bringen, sie gut zu versorgen. Die meisten erkennen allerdings, daß das ganze Geld innerhalb kürzester Zeit verschwinden kann.

Der Einsatz der finanziellen Deprivation als Methode der Gewaltanwendung führt dazu, daß Frauen Kompromisse eingehen und mit ihren Männern handeln. Nicht nur wird der Frau finanziell etwas genommen, es wird ihr auch als Erwachsener emotional etwas genommen. Sie hat praktisch keine Freiheit. Sie darf nicht lernen, mit Geld umzugehen, und wenn sie es doch tut, werden ihre Fähigkeiten in Zweifel gezogen, und sie darf nicht wie eine Erwachsene eine Wahl treffen. Außerdem muß sie, wenn sie erkennt, daß sie etwas will, eine ganze Reihe von Manipulationsmethoden lernen, um es zu bekommen.

Keine der bisher berichteten Geschichten zeigt extreme Armut und Deprivation. Es ist nicht so, daß es das nicht gegeben hätte, im Gegenteil. In einer Geschichte nach der anderen gab es Frauen, die kaum genug zum Leben hatten. Es gab Geschichten von Frauen, die von den Gerichten nicht genügend Alimente oder Unterhaltszahlungen für die Kinder zugesprochen bekamen oder die gar nichts bekamen, Geschichten von Frauen, die Unterhaltszahlungen für die Kinder ablehnten, weil sie sich weigerten, ihren brutalen Ehemännern das Besuchsrecht einzuräumen für die Kinder, die von den Männern mißhandelt wurden, Geschichten von Frauen, die um ihr Leben fürchteten und deshalb lieber auf Unterhaltszahlungen verzichteten als den Männern ihren Aufenthaltsort mitzuteilen.

Terry war eine typische Vertreterin dieser Frauen. Sie kam über das »feministische Untergrundnetz« nach Denver. Das heißt, sie ging in ein Frauenhaus in einer Stadt in der Nähe ihres Wohnortes, und als das Personal dort ihre Geschichte hörte, schickten sie die Frau so weit weg wie möglich. In ihrem Fall ließ das frühere Verhalten ihres Ehemanns vermuten, daß er wahrscheinlich sie und die Kinder eher umbringen würde, als daß er sie gehen lassen würde. So kamen Terry und ihre drei Kinder in ein Frauenhaus in einem anderen Teil des Landes, weit weg von Familie und Freunden, ohne Geld und ohne, daß sie irgend etwas Vertrautes besaßen, das sie hätte trösten können. Ihren Antrag auf finanzielle Unterstützung für sie und die Kinder bei den Sozialdiensten durchzubekommen, dauerte fast zwei Monate. Die Kinder in einer Schule anzumelden war ein Riesentheater. Eine neue Wohnung zu finden, war außerordentlich schwierig. Ja sogar der Weg zu einem neuen Führerschein war mit Hindernissen gepflastert. Ohne die Hilfe von Anwälten, hätte Terry wahrscheinlich nicht wieder Fuß fassen und ein neues Leben beginnen können. Sie war gänzlich mittellos, und unsere Institutionen reagierten völlig unangemessen, nur weil sie vorher anderswo gelebt hatte. Als Terry beschloß, sich eine Arbeit zu suchen, begannen die Schwierigkeiten von vorn. Wenn sie Geld verdiente, würde die Krankenversicherung für die Kinder aufhören, und sie hätte keinen Anspruch mehr auf Rechtshilfe. Das Therapiezentrum würde Geld für die Psychotherapie verlangen, und durch die neuen Rechnungen für diese Dienstleistungen würde sie wieder ohne einen Pfennig Geld dastehen. Unser Fürsorgesystem ist eine Sackgasse für jemanden, der vorwärtskommen will. Aber das gilt auch für den Arbeitsmarkt für Frauen.

Finanzielle Deprivation wird erst dann keine Methode der Gewaltanwendung mehr sein, wenn Frauen ihr Recht auf finanzielle Unabhängigkeit akzeptieren. Die finanzielle Beziehung zwischen Mann und Frau muß eine Beziehung sein, in der Gleichheit und Gleichstellung herrschen, nicht Überlegenheit und Beherrschung. Beide Partner müssen Anteil haben an den Entscheidungen und dem Umgang mit Geld. Jeder muß dem anderen Anerkennung zollen für seinen Beitrag zu der Gemeinschaft. Für den Gewalttäter ist es überhaupt kein Problem, seine Frau wirtschaftlich in Abhängigkeit zu halten. In ihrem Buch *Battered Wives* hat Del Martin die Ungerechtigkeiten beschrieben, denen die Frauen auf dem Arbeitsmarkt ausgesetzt sind. Ähnliche Ungerechtigkeiten gibt es für Frauen, die sich entschließen, zu Hause zu bleiben und Nurhausfrauen zu sein. Die Tradition in Amerika will es, daß diese Frauen weder ein Recht auf Behindertenrente haben, noch auf eine normale Rente oder auf irgendwelche sonstigen Zahlungen oder Vergünstigungen, die Arbeitnehmer erhalten. Unsere kapitalistische Gesellschaft, die den Wettbewerb aufrechterhalten muß, wenn sie florieren will, hat die Frauen immer schon vom Arbeitsmarkt ferngehalten, wenn ihr das in den Kram paßte.

Wie willkürlich die Gesellschaft mit den Frauen als Arbeitskräfte umgeht, zeigt sich in Ellens Geschichte. Sie war fünfzehn und schwanger, als sie 1943 heiratete. Sie und ihr Ehemann hatten erst wenige Monate zusammengelebt, als er eingezogen wurde. Der Zweite Weltkrieg war im Gange, und man nahm alle verfügbaren Männer. Nach den wenigen Monaten, die Ellen und ihr Mann gemeinsam verbracht hatten, war sie sich nicht sicher, ob sie wirklich wollte, daß er aus dem Krieg wieder nach Hause kam.

Ich habe das nicht verstanden, aber es war kaum eine Woche unserer Ehe vergangen, als er schon begann, mich zu schlagen. Als er einige Monate später wegfuhr, war ich mit blauen Flecken übersät. Ich hatte Angst um mein ungeborenes Kind, weil er mich oft in die Bauchgegend und auf die Brüste schlug. Ich fragte mich schon, ob ich mein Kind würde stillen können, ob die Schmerzen jemals lange genug aufhören würden. Es stellte sich heraus, daß ich mir darüber durch den Krieg und so keine Gedanken mehr machen mußte. Ich mußte arbeiten, und so hatte ich sowieso keine Zeit zum Stillen. Nach der Geburt meines Kindes beschloß ich, in der Fabrik zu arbeiten. Es gab hier draußen eine Munitionsfabrik, und alle Frauen wurden aufgefordert zu arbeiten. Es ist schon komisch, wie sie uns dazu ermunterten, nicht nur dadurch, daß sie uns ordentlich bezahlten, sondern auch dadurch, daß sie eine Kindertagesstätte einrichteten, so daß wir unsere Kinder dort abliefern konnten, in der Nähe unserer Arbeit. Ich muß direkt lachen, wenn mir meine Schwiegertochter erzählt, wie sehr sie um einen Platz in einer Tagesstätte für meine Enkelkinder kämpft. Ich mußte auch lachen, als Präsident Nixon uns erzählte, wie das die ganze Familienstruktur in Amerika untergraben würde. Es ist so komisch, weil sie während des Krieges im ganzen Land für unsere Kinder Tagesstätten einrichteten. Damals hat uns niemand gesagt, wie schlecht das für die Kleinen und die Familie ist, oder? Vor allem dann nicht, als unsere Regierung unsere Hilfe brauchte, denn wenn wir die Arbeit nicht getan hätten, wäre sie eben nicht getan worden. Also, damals war ich zum erstenmal finanziell unabhängig. Ich verdiente eigenes Geld, und ich bekam eine kleine Zuwendung von der Armee, und ich fand das Leben schön. Ich ging ab und zu aus, aber es war nie etwas Ernstes. Ich hatte wirklich kein Interesse an einer neuen Beziehung, und damals war es ganz in Ordnung, wenn man keinen Sex hatte. Irgendwie gehörte sich das damals während des Krieges so, wissen Sie, daß man auf etwas verzichtete, so daß man auch etwas von den Entbehrungen fühlen konnte, die die Jungens durchmachten, die nach Europa fuhren und dort fielen. Das war unsere Art zu sagen: »Schaut, wir lieben euch wirklich!« Also, ich arbeitete sehr gern, und ich war tüchtig. Ich wurde befördert, und bald war ich Vorarbeiterin. Das Leben war wirklich schön für mich, und mein kleiner Junge wurde groß und stark. Sein Vater sah ihn erst, als er auf Urlaub war. Da war der Kleine zwei Jahre alt. Die Armee flog mich nach Hawaii, und ich nahm den Kleinen mit. Was für ein Fehler! Ich dachte, sein Vater würde ihn sehen wollen. Natürlich konnte das Kind diesen fremden Mann nicht wie seinen Vater behandeln. Er kannte ihn doch gar nicht, und auch mir fiel es schwer, eine liebende Ehefrau für diesen Mann zu sein, der nur einige wenige Monate mein Ehemann gewesen war und an den ich ziemlich brutale Erinnerungen hatte. Aber ich versuchte es. Ehrlich, ich gab mir alle Mühe. Ich versuchte, fröhlich und glücklich zu sein. Ich meine, wir waren doch in Hawaii. Nach all den Jahren harter Arbeit, und ich war noch nie so wo gewesen. Es hätte eigentlich aufregend sein müssen, aber das war es nicht. Als sein Urlaub vorbei war, war ich einem Nervenzusammenbruch nahe, und dem Kind ging es ähnlich. Wir konnten es beide nicht erwarten, wieder nach Hause zu kommen, und ich habe das Gefühl, mein Mann konnte es nicht erwarten, wieder in den Krieg zu ziehen. Danach konnten wir nur noch ungefähr eineinhalb Jahre in der Fabrik arbeiten, und dann kam Ben nach Hause. Ich wollte eigentlich weiterarbeiten. Ich dachte, das würde uns guttun. Ben hatte erst ziemliche Schwierigkeiten, einen Job zu finden, und ich wollte, daß mein Kleiner Benjie weiter in den Kindergarten ging. Aber das erste, was sie taten, war, daß sie alle Kindergärten zumachten. Plötzlich, als das Land die Frauen nicht mehr für die Arbeit in den Fabriken brauchte, als das Land die Männer wieder als Arbeiter in den Fabriken haben wollte, machten sie die Kindertageszentren zu, so daß wir unsere Kinder nirgends mehr lassen konnten.

Nun, ich dachte, daß Ben, da er keine Arbeit fand, zu Hause bleiben und sich um Benjie kümmern sollte, und ich würde weiterarbeiten. Deshalb gehörte ich nicht zu den ersten Frauen, die ihre Arbeit aufgaben, und ich sah, wie meine Freundinnen, eine nach der anderen, zu arbeiten aufhörten. Ich wurde deswegen ganz schön unter Druck gesetzt. Andere Männer und Frauen zeigten mit dem Finger auf mich und sagten, es sei meine Schuld, daß all die Kriegsheimkehrer keine Arbeit finden konnten. Weil ich meinen Job behielt, fänden sie keine Arbeit, und ich solle nach Hause gehen und mich um mein Kind kümmern, denn dazu wäre ich doch da, oder? Ist eine Frau nicht dazu da? Ich war wirklich verwirrt. Sie machten mich ganz verrückt damals, und außerdem ging es zu Hause nicht so gut, wie ich gedacht hatte. Ben konnte den kleinen Benjie nicht ausstehen. Er hat ihn nie geliebt. Bis heute glaube ich, daß er etwas gegen unseren Sohn hat, weil er nicht da war, als er geboren wurde. Er ließ seine ganze Gewalttätigkeit und Brutalität an dem kleinen Jungen aus.

Ich kam nach Hause, und mein früher so fröhlicher, glücklicher kleiner Junge war ein mißmutiges, zorniges Kind, das am ganzen Körper blaue Flecken und Schwielen hatte. Ich weiß noch, wie ich eines Nachts weinte und Ben anflehte, den kleinen Jungen nicht so zu verprügeln. Wie konnte er sein eigen Fleisch und Blut so hassen? Ich erinnere mich, daß Ben sagte: »Vielleicht, wenn du noch ein Kind bekämst, dann könnte ich Benjie genau so lieb haben. Laß uns noch ein Kind haben.« Und ich Idiot gab nach. Nicht, daß es mir jetzt leid tut, daß ich James und Greg noch zur Welt brachte. Alle meine drei Söhne sind die größte Freude in meinem Leben, aber das letzte, was ich damals brauchen konnte, war ein zweites Kind. Natürlich bedeutete eine erneute Schwangerschaft und Geburt, daß ich meinen Job aufgeben mußte, und das war das Ende meiner finanziellen Unabhängigkeit und Freiheit für die nächsten Jahre.

Es dauerte nicht lange, bis Ben eine Arbeit fand. Mir wurde aber auch klar, daß ich mich zu Hause langweilte. Ich ging gern zur Arbeit, aber Ben ließ das nicht zu. Es führte nur zu einem weiteren Streit oder weiteren Handgreiflichkeiten. Um der Brutalität zu Hause und der Schwierigkeit, drei kleine Jungen zu erziehen, zu entfliehen, beschloß ich, zu Hause mein eigenes kleines Geschäft aufzumachen. Das schien eine so einfache Lösung zu sein. Ich konnte wirklich gut nähen und war geschickt mit den Händen, so wurde ich Schneiderin. Meine Kundinnen kamen zu den Anproben ins Haus, und ich sorgte immer dafür, daß sie kamen, wenn Ben nicht da war. Wenn er doch einmal da war, hatte ich immer Angst, ich würde meine Kundschaft verlieren durch seine fiesen Bemerkungen. Außerdem wollte ich nicht, daß er wußte, wieviele Kundinnen ich hatte, so daß ich Geld sparen konnte. Und das tat ich auch. Ich habe ein kleines Bankkonto, von dem er nichts weiß, von dem Geld, das ich damals durch mein Geschäft verdiente. Das ist meine Sicherheit. Sollte es heute irgendwann wirklich schlimm werden, dann nehme ich dieses Geld, und ich kann gehen. Das ist meine eiserne Reserve, die gibt mir Sicherheit, auch wenn ich nicht genau weiß, ob ich sie je verwenden werde.

Maria ist eine Frau, die auch Geld sparen konnte. Sie konnte hier einen Dollar und dort einen Dollar des Geldes, das ihr Mann ihr für Haushalt oder Lebensmittel gab, beiseite legen. Sie hat nie jemandem etwas davon erzählt, daß sie dieses Geld beiseite legte, sie hob es für Notfälle auf. Einmal mußte sie das Geld für eine Notoperation bei einem ihrer Kinder verwenden, aber nach und nach konnte sie es wieder ersetzen. Während des Interviews sagte Maria, daß sie in dreiundzwanzig Jahren ungefähr 650 $ (etwa 975 DM) hatte sparen können. Sie war sehr stolz darauf, daß sie so viel Geld gespart hatte. Ich fand es sehr traurig, daß das wahrscheinlich nicht einmal für ein Flugticket reichen würde und für eine Kaution und die erste Monatsmiete für eine Wohnung.

Die Frauen, deren Geschichten hier erzählt wurden, sind noch relativ gut dran. Sie gehören nicht zu den Frauen, die sich keine Busfahrkarte in die nächste Stadt leisten können. Sie gehören nicht zu den Frauen, denen die Männer das Auto wegnehmen, so daß sie sich nicht einmal irgendwo auf der anderen Seite der Stadt in Sicherheit bringen können. Sie gehören nicht zu den Frauen, die in den Frauenhäusern, den Heimen für geschlagene Frauen, den Kirchen und anderen Zufluchtsstätten auftauchen und nichts haben, als das, was sie am Leib tragen, und ihre Kinder. Ich bin vielen dieser Frauen nur begegnet, wenn ich in die Heime und Frauenhäuser ging und sie dort interviewte. Ihre Geschichten waren alle ähnlich. Brutalität und finanzielle Deprivation gingen Hand in Hand. Ich habe diese Geschichten nicht als Fallstudien ausgewählt, weil mir daran liegt zu zeigen, daß die Zugehörigkeit zu einer bestimmten sozioökonomischen Schicht eine Frau nicht vor Mißhandlung bewahrt. Geld zu haben nimmt einer Frau, die mißhandelt wird, weder den Schmerz, noch gibt es ihr Trost. Manche Frauen können mit ihrem Geld eine Übernachtung in einem Motel bezahlen oder eine Reise nach Europa, aber das lindert weder den körperlichen, noch den seelischen Schmerz darüber, daß sie in einer gewalttätigen Liebesbeziehung leben.

7
Zwietracht in der Familie

Die meisten kleinen Mädchen träumen davon, »bis an ihr selig Ende« in einer glücklichen Familie zu leben. Ganz besonders mißhandelte Frauen sehnen sich nach der Erfüllung dieses Traums. Doch wie in anderen Bereichen der Gewaltbeziehung ist auch die Funktion der Familie gestört. Von der gestörten Familienstruktur sind die Eltern und Verwandten der mißhandelten Frau und des gewalttätigen Mannes sowie auch ihre Kinder betroffen, oft auch frühere Ehepartner und Stiefkinder. Zu der Familienstruktur der älteren mißhandelten Frauen können auch die Ehepartner ihrer Kinder und deren Verwandte und ihre Enkelkinder gehören. Trotz der Mobilität der Familien in Amerika befinden sich die Familien der mißhandelten Frauen oft in Reichweite. Manchmal leben sie auch in anderen Bundesstaaten, doch gelingt es der Familie, relativ regelmäßig Verbindung zu haben und einander Besuche abzustatten. Mißhandelte Frauen müssen nicht immer ihr Leid allein tragen. Wenn die Familie in der Nähe ist, können die Mißhandlungen oft nicht ganz geheimgehalten werden. Häufig teilt die Familie das Leid, wenn auch oft vereinbartes Stillschweigen herrscht. In den meisten Fällen hatten die befragten Frauen das Gefühl, daß ihre Familien zwar nicht von sich aus intervenieren würden, daß sie ihnen aber helfen würden, aus der Mißhandlungssituation herauszukommen, wenn sie darum gebeten würden – obwohl es auch einige Fälle gab, in denen die Familien die Frauen im Stich ließen oder ihnen zuredeten, die Gewalttätigkeit zu ertragen, um die Familie zu erhalten. Der Haken war, daß diese Frauen von frühester Kindheit an dazu erzogen worden waren, daß sie die Ehe nicht verlassen dürften, denn: »Eine Ehe wird auf immer geschlossen.«, »Wie man sich bettet, so liegt man.« und »Geschiedene Frauen sind für das Scheitern ihrer Ehe verantwortlich.« Die Entscheidung, eine gewalttätige Ehe zu verlassen, war diesen Frauen genommen worden durch die Erwartungshaltung der Gesellschaft, die sie schon in ihrer frühen Kindheit verinnerlicht hatten.

Wie lernen Kinder die Botschaften ihrer Kultur? Psychologen

sind gerade erst dabei, die Auswirkungen zu verstehen, die das Aufwachsen in einer Familie mit sich bringt, in der die Geschlechtsrollen stereotyp verteilt sind. Sexistische Einstellungen vermitteln kleinen Jungen und Mädchen, daß kleine Jungen stärker sind als kleine Mädchen und daß für Jungen das Beste gerade gut genug ist. Kleine Mädchen lernen, daß ihre Rolle das fürsorgliche Hegen und Pflegen ist. Die gar nicht so versteckte Botschaft dabei ist, daß Mädchen ihre Energie einsetzen müssen, um Jungen zum Erfolg zu verhelfen. Das wird dahingehend umgedeutet, daß es ganz in Ordnung ist, wenn Männer Frauen dazu zwingen, das zu tun, was sie wollen, weil die Männer alles am besten wissen.

Wir bringen unseren Kindern auch gewisse Ansichten über Gewalt bei. Wir sind eine gewalttätige Gesellschaft, wenn wir das vielleicht auch nicht wahrhaben wollen. Wir begreifen erst allmählich, daß wir, wenn wir beim Bestrafen unserer Kinder Gewalt anwenden, den Weg dafür ebnen, daß sie Gewalt und Zwang immer mehr tolerieren, je älter sie werden. Dieses belohnte Gewaltverhalten führt dann zu immer häufigerem Akzeptieren und Anwenden von Gewalt. Dieses Muster wird bestätigt in Studien über Kindesmißhandlung und andere Formen der Gewalt. Eine immer wieder auftauchende Feststellung ist, daß – wie bereits an früherer Stelle gesagt – die meisten Menschen, die ihre Kinder schlagen, selbst als Kinder geschlagen wurden. Kindesmißhandlung wird also zum Teufelskreis. Wer geschlagen wurde, lernt es, das Schlagen als Mittel einzusetzen, um das Gewünschte zu bekommen. Zweitens zeigen Studien über die Auswirkungen von Gewalt und über das Beobachten von Gewaltanwendung, daß man um so toleranter der Gewalttätigkeit gegenüber wird, je mehr Gewalt man sieht. Das heißt nicht, daß man selbst Gewalt anwenden muß. Es heißt aber sehr wohl, daß man es zuläßt, daß im eigenen Beisein Gewalt angewandt wird. In einem Großteil der Aussagen bei Regierungsanhörungen zu dem Thema ›Gewalt im Fernsehen und ihre Auswirkungen‹ wurden diese Ergebnisse immer wieder bestätigt.

Soziologen, die Gewaltverhalten bei Familienmitgliedern untersuchen, berichten, daß es offenbar in jeder Familie ein gewisses Maß an Gewalt gibt, das zugelassen und toleriert wird. Das Maß wird von den Familienmitgliedern festgelegt. So können einige Familien ein hohes Maß an Gewalt tolerieren, ehe es als für andere Familienmitglieder problematisch definiert wird. Richard Gelles Arbeit an der Universität von Rhode Island zufolge wird ein abnorm hohes Maß an Gewalt in verschiedenen Familien anscheinend von Generation zu Generation weitervererbt. Wir haben also einige Subkulturen, in denen Gewalt gegen Familienmitglieder die Norm ist. Erst wenn die Gewalt in der Familie das normalerweise tolerierte Maß übersteigt, sind die Angehörigen dieser Familie bereit, sich als Opfer zu betrachten. Viele Gewaltakte finden also in einer Familiensituation statt, die keiner der Beteiligten als gewalttätig bezeichnen würde. Es ist eine interessante Überlegung, warum solch gewalttätiges Verhalten überhaupt toleriert wird. Warum sollten Menschen, vor allem Frauen, es zulassen, daß sie regelmäßig zu Dingen gezwungen werden, die sie nicht wollen? Warum bleiben mißhandelte Frauen in ihrer gewalttätigen Familie? Diese Fragen waren für mich die rätselhaftesten.

Mißhandlung wird gewöhnlich als akzeptables Verhalten gutgeheißen, wenn es in »strenge Züchtigung« umbenannt wird. Vom Standpunkt des Gewalttäters aus ist eine solche Züchtigung zulässig, wenn sie dazu beiträgt, ein Ziel zu erreichen. Vom Standpunkt des Opfers, also der Frau, ist sie zulässig, wenn sie das Gefühl hat, daß sie sie verdient oder daß sie ihr nützt. Solch eine Züchtigung wird als wirksame Lektion betrachtet. Es beteht kein Zweifel, daß strenge Züchtigung oder Bestrafung unerwünschtes Verhalten unterdrückt. Sie erfolgt schnell, ist wirksam und erlaubt es einem Menschen, die Wut auf einen anderen zu entladen. Züchtigung ist ein so wirksames Mittel der Beherrschung anderer, daß diejenigen, die sie routinemäßig einsetzen, schnell erkennen, daß oft schon die Androhung die gewünschten Ergebnisse zeitigt. Wenn man aber die Androhung von Gewalt einstellt, dann ist der andere frei, sich so zu verhalten, wie er will. Wir sehen also, daß die Beherrschung eines anderen durch die Anwendung von Gewalt nur vorübergehend funktioniert, nämlich nur während die Mißhandlung oder die Androhung von Mißhandlung tatsächlich ausgeübt wird. Außerdem ist im Lauf der Zeit immer mehr Gewalt nötig, um dieselben Ergebnisse zu erzielen. Gewalt wie Züchtigung führt nicht dauerhaft zu einer Verhaltensänderung, es sei denn das Opfer glaubt, die Möglichkeit der Gewalt sei immer vorhanden. Allerdings haben Gewalttäter ein großes Geschick darin, ihre Opfer gerade dies glauben zu machen. Ein Klima der Angst breitet sich aus, das durch die stets präsente Möglichkeit äußerst brutaler Gewaltausbrüche aufrechterhalten wird. Es bedarf keiner ständigen Terrorherrschaft, damit die Familienatmosphäre emotional geladen ist. Vielmehr muß der Boden bereitet sein durch frühere Gewaltakte, so daß alle begreifen, daß ein weiterer Gewaltausbruch mit Sicherheit stattfindet – wobei die einzige Variable der Zeitpunkt ist, zu dem er geschieht. Viele der mißhandelten Frauen glauben, ihre Männer hätten einen außerordentlichen Einblick in ihr Denken und Handeln. Die Männer werden auch für allmächtig gehalten, was ihre Fähigkeit anbelangt, die Handlungen ihrer Frauen zu überwachen. Daher glauben mißhandelte Frauen, alle ihre Gedanken und Verhaltensweisen müßten vollkommen sein, sonst könnten sie den unvermeidlichen akuten Gewaltakt herbeiführen. So beherrscht die stets vorhandene Möglichkeit von Gewalttätigkeiten das Leben der mißhandelten Frauen.

In meiner Studie waren Androhungen von Gewalt gegenüber den Familien der mißhandelten Frauen an der Tagesordnung. Die Männer beschrieben oft bis ins Detail, wie sie die Familienmitglieder, die sich einmischten, quälen und verstümmeln würden. Normalerweise richteten sich solche Drohungen gegen weibliche Familienmitglieder. Die Männer in der Familie der Frau – besonders Väter und Brüder – waren gewöhnlich sekundär. Die Frau glaubte wirklich, ihr Mann würde solche Gewalttätigkeiten begehen. Schließlich wußte sie, daß er in der Lage war, ihr und ihren Kindern gegenüber gewalttätig zu sein, gegenüber den Menschen also, die er angeblich liebte. Daher ließ sie es gewöhnlich zu, daß er sie von ihrer Familie isolierte, oder – in einigen Fällen – ging sie ohne ihn zu ihrer Familie. Auf jeden Fall war sie der Meinung, sie könne sich nicht darauf verlassen, daß ihre Familie sie vor ihm schützte.

In der amerikanischen Gesellschaft wird die Anwendung von physischer Gewalt gegen Kinder durch Strukturen in der Kindererziehung sanktioniert. Gewalt ist eher die Norm als die Ausnahme. In Schulen greift man auf körperliche Züchtigung zurück, zu der auch alle Formen des Schlagens gehören. Kinder lernen, daß Menschen, die einen lieben, das Recht haben, einen im Namen der Disziplin – zum eigenen Besten – zu verletzen. Der Vergleich zwischen Kindern und mißhandelten Frauen ist keineswegs weit hergeholt. Männer betrachten Frauen als Kinder. Frauen, die infantil gehalten werden, können sogar selbst glauben, daß sie gezüchtigt werden müssen. Wenn es zulässig ist, das eigene Kind im Namen der Disziplin zu schlagen, wird es auch zulässig, die eigene Frau zu schlagen. Wenn die Schuld an dem Gewaltakt der Frau zugeschoben werden kann, dann läßt sich die Mißhandlung im Namen der Disziplin entschuldigen. Die Männer sagen dann: »Ich wollte ihr eine Lektion erteilen.«

Wenn wir die Arten der Zwietracht analysieren, die in den Familien der in einer Gewaltbeziehung lebenden Paare auftreten, ist es wichtig, die mißhandelte Frau und ihren Mann als den Kern der Kleinfamilie zu identifizieren. Die meisten mißhandelten Frauen haben Kinder, entweder aus ihrer jetzigen Beziehung oder aus früheren. In einer ungewöhnlich großen Anzahl von Fällen wurden diese Frauen vor ihrer Ehe zum erstenmal schwanger. Gleichzeitig hatten sie aber traditionelle Ansichten darüber, daß erst die Liebe, dann die Ehe und dann die Kinder kommen sollten. Häufig gaben sie als Grund dafür, daß sie die Opferrolle immer weiter übernahmen, an, daß sie wegen ihres Heims und der Familie bei ihren Männern blieben. Alle Befragten sagten, sie wollten ihren Kindern nicht durch die Auflösung der Ehe den Vater nehmen. Eine gewisse Selbstlosigkeit geht also damit Hand in Hand, daß sie die Zähne zusammenbeißen und eine unerträgliche Situation zum Wohle der Kinder doch aushalten. Eindrucksvolle Daten zeigen jedoch, daß Kinder, die in einer Gewaltbeziehung leben, die heimtückischste Form der Kindesmißhandlung erleben. Ob sie von einem der Elternteile physisch mißhandelt werden, ist weniger wichtig als die seelischen Narben, die sie davontragen, wenn sie sehen, wie ihr Vater die Mutter schlägt. Sie lernen es, an einem unehrlichen verabredeten Stillschweigen teilzunehmen. Sie lernen es, zu lügen, um unangemessenes Verhalten zu verhindern, und sie lernen es, die Erfüllung ihrer Bedürfnisse lieber aufzuschieben, als eine erneute Konfrontation zu riskieren. Wie viele Kinder, die unverhohlener Kindesmißhandlung ausgesetzt sind, lernen auch diese Kinder es, entgegenkommend und hilfsbereit zu sein. Sie fallen nicht auf. Sie bringen ihre Wut nicht zum Ausdruck. Sie erkennen die Spannung nicht. Sie verwenden viel Energie darauf, Problemen aus dem Weg zu gehen. Sie leben in einer Phantasiewelt. Wenn das Geschrei und Gebrüll beginnt, sind sie wie gebannt, aber sie bleiben im Hintergrund, sie schauen entsetzt zu. Manchmal drehen sie die Stereoanlage oder den Fernseher lauter, um den Krach zu übertönen. Manchmal schlafen sie ein und tun so, als passiere das alles gar nicht. Wenn sie älter sind, berichten diese kindlichen Opfer von enormen Schuldgefühlen, daß sie diese Gewaltakte lieber verheimlichten und nicht wahrhaben wollten, statt zu versuchen einzugreifen. Häufig übernehmen sie die Verantwortung für den Beginn einer gewalttätigen Auseinandersetzung.

Frauen mit kleineren Kindern bestritten oft, daß die Mißhandlungen, bei denen diese Kinder Zeuge wurden oder die sie erlebten, das Wachstum und die Entwicklung der Kinder beeinträchtigten, wenn sie auch manchmal Anzeichen für emotionale Störungen bei ihren Kindern erkennen konnten. Die Kinder hatten oft schwere Lernprobleme in der Schule. Wie soll man sich auch auf die Arbeit in der Schule konzentrieren, wenn man sich gleichzeitig fragt, ob die Mutter noch am Leben ist, wenn man nach Hause kommt. Fügsamkeit und Hilfsbereitschaft zeichnen das Verhalten dieser Kinder in der Schule aus. Außerhalb der Schule sind sie dagegen oft impulsiv, wild und aggressiv gegenüber anderen Kindern. Sie haben viele Methoden gelernt, wie sie Prügeln entgehen können. Ich beobachtete das Verhalten von Kindern im Schulalter in Frauenhäusern in England und Amerika. Solche Frauenhäuser sind meist sehr überfüllt, laut und chaotisch. Dennoch waren die Kinder in der Lage, das Chaos auszublenden und über lange Zeit hinweg auf den Fernseher zu starren. Häufig war direkter Körperkontakt nötig, um ihre Aufmerksamkeit zu erregen. Ihre Mütter schwankten zwischen überbehütendem Verhalten und völligem Ignorieren hin und her.

Das Vorhandensein von Kindern beeinflußt die Häufigkeit der Mißhandlungszyklen. Die Zahl der akuten Mißhandlungen und die Zahl der Zyklen scheint in drei deutlich erkennbaren Perioden zuzunehmen. Die erste Periode ist die Zeit der Schwangerschaft, in der es zu einer raschen Eskalation körperlicher Mißhandlungen gegenüber der Frau kommt. Die zweite Periode tritt auf, wenn es Säuglinge oder Kleinkinder in der Familie gibt. Kleine Kinder erfordern ungeheuer viel Aufmerksamkeit von der Frau. Auch ist es viel schwieriger, ein kleines Kind, das will, daß man ihm hilft, zum Schweigen zu bringen oder seine Forderungen in Grenzen zu halten. Frauen, die mißhandelt wurden, als ihre Kinder klein waren, führen oft die Eifersucht des Mannes auf die mit dem Kind verbrachte Zeit als das die Mißhandlung auslösende Element an. Die dritte Periode, in der die Gewalttätigkeit eskaliert, ist die Adoleszenz der Kinder. Dies ist in einer normalen Familie ebenso wie in einer gewalttätigen Familie eine Zeit höchster Belastung. Jugendliche können in den Auseinandersetzungen ihrer Eltern nicht mehr neutral bleiben. Die mißhandelten Frauen in meiner Erhebung berichteten, daß ihre Kinder eine von zwei Taktiken wählten: Entweder unterstützten sie ihre Mutter und versuchten den Vater daran zu hindern, sie zu verletzen, oder sie identifizierten sich mit dem Gewalttäter und begannen selbst, ihre Mutter zu mißhandeln. Es ist nicht klar, warum die Jugendlichen die jeweiligen Reaktionen wählten. Klar ist jedoch, daß sie, welche Reaktion sie auch wählen, ihrer Mutter gegenüber ambivalente Gefühle haben. Sie lieben und sie hassen sie. Sie wollen sie beschützen, aber sie haben gleichzeitig das Empfinden, daß die Mutter die Mißhandlung verdient. In vielen Fällen sind sie wütend darüber, daß sie sie im Stich gelassen hat, um die alles andere in den Hintergrund drängenden Bedürfnisse des Gewalttäters zu befriedigen.

Junes Geschichte ist ein gutes Beispiel dafür, wie diese Entfremdung eintreten kann. Als sie interviewt wurde, ging sie aufs College, war einundzwanzig, die älteste Tochter in einer Familie mit vier Kindern. Sie hatte eine Schwester mit siebzehn, einen Bruder mit fünfzehn und eine weitere Schwester mit acht Jahren. Ihr Vater hatte ihre Mutter mißhandelt, solange sie denken konnte. Sie war als Kind ebenfalls mißhandelt worden.

Ich hatte nie bemerkt, daß meine Familie anders war als die der Kinder, mit denen ich aufwuchs, bis ich etwa in der dritten oder vierten Klasse war. Ich erinnere mich, daß ich damals einmal in die Schule kam und überall an Armen und Beinen blaue Flecken hatte, wo mein Vater mich am Abend vorher geschlagen hatte. Ich weiß noch, daß die Lehrerin deswegen ein Riesentheater machte und mich in das Zimmer des Direktors brachte. Eine Frau kam, um mit mir zu sprechen. Ich glaube, sie war eine Sozialarbeiterin. Ich erinnere mich nur noch daran, daß sie sehr lieb und nett war und mich fragte, wo ich die blauen Flecken her hatte. Irgendwie vermittelten sie mir aber alle den Eindruck, daß ich besser nichts sagte, daß es nicht richtig wäre, ihnen die Wahrheit zu sagen, daß mein Vater das getan hatte und daß er an jenem Abend auch meine Mutter geschlagen hatte. Also sagte ich nichts, damals nicht und später auch nicht, bis zum letzten Jahr, als ich schließlich jemandem außerhalb meiner Familie davon erzählte.

Als ich klein war, kann ich mich erinnern, daß meine Mutter mich manchmal, wenn sie einen Riesenkrach mit meinem Vater hatte, zu meiner Großmutter oder meiner Tante brachte. Ich blieb manchmal ein paar Nächte dort mit meinem Bruder und meiner Schwester. Später, nachdem das Baby da war, brauchte mich meine Mutter wirklich als Ersatzmutter für Lisa. Ich glaube, normalerweise hat mir das nichts ausgemacht. Ich war froh, daß ich meiner Mutter helfen konnte. Sie versuchte zu arbeiten und weiterzukommen und Sachen für die Familie anzuschaffen. Ich glaube, sie versuchte auch, einen Teil der Schulden meines Vaters abzuzahlen, aber das wurde immer unter den Teppich gekehrt, und wir haben nie darüber gesprochen. Auf jeden Fall war ich diejenige, die die anderen fertigmachte, ehe ich zur Schule ging. Ich mußte für uns etwas zum Mitnehmen fürs Mittagessen machen, und morgens mußte ich das Baby füttern, damit meine Mutter schlafen konnte. Wenn ich um drei Uhr nach Hause kam, war meine Mutter schon zur Arbeit gegangen, und mein Vater kümmerte sich ums Baby. Er arbeitete nachts. Meine Mutter kam ungefähr zu der Zeit nach Hause, zu der mein Vater in die Arbeit ging, so daß sie sich eigentlich nicht allzu oft sahen. Jedenfalls war es mein Job, wenn ich aus der Schule kam, mich um das

Baby zu kümmern, damit mein Vater schlafen konnte, damit er die ganze Nacht arbeiten konnte. Ich erinnere mich, daß ich oft Schläge von meinem Vater bekam, weil ich etwas nicht richtig gemacht hatte. Erst als ich Teenager war, merkte ich, daß manche der gewalttätigen Auseinandersetzungen, die mein Vater mit mir hatte, genauso waren wie die, die er mit meiner Mutter hatte. Ich erinnere mich noch sehr lebhaft daran, daß ich eines Tages zu ihr in die Arbeit ging und mich darüber ausweinte, was zu Hause los war. Ich weiß, daß ich wütend auf sie war, aber ich brauchte auch ihren Schutz. Sie machte mir eindeutig klar, daß sie ihn mir nicht geben konnte. Sie weinte mit mir und sagte mir, wie sehr sie mich liebte, aber sie sagte, sie könne nichts dagegen tun, wir müßten alle das Beste daraus machen. Sie flehte mich an, ich sollte doch versuchen, meinem Vater aus dem Weg zu gehen, um keine Schwierigkeiten mit ihm zu bekommen. Es war, als wisse ein Teil von ihr, daß es eigentlich nicht meine Schuld war, genauso wie die Schläge eigentlich nicht meine Schuld waren, aber ein anderer Teil von ihr wußte, daß sie es zuließ, daß ich die Schuld zugeschoben bekam, daß ich an ihrer Stelle die Prügel bezog. Wir haben nie über so etwas gesprochen, aber ich wußte doch, daß es so war.

Ich erinnere mich, daß ich einmal versuchte mit meiner Großmutter zu sprechen, die eigentlich eine zweite Mutter für mich war. Ich fing an, bei ihr zu weinen und ihr von meiner neuen Entdeckung zu erzählen, und sie sah mich nur an und sagte: »Still, Kind, still. Du weißt nicht, was du sagst. Sag so etwas nicht, Kind. Das ist einfach nicht wahr. Du weißt doch, daß deine Mutter dich liebt, du weißt, daß sie ihr Bestes tut für dich und deine Geschwister. Du mußt auch deinen Teil dazu tun. Wir wissen, daß dein Vater manchmal schwierig ist, aber du mußt stark sein. Du mußt es ertragen.«

Als ich von zu Hause wegging aufs College, hatte ich solche Schuldgefühle, als würde ich meine Mutter wirklich im Stich lassen. Wie ich hätte vorhersagen können, nahmen die Mißhandlungen meines Vaters zu, während ich aus dem Haus war. Ich konnte nichts tun. Wenn ich nach Hause zurückkehrte, würde ich die Prügel kriegen und nicht sie, oder zumindest würde sie nicht so viele bekommen. Aber ich hatte das Gefühl, verrückt zu werden, und daß ich mich aus dem Staub machen mußte, solange das noch möglich war, und aufs College zu gehen schien mir das Beste zu sein. Ich habe immer noch manchmal Schuldgefühle, aber ich weiß, daß es die richtige Entscheidung war, obwohl ich jetzt überhaupt nicht mehr nach Hause darf. Der Grund dafür ist, daß an Thanksgiving, als ich nach Hause fuhr, meine Mutter und mein Vater den ganzen Tag herumtobten – ewig die Streiterei und das Geschreie und Geschimpfe, meine Mutter, die versuchte, uns zum Schweigen zu bringen, uns herauszuhalten, und mein Vater, der tobte und schrie und brüllte und uns fertigmachte. Ich konnte es einfach nicht mehr aushalten, und schließlich sagte ich ihm, er solle endlich aufhören, und dann ging er auf mich los, und dann mischte sich meine Mutter ein und stellte sich zwischen uns. Das war eines der wenigen Male, wo sie sich wirklich schützend vor mich gestellt hat. Das Gebrüll wurde immer lauter und schlimmer, und mein Bruder und meine Schwestern wollten schon eingreifen, als ich schreiend und heulend herumrannte und mein Vater begann, meine Mutter zu schlagen. Es hagelte Schläge, und er schubste uns beide durch die ganze Küche. Die drei anderen standen in der Tür und schauten zu und wußten nicht, wem sie zuerst zu Hilfe kommen sollten. Mein Gott, es war entsetzlich! Ich rannte aus dem Haus, sobald ich konnte, immer noch schreiend und brüllend, und rief die Polizei. Ich beschloß, das war's jetzt gewesen. Ich würde mir das einfach nicht mehr gefallen lassen, und meine Mutter mußte sich das auch nicht mehr gefallen lassen. Also, die Polizei kam. Ich ging mit den Polizisten ins Haus. Sie sagten, wir sollten uns alle hinsetzen, und ich erzählte ihnen meine Fassung der Geschichte, die diesmal die Wahrheit war. Sie schauten meinen Vater und meine Mutter an, meine Mutter hatte überall blaue Flecken und immer noch Tränen in den Augen, mein Vater war noch ganz aufgelöst und hatte sich immer noch nicht ganz beruhigt, und mein Bruder und meine Schwestern waren immer noch ganz entsetzt, aber sie alle bewahrten immer noch das verabredete Stillschweigen. Die Polizisten fragten meine Mutter: »Hat er Ihnen das zugefügt?« Meine Mutter sah mich an, sah die anderen Kinder an und sah meinen Vater an. Dann schaute sie die Polizisten an und sagte: »Nein, wir hatten nur eine Auseinandersetzung in der Familie.«

Ich schrie wie verrückt und versuchte meine Geschwister dazu zu bringen, etwas zu sagen, aber keiner traute sich. Sie verhielten sich genauso, wie ich das die ganzen Jahre getan hatte, aber ich beschloß, daß es mir reichte. Ich tue, was ich kann, aber ich kann sie nicht mehr beschützen. Also ging ich an jenem Tag von zu Hause weg, und ich war seither nicht mehr dort. Das ist jetzt sieben Monate her, und ich vermisse sie alle sehr. Manchmal sehe ich meine Geschwister bei meiner Großmutter, und ich spreche viel mit meiner Mutter. Mit meinem Vater habe ich seither nicht mehr gesprochen, und ich glaube, daß ich nie wieder mit ihm sprechen werde. Obwohl ich weiß, daß »nie« eine lange Zeit ist. Aber ich bin noch so wütend auf ihn, daß ich nicht einmal darüber reden kann. Ich habe auch eine Wut auf meine Mutter, wegen all der Jahre, aber ich liebe sie, und ich weiß, daß sie mich liebt. Ich weiß auch, daß ich eines Tages damit fertig werden muß. Das Traurigste bei dem Ganzen sind meine Geschwister, vor allem meine jüngste Schwester. Ich wünschte, ich könnte sie da wegholen und sie retten, aber ich weiß, daß ich erst mich retten muß und die Schule fertig machen muß. Vielleicht kann ich ihnen dann helfen.

Als ich Molly kennenlernte, war sie fünfundvierzig und Fürsorge-Empfängerin. Sie hatte drei Kinder zwischen zehn und zwanzig, zwei Jungen und ein Mädchen. Als sie hörte, daß ich Interviews mit mißhandelten Frauen machte, rief sie an und fragte, ob ich mit ihr sprechen wollte. Sie machte sofort am Telefon klar, daß sie nicht von ihrem Mann geschlagen wurde, ja sie hatte gar keinen Mann. Die Mißhandlungen gingen von ihren Kindern aus.

Mein Mann hat sich vor ungefähr zehn Jahren aus dem Staub gemacht, als mein ältestes Kind acht und mein jüngstes vier war. Seither bin ich alleine. Also, ich hatte schon einige Beziehungen mit Männern, und gelegentlich ist auch einer für eine Zeitlang zu mir gezogen, aber das ist nicht oft passiert. Meistens mußte ich allein zurechtkommen. Ich mußte die Kinder aufziehen und ich mußte den Unterhalt für uns verdienen. Ich schaffte es ganz gut, manchmal. Ich bekam einen Job als Friseuse, was ich wirklich gerne mache, und manchmal habe ich wirklich gut verdient. Aber in der letzten Zeit war es einfach nicht so. Ich war zu müde, und ich habe mich nicht wohlgefühlt, und ich kriege jetzt seit ungefähr eineinhalb Jahren Fürsorge, seit meiner Operation. Ich glaube, das war der Zeitpunkt, wo die Kinder auch angefangen haben, mich zu schlagen. Ich glaube nicht, daß sie das vor der Operation gemacht haben. Obwohl sie mich schon ganz schön angebrüllt haben. Als sie noch ganz klein waren, hat ihr Vater mich verprügelt, aber ich glaube nicht, daß sie das gesehen haben, und ich glaube auch nicht, daß sie es gewußt haben. Sie waren noch zu klein. Außerdem war ihr Vater wirklich lieb zu ihnen. Er hat sie nie angerührt. Ja, es ist mir sogar unangenehm, sagen zu müssen, daß ich sie geschlagen habe. Manchmal hat er mich verprügelt, und die Spannung war so groß, und die Kinder – ich hatte damals drei kleine Kinder – schrien und quengelten und gingen mir auf die Nerven. Es war, als könnte ich nie irgend jemandem etwas recht machen. Weder meinem Mann, noch den Kindern, vor allem der mittleren nicht, meiner Tochter. Sie war ein so schwieriges Kind. Immer schrie und quengelte sie, und immer wollte sie etwas, und immer gerade dann, wenn es überhaupt nicht paßte. Ich habe die Kinder wirklich manchmal geschlagen. Vielleicht schlagen sie mich jetzt deshalb; ich weiß es nicht.

Also, die Kinder und ich, wir kommen die meiste Zeit ganz gut miteinander aus. Nur ab und zu fangen sie an, mich zu drangsalieren. Das Komische ist, daß das normalerweise passiert, wenn ich mein Geld von der Fürsorge bekommen habe. Dann will jedes Geld, und ehe man sich umsieht, ist das ganze Geld weg, bevor ich noch etwas für mich selbst genommen habe. Ich habe ihnen schon hundertmal gesagt, sie sollten sich eine Arbeit suchen, wenn sie wirklich Geld brauchten. Aber sie sind faul, und es fällt ihnen gar nicht ein zu arbeiten, wenn sie das Geld von mir kriegen können. Meine Mittlere ist diejenige, die am meisten Schaden anrichtet. Sie hatte große Probleme sowohl mit Alkohol als auch Drogen. Manchmal mache ich mir solche Sorgen um sie, aber dann kriege ich wieder eine solche Wut auf sie. Wenn ich ihr einen Rat gebe oder sage, was sie tun soll, dann greift sie mich an und schreit herum, und dann fängt sie an, mich zu schlagen und zu boxen und zu treten. Meine Sozialarbeite-

rin sagt, ich soll sie vor die Tür setzen und ich soll sie alleine fertig werden lassen, aber das kann ich einfach nicht. All die Jahre, die ich geopfert habe, um den Kindern ein besseres Leben zu ermöglichen! Ich habe diese Kinder geliebt. Ich weiß, daß sie mir nicht weh tun wollen, und vielleicht tun sie es ja auch, weil ich sie geschlagen habe, damit sie folgten, als sie noch klein waren. Ich weiß es einfach nicht.

Es ist interessant, mißhandelte Mütter mit ihren Kindern spielen zu sehen. Meistens ist es schwierig für sie, überhaupt in die Stimmung zum Spielen zu kommen. Wenn es ihnen aber gelingt, dann lassen sie sich total darauf ein und lachen und toben wie ein Kind mit ihren Kindern. Ich habe ähnliche Interaktionen auch zwischen Gewalttätern, ihren Frauen und ihren Kindern beobachtet. Gewalttäter sind oft außerordentlich verspielt und kindlich und rufen oft ungeheures Gelächter hervor mit ihren Streichen. Manchmal geraten sie in ihrer Verspieltheit an die Grenzen zum Unverschämten. In ihrer Albernheit setzen sie sich über gesellschaftliche Regeln hinweg. Sie können sich zum Beispiel in einen Obstgarten schleichen und Äpfel stehlen und dabei ihre Kinder mit ihrem verstohlenen Gebaren köstlich amüsieren, oder sie machen sich über andere Leute lustig. Häufig spielen sie Streiche, wobei immer ein anderer der Ausgetrickste ist. Manchmal ist es schwierig, dem Ganzen Einhalt zu gebieten, ehe jemand zu Schaden kommt.

Phyllis erzählte, wie Jim ein Gefühl der Familienzusammengehörigkeit für sie und die Kinder schuf. Zum Großteil ging es dabei offenbar ums gemeinsame Reisen. Sie hatten ein Wohnmobil, und als die Kinder klein waren, fuhren sie oft alle zusammen zum Campen.

Wenn Jim zu dem Schluß kam, daß es Zeit war, wieder einmal am Wochenende wegzufahren, freuten sich die Kinder tagelang darauf. Das kann ich ihnen auch nicht verdenken. Ich war ja diejenige, die die ganze Arbeit hatte. Ich mußte einkaufen gehen und packen und das Haus versorgen, ehe wir wegfuhren. Es lohnte sich, sagte ich mir damals, weil es den Kindern so viel Freude machte. Ich muß sagen, daß es Augenblicke bei jenen Camping-Wochenenden gab, die zu den schönsten gehören, die wir je erlebten. Wenn Jim entspannt und mit sich selbst, mit den Kindern und mit mir zufrieden war, war das Leben einfach herrlich. Aber man war sich nie sicher, denn manchmal konnten sich diese wunderbaren Stimmungen so schnell ändern, wie ein Sturm über den See heraufziehen konnte. Wir alle lernten die Anzeichen erkennen, wann seine Stimmung von einer fröhlichen, verspielten in eine gemeine, fordernde, grausame umschlug. Allerdings war es dann schwierig, ihm aus dem Weg zu gehen, da wir ja zu sechst im Wohnmobil zusammengepfercht waren. Es war schwierig, die Kinder ruhig zu halten. Sie konnten das nicht begreifen. Vor kurzem hatte ihr Vater noch gesungen und Ball gespielt, war herumgerannt und hatte mit ihnen Witze gemacht. Und dann schrie er sie urplötzlich an, sie sollten gerade sitzen, mehr Ordnung halten, nicht so viel Krach machen und aufhören, ihm auf die Nerven zu gehen. Wir wußten nie, was wann passieren würde.

Am häufigsten kam es zu Kindesmißhandlung, so berichteten die Befragten, wenn die Kinder noch im Säuglings- oder Vorschulalter waren. In einem Drittel dieser Fälle war der Vater der Mißhandler. Der Mann mißhandelte die Frau, und er mißhandelte gleichzeitig die Kinder. In etwa einem weiteren Drittel ging die Kindesmißhandlung von der Frau aus, wie bei Molly, die vorhin zu Wort kam und die jetzt von ihren drei Kindern mißhandelt wird. Im letzten Drittel der Fälle wurde von keiner Kindesmißhandlung berichtet, außer der indirekten, die eintritt, wenn ein Kind in einer Familie lebt, in der die Mutter geschlagen wird. Douglas Bersherov, der Direktor des National Center for Child Abuse and Neglect (Nationales Zentrum für Kindesmißhandlung und -vernachlässigung) in Washington, D. C., sagte bei einer Anhörung vor dem Kongreß, daß in Familien, in denen Kinder und bekanntermaßen auch die Ehefrauen mißhandelt wurden, die Mißhandlung der Kinder in 70% der Fälle von den Männern ausging. In Familien, in denen zwar die Kinder, nicht aber die Ehefrauen mißhandelt wurden, ging die Kindesmißhandlung nur in 40% aller Fälle von den Männern aus. Es besteht also kein Zweifel, daß es einen starken Zusammenhang gibt zwischen der Mißhandlung von Kindern und von Frauen.

Manchmal trat die Kindesmißhandlung in Form von Inzest oder verführerischem Verhalten den kleinen Mädchen gegenüber auf. Ja, es scheint eine ziemlich starke Beziehung zu geben zwischen inzestuösem Verhalten von Vätern und Brüdern gegenüber den Kindern in der Familie und der Tatsache, daß diese Männer auch ihre Frauen schlagen. Jungen, die in einer Familie aufwachsen, in der der Vater die Mutter schlägt, werden häufig ebenfalls zu Gewalttätern. Ich habe nicht den geringsten Zweifel daran, daß eine enge Verbindung besteht zwischen Vergewaltigung, Mißhandlung und Inzest bei kleinen Mädchen. Es sind alles Verbrechen, die von Männern an Frauen verübt werden.

Jeannie erzählte, wie sie ihre kleine Tochter vor den brutalen Schlägen schützte, als sie mißhandelt wurde.

Stacey war ein süßes Baby. Sie weinte selten, außer – wie es schien – wenn Vic seine eigenen Probleme hatte. Eines Abends kam Vic in einer schrecklich üblen Laune nach Hause. Ich wußte, daß es Ärger geben würde, also fütterte ich Stacey und brachte sie ein bißchen früher als sonst zu Bett. Sie war wirklich brav und spielte eine Weile in ihrem Bettchen, ehe sie einschlief. Es gelang mir, in jeder Beziehung für Ruhe zu sorgen, und ich dachte schon, ich könnte eine Explosion diesmal verhindern, als Stacey später in der Nacht aufwachte und schrie. Ich stand auf und ging in ihr Zimmer, um sie in die Arme zu nehmen und zu beruhigen. Ich dachte, sie sei vielleicht hungrig und ich müßte ihr nochmal eine Flasche geben. Da kam Vic herein und begann mich wie verrückt anzubrüllen. Ich hatte gerade eine Zahnoperation hinter mir und mein Zahnfleisch fühlte sich ziemlich wund an, aber Vic fing an, mich mit Kastagnetten, die wir von einer Reise mitgebracht hatten, auf den Kopf zu schlagen. Er schlug mich damit quer über den Mund und auf den Kopf, so daß die einzelnen Teile durchs ganze Zimmer flogen. Sobald er auf mich losgegangen war, hatte ich mich mit dem Baby aufs Bett gesetzt und mich zusammengerollt, so daß er mich nicht ins Gesicht schlagen konnte. Daher traf er mehr meinen Kopf und meinen Rücken. Nachdem die Kastagnetten gerissen waren, zog er seinen Schuh aus und fing an, mich damit zu prügeln, auf meine Beine, meinen Kopf, meinen Rücken.

Das Baby begann zu schreien, weil ihm die Flasche aus dem Mund geschlagen wurde. Er zerrte mich mitsamt dem Baby, das ich im Arm hatte, an den Füßen vom Bett. Ich mußte das Kind beschützen. Ich landete auf dem Boden und bekam die ganzen blauen Flecken ab. Er sagte kein Wort, während er auf mich einschlug. Er schien völlig ruhig zu sein, nicht im geringsten wütend. Ich hatte wahnsinnige Angst, er würde das Kind treffen oder irgend etwas tun, daß die Naht im Mund aufplatzte. Ich hatte zwar nicht das Gefühl, er würde mich diesmal zu Tode prügeln, aber ich dachte, er würde das Kind umbringen. Ich habe sie damals beschützt. Ich weiß nicht, warum er aufhörte, aber plötzlich war es vorbei, fast so schnell, wie es angefangen hatte.

Für Julie war es schwieriger, ihre Tochter zu beschützen. Sie war nicht mehr mit dem Vater der Kleinen verheiratet, sondern lebte mit einem anderen Mann, der – wie sich herausstellte – ihr und dem Kind gegenüber grausam war. Julie lebte nur zwei Monate mit ihm zusammen, als ihre Tochter etwa zwei Jahre alt war, aber in dieser kurzen Zeit passierte genug, das nicht vergessen werden wird.

Nick schien seine Tochter wirklich gern zu haben. Ich meine, sie ist ja auch süß und hübsch und intelligent, und sie war gerade in dem Alter, wo sie sprechen lernte, als ich Nick begegnete. Oft gingen wir alle zusammen spazieren, und er schien richtig stolz auf sie zu sein. Er gab mit ihr an, als wäre sie eine kleine Puppe, und sagte den Leuten, sie sei seine Tochter. Ja, manchmal tat er komischerweise so, als wären wir wirklich verheiratet und seien eine richtige Familie. Ihm schien das ebenso wichtig zu sein wie mir. Aber es gab auch andere Zeiten, wo er gemein und grausam war, wo etwas in ihm war, das er nur ausleben konnte, indem er uns weh tat. Irgendwie wußte er gar nicht, wie man eine Familie bildet. Nachdem er in meine Wohnung gezogen war, wußte ich, daß das ein Fehler war. Plötzlich ging ihm die Kleine auf die Nerven. Sie hatte nachts gerne ein Licht an, weil sie sonst Angst vor dem Einschlafen hatte, und Nick ließ es nicht zu, daß ich es ihr anmachte. Ich konnte ihr Schreien und Weinen nachts nicht aushalten. Sie war noch so klein und hatte solche Angst, aber er ließ mich einfach nicht zu ihr gehen, um sie zu trösten. Wenn sie mitten in der Nacht aufwachte und einen Alptraum gehabt hatte oder mich einfach nur wollte, hielt er mich im Bett fest und ließ mich nicht zu ihr, daß ich sie trösten konnte. Wenn wir im Bett waren und uns liebten und sie zu weinen anfing (Ich weiß nicht warum, aber sie schien das immer zu machen, als wüßte sie den Zeitpunkt), bekam er eine Mordswut auf mich und auf sie. Wenn er übelster Laune war und mich anschrie und mich schlecht machte und meine Mutter schlecht machte, dann paßte ihm auch alles mögliche an dem Kind nicht. Er sagte dann, sie sei dumm und sie rede noch nicht genug oder sie werde nicht schnell genug sauber. Ich meine, sie war doch erst zwei. Was verlangte er eigentlich von ihr? Ich glaube, ich wußte, daß da etwas oberfaul war, als Nick beschloß, er würde dafür sorgen, daß das Kind sauber wurde. Da er so viel zu Hause war, hatte ich wenig Zeit mit der Kleinen alleine, und er nahm die Sache wirklich in die Hand! Wenn ihr ein kleines Malheur passierte, versohlte er sie so brutal, daß ich am liebsten mit ihr geheult hätte, aber was er mit ihr anstellte, wenn sie brav war und wirklich auf die Toilette ging, jagte mir noch mehr Schrecken ein. Nachdem sie ihr Geschäft gemacht hatte, sagte er ihr, er werde sie abwischen. Er ging dann zu ihr ins Bad und begann an ihren Genitalien herumzuspielen. Er fuhr mit seiner Hand die Poritze auf und ab und liebkoste ihr kleines Hinterteil auf eine Art und Weise, die sich einfach nicht gehörte, das wußte ich. Sie und er machten ein Spiel daraus. Sie lachte, und er lachte. An dem Tag, an dem ich ihn dabei erwischte, wie er seinen Finger in ihre kleine Vagina steckte, packte ich unsere Sachen und zog aus. Ich glaube, er hätte tatsächlich Sex mit ihr gehabt, wenn sie nicht noch so klein gewesen wäre. Was für ein Ungeheuer!

Julie rettete ihr kleines Mädchen dadurch, daß sie das, was sie sah, ernst nahm. Die Anzahl kleiner Mädchen, deren Väter oder Brüder Inzest an ihnen begehen, ist unbekannt. Forscher und andere, die überall in USA in Zentren für sexuell mißbrauchte Mädchen und Frauen arbeiten, wissen, das dies kein ungewöhnlicher Vorfall ist. Kleine Mädchen werden von der Zeit, wo sie zwei Jahre alt sind und die ganze Pubertät hindurch sexuell berührt und verführt, und das oft von denselben Männer, die auch ihre Frauen schlagen. Viele der in diesem Forschungsprojekt Befragten brachen unter Tränen zusammen und gaben zu, daß sie den Verdacht hatten, ihre Männer verführten oder vergewaltigten ihre Töchter immer wieder. Vielen aber fiel dieses Verhalten gar nicht auf, bis jemand sie darauf hinwies. Die Frauen schnitten dieses Thema nie von sich aus an, wenn sie nicht ausdrücklich danach gefragt wurden, ob ihre Männer sich ihren Töchtern sexuell näherten. Diese Frauen konnten nur sehr schwer mit ihren eigenen Schuldgefühlen umgehen, daß sie ihre Töchter jenen gewalttätigen Männern auslieferten. Sie waren der Meinung, sie hätten das wissen und verhindern müssen. Doch konnte man ihnen schwerlich die Schuld zuschieben in diesen schrecklichen Dreiecksverhältnissen. Sowohl sie als auch ihre Töchter waren die Opfer des abscheulichen und unentschuldbaren Verhaltens der Männer.

Marilyns Reaktion war typisch.

Mir ist bis jetzt eben nie aufgefallen, daß er sich meiner Tochter sexuell genähert hat. Aber das muß es gewesen sein, oder? Die vielen Male, wo ich, wenn wir auf Reisen waren, mit meiner einen Tochter in dem einen Doppelbett schlief und er mit der anderen Tochter im zweiten Doppelbett, wie man sie in den Familien-Motels so hat. Meine Kleine kam immer wieder weinend zu mir und sagte, sie wolle nicht bei Daddy schlafen. Sie sagte: »Bitte mach, daß ich nicht bei Daddy schlafen muß. Laß mich bei meiner Schwester schlafen.« Aber er beharrte auf seiner Meinung, es sei nicht richtig, daß die Mädchen uns zusammen im Bett sehen. Sie könnten denken, wir hätten Sex miteinander, und das wäre schrecklich. Es würde sie auf schmutzige Gedanken bringen. Mein Gott, was für ein Idiot war ich, daß ich ihm das geglaubt habe. Es ist komisch, wissen Sie. Nie wollte er die Mädchen ausgehen lassen. Als Ilene in der Oberstufe war, ließ er sie nie weg. Sie weinte und bettelte, er solle sie doch zum Schulball gehen lassen, aber er sagte nein. Komisch, denn als Jennifer im selben Jahr auch gehen wollte, gab er schließlich nach und ließ sie gehen. Dann ging er mit ihr einkaufen, um ein Kleid für sie auszusu-

chen, und ich muß sagen, ich habe noch nie ein Kleid gesehen, das so sexy war. Es war schwarz, hatte einen tiefen Ausschnitt und Schlitze an den Seiten. Jennifer sah darin aus, wie eine abgebrühte Zwanzigjährige und nicht wie die hübsche Siebzehnjährige, die sie ist. Nie ist er zufriedenzustellen. Entweder ist er eifersüchtig darauf, daß sie einen Freund hat, oder er kauft ihr provozierende Kleider. Ich habe versucht, mich aus ihrer Beziehung herauszuhalten. Wenn er mit ihr beschäftigt ist, läßt er mich in Ruhe, und ich kriege keine Prügel. Wahrscheinlich ist es nicht richtig, daß ich sie nicht beschütze, aber wenn ich ehrlich bin, dann glaube ich nicht, daß ich sie hätte beschützen können. Er hat ja nie auf mich gehört. Es hätte alles nur noch schlimmer gemacht.

Jennifer, Marilyns siebzehnjährige Tochter, war anderer Meinung. Sie wurde in einem kommunalen psychotherapeutischen Zentrum interviewt, nachdem sie von zu Hause durchgebrannt war. Es war schwer zu sagen, auf wen sie mehr Wut hatte, auf ihren Vater, der sie brutal schlug, als er den Verdacht hatte, daß sie mit einem Freund sexuelle Beziehungen hatte, oder auf ihre Mutter, von der sie das Gefühl hatte, sie habe sie nie vor den sexuellen Avancen ihres Vaters geschützt. Obwohl Marilyn bestritt, etwas davon gewußt zu haben, war Jennifer der Meinung, ihre Mutter wüßte, was ihr Vater tat, und sie sei seine Komplizin, weil sie ihn nicht daran hinderte. Sie wurde zu einer Tante in einem anderen Bundesstaat geschickt, was in ihrer besonderen Familiensituation wohl der einzig gangbare Weg war.

Mißhandelte Mütter sind nicht die einzigen, die sich auf ein konspiratives Verhalten zum Schutz des Gewalttäters einlassen. Andere Familienmitglieder tun das auch. Manche der Anruferinnen, die an diesem Forschungsprojekt teilnehmen wollten, sagten, sie seien Schwestern der Frauen, die mißhandelt wurden. In einigen Fällen riefen auch die Mütter der mißhandelten Frauen an. Wenn es auch unmöglich war, von den Mißhandelten selbst eine Bestätigung dieser Geschichten zu bekommen, wußten diese anderen Personen doch ganz offensichtlich, was vorging, griffen aber lieber nicht ein. Wenn einige von ihnen schon einmal eingegriffen hatten, hatten sie feststellen müssen, daß weder die mißhandelte Frau noch ihr Mann die Ratschläge annahmen. Jetzt war es das Beste, das sie ihrer Meinung nach tun konnten, die Frau vor Blamage zu bewahren und den Mann davor, daß die Wahrheit ans Licht kam. In den meisten Fällen waren sie bereit mitzuhelfen, die Kinder zu beschützen, wenn sie darum gebeten wurden. Doch mißhandelte Frauen bitten nur selten die Familie um Hilfe, weil sie fürchten, daß die Familienmitglieder dadurch ebenfalls den Gewalttätigkeiten ausgesetzt werden.

Wenn auch die meisten der Befragten aus miteinander eng verbundenen Familien kamen, berichteten sie oft, daß sie Schwierigkeiten hätten, ihre Wut der Familie gegenüber zum Ausdruck zu bringen. Ihre Eltern konnten in ihnen sehr große Gefühle der Liebe, Schuld und Wut hervorrufen, aber den Frauen fiel es schwer, damit umzugehen. Manchmal benutzten die Frauen ihren gewalttätigen Mann als Puffer zwischen sich und der Familie. Daß er nein sagte, wurde oft als Ausrede benutzt, um eine direkte Ablehnung der Hilfe durch die Familie zu umgehen. Während die Frauen jedoch lediglich einen Puffer wollten, errichteten die Männer häufig unüberwindliche Mauern. Meistens erzählten die Frauen ihren Familien nicht, was sich bei ihnen zu Hause abspielte. Als wäre es ein Spiel, gaben sowohl die Familien als auch die Frauen vor, nicht zu wissen, was vor sich ging, während beide Teile nur allzu gut Bescheid wußten.

In einer großen Zahl von Fällen war die Mutter des gewalttätigen Mannes das hilfreichste Familienmitglied. Sie war diejenige, zu der die mißhandelte Frau in ihrer Angst mitten in der Nacht lief, wenn sie grün und blau geschlagen war. Man konnte sich darauf verlassen, daß sie wußte, wann medizinische Hilfe nötig war oder wann man gefahrlos wieder nach Hause gehen konnte. Sie pflegte die Wunden der Frau, sprach ihr Mut zu und schickte sie wieder heim. Oft nahm die Schwiegermutter am Los der mißhandelten Frau teil, indem sie ihr sagte, sie verstehe sie so gut, weil auch sie in ihrer Ehe geschlagen worden sei. »Denk an die positiven Seiten«, sagen die Schwiegermütter dann. »Grüble nicht über diese dunklen Momente nach, sie gehen vorbei. Mir ging es noch schlechter als dir, Liebes. Ich weiß, was du durchmachst. Aber danke dem Himmel, daß es nicht so schlimm ist, wie es sein könnte.« Einerseits machte sich die Schwiegermutter bei der mißhandelten Frau beliebt, weil sie ihr Zuflucht und Trost bot. Andererseits gab die Frau oft ihrer Schwiegermutter die Schuld an ihren Mißhandlungen. Sie beschuldigte sie, sie habe ihren Ehemann in seiner Kindheit nicht gut genug behandelt. Gleichzeitig aber verstand sie diese Frau auch, weil sie wußte, daß auch der Vater ihres gewalttätigen Mannes fordernd und brutal gewesen war. Die mißhandelten Frauen gaben an, ihre Männer hätten ambivalente Gefühle ihren Müttern gegenüber. Die Männer liebten und haßten ihre Mütter gleichzeitig, und sie fürchteten ihre Macht. Viele Frauen berichteten, die Gewaltakte traten häufiger auf, wenn ihre Männer bei ihren Müttern gewesen waren. Das war auch so, wenn ihre Väter anwesend waren. In beiden Fällen hatten die Frauen das Gefühl, sie hätten zum großen Teil die Wut ihrer Ehemänner auf ihre Mütter auszubaden. Oft sagten sie von ihren Männern: »Sie hassen Frauen, vor allem ihre Mutter.«

Die Art der Beziehung des Gewalttäters zu seiner Mutter und seinem Vater ist unklar. Es gab in meiner Studie offensichtlich gestörte Beziehungen zwischen den gewalttätigen Männern und ihren Eltern. Doch wie diese Beziehung nun ihr Verhalten als Erwachsene genau beeinflußte, bedarf noch weiterer Untersuchung.

Wir waren der Meinung, daß die Frage wichtig sei, ob eine bestimmte ethnische oder religiöse Gruppierung die Familienbeziehungen durch ihre Wertvorstellungen prägt. Wir mußten uns fragen, inwieweit die Religion, die Frauen ausüben, sie dazu veranlaßt, in einer gewalttätigen Beziehung zu bleiben. Ist Gewalt eine subkulturelle Form in unterschiedlichen ethnischen Gruppen? Doch es stellt sich heraus, daß religiöse oder kulturelle Wertvorstellungen, wenn sie eine Rolle in der gewalttätigen Beziehung spielen, wohl eher mit der Aufrechterhaltung der Familie zu tun haben, als daß sie offene Gewalttätigkeit fördern.

Von der lateinamerikanischen Kultur haben wir oft die Klischeevorstellung, sie bringe heißblütige Männer und Frauen hervor. Erhöht sich durch dieses Klischee die Gewalt in einer gewalttätigen Beziehung? Aufgrund unserer Untersuchung einer repräsentativen Anzahl von Frauen lateinamerikanischer Herkunft können wir das nicht bestätigen. Ihre Kultur ermutigte Männer nicht mehr als andere Kulturen dazu, ihre Frauen zu schlagen. Die Schwierigkeit in diesen Fällen war, daß das Bild vom Mann als Macho die Frau doppelt unter Druck setzte, über das brutale Verhalten ihres Ehemannes nicht zu sprechen. Das zu tun würde nämlich bedeuten, daß er an Gesicht verliert und sie als Verräterin abgestempelt wird. In jeder Kultur, in der Gesichtsverlust eine Rolle spielt, werden gewalttätige Beziehungen noch mehr verheimlicht. Ich bin jedoch davon überzeugt, daß Gewalttätigkeit nicht durch die ethnischen oder familiären Wertvorstellungen innerhalb irgendeiner Kultur gefördert wird. In den rasant wachsenden Städten des Westens, wo sich schnell aggressive Energie entwickelt, oder in ländlichen Gebieten in den Appalachen, wo Gewalttätigkeit zum Lebensstil wird, ist es die Fortsetzung der Gewalttätigkeit, die gefördert wird – und die Beendigung der Gewalttätigkeit, die eben nicht gefördert wird – und nicht so sehr ihr anfängliches Auftreten. Männer müssen ihre Frauen nicht schlagen, um in ihrer Gemeinde Respekt zu erwerben, allerdings müssen sie sie beherrschen. Dieser Aspekt der Dominanz ist jedoch in allen ethnischen Kulturen zu finden.

In den Geschichten der Befragten spielten religiöse Wertvorstellungen eine große Rolle, da die meisten in Familien aufwuchsen, in denen irgendeine Religion praktiziert wurde. Ihre religiösen Wertvorstellungen begünstigten das Zusammenhalten der Familie um jeden Preis – selbst um den Preis des Lebens der Frau. Die religiösen Gruppierungen, die am unverhohlensten den Frauen ihre Hilfe versagten, waren die konservativen Fundamentalisten und einige katholische Orden. Sie standen den Frauen zwar unter Umständen in Krisensituationen bei, schickten sie jedoch, wenn die unmittelbare Gefahr vorüber war, wieder nach Hause zurück, um die Familie aufrechtzuerhalten. Trennung und Scheidung waren undenkbar. In einer Geschichte nach der anderen erzählten Frauen, daß ihre religiösen Berater sie anwiesen, nach Hause zu gehen, für die Seele des gewalttätigen Mannes zu beten und zu hoffen, daß er sich bessern würde.

Jetzt, wo ich dies schreibe, scheint sich innerhalb der religiösen Gemeinschaften eine neue Einstellung herausgebildet zu haben. Kirchen beginnen Frauenhäuser einzurichten, um mißhandelten

Frauen zu helfen. Es wird interessant sein zu beobachten, wie sie den Konflikt zwischen der religiösen Wertvorstellung, daß die Familie zusammengehalten werden müsse, und der Notwendigkeit, die Familie zu trennen, wenn die Beziehung gewalttätig ist, lösen werden. Immerhin ist ein Anfang gemacht, und das ist ermutigend. Ich bin der Meinung, daß Religion die Seele des Einzelnen schützen sollte und nicht so sehr die kollektive Familie. Und ich bin zuversichtlich, daß kirchliche Gruppierungen, solange es für die Frauen und ihre Kinder schädlich ist, in einer Gewaltbeziehung zu bleiben, Maßnahmen ergreifen werden, den Frauen zu helfen, als alleinerziehende Mutter für ihre Kinder zu sorgen, ebenso wie sie sich auf Frauen eingestellt haben, die Witwen geworden sind.

Zusammenfassend läßt sich sagen, daß das Ideal der Familie, die traditionell als Eckpfeiler unserer Gesellschaft gesehen wird, in einer gewalttätigen Beziehung ganz entsetzlich verzerrt wird. Die Kinder werden schwer geschädigt, sowohl physisch als auch emotional. Zum Glück können aus vielen dieser Familien verhältnismäßig gesunde Familien werden, wenn die Mutter als Alleinerziehende ausreichende finanzielle und emotionale Unterstützung bekommt.

8
Soziale Mißhandlung

Er ist ein guter Mensch. Walter ist wirklich kein schlechter Mensch. Er findet, daß man etwas für die Gemeinschaft tun muß. Er würde keiner Menschenseele Leid zufügen. Warum mir? Er schuftet Tag und Nacht, um seine Programme durchzukriegen. Die Arbeit hat nie ein Ende. Ich kann mich nicht erinnern, wann wir zum letzten Mal Urlaub gemacht haben, nur wir zwei, ohne daß Reporter oder der Beraterstab dabei gewesen wären. »Arbeitsurlaub« nennt Walter das. »Hab keine Zeit zum Ausspannen«, sagt er, »zuviel Arbeit und zuwenig Zeit.«

Wahrscheinlich sollte ich mich gar nicht beklagen. Ich habe auch meinen »Stab«. Ich muß weder kochen, noch das Haus putzen, ich muß nur den Mist organisieren. Aber das macht mir keinen Spaß, immer nur anderen was anzuschaffen. Wissen Sie, es ist erstaunlich, wie allein man sein kann, auch wenn das ganze Haus voller Leute ist.

Manchmal finde ich das Licht der Öffentlichkeit sogar ganz schön. Auf jeden Fall zwingt es Walter dazu, mir Aufmerksamkeit zu schenken, wenn andere dabei sind. Aber kaum sind die Fernsehkameras weg, schon ist er gemein und fies und sieht über mich hinweg, wie immer. Ich weiß nicht, wie lange ich das noch aushalte. Alkohol nützt nichts und Pillen auch nicht. Ich habe es damit probiert, aber ich bin nur in irgend so ein exklusives Krankenhaus gesteckt worden. Ich kann schreien, wie ich will, um seine Aufmerksamkeit zu erregen – alles, was ich bekomme, sind wieder höhnische Bemerkungen, Beschimpfungen und Mitleid. Jetzt, da wir Persönlichkeiten des öffentlichen Lebens sind, schlägt mich Walter kaum mehr, aber er ist nach wie vor grausam. Er würde sterben, wenn er wüßte, daß ich hier mit Ihnen spreche. Ich, eine mißhandelte Frau? Ha! Er würde es nie glauben.

Er redet mir zu, ich solle selbständig etwas tun, aber dann macht er mich fertig für jeden Fehler, den ich mache. Man darf keine Fehler machen, keine Mißerfolge haben, wenn man zu Walters Leben gehört. Wahrscheinlich würde er sich von mir scheiden lassen, wenn er nicht so dringend eine Ehefrau für sein Image brauchte. Für den Sex braucht er mich nicht. Dafür scheint er genügend andere Frauen zu haben. Ich wette, daß jede Frau alle zehn Finger abschlecken würde, mit ihm mal zusammen zu sein. Die haben ja keine Ahnung. Und doch könnte ich ihn nicht verlassen. Das würde seine Karriere ruinieren. Ha! Er würde mich auch gar nicht gehen lassen. Ich bin sicher, er würde dann seine Macht einsetzen, um mich ganz los zu werden. Wissen Sie, so wie bei Martha Mitchell, als Nixon Präsident war. (John Mitchell war Generalstaatsanwalt, und seine Frau Martha kam bei einem mysteriösen Flugzeugabsturz ums Leben. Anm. d. Übers.). So etwas könnte Walter tatsächlich tun, wissen Sie.

Wie wenig das Bild eines Mannes, der seine Frau schlägt, mit dem Bild eines Mannes in Einklang zu bringen ist, der sein Leben der Gemeinschaft widmet, wird in Renées Geschichte deutlich. Sie war mit einem Interview einverstanden, vorausgesetzt, die Einzelheiten würden so geändert, daß die Anonymität ihres Mannes gewahrt blieb. Es gab viele andere Renées und Walters in meinem Projekt. Das waren die Frauen, die in der Falle saßen, weil ihre Ehemänner hochrangige Stellungen in der Wirtschaft oder der Gesellschaft bekleideten. Diese Frauen waren mit Offizieren, Unternehmern, Politikern oder anderen prominenten Männern verheiratet. In den Augen der Öffentlichkeit wirft das, was sie tun, ein Licht auf ihre Männer, und die Männer sind sich der eventuellen negativen Konsequenzen sehr wohl bewußt. Häufig durften die Frauen nichts tun, bevor sie nicht die Erlaubnis ihrer Männer dazu erhalten hatten. Wenn wir auch normalerweise solche Einschränkungen nicht als Mißhandlung betrachten, so führen sie doch zur gleichen sozialen Isolation, zu Abhängigkeit und zum Verlust der Individualität, wie es bei physischer Brutalität der Fall ist.

Wenn soziale Isolation und Demütigung als Methoden der Gewaltanwendung eingesetzt werden, schließt dies im allgemeinen seelische Vergewaltigung ein. Die Bedrohung durch physische Gewalt ist jedoch auch immer vorhanden. Diese Frauen wissen, daß sie, wenn sie nicht gehorchen, ernsthaften Schaden erleiden werden. Sie wissen auch, daß ihnen niemand helfen wird. Erstens wird niemand glauben, daß die Männer, die doch Stützen der Gesellschaft sind, gleichzeitig zu den Mißhandlungen fähig sind, von denen die Frauen berichten. Diese Frauen haben außerdem das Gefühl, daß – abgesehen davon, daß ihnen niemand Glauben schenkt – es auch niemand wagen wird, gegen ihre Ehemänner vorzugehen. Sie halten ihre Ehemänner für mächtiger als irgend jemand anderen, der versuchen könnte, ihnen zu helfen. Die Unfähigkeit, Hilfe zu suchen, wird noch größer, wenn der Mann ein prominentes Mitglied eines Berufsstandes wie zum Beispiel des juristischen ist, der den Frauen eigentlich Schutz gewähren soll. Die Frau eines Polizisten, eines Psychologen, eines Arztes, eines Richters, eines Bürgermeisters, eines Offiziers, eines Abgeordneten, eines Nachrichtensprechers – sie alle haben Schwierigkeiten, diesen Schutz zu erhalten. In den meisten Fällen ist diesen Frauen klar, daß der Einfluß, den ihr Mann in der Gesellschaft hat, es ihnen schwerer macht, Beistand zu bekommen. Es ist ihnen auch schmerzlich bewußt, daß sie, wenn sie um Hilfe nachsuchen, sofort mit Publicity, Peinlichkeit und eventuellem Ruin der Karriere des Ehemannes rechnen müssen. Ein doppeltes System des Vertuschens und Stillschweigens ist die Folge. Jeder in der Umgebung des Gewalttäters wird zum Komplizen seiner Gewalttätigkeit. Da diejenigen, die mit ihm verbunden sind, ihre Selbstachtung aus eben dieser Verbindung und aus seiner Stellung beziehen, wird es keiner riskieren, ihn zu stürzen, denn damit würden sie ja alle verlieren.

Renées Geschichte ähnelt der einer Frau, die mit einem Manager verheiratet ist und die anonym an meinem Projekt teilnehmen wollte. Ich war mit einem telefonischen Interview einverstanden unter der Bedingung, daß sie einen ausgefüllten Fragebogen zurückschicken würde. Wenn ich auch nie ihren Namen erfuhr, so ist ihre Geschichte denen anderer doch zu ähnlich, um nicht wahr zu sein.

Als wir vor fünfundzwanzig Jahren heirateten, kamen wir beide aus sehr reichen Familien. Unsere Familien waren begeistert über unsere Heirat. Damit wurde sozusagen der Status gewahrt. Drei Wochen nach unserer Heirat begannen die Mißhandlungen, und sie waren in der Zeit, in der meine Kinder klein waren, ziemlich schlimm. Schließlich ging ich zu meinen Eltern zurück. Mein Vater hatte ein langes Gespräch mit meinem Mann, der schwor, er würde es nie wieder tun. Mein Vater sorgte auch dafür, daß wir viele Hausangestellte hatten, damit sie ihm davon berichten konnten, wenn es wieder zu Prügeleien kam. Komischerweise hat mein Vater aber nie etwas unternommen, auch wenn sie es ihm erzählt haben sollten.

Die ersten fünf Jahre unserer Ehe habe ich meinen Mann wirklich geliebt, und ich dachte, ich könnte ihm helfen. Ich wollte seine Psychiaterin sein. Nach einer Weile aber gewann die Angst davor, umgebracht zu werden, die Oberhand. Oft kam er von Cocktailpartys nach Hause, ging zu seiner Waffensammlung und fuchtelte damit herum und schrie: »Ich tauge nichts, ich bring mich um! Und dich und die Kinder bring ich auch um!« Ich habe ihm wirklich geglaubt. Ich hatte Angst, er würde sich, mich und die Kinder umbringen. Wenn wir abends ins Bett gingen, stieß er mich oft völlig grundlos aus dem Bett. Viele Nächte habe ich in Motels oder in einem anderen Teil des Hauses verbracht, und ich sorgte dann dafür, daß eines der Hausmädchen die ganze Nacht vor meinem Zimmer Wache hielt. Jetzt muß ich lachen, wenn ich daran denke, denn ich glaube nicht, sie hätte ihn daran hindern können, wenn er in das Zimmer gewollt hätte. Aber irgendwie hatte ich damals ein besseres Gefühl dabei, als wäre ich wirklich beschützt.

Ich habe immer gewußt, daß mein Mann mehr Macht hatte als das Gericht. Wenn ich zum Gericht ginge oder die Polizei riefe, würde er mich umbringen. Er steht außerhalb des Gesetzes. Wenn er nach Hause kam und in irgendeinem Zimmer die Tür zu war, schlug er sie ein, also sorgte ich dafür, daß die Mädchen immer alle Türen offen ließen. Es gab viele Nächte, wo er nach Hause kam und begann, gegen die Türen zu schlagen. Dann packte ich die Kinder und fuhr in ein Drive-in Kino. Ich wußte, daß es immer schlimm wurde, wenn er seine Mutter besuchte. Sie hatte viele Probleme mit Gehirnkrankheiten, und als er jünger war, wurde bei ihr eine Lobotomie vorgenommen. Immer wenn er sie besuchte, war das offenbar der Auslöser.

In seinem Beruf ist er sehr gut. Wenn er nicht wäre, gäbe es in unserer Gemeinde viele der kulturellen Dinge nicht, die von seinem Geld bezahlt werden. Unsere Beziehung ist so stark, daß sie nicht zu lösen ist. Ich weiß Dinge von ihm, da würde er mich eher umbringen, als daß er die an die Öffentlichkeit dringen lassen würde. Wenn es so schlimm wird, daß ich es nicht mehr aushalte, packe ich meine Sachen, fahre nach Europa, reise ein paar Monate herum und komme dann zurück. Das hilft mir, auch wenn ich sehr einsam bin. Als meine Jüngste zwölf war und die anderen im Internat, packte ich sie einfach, und wir lebten ein ganzes Jahr in Europa. Das war eines der besten Jahre, an die ich mich erinnern kann. Ich weiß nicht, was ich tun werde. Er wird mich umbringen, wenn ich den Versuch mache wegzugehen. Das Beste ist, wenn ich versuche zu erkennen, wann er in jener Stimmung ist und ich mich dann eine Weile von ihm fernhalte. Anders könnte ich nicht leben. Ich brauche seinen Erfolg. Ohne meinen Mann wäre ich nichts.

Lorene war mit einem hochrangigen Offizier verheiratet. Er verdankte seinen Aufstieg ursprünglich seinen hervorragenden Leistungen als Frontoffizier im Vietnam-Krieg.

Das Leben als Ehefrau eines Offiziers hat seine Höhen und Tiefen. Es ist angenehm zu wissen, daß man beschützt ist, daß man seine Lebensmittel über die Armee günstig kaufen kann, daß man in den Offiziersklub gehen kann und daß man an allen möglichen Veranstaltungen teilnehmen kann, die für die Gattinnen der Offiziere am Stützpunkt organisiert werden. Es gibt immer ein soziales Umfeld, das einen trägt, und viele andere, die in derselben Situation sind wie man selbst, vor allem wenn der Mann irgendwo in Übersee im Einsatz ist. Aber es hat auch seine negativen Seiten. Man wird eigentlich nicht als eigenständige Persönlichkeit gesehen. Man ist die Ehefrau des Mannes. Tatsächlich tragen auch alle Veranstaltungen den Titel »Veranstaltungen für Offziersgattinnen«, und manchmal hat man keine Wahl, man muß einfach daran teilnehmen. Inzwischen kann ich diese Offziersgattinnengruppen nicht mehr ausstehen. Sie sind so streng reglementiert, wie das beim Militär zu erwarten ist. Ich erinnere mich daran, daß ich einmal mit einer Frau, die ich kennenge-

lernt hatte, Bridge spielen wollte. Sie war die Frau eines anderen Offiziers, und wir hatten Kinder im gleichen Alter, ja wir hatten überhaupt eine Menge gemeinsam. Wir fingen also an, miteinander Bridge zu spielen, und besuchten uns gegenseitig, bis mein Mann mir eines Tages sagte, ich dürfte mich nicht mehr mit ihr treffen. Ich konnte das überhaupt nicht begreifen, bis er mir erklärte, es seien eine ganze Reihe Beschwerden an ihn gelangt von seinem befehlshabenden Offizier, daß ich zuviel Zeit mit ihr verbrachte. Ihr Mann stand in der militärischen Stufenleiter wesentlich tiefer als mein Mann, also durfte ich nicht mit ihr befreundet sein. Die einzigen Frauen, mit denen ich befreundet sein durfte, waren die, mit denen ich nichts gemeinsam hatte.

Daß man die eigenen Freunde nicht frei wählen kann, beschränkt sich nicht auf das Militär. Gewalttätige Männer in allen Gesellschaftsschichten bestehen für gewöhnlich darauf, die Freundschaften ihrer Ehefrauen abzusegnen, wenn nicht sogar auszuwählen. Mißhandelte Frauen werden durch ihre Männer konsequent von ihren Freundinnen isoliert, vor allem, wenn diese einen gewissen Einfluß auf sie haben.

Von den mißhandelten Frauen wird erwartet, daß sie gesellschaftliche Kontakte für ihre Männer pflegen. Im allgemeinen müssen sie die Kunden oder Geschäftsfreunde ihrer Männer bewirten. Diese Frauen berichten oft, daß sie lieber diese Art Geschäftseinladung geben, als daß sie ihre eigenen Freunde einladen. Das schwer kalkulierbare Wesen des so explosiven Mannes macht es der Frau nicht leicht, eine Party im voraus zu planen. Sie weiß jedoch, daß der Mann, wenn die Party für Geschäftsfreunde oder Kunden gegeben wird, sein unbeherrschtes Temperament zügeln wird. Es ist eigentlich kein Wunder, daß diese Frauen glauben, etwas stimme mit ihnen nicht, wenn ihre Männer Selbstbeherrschung an den Tag legen können, wenn das zu ihrem Vorteil ist, und ungezügelte Gewalttätigkeit, wenn niemand dabei ist.

Soziale Mißhandlung kann die Form extremer sozialer Isolation annehmen. In manchen Fällen weigern sich die Gewalttäter, zu gesellschaftlichen Veranstaltungen zu gehen, an denen ihre Frauen gerne teilgenommen hätten. Geschäftsfrauen müssen auch Kunden und Geschäftspartner einladen, doch ihre Männer weigern sich, die Rolle des Begleiters zu spielen. Mißhandelte Frauen können sich in gesellschaftlichen Situationen nicht auf ihre Männer verlassen und verzichten deshalb oft lieber auf gesellschaftliche Ereignisse, als daß sie sich dem unwägbaren Verhalten ihrer Männer aussetzen. Diejenigen Frauen, die dennoch versuchen, gesellschaftlichen Umgang zu pflegen, wissen nie genau, ob ihre Männer zauberhaft sein werden, ob sie die Party verlassen, sich plötzlich langweilen, sie links liegenlassen oder sogar verbal demütigen werden.

Die mißhandelte Frau ertappt sich dabei, daß sie Entschuldigungen vorbringt und das Benehmen ihres Mannes verteidigt. Es kann vorkommen, daß er sie für sein Verhalten verantwortlich macht und sie die Schuld auch auf sich nimmt, weil sie das Gefühl hat, daß alle anderen sein Verhalten als Bestrafung für ihre Missetat einschätzen. Sie fühlt sich gedemütigt und schuldig und findet am Ende noch logische Gründe für die erlittene Mißhandlung. In Beziehungen, in denen Alkohol das Problem noch verschärft, haben gesellschaftliche Ereignisse für die Frau oft noch eine weitere negative Komponente. Sie weiß, daß ihr Mann vielleicht zuviel trinken wird und daß dann gewalttätiges Verhalten die Folge sein wird. Ihre Misere wird sehr zutreffend von Frauen beschrieben, die zu Al-Anon gegangen sind, einer Selbsthilfegruppe, die den Familienangehörigen von Alkoholikern Unterstützung bieten will. Ob die Frau nun an den gesellschaftlichen Ereignissen teilnimmt oder ob sie zu Hause bleibt, immer hat sie Angst vor Mißhandlung.

Gewalttätige Männer benützen gesellschaftliche Ereignisse oft als Waffe. Wenn die Frau zum Beispiel plant, irgendwo hinzugehen, kann er sich weigern, eine feste Zusage zu geben, ob er mitkommt oder nicht. Häufig wird er sie damit unter Druck setzen, daß er sagt, er würde mitgehen und sich gut benehmen, wenn sie etwas tut, was er will. Diese Art Verhalten verstärkt noch das Schwanken der Frau, ob sie nun allein gehen oder zu Hause bleiben soll. Sie hofft ständig darauf, daß er in letzter Minute doch noch mitkommt, aber sie kann seine Laune nicht vorhersehen und hat Angst vor weiteren Problemen. Diese Art von Druck von seiner Seite fördert das manipulative

Verhalten von ihrer Seite, da sie kleinere gewalttätige Akte unter den Teppich kehrt, um ihn bei guter Laune zu halten. Sehr häufig weigert er sich noch in allerletzter Minute mitzugehen, und er zwingt sie damit, entweder selbst auch abzusagen oder eine Ausrede zu erfinden, wenn sie allein kommt. Oder er nimmt tatsächlich teil, verhält sich aber widerwärtig, grob, ja brutal. Dieses Verhalten kann er erfolgreich einsetzen, weil es so sporadisch ist. Manchmal ist er zauberhaft und reizend, manchmal nicht, und die Frau weiß nie, wann sie die Quittung bekommt.

Jeanettes Bericht von dem folgenden Vorfall ist typisch:

Ich wußte, daß Probleme auf mich zukamen. Die Spannung hatte sich schon seit zwei oder drei Wochen aufgebaut. Es gab viele kleinere Zwischenfälle, und es kostete mich immer mehr Kraft, die Wogen wieder zu glätten. Allmählich machte ich mir wirklich Sorgen. Am Sonntag hatte meine Schwester Hochzeit, und ich wußte, ich würde vor Scham vergehen, wenn sich George bei der Hochzeit meiner Familie gegenüber ekelhaft und unverschämt benehmen würde. Ich ertrug das einfach nicht.

Am Donnerstagabend kam George in einer absolut schrecklichen Laune nach Hause. Er fuhrwerkte mit dem Geschirr herum und begann nach dem Abendessen ziemlich viel zu trinken. Anfangs versuchte ich ihm aus dem Weg zu gehen, aber nach einer Weile hielt ich es nicht mehr aus. Sein ewiges Gemecker ging mir einfach auf die Nerven, und ich machte mir Sorgen wegen Sonntag. Wie sollte ich es denn machen? Sollte ich absagen und selbst auch nicht hingehen? Sollte ich alleine gehen? Plötzlich fing Georg an, mich anzuschreien – das Übliche. Ich hielt es nicht mehr aus und schrie zurück. Ich wußte, er würde explodieren. Es schien überhaupt keine Rolle mehr zu spielen. Es schien mir besser, die Explosion hinter mich zu bringen, als noch ein paar Tage so weiterzumachen. Ich ertrug die Spannung einfach nicht mehr. Außerdem wußte ich, daß George, wenn er die Prügelei heute abend hinter sich bringen würde, bis Sonntag alles bereuen und es ihm furchtbar leid tun würde. Er würde versuchen, es wieder gutzumachen, indem er sich vor meiner Familie so nett wie möglich benahm. Darum ging es eigentlich an jenem

Abend: wie ich es schaffte, daß George zur Hochzeit meiner Schwester mitging und ich stolz auf ihn sein konnte.

Jeanette provozierte keinen akuten Gewaltakt, weil sie gerne geschlagen wurde, sondern sie hatte den Mißhandlungszyklus schon erlebt und wußte, daß ihr Mann während der dritten Phase ein liebenswürdiger, charmanter Partner sein würde, mit dem sie zur Hochzeit ihrer Schwester gehen konnte. Das war ihre Belohnung. Leider mußte sie es ertragen, verprügelt zu werden, um sie zu bekommen.

Frauen, die große Schwierigkeiten haben, mit dieser Art sozialer Mißhandlung fertigzuwerden, isolieren sich häufig immer mehr. Viele von ihnen berichten, daß die mit dem manipulativen Verhalten verbundene Spannung die Freude verdirbt, die sie an einer Party gehabt hätten. Sie gehen nicht so häufig aus, wie sie es gerne tun würden, und sie ziehen sich langsam von anderen Menschen zurück. Sie haben Angst vor den eifersüchtigen Beschuldigungen, die ein gesellschaftliches Ereignis nach sich ziehen kann. Nach und nach schlagen sie alle Einladungen aus, und schließlich werden sie nicht mehr eingeladen. Sie sind immer häufiger mit ihren Mißhandlern allein, und sie werden immer abhängiger von ihnen, was Geselligkeit angeht. Je mehr Zeit das Paar zusammen verbringt, desto mehr eskalieren die Wutgefühle bis zu weiteren Mißhandlungen. Diejenigen Frauen, die sich doch ein gesellschaftliches Leben aufbauen, verbringen viel Zeit damit, daß sie mit Freundinnen etwas unternehmen. Sie spielen Karten, gehen ins Kino oder nehmen an religiösen Veranstaltungen teil. Diese Unternehmungen rufen weiteres eifersüchtiges und besitzergreifendes Verhalten beim Gewalttäter hervor, und der Teufelskreis der Mißhandlungen setzt sich fort.

Verbale Mißhandlung ist unter Umständen das stärkste Druckmittel in einer gewalttätigen Beziehung. Obwohl die Frauen schwere körperliche Verletzungen davontrugen, gaben die meisten der in meiner Erhebung Befragten an, daß verbale Herabsetzung die schlimmste Form der Mißhandlung sei, die sie erlebten. Sie wurden ständig durch Worte herabgesetzt, eine Form der sozialen Mißhandlung, die deutlicher zu beobachten ist als die soziale Isolation. Die meisten von uns können sich daran erinnern, mit einem Paar zusammengewesen zu sein, das ständig stritt. Durch die häßlichen Bemerkungen, die hin- und hergeschleudert werden, wird die Atmosphäre bedrückend, und wir ertappen uns dabei, daß wir nach Ausreden suchen, um uns nicht mehr mit dem Paar treffen zu müssen. Die verbale Herabsetzung geht oft über den gesellschaftlichen Anlaß selbst hinaus. Soziale Interaktion ist ein fruchtbarer Boden, auf dem sich Gründe finden lassen, eine Frau zu mißhandeln. Der Mann kann zum Beispiel die Frau wegen der Art, wie sie sich kleidet, kritisieren. Sie kleidet sich zu provozierend, zu einfach oder zu wenig chic im Vergleich zu anderen Frauen. Er kann sie beschuldigen, mit anderen Männern zu flirten, und er kaut gewöhnlich jeden einzelnen Kontakt durch, den sie während des ganzen Abends hatte. Kein Wunder, daß mißhandelte Frauen gesellschaftliche Ereignisse fürchten und sie allmählich aus ihrem Leben streichen.

Einer der Gründe, daß soziale Isolation einen so ungeheuren Einfluß auf das Verhalten der Frauen hat, ist die Tatsache, daß sie besonders empfindlich sind, was Blamage in aller Öffentlichkeit angeht. Frauen sind dazu erzogen worden, Damen zu sein und sich in der Öffentlichkeit ordentlich zu benehmen. Wenn sie erst einmal wirksam isoliert sind, haben sie wenig Gelegenheit, etwas über das Benehmen anderer Leute zu erfahren. Mißhandelte Frauen kennen selten andere mißhandelte Frauen. Sie glauben, die Gewalttätigkeit, die sie erleben, sei einmalig. Das letzte, was diese Frauen wollen, ist, daß man glaubt, sie hätten die Hosen an, oder daß man sie für alles andere als feminin hält, und so isolieren sie sich entweder, oder sie lassen es lieber zu, in aller Öffentlichkeit herabgesetzt und blamiert zu werden als sich zu wehren. Wenn die mißhandelte Frau sich dann doch einmal wehrt, wird sie wegen ihres Benehmens kritisiert, und zwar nicht nur von ihrem Mann, sondern auch von der Gesellschaft insgesamt. Die Frau, die den sicheren Boden eines Klubs, eines Restaurants oder einer Party bei Freunden benutzt, um den Kampf mit ihrem sie mißhandelnden Ehemann auszufechten, wird oft sehr kritisch gesehen. Man versteht nicht, daß sie solch ein Territorium deshalb wählt, weil es für sie das sicherste ist. Viele Frauen in meinem

Sample sagten, sie hätten gewartet, bis sie in einer gesellschaftlichen Situation waren, wo eine Reihe anderer Menschen anwesend waren, ehe sie einem Teil der angestauten Wut auf ihren Partner Luft machten. Sie hatten zwar das Gefühl, daß sie sich wenig in der Hand hatten, aber andererseits war das die einzige Gelegenheit, wo sie sich sicher fühlten, wenn sie ihrer Wut Ausdruck verliehen. Sie wußten, daß das unangenehm war, und sie hatten Schuldgefühle. Sie ertrugen auch die Eskalation der Gewalt, die dann zu Hause folgte. Aber sie brauchten eine Möglichkeit, ihrer Wut Luft zu machen in einem Rahmen, in dem andere zumindest für den Augenblick dazu beitragen konnten, die Reaktion des Gewalttäters unter Kontrolle zu halten. Für eine Frau kann eine gesellschaftliche Situation eine Arena sein, die für eine Auseinandersetzung Kontrollmechanismen bietet, die zu Hause nicht gegeben sind.

Wenn die soziale Isolation erst einmal vollständig ist, beginnt eine Frau unter dem Gefühl extremer Hilflosigkeit und Ohnmacht zu leiden. Diese psychischen Veränderungen haben sich im Laufe der gewalttätigen Beziehungen vollzogen, die seelische Katastrophe tritt jedoch dann ein, wenn die Frau von anderen Menschen ganz isoliert ist. Nach einer längeren Zeit solch völliger Hilflosigkeit ist eine Frau, selbst wenn sie buchstäblich Schritt für Schritt aus der Beziehung herausgeführt wird, immer noch wie gelähmt und unfähig, eigenständig zu handeln. Dieser Zustand gelernter Hilflosigkeit ist vergleichbar mit schweren Depressionen. Ein Gefühl der Hoffnungslosigkeit überwältigt sie. Sie meint, sie habe keinen Einfluß auf ihr Schicksal, und gibt praktisch auf. Was immer sie einst an Vertrauen in die eigenen Fähigkeiten besaß, verschwindet, und sie leidet unter einem massiven Verlust von Selbstwertgefühl. Gerade die Energie, die sie jetzt braucht, um sich aus dieser gewalttätigen Situation herauszukatapultieren, ist ihr verlorengegangen. Sie kann sich dann noch weniger ausstehen, weil sie unfähig ist zu handeln. Sie nennt ihr Verhalten eher Trägheit als Depression. Das verstärkt das negative Bild noch, das sie von sich selbst hat, und das macht es noch unwahrscheinlicher, daß sie ohne Hilfe aus ihrer Opferrolle herauskommt. Sie hat jetzt gelernt, daß nichts, was sie tut, auch nur die geringste Rolle spielt, und so findet sie sich mit einer Routine ab, in der sie versucht, den Schmerz und das Leiden möglichst gering zu halten. Wenn das geschieht, hat die mißhandelte Frau die Opferrolle ganz und gar angenommen.

Manche Frauen wehren sich bis zum Schluß gegen die Depression. In vielen Fällen scheint Selbstmord der einzige Ausweg zu sein. Es ist nicht bekannt, wie viele Frauen erfolgreich Selbstmord begangen haben, um Mißhandlungen zu entfliehen. Eine ziemlich große Zahl der Frauen, die an meinem Projekt teilnahmen, haben über Selbstmordversuche gesprochen. Die meisten der anderen Frauen sagten, sie dächten von Zeit zu Zeit daran. In vielen Fällen war das Verbleiben in einer solchen gewalttätigen Beziehung tatsächlich eine Form der Selbstzerstörung. Das war besonders dann der Fall, wenn die Frau glaubte, der einzige Weg aus ihrer Beziehung sei der Tod eines der Partner.

Maureens Geschichte ist typisch. Ihr Ehemann war Mitglied der medizinischen Fakultät. Sie wußte, daß es für ihn seiner Kollegen wegen äußerst peinlich wäre, ja daß er sogar seine Stellung verlieren könnte, wenn seine Gewalttätigkeiten ans Licht kämen, und so unterdrückte sie die Wahrheit, bis sie ihre Situation nicht mehr ertrug. Einmal wurde Maureen wegen schwerer Depressionen in eine Nervenklinik eingeliefert. Während ihrer ganzen Behandlung verschwieg sie die Gewaltbeziehung, in der sie lebte. Sie besprach sie nie mit ihrer Therapeutin, obwohl dies doch gewiß eine Hauptursache für ihre emotionale Störung war. Mehrere Monate nach ihrem Klinikaufenthalt begannen die Gewalttätigkeiten von neuem, und Maureen bekam wieder schwere Depressionen. Sie hatte Angst davor, wieder in die Klinik zu kommen, weil sie glaubte, daß sie diesmal dazu gebracht werden könnte, über die Mißhandlungen zu sprechen. Andererseits wußte sie, daß sie nie gesund werden würde, wenn sie nicht mit ihrer Therapeutin darüber sprechen würde. Sie steckte in der Klemme und beschloß, einen Kollegen ihres Mannes, einen Freund, dem sie vertraute, um Hilfe zu bitten.

Schließlich, als ich wußte, daß mir nichts anderes mehr übrig blieb, wandte ich mich an Eric. Ich war deprimierter denn je, und ich wußte, daß meine Therapeutin einen erneuten Krankenhausaufent-

halt vorgeschlagen würde. Das ertrug ich nicht, und so rief ich Eric an und bat ihn, mit mir Mittag zu essen. Ich lud ihn zu uns nach Hause ein, weil ich nicht wollte, daß in einem Restaurant oder im Büro jemand etwas hörte. Eric sagte zu, wenn ich auch an seiner Stimme hörte, daß er zögerte. Ich sagte meinem Mann nichts davon aus Angst, er könne etwas ahnen und eifersüchtig werden, weil Eric kam. Ich bat auch Eric, in der Fakultät nichts davon zu sagen, was er versprach. Als er kam, war ich so erleichtert, ihn zu sehen, daß ich in Tränen ausbrach. Ich dachte, er würde gleich davonrennen, also riß ich mich zusammen, führte ihn ins Eßzimmer und servierte ihm ein Sandwich. Dann begann ich ihm die ganze Geschichte zu erzählen. Während ich zu sprechen anfing, wußte ich bereits, daß Eric mir nicht glaubte. Nach zehn Minuten unterbrach er mich. »Maureen«, sagte er, »hast du das deiner Therapeutin erzählt?« »Nein«, sagte ich, »ich konnte das niemandem erzählen. Verstehst du das nicht?« »Also, Maureen, ich glaube, du mußt das unbedingt deiner Therapeutin erzählen. Ich bin da nicht der richtige Ansprechpartner.« Mir wurde klar, daß er vielleicht sogar recht hatte. Vielleicht war das wirklich falsch, aber nachdem ich einmal angefangen hatte, konnte ich einfach nicht mehr aufhören. »Aber Eric«, sagte ich, »begreifst du nicht, was er mir antut?« Eric sah mich an und sagte: »Maureen, ich glaube, du hast wirklich schwerwiegende Probleme. Ich weiß nicht, ob das, was du sagst, stimmt oder nicht. Es klingt einfach zu absurd, um wahr zu sein. Irgendwie kann ich mir nicht vorstellen, daß er dir das antut. Ich kenne ihn sehr gut. So etwas würde er doch nicht tun. Ich weiß, daß du in der letzten Zeit unter großem Streß warst, Maureen. Glaubst du nicht, daß das ein Teil davon ist?« »Nein«, wollte ich schreien, »es ist kein Teil davon, es ist die Ursache dafür!« Aber an diesem Punkt hatte ich schon das Gefühl, wozu eigentlich? Ich sah ihn an und sagte: »Was würdest du tun, wenn du wüßtest, daß das alles wirklich stimmt?« Er sah mich an und sagte: »Also, wenn das wirklich wahr ist, dann meine ich, du solltest dich umbringen und es hinter dich bringen. Denn sonst wird er es tun, oder du wirst seine Karriere ruinieren, also warum bringst du dich nicht um und bringst es hinter dich?« Damit stand Eric auf und sagte: »Maureen, ich muß leider wieder zurück«, und ging.

Ich erinnere mich, wie ich einfach am Tisch saß und auf den leeren Stuhl starrte und mir klar wurde, daß damit meine letzte Hoffnung dahin war. All die Jahre hatte ich es niemandem erzählt, und nun, da ich es getan hatte, glaubte man mir nicht. Ich begann über seinen Ratschlag nachzudenken und dachte, daß es vielleicht gar keine so schlechte Idee wäre, mich umzubringen. Damit würde ich niemandem weh tun. Die anderen würden wunderbar ohne mich auskommen. Sie schafften es zumindest mühelos, wenn ich im Krankenhaus war. Ich ging ins Bad und fand eine Reihe von Tablettenröhrchen. Ich wußte nicht einmal, was das für Tabletten waren. Ich öffnete die Röhrchen und schüttete mir alles in die Hand. Dann schluckte ich so viele davon, wie ich konnte und legte mich in mein Zimmer. Ich lag da und dachte, wie es wohl sein würde, wenn man stirbt, als plötzlich mein Mann nach Hause kam. Da ich wußte, daß er eigentlich um diese Zeit eine Vorlesung hatte, bekam ich panische Angst. Er kam ins Schlafzimmer gestürmt und begann mich anzubrüllen, weil ich es Eric erzählt hatte. Offensichtlich war Eric schnurstracks zu ihm gegangen und hatte ihm erzählt, was ich während des Mittagessens zu ihm gesagt hatte. Mein Mann sah mich an, dann sah er die leeren Tablettenröhrchen und schrie: »Mein Gott, was machst du denn, was machst du denn?« Ich erinnere mich, daß ich ganz ruhig war und zu ihm sagte: »Eric hat mir gesagt, ich soll mich umbringen, und mir scheint das das Beste zu sein.« Mein Mann sah mich an, und Tränen liefen ihm übers Gesicht, und er sagte: »Gut, wenn du das willst, das löst vielleicht alles. Ich lege mich neben dich, bis du stirbst.« Und das tat er auch. Als nächstes erinnere ich mich daran, wie ich im Krankenhaus aufgeweckt wurde. Ich begriff überhaupt nicht, was passiert war. Zum Glück war meine Tochter von der Schule nach Hause gekommen und hatte mich gefunden und Daddy, der schluchzte: »Mommy hat sich umgebracht.« Sie hatte genug Kämpfe miterlebt, so daß sie wußte, was zu tun war. Sie rief die Polizei, die einen Notarzt schickten, dem es gelang, mich zu retten.

Jetzt bin ich froh. Mein Mann wurde verhaftet und des versuchten Mordes angeklagt. Er ist von seiner Stellung in der medizinischen Fakultät suspendiert worden, und es kann sein, daß er seine

Zulassung als Arzt verliert. Das tut mir leid für ihn, aber jetzt, wo wir seit einigen Monaten nicht mehr zusammenleben, bin ich wirklich froh für mich.

Maureen gehörte wahrscheinlich zu denjenigen, die Glück hatten. Sie war damit beschäftigt, sich ein neues Leben aufzubauen, als ich mit ihr sprach. Ihre Anfälle von Depression waren nicht mehr so schlimm, wenn sie auch noch nicht ganz vorüber waren, und sie befand sich noch in psychotherapeutischer Behandlung.

Manche der befragten Frauen hatten chronische Krankheiten, die sie behinderten und in der gewalttätigen Beziehung festhielten. Die meisten von ihnen berichteten, sobald sie krank würden, würde ihr gewalttätiger Mann liebevoll und sanft und kümmerte sich phantastisch um sie. Solange sie ihn über die nötige Behandlung bestimmen ließen, wurden sie versorgt. Vom psychologischen Standpunkt betrachtet, leuchtet das ein. Wenn es für den Mißhandler wichtig ist, daß seine Frau von ihm abhängig ist – und Krankheit ist ja sicher eine extreme Form der Abhängigkeit –, dann kann er auch der liebevolle, sanfte, fürsorgliche Partner sein, den sie braucht. Körperliche Krankheit schränkt ja tatsächlich die Freiheit eines Menschen ein. Der Mann kann in seiner Wachsamkeit nachlassen, wenn seine Frau krank ist, weil er weiß, daß sie nicht weit gehen kann. Es scheint auch völlig logisch, daß mißhandelte Frauen, die in der Gewaltbeziehung verbleiben, an vielen verschiedenen Krankheiten leiden. Es ist nicht klar, wie viele davon psychosomatisch bedingt sind. Wir erkennen allmählich, daß generalisierte Streßreaktionen psychophysiologische Erkrankungen hervorrufen können. Abgesehen davon, daß generalisierter Streß zu Allergien, Hauterkrankungen, Geschwüren, Bluthochdruck, chronischer Erschöpfung, chronischen Rückenbeschwerden und Migräne führt, reduziert er auch die natürlichen körpereigenen Abwehrkräfte. Krebs, Erkrankungen der Atemwege, Herz-Kreislauf-Erkrankungen und andere Krankheiten sind mit Veränderungen im Immunsystem des Körpers in Verbindung gebracht worden. Eine Reihe von Frauen in meinem Sample litten an dauerhaften Behinderungen. In jedem dieser Fälle gab es einen positiven Nebeneffekt: Die Männer stellten ihr gewalttätiges Verhalten ein und legten statt dessen ein liebevolles, fürsorgliches Verhalten an den Tag. Krankheit oder Behinderung verschaffte diesen Frauen ein Aussetzen der Mißhandlungen. Viele von ihnen hatten Angst davor, ihren gewalttätigen Mann zu verlassen, weil sie dann niemanden mehr hätten, der sich um sie kümmern würde, wenn sie krank waren.

Diana war solch eine Frau. Sie war Anfang dreißig und seit fünfzehn Jahren verheiratet. Wenn sie auch nie körperlich mißhandelt worden war, war ihre Geschichte in allen anderen Aspekten doch typisch. Ihr Mann war besitzergreifend und eifersüchtig über jedes berechtigte Maß hinaus; er mißbrauchte ihre dreizehnjährige Tochter sexuell; er war jähzornig; er jagte allen in der Familie Angst ein und terrorisierte sie. Diana hatte keine Ausbildung und hatte nie gearbeitet außer als Hausfrau. Sie mußte immer nach der Pfeife ihres Mannes tanzen. Nur wenn Diana krank war, hatte sie Ruhe vor ihren Haushaltspflichten. Während des Interviews legte Diana sowohl sehr kindliche als auch erwachsene Denkstrukturen an den Tag. Ihre Stimme änderte sich übrigens von der eines kleinen Mädchens zu einer reiferen Frau, je nachdem, in welcher Stimmung sie war. Das trat am klarsten zutage, als sie von ihren verschiedenen Krankheiten sprach.

Als Krankenpfleger ist Johnny wirklich wunderbar, wissen Sie. Manchmal wünsche ich mir, er könnte damit sein Geld verdienen, statt als Verkäufer seinen Mann zu stehen. Ich glaube, dann wäre er viel glücklicher. Er kümmert sich ja so gerne um mich, wenn ich krank bin. Vor einigen Jahren hatte ich Probleme mit der Gallenblase, und ich mußte ins Krankenhaus. Johnny kam zwei- oder dreimal täglich, um mich zu besuchen. Wissen Sie, er war öfter da als der Mann irgendeiner anderen Frau im Zimmer. Immer hat er mir etwas mitgebracht, Blumen oder Pralinen oder Kekse, und er war auch nett zu den Schwestern. Immer kümmerte er sich darum, daß ich mich wohlfühlte. So war er jedesmal, wenn ich krank war. Selbst wenn es nur eine kleine Erkältung war, sagte er, ich solle mein Nachthemd anziehen, und dann steckte er mich ins Bett und deckte mich fest zu, damit ich es warm hatte, und brachte mir heißen Tee und Suppe oder Saft. Alle paar Minuten kam er mit etwas anderem an. Normalerweise werde ich im Winter oft krank. Ich weiß nicht, aber ich schnappe auch jeden Virus auf, und jedesmal, wenn ich krank werde, bleibt Johnny bei mir. Es macht nichts, wenn er schlechte Laune hat. Wenn ich krank werde und mich ins Bett lege, dann ist er da und kümmert sich um mich. Er ist dann nett und süß und liebevoll.

Das letzte Mal mit meinem Rücken war er einfach super. Ich weiß gar nicht, wie es passiert ist. Ich wachte mitten in der Nacht auf und konnte mich nicht mehr bewegen. Ich weckte Johnny mitten in der Nacht, und er rieb mir den Rücken ein und gab mir eine Medizin, und legte mir sogar ein Heizkissen auf den Rücken, um zu sehen, ob das vielleicht half. Als mein Rücken morgens nicht besser war, rief Johnny im Geschäft an und nahm sich den Tag frei. Dann fuhr er mit mir in die Notaufnahme. Als sie nach den Röntgenaufnahmen nichts finden konnten, beschloß er, mit mir zu dem neuen Neurologen in der Stadt zu fahren. Ich war mir nicht ganz sicher, ob ich wirklich zu all diesen Ärzten gehen wollte, aber ich wußte, daß mir nichts anderes übrig blieb. Ich mußte Johnny alles in die Hand nehmen lassen, sonst hätte er sich überhaupt nicht um mich gekümmert, also ließ ich ihn all die Entscheidungen treffen. Also, an dem Tag gingen wir zu dem Neurologen und dann noch zu einem Orthopäden. Ich hätte gerne meinen eigenen Arzt angerufen. Ich habe Vertrauen zu ihm, aber Johnny wollte zuerst die neuen Ärzte ausprobieren. Nun, der Neurologe beschloß, mich ins Krankenhaus einzuweisen, und er wollte am nächsten Tag operieren. Ich war mir nicht sicher, ob das das Richtige war, und ich bettelte ihn und Johnny an, mir das doch nicht anzutun. Sie steckten mich in ein Krankenhaus, in das mein Arzt nicht kommen konnte. Wahrscheinlich haben sie die Operation um drei Tage verschoben, weil ich so gebettelt und geweint habe. Sie beschlossen, es erst mit physikalischen Anwendungen zu versuchen. Aber das half nichts. Statt dessen wurde alles nur schlimmer und immer schlimmer. Am Tag, bevor ich operiert werden sollte, weinte und weinte ich und bat Johnny, daß mich mein anderer Arzt doch noch mal untersuchen sollte. Johnny war einverstanden, packte mich zusammen und brachte mich in dessen Praxis.

Den Schwestern im Krankenhaus sagte er, er würde mich zurückbringen, er wolle nur mit mir zum Mittagessen gehen. Mein Arzt untersuchte mich und sagte zu Johnny, daß eine Operation nicht nötig sei, so weit er das sehen könne. Es sei dasselbe Rückenleiden, das mich schon immer quälte, und was ich eigentlich brauchte, sei Bettruhe und physikalische Anwendungen. Da wußte ich überhaupt nicht mehr, was ich tun sollte. Johnny wußte es auch nicht. Wie konnte ich solch eine Entscheidung treffen? Da sagte ich zu Johnny: »Entscheide du, Johnny, was immer du entscheidest, will ich tun.« Wissen Sie, ich hatte eigentlich keine große Wahl. Er mußte die Entscheidung treffen, sonst hätte er sich gar nicht mehr um mich gekümmert. Unser Hausarzt sagte, er würde mich in das andere Krankenhaus einweisen. Johnny war einverstanden. Ich weiß nicht, ob er nicht wollte, daß ich operiert werde, oder ob er dachte, es sei billiger im anderen Krankenhaus. Auf jeden Fall rief er den Neurologen an und sagte ihm, wir würden etwas anderes ausprobieren. Und es hat funktioniert. Nach etwa zwei Wochen verschwand es, was immer es gewesen ist. Vielleicht war es ein eingeklemmter Nerv, wie der Neurologe sagte, vielleicht auch nicht. Vielleicht brauchte ich einfach nur Ruhe. Es war auf jeden Fall schön, sich um nichts im Haus kümmern zu müssen.

Andere Frauen, die von Krankheiten berichtet haben, sagen ähnliche Dinge wie Diana. Solange sie die Entscheidungen über ihren Körper ihren gewalttätigen Männern überließen, kümmerten sich diese wunderbar um sie. Sobald sie die Autorität des Mannes über ihren Körper in Frage stellten, wurde er wieder gewalttätig. In Dianas Fall läßt sich nur schwer sagen, wodurch das ursprüngliche Rückenleiden hervorgerufen wurde. Daß sie wirlich Schmerzen hatte und daß ein echtes körperliches Trauma vorlag, ist offensichtlich. Ob große Spannungen etwas mit dem Rückentrauma zu tun hatten, ist eine andere Frage. Auf jeden Fall hilft Krankheit der Frau oft und verschont sie von ihren Pflichten, vorausgesetzt sie überläßt alles ihrem Mann.

Wenn diese Frauen älter werden, sind sie noch anfälliger für die verschiedensten Krankheiten. Ich fragte mich, wie die mißhandelten Frauen und ihre Männer auf den normalen Alterungsprozeß reagieren. Sicher haben alle Frauen Probleme mit der Einsamkeit. Obwohl eine kleine Anzahl älterer Frauen sich freiwillig bei mir meldeten, um mir ihre Geschichte zu erzählen, hatte ich das Gefühl, ich müßte die ältere Generation direkter ansprechen, wenn ich genügend Fälle haben wollte, um angemessene Vergleiche zu ziehen. Ich besuchte verschiedene Einrichtungen für ältere Menschen und fragte nach Freiwilligen unter den von ihnen betreuten alten Menschen. So war ich in der Lage, eine beträchtliche Anzahl von Frauen, die mißhandelt worden waren oder immer noch mißhandelt wurden, in ihrem Zuhause aufzusuchen. Manche von ihnen hatten dreißig oder vierzig Jahre mit ihren gewalttätigen Männern gelebt. Wenn ich aus dieser begrenzten Anzahl von Fällen auch keine allgemeingültigen Schlüsse ziehen kann, so haben diese Frauen doch berichtet, daß ihre Männer mit dem Alter weicher wurden. Häufig verschob sich die Mißhandlung aber nur von der körperlichen Ebene auf die verbale. Außerdem setzte der Prozeß des Weicherwerdens auch nicht immer ein. Ja, viele liebevolle, sanfte Ehemänner wurden erst mit den Jahren gewalttätig. Dieses Verhalten wurde zum großen Teil Problemen der Senilität und der Verhärtung der Arterien im Gehirn zugeschrieben. Ich habe schon von der Frau erzählt, die von ihrem Mann mit dessen Spazierstock geschlagen wurde, nachdem sie vorher nie in ihrer Ehe Gewaltanwendung erlebt hatte. Andere erzählen von ähnlichen Erfahrungen, die direkt in Beziehung zu stehen schienen zu den physiologischen Veränderungen, die durch den Alterungsprozeß eintreten.

Viele der Frauen berichteten, daß sie die ganzen Jahre bei ihren gewalttätigen Männer blieben, damit sie im Alter nicht allein waren. Die meisten hatten Angst davor, alt zu werden. Sie brauchten Gesellschaft, und sie waren bereit, Gewalttätigkeit hinzunehmen, um in den letzten Jahren ihres Lebens Gesellschaft zu haben.

Elsie war sechsundsiebzig, als ich sie interviewte. Ihr Mann war einige Monate zuvor verstorben, und Elsie trauerte noch um ihn. Sie hatten geheiratet, nachdem sie beide von einem angesehenen College an der Ostküste graduiert waren, und hatten dreiundfünfzig Jahre zusammengelebt. Ich war beeindruckt, weil es in den zwanziger Jahren selten war, daß eine verheiratete Frau Collegebildung hatte. Während Elsie sprach, merkte ich, daß sie zu der Klischeevorstellung, die ich von den Frauen hatte, die in jener Zeit aufwuchsen, nicht paßte. Sie beschrieb, wie sie in einem Elternhaus aufwuchs, in dem sie sehr gefördert wurde. Ihr Vater bestand darauf, daß sie aufs College ging und Universitätsprofessorin wurde. Elsie lernte ihren Mann am College kennen, und sie hatten beide eine faszinierende Karriere. Sie waren ein ungewöhnliches Paar, da sie beide dieselbe Bildung hatten und denselben Ruhm genossen. »Sind Sie bereit, einer alten Frau zu glauben?« fragte Elsie zu Beginn des Interviews. Als ich ihr versicherte, daß ihre Geschichte für mich wertvoll war, begann sie zunächst stockend, dann aber im Laufe der Erzählung immer sicherer:

Wir haben uns geliebt, wissen Sie, obwohl ich glaube, daß wir uns noch nicht geliebt haben, als wir heirateten. Es war aufregend, die Aussicht, gemeinsam Karriere zu machen. Für Frauen war das damals nicht üblich. 1923, als wir graduierten, war es nicht leicht, eine Stellung zu finden, aber wir schafften es, und zwar beide zusammen, an derselben Universität. Selbst das war damals ungewöhnlich. Ich wußte nie, wann die Auseinandersetzungen losgingen. Manchmal waren sie ausgelöst durch Eifersucht, weil wir an derselben Universität arbeiteten. In anderen Fällen war das aber auch hilfreich, weil wir dort nicht zu heftig streiten konnten. Ich glaube, es war auch hilfreich, weil wir uns immer über alles austauschen konnten. Ich weiß nicht, ob er es zugelassen hätte, daß ich anderswo gearbeitet hätte. Das wäre jedenfalls für die damalige Zeit etwas Unerhörtes gewesen. Eine gute Frau blieb eigentlich zu Hause, wissen Sie. Sie unterrichtete nicht an einem College, wenn sie verheiratet war. In vielerlei Hinsicht war unsere Beziehung sehr merkwürdig.

Also, er begann mich bald nach unserer Hochzeit zu schlagen. Etwa ein Jahr später wurde ich schwanger. Als ich ihm das sagte, reagierte er so gewalttätig, daß ich dachte: Das ist absolut lächerlich. In diese Welt kann ich doch kein Kind setzen. Also ließ ich es abtreiben. Ihm erzählte ich, es sei ein natürlicher Abgang gewesen. Aber ich fand einen Arzt, der bereit war, eine Abtreibung vorzunehmen. Wissen Sie, das gab es damals auch schon. Den ganzen Zirkus um die Abtreibung heute finde ich manchmal wirklich lächerlich, als ob ihr jungen Leute glaubt, es habe das damals nicht gegeben. Aber das hat es gegeben, und ich habe es gemacht. Ich bin noch zweimal schwanger geworden und habe noch zweimal abgetrieben. Die nächsten Male habe ich ihm gar nichts mehr davon gesagt. Ich habe es einfach gemacht. Das letzte Mal habe ich meinen Arzt angefleht, er solle doch etwas unternehmen, daß ich nicht mehr schwanger würde. Wahrscheinlich weil es schon die dritte Abtreibung war, stimmte er zu und machte etwas, daß ich keine Kinder mehr bekommen konnte. Manchmal, wenn ich meine anderen Freundinnen hier sehe mit ihren Kindern und Enkelkindern, tut es mir leid. Aber ich wußte, daß ein Kind in dieser Ehe das Schlimmste war, was passieren konnte, und ich wollte einfach kein Kind in diese Welt setzen. Von daher tut es mir also nicht leid.

Wissen Sie, wir kreisten umeinander. Wir machten alles zusammen. Wir gingen zusammen zu unserer Arbeit. Wir verbrachten unsere Freizeit zusammen. Wir lebten zusammen. Ich liebte ihn, wissen Sie, auch wenn er brutal und grausam war, ich liebte ihn trotzdem. Ich bin traurig, daß er tot ist, obwohl es Tage gab, an denen ich wünschte, er wäre tot. Jetzt tut es mir leid. Es war mein bester Freund. Er war der Mensch, der alles mit mir gemeinsam tat. Ich wette, Sie finden das merkwürdig, nicht wahr? Manchmal geht es mir auch so. Er hat mich bis zum Schluß geschlagen, wissen Sie. Es war zwar später nicht mehr so brutal, aber es machte trotzdem nichts aus. Ich konnte ihm nichts rechtmachen, wenn er in jener Stimmung war, und zu anderen Zeiten war das Leben mit ihm zusammen dann wieder einfach wunderbar. Es war ein gutes Leben, und ich vermisse ihn wirklich. Es gab nicht allzu viele Männer, die eine Frau wie mich in jenen Tagen geduldet hätten. Die Männer damals wollten nämlich im Gegensatz zu den heutigen Männern keine unabhängigen Frauen. Es war besser, daß ich das Leben mit ihm verbracht habe, als wenn ich gar nicht verheiratet gewesen wäre.

Elsies Meinung, daß es besser war, mit einem gewalttätigen Mann verheiratet zu sein als gar nicht, ist unter den mißhandelten Frauen weit verbreitet, ganz gleich welchen Alters sie sind. Die Angst vor dem Alleinsein bringt Frauen dazu, Demütigungen zu ertragen, die kein Mensch für möglich hielte. Eine Frau nach der anderen erzählte mir, wieviel besser es war, mit einem gewalttätigen Mann verheiratet zu sein, als allein zu leben – bis sie ihn dann doch verließen. Wenn sie sich einmal dazu entschlossen hatten, allein zu leben, stellten sie fest, daß sie mit ihrer Entscheidung sehr glücklich waren. Das Gefühl der Erleichterung und des Wohlbefindens nach dem Terror, unter dem sie gelebt hatten, trug sie durch die Tage, an denen nichts klappte und sie sich wünschten, sie hätten jemanden, an den sie sich anlehnen könnten. In den meisten Fällen verließen die Frauen ihre Männer mehrmals, ehe sie bereit waren, die Beziehung für immer zu beenden. Es gab keinen Zweifel, daß die tägliche Monotonie eines Routinejobs und die Aufregungen und Sorgen, die man als alleinerziehende Mutter hat, viele Frauen dazu veranlaßten, wieder in ihre gewalttätige Beziehung zurückzukehren.

Ich begegnete Karla zum ersten Mal, als ich meine Interviews im Krankenhaus machte. Sie hatte mich mehrmals auf der Station gesehen, wie ich verschiedene Frauen interviewte, und hatte gefragt, ob sie auch teilnehmen könnte. Sie war Anfang dreißig und war zum dritten Mal wegen rezidivierendem bösartigem Tumor im Krankenhaus. Etwa fünf Jahre zuvor war eine totale Brustamputation vorgenommen worden. Seit dieser Zeit traten immer wieder bösartige Tumore in anderen Teilen ihres Körpers auf. Als ich sie kennenlernte, war es nicht sicher, ob sie am Leben bleiben würde oder sterben müßte. Sie war in der Klinik, weil sie eine Kobaltbehandlung für einen erneut festgestellten Tumor bekam. Karlas Geschichte war typisch auch für andere gewalttätige Beziehungen. Sie hatte ihren Mann geheiratet, als sie beide noch sehr jung gewesen waren. Die Mißhandlungen hatten kurz nach der Hochzeit angefangen. Sie bekam ein Kind in der Hoffnung, die Beziehung würde sich dadurch verbessern. Sie hatte das Gefühl, daß sich die Dinge immer mehr verschlechterten, als zum ersten Mal ein Tumor in der Brust entdeckt wurde. Nach der Brustoperation wurde ihr Mann ein zärtlicher, liebevoller, fürsorglicher Partner, solange er sie pflegte. Karla dachte, ihre Krankheit sei vielleicht ein gutes Omen, ihr gemeinsames Leben werde sich dadurch ändern und sie würden eine normalere Familie. Dieses Glück war jedoch nur von kurzer Dauer.

So lieb und gut er auch war, nach einer Weile wußte ich, daß ich mich nicht auf ihn verlassen konnte. Zunächst gab es nur kleinere Vorfälle. Ich hatte zum Beispiel einen Termin für die Bestrahlung, und er nahm das Auto und kam nicht rechtzeitig nach Hause, so daß ich die Therapie versäumte. Oder ich bat ihn, unser kleines Mädchen vom Kindergarten abzuholen, und er wurde von irgend etwas abgelenkt und vergaß es. Dann rief mich eine Stunde später die Kindergartenleiterin an und fragte, wo er sei. Wenn ich an ihm herummeckerte, half das nichts, es vermehrte seine Grausamkeit nur. Eines Tages, erinnere ich mich, hatte ich so starke Schmerzen, daß ich ihn bat, er möge doch das Heizkissen hinter unserer Matratze einstecken. Mein Arm war noch nicht geheilt, so daß ich die schwere Matratze nicht bewegen konnte, um an die Steckdose zu kommen. Er steckte das Heizkissen an einer anderen Stelle ein, so daß ich mich nicht damit hinlegen konnte. Ich erinnere mich, daß ich weinte und ihn anflehte, er solle es doch umstecken, aber er weigerte sich und stürmte aus dem Haus. Ich glaube, da habe ich gewußt, daß ich ihn verlassen mußte, ganz gleich was werden würde. Während er weg war, rief ich einen Freund an, der Rechtsanwalt war, und sagte ihm, jetzt sei endgültig Schluß, ich brauchte eine Scheidung. Ich begreife nicht, warum ich angesichts all dieser Jahre voller Grausamkeiten wartete, bis ich mit einer Krankheit wie Krebs geschlagen war, um diese Beziehung zu beenden. Ja, manche meiner Freunde haben mich gefragt, warum ausgerechnet jetzt, wo ich ihn offensichtlich am dringendsten brauchte. Ich glaube, genau das ist der Grund. Ich weiß, daß ich bei einer Krankheit wie Krebs und bei all den Tumoren, die immer wieder aufgetaucht sind, vielleicht nicht mehr lange zu leben habe, und ich beschloß, daß ich in der Zeit, die mir noch verblieb, über mich selbst bestimmen wollte und daß ich sie so gut wie möglich gestalten wollte. Ich hatte die Verantwortung für die mir noch verbleibende Zeit, nicht er. Offensichtlich machte es ihm seine Grausamkeit unmöglich, mir zu geben, was ich brauchte. Aber auch ich habe ein Recht auf ein bißchen Glück. Selbst wenn mir nicht mehr viel Zeit bleibt, ich will ein gutes Gefühl haben bei dem, was ich für mich und die Kinder tue.

Während ich dies schreibe, ist Karla noch am Leben und kämpft immer noch gegen die furchtbare Krankheit. Sie sagt, sie schaffe es gut, wenn sie auch ihre schlechten Tage habe. Ihrer Beschreibung nach sind die schlechten Tage nicht besser und nicht schlechter als die anderer Frauen, die versuchten, ihr Leben selbst in die Hand zu nehmen. Ihre Ängste vor dem Alleinleben waren übersteigert. Die meisten von ihnen sagen, die Einsamkeit, die sie in der gewalttätigen Beziehung durchlitten hätte, sei viel schlimmer gewesen als die gelegentliche Einsamkeit, die man erlebt, wenn man allein lebt.

Teil III
Der Ausweg

Einleitung

Für mißhandelte Frauen Hilfe bereitzustellen wird heutzutage immer mehr zu einem Anliegen, das im ganzen Land Priorität bekommt. In den Jahren, in denen ich dieses Problem untersucht habe, ist es zu einer völligen Kehrtwendung gekommen. Noch 1974 stellte man die Frage, ob es eine nennenswerte Zahl von mißhandelten Frauen wirklich gebe. Heute befassen sich aber Ausschüsse des US-Kongresses, Bürgerrechtskommissionen und andere Regierungsstellen mit dem Problem. In den Legislativen der meisten US-Staaten werden Gesetze zum Schutz mißhandelter Frauen eingebracht, und im Kongreß ist ein Gesamtplan für die USA vorgelegt worden. Mein eigener Staat, Colorado, hat in der Legislaturperiode 1978 der Revision der Gesetzgebung für mißhandelte Frauen höchste Priorität eingeräumt, und die Durchsetzung bereits bestehender Gesetze beginnt endlich Gestalt anzunehmen. Betroffene Gruppen üben Druck auf Abgeordnete aus, um angemessene Finanzierung und Einrichtungen zu erlangen. Auf der Nationalen Frauenkonferenz des Internationalen Frauenjahres im November 1977 in Houston, Texas, wurden mit überwältigender Mehrheit Resolutionen verabschiedet, die für mißhandelte Frauen vermehrte Einrichtungen empfahlen. Diese Resolutionen legten fest:

Präsident und Kongreß der USA sollten erklären, daß die Beseitigung der Gewalt innerhalb der Familie ein nationales Ziel ist. Um dies zu erreichen, sollte der Kongreß eine nationale Zentrale errichten für Informationen sowie technische und finanzielle Hilfe für kommunal kontrollierte und gemeinnützige Organisationen, die für mißhandelte Frauen und deren Kindern Zufluchtsstätten und sonstige Hilfseinrichtungen bereitstellen. Diese Zentrale sollte eine ständige Kampagne in den Massenmedien durchführen zwecks Aufklärung der Öffentlichkeit über das Problem der Gewalt sowie über die verfügbaren Rechts- und sonstigen Hilfsmittel.

Kommunalverwaltungen und Staatsregierungen, Vollstreckungs-

behörden und Sozialeinrichtungen sollten Trainingsprogramme aufstellen für die Probleme, die im Zusammenhang mit Mißhandlungen an Frauen auftauchen sowie für Interventions-Methoden in kritischen Situationen und für die Notwendigkeit prompter und effektiver Anwendung der Gesetze, die die Rechte mißhandelter Frauen schützen.

Die Legislativen der Bundesstaaten sollten Gesetze erlassen, die den Rechtsschutz für mißhandelte Frauen und deren Kinder erweitern und Gelder für Zufluchtsstätten für diese Personen bereitstellen sowie die zwischen Ehegatten bestehende Immunität bei zivilrechtlichen Delikten aufheben, um es mißhandelten Ehepartnern zu ermöglichen, ihre Angreifer auf Schadensersatz zu verklagen, und schließlich sollten für Mißhandlungsopfer volle juristische Dienstleistungen vorgesehen werden.

Programme für mißhandelte Frauen sollten auf die bilingualen und multikulturellen Bedürfnisse ethnischer und sonstiger Minderheiten Rücksicht nehmen.

Ein systematisches Verfahren auf mehreren Ebenen ist erforderlich, um die bestehenden Einrichtungen für mißhandelte Frauen zu stärken und neue zu schaffen. Dieses System hat drei Ebenen: 1) Primäre Prävention 2) Sekundäre Intervention 3) Tertiäre Intervention. Ich möchte hier skizzieren, wie dieses System der drei Ebenen für mißhandelte Frauen funktionieren könnte.

1.Primäre Prävention

Dazu gehören öffentliche Schulungsprogramme sowie unmittelbares Arbeiten mit Behörden, Institutionen und anderen Gruppen des sozialen Umfelds, um soziale Probleme zu beseitigen, die direkt oder indirekt den gegenwärtigen Zustand verursachen. Eine Kampagne für primäre Prävention wird in den Vereinigten Staaten bereits von den Medien durchgeführt. Je mehr Informationen verfügbar werden, desto eher fangen Menschen an, ihre Einstellung zu mißhandelten Frauen zu ändern. Fernsehprogramme, Zeitschriftenartikel und Bücher befassen sich heute mit mißhandelten Frauen. Es bleibt jedoch noch viel zu tun. Insbesondere müssen wir

a) *während der Kindererziehung die Fixierung auf Geschlechtsrollen-Stereotype beseitigen*. Bücher, Filme, Werbesendungen und Fernsehprogramme müssen die Gleichheit der Geschlechter widerspiegeln. Der Gleichberechtigungs-Zusatzartikel der Verfassung in den USA muß verabschiedet werden. Der von der Nationalen Frauenkonferenz angenommene Nationale Aktionsplan muß durchgeführt werden.

b) *die Gewalt in unserer Gesellschaft verringern*. Die Fernseh- und Filmindustrie muß dazu gebracht werden, die Gewalt in ihren Programmen zu reduzieren. In der Werbung muß die als chic geltende Brutalität aufhören.

c) *die Härte der Bestrafung in der Kindererziehung zurücknehmen*.

Wir müssen lernen, positive Disziplinierung anzuwenden statt negativer und körperlich gewalttätiger Bestrafung, die unsere Gesellschaft sanktioniert. Kindern muß beigebracht werden, daß Menschen, die sie lieben, nicht das Recht haben, sie zu schlagen – selbst zu ihrem eigenen Wohl nicht.

d) *den Prozeß begreifen, wie die mißhandelten Frauen in die Opferrolle geraten*. Der Öffentlichkeit sollten die Zyklustheorie der Gewaltakte und die verschiedenen Formen gewalttätigen Verhaltens bewußt gemacht werden. Wir müssen das Phänomen der gelernten Hilflosigkeit verringern, das bei Frauen so häufig anzutreffen ist, und es ersetzen durch Selbstbehauptung und gleiche Chancen für Männer und Frauen.

Zur Ebene 1, der primären Prävention, gehören auch Beratungsgespräche mit Behörden, Institutionen und anderen Gruppen des sozialen Umfelds, die sich mit sozialen Problemen befassen. In diesem Bereich hat die Arbeit zugunsten mißhandelter Frauen begonnen; größere Anstrengungen sind jedoch in mehreren Bereichen erforderlich, und zwar:

a) *Das Personal von Behörden sollte dahingehend geschult werden, daß es Frauen besser helfen kann.* Diese Personen müssen nicht nur geschult werden, mit mißhandelten Frauen zu arbeiten; sie müssen in dem Gesamtbereich des Problems ausgebildet werden und neue, wirksame Methoden für die Zusammenarbeit mit diesen Frauen und deren Familie lernen.

b) *Institutionen und Behörden sollten dazu ermuntert werden, geeignete Regeln und Vorschriften für den Umgang mit mißhandelten Frauen durchzusetzen.* Das ist offensichtlich besonders im Bereich der Justiz dringend erforderlich. Bewährungshelfer, Leiter der Geschäftsstelle des Gerichts, Anwälte und selbst Richter lassen mißhandelten Frauen oft nicht die faire rechtliche Gleichbehandlung zukommen.

c) *Neue Gesetze sollten eingeführt und Regeln und Vorschriften sollten so neu gefaßt werden, daß dadurch die Anwendung bestehender Gesetze ermöglicht wird.* Die Aufteilung der rechtlichen Aspekte der Mißhandlung von Ehefrauen in Rechtsbehelfe in Zivilsachen und strafrechtlichen Maßnahmen muß ernsthaft geprüft werden. Sozialdienste müssen ihre Richtlinien so revidieren, daß mißhandelten Frauen und ihren Familien wirksam geholfen werden kann.

d) *Die Schaffung neuer unterstützender Gruppen für Frauen durch die Kommunen sollte gefördert werden.* Solche Gruppen werden ihre Dienste für Beratung und Ausbildung weiterhin bereitstellen, lange nachdem der anfängliche Anstoß für den Aufbau neuer Einrichtungen vorüber ist, wodurch die in dieser Periode begonnene Präventionsarbeit aufrechterhalten wird.

Wenn die primäre Prävention Erfolg hat, werden wir letzten Endes jegliche Gewalt im familiären Bereich beseitigen und gar nicht mehr wissen, wer die mißhandelten Frauen eigentlich gewesen sein könnten. Wenn mit dem Modell der primären Prävention gearbeitet wird, wird die Gesellschaft als ein Ganzes behandelt, nicht als eine Ansammlung von Individuen. Die meisten Individuen werden dabei ja nicht identifiziert. Primäre Prävention ist das Langzeitziel. Wenn sie Erfolg hat, werden sich die Einstellungen und die Wertbegriffe einer ganzen Kultur ändern. Die Menschen werden in ihren Beziehungen zum Verhandeln greifen und nicht zur Gewalt.

2. Sekundäre Intervention

Einzelpersonen werden als mißhandelte Frauen identifiziert und behandelt. Frühe Identifizierung erleichtert diese Intervention. Je früher sie behandelt werden, desto größer ist der mögliche Erfolg der Intervention. Die am wenigsten restriktiven Arten von Eingriffen sind auf dieser Ebene am angemessensten, z. B. Hausbesuche, telefonische Hotlines, Besuche in Ambulatorien, Beratung in Krisensituationen, Rechtsberatung, finanzielle Hilfe und Verteilung von Informationen. Ziel der sekundären Intervention ist es, den mißhandelten Frauen in ihrer momentanen Situation zu helfen, und zwar mit möglichst geringer Einmischung durch andere. Helfer müssen sich von den betreffenden Frauen den Hinweis geben lassen, welche Art von Unterstützung sie benötigen. Die durch die primäre Prävention aufgebauten und gestärkten Behörden, Institutionen und Unterstützungsgruppen stellen oft im Verlauf der sekundären Intervention diese Dienste zur Verfügung.

3. Tertiäre Intervention

Hier benötigt die mißhandelte Frau vorübergehend ein sie hundertprozentig unterstützendes Umfeld, bevor sie auch nur versuchen kann, irgendwelche unabhängigen Entscheidungen zu treffen. Frauenhäuser, sofortige Aufnahme in Krankenhäusern und langfristige Psychotherapie schaffen ein solches Umfeld. Meistens ist diese tertiäre Intervention sofort erforderlich, um optimale Sicherheit zu geben. Diese Frauen sind nicht in der Lage, realistische Entscheidungen zu treffen oder entsprechend zu handeln, es sei denn, sie haben diese Sicherheit. Die Frauenhäuser, Zufluchtsstellen und/oder Refugien, die überall in England und neuerdings auch in den USA entstanden sind, sind seither ein wesentliches Element in der Behandlung mißhandelter Frauen. Die Zeitdauer, die eine Frau in solch einem kontrollierten Umfeld verbringt, hängt von dem einzelnen Menschen ab. Diese Zeit wird dafür verwendet, daß die Frau ihre natürlichen Hilfsquellen und Mittel wiedergewinnt, die sie während ihrer Erlebnisse mit Gewalttätigkeiten verloren hat. Viele Frauen erschrecken tatsächlich bei der Aussicht, für ihr Leben ganz und gar verantwortlich zu sein, und kehren in ihre gewalttätigen Beziehungen zurück. Solche Frauen verlassen jedoch, wenn es ihnen ermöglicht wird, ihre gewalttätige Situation schnell wieder und kommen in das sichere Umfeld zurück. Diese Hin- und Herbewegung ergibt sich oft drei- bis fünfmal, bevor eine Frau dazu imstande ist, sich für immer freizumachen.

Alle drei Ebenen der Intervention, die primäre, sekundäre und tertiäre, müssen gleichzeitig verlaufen. Wenn eine Frau in einem Frauenhaus so lange bleibt, daß sie sich für immer aus einer gewalttätigen Situation löst, dann muß sie in der Lage sein, in ein weniger kontrolliertes Umfeld überzugehen, wo sie dann ihr Leben neu aufbauen kann. Aber nur ein Wandel in den Einstellungen der Menschen wird die Gesellschaft in den Stand setzen, die Frau bereitwillig aufzunehmen. Es gibt viele Frauen, die nicht in ein Frauenhaus gehen müssen, um ihr Leben neu aufzubauen; für sie genügt die sekundäre Intervention. Doch auch sie würden sehr davon profitieren, wenn Bemühungen um primäre Prävention Eingang in die Gesellschaft finden könnten.

Behandlungsalternativen, bei denen es um das Bedürfnis der mißhandelten Frau nach Sicherheit und Fürsorge geht, umfassen die meisten der öffentlichen und privaten Institutionen der Gesellschaft. Dazu gehören sichere Verstecke für sie und ihre Kinder, ein faires System der Anwendung von Gesetzen und der strafrechtlichen Justiz, ferner ärztliche Notdienste, einfühlsame Sozialdienste, Sicherung des Arbeitsplatzes, Berufsberatung und Weiterbildung im Beruf sowie ein sie tragendes System innerhalb der Kommunen. Das Bewußtsein, daß es notwendig ist, für die Sicherheit der mißhandelten Frau über das Frauenhaus hinaus Vorkehrungen zu treffen, hat in den USA und Europa zugenommen und spiegelt das derzeitige Verständnis wider, daß diese Frauen von einer gleichgültigen Gesellschaft ebenso in die Opferrolle getrieben wurden wie von ihren Männern.

9
Frauenhäuser

Während der Thanksgiving-Zeit im vorigen Jahr erlebte ich, als ich im Supermarkt einkaufte, einen Gewaltakt. In einem der Gänge schob eine Frau eilig ihren Einkaufswagen weiter, während sie Waren in den Regalen aussuchte. Neben ihr war ein Mann, dem man Spannung und Erregung ansah. Gerade als ich an ihnen vorbeiging, nahm die Frau eine Ware vom Regal. Der Mann starrte sie wütend an und sagte: »Jetzt hast du's geschafft. Jetzt hast du's geschafft. Du hast mich wütend gemacht. Wenn du das nicht zurücktust, machst du mich noch wütender. Weißt du überhaupt, wie wütend du mich machst? Jetzt hast du's wirklich geschafft!« Sie wandte sich ihm zu und sagte ganz ruhig: »Wir brauchen das fürs Abendessen.« Voll Wut blickte er sie an und sagte: »Du hast mich rasend gemacht. Mit dem, was du sagst, hast du mich wirklich rasend gemacht. Deinen Termin beim Friseur kannst du vergessen. Ich halte es nicht aus, wenn du mich auf diese Weise rasend machst!« Die Frau sah ziemlich nervös aus, offensichtlich betroffen von dem lauten Verhalten ihres Begleiters. Sie sagte so etwas wie: »Gehen wir.« Er brüllte zurück: »Sag mir jetzt nicht ›Gehen wir‹! Du hast mich wirklich rasend gemacht.« Er fing an, sie auf den Arm zu schlagen. In diesem Augenblick stieß die Frau, die sehr verlegen aussah, ihren Wagen schnell durch die Menschenmenge. Der Mann folgte ihr und schlug weiter nach ihrem Arm. Sie stellte sich mit dem Einkaufswagen in die Schlange, während er noch aggressiver wurde. Ich griff in meine Brieftasche und nahm eine Karte heraus, auf der der Name unseres hiesigen Frauenhauses, die Telefonnummer und weitere Informationen standen. Als der Mann ihr noch immer keine Ruhe ließ, steckte ich ihr unauffällig die Karte zu. Sie warf einen Blick darauf und tat sie in die Tasche. Ohne ein Wort ließ sie den Wagen stehen und lief hinaus. Mehrere Personen konnten den Mann dadurch festhalten, daß sie seinen Weg in der Schlange an der Kasse blockierten. Wie dankbar war ich, daß ich diese Informationen für sie dabei hatte. Sechs Monate früher, wenn ich da überhaupt etwas getan hätte, hätte ich die Polizei holen müssen; die hätte sie wahrscheinlich zu einem kleinen Gespräch Platz nehmen lassen, ihm gesagt, er solle das nie wieder tun, und ihm ihr Mitgefühl darüber ausgedrückt, wie schwer es sei, in einem vollen Supermarkt vor einem Feiertag einzukaufen. Nach den Berichten zu urteilen, die mißhandelte Frauen mir gegeben haben, bin ich sicher, diese zwei wären nicht weitergekommen als bis vor die Tür, und schon hätte der Mann seine Attacke fortgesetzt. Szenen wie diese sind ja nicht ungewöhnlich. Heutzutage aber gibt es einen Ort, wo eine Frau sofort hingehen kann.

Frauenhäuser, Zufluchtsstellen und ähnliche Einrichtungen sind zum Hauptpfeiler der Behandlung für mißhandelte Frauen geworden, die nach Hause nicht zurückkehren wollen.

Die Bedeutung der Bewegung zur Errichtung von Refugien liegt darin, daß sie Gemeinschaftssinn schafft und ein tragendes soziales System bereitstellt. Sobald die mißhandelten Frauen durch die Tür gehen, sind sie keine hilflosen Opfer mehr. Sie erkennen allmählich, daß sie wirklich Macht über ihr eigenes Leben haben, daß andere sich so sehr etwas aus ihnen machen, daß sie es riskieren, ihnen zu helfen, und daß die Institutionen der Gesellschaft ihnen zu Hilfe kommen können und werden. Hier lernen mißhandelte Frauen, es mit verschiedenen Lebensweisen zu versuchen, dadurch daß sie das Personal und andere Bewohnerinnen beobachten. Die meisten mißhandelten Frauen sind ja von anderen Menschen isoliert worden, und Gemeinsamkeiten und Verschiedenheiten nun mit anderen zusammen zu erleben, trägt dazu bei, ihre bisherige Isolation wettzumachen. Sie erleben, wie wohltuend es ist, selber in der Lage zu sein, das System am Laufen zu halten.

Die Zeit, die Frauen in einem Frauenhaus verbringen, ist verschieden. Die meisten Zufluchtsstätten in den USA finden, daß die optimale Aufenthaltszeit zwischen vier und sechs Wochen liegt. Es dauert drei oder vier Wochen, bis die Frau sich auf die Tatsache einstellt, daß sie nicht nach Hause gehen wird. Hat sie diese Realität einmal akzeptiert und angefangen, ihre Vergangenheit zu betrauern, dann ist sie auch so weit, ihre Energie für die Planung ihrer Zukunft einzusetzen. Während der ersten Phase stellt die mißhandelte Frau mit Hilfe der Mitarbeiterinnen und anderer Frauen eine

Übersicht über ihre Fähigkeiten und Fertigkeiten sowie über ihre speziellen Bedürfnisse zusammen, um so die nächste Phase ihres Lebens zu planen. Während der vierten bis sechsten Woche fängt sie für gewöhnlich an, konkrete Schritte zur Erreichung dieser Nahziele zu ergreifen. Hoffen wir, daß sie dann auch schon auf dem Wege zur langfristigen Planung ihres Lebens ist. Mißhandelte Frauen kommen in eine Zufluchtsstätte oder in ein Frauenhaus, erfüllt von Angst vor der Zukunft. Bis sie so weit sind, das Haus zu verlassen, haben sie im allgemeinen das Vertrauen gewonnen, daß sie es allein schaffen werden.

Viele mißhandelte Frauen sind Mütter. Wie schon in Kapitel 7 festgestellt, haben nur wenige nach dem Ringen mit dem jeweiligen Gewalttäter noch viel Energie für ihre Kinder übrig. Der Aufenthalt in einem Frauenhaus gibt ihnen die Gelegenheit, wieder in engeren Kontakt mit ihren Kindern zu kommen ohne die Gefahr drohender Gewalt. Sie lernen tatsächlich, bessere Mütter zu werden, und zwar durch das unmittelbare Eingreifen von Mitarbeiterinnen oder durch den Kontakt mit anderen Frauen, die andere Methoden haben, mit ihren Kindern umzugehen.

Etwa fünfzig Prozent derer, die länger als eine Woche in einem Frauenhaus bleiben, kehren nicht mehr zu ihren Gewalttätern zurück. Dieser Prozentsatz steigt geradezu dramatisch an, wenn das Frauenhaus offenbleibt für diejenigen Frauen, die nach Hause zurückgehen und dann wieder in die Zufluchtsstätte kommen wollen. Wie schon früher gesagt, kann sich diese Hin- und Herbewegung nicht weniger als fünfmal ergeben, bevor die mißhandelte Frau dazu fähig ist, ihr Zuhause für immer zu verlassen. Vielleicht müssen diese Frauen die Unvermeidlichkeit des Gewaltzyklus mehrmals erleben, nachdem sie gelernt haben, ihn zu erkennen, bis sie akzeptieren können, daß sie nicht in der Lage sind, ihn zu beherrschen. Frauen, die in Zufluchtsstätten bleiben, bis sie sich innerlich wohl fühlen, lassen sich selten auf eine weitere gewalttätige Beziehung ein.

Es gibt einige klare Einschränkungen für das Konzept der Zufluchtsstätten oder Frauenhäuser. Einmal wird durch sie ein künstlicher Gemeinschaftssinn vermittelt. Viele Frauen können aber mit der realen Welt nicht fertigwerden, es sei denn, sie haben ein solches sie tragendes System. Ein natürliches tragendes Netz in der Gemeinde besteht noch nicht, wenn auch viele Gruppen mit der Schaffung eines solchen sozialen Netzes begonnen haben.

Ein weiterer Nachteil bei Frauenhäusern sind ihre beschränkten Möglichkeiten für Fort- und Berufsbildung. Manche Zufluchtsstätten haben Arrangements mit lokalen Schulen oder Ausbildungsprogrammen getroffen, aber die meisten haben alle Hände voll zu tun, mit den physischen und emotionalen Bedürfnissen ihrer Klientinnen fertig zu werden. Es machen sich zwar Frauen aus vielen verschiedenen, sozialen, kulturellen, bildungsmäßigen und wirtschaftlichen Bereichen Frauenhäuser zunutze, aber nur wenn sie schon vor dem Eintritt berufliche Fertigkeiten aufweisen können, werden sie voraussichtlich beim Verlassen des Frauenhauses wirtschaftlich selbständig sein können. Ohne die Möglichkeit wirtschaftlicher Unabhängigkeit sind diese Frauen immer noch dem Staat oder einem anderen Mann ausgeliefert. Vielleicht ist die Erwartung unrealistisch, daß eine mißhandelte Frau sofort nach Eintritt in ein Frauenhaus mit der Planung einer Berufslaufbahn anfängt. Im allgemeinen verbraucht sie ihre ganze Energie damit, die Vergangenheit zu begraben. Berufsberatung und -ausbildung sind, sobald dieser Prozeß stattgefunden hat, höchst bedeutungsvoll während der letzten Wochen, die eine Frau in einem Frauenhaus verbringt. Women in Crisis, ein kürzlich in Denver eröffnetes Frauenhaus, trifft derzeit Arrangements, nach denen die Berufsausbildung, wenn die Frauen das Haus verlassen haben, weitergeht. Wieder sind Mitarbeiterinnen des Frauenhauses damit aktiv geworden, daß sie andere Kommunalstellen dazu ermuntert haben, die speziellen Einrichtungen bereitzustellen, die diese Frauen benötigen. Rainbow Retreat, ein Frauenhaus in Phoenix, Arizona, für Frauen aus Familien, in denen Alkoholismus ein wesentlicher Faktor ist, hat Berufsberatung als Teil seines Behandlungsprogramms eingeplant. In vielen Fällen müssen sogar Frauen, die einen Arbeitsplatz haben, diesen aufgeben, wenn sie ihre gewalttätige Beziehung verlassen, damit sie wirklich in Sicherheit sind. Wenn sie nämlich an ihren Arbeitsplätzen bleiben, können ihre gewalttätigen Männer sie aufspüren. Daher ist Berufsberatung für Frauen, die beruflich etwas können, ebenso wichtig wie für diejenigen, die außerhalb der Familie nicht gearbeitet haben.

Kinder stellen ein weiteres Problem in Frauenhäusern dar. Viele sind emotional gestört; andere haben ernste Lernprobleme. Viele Zufluchtsstätten haben sich zwar bemüht, für Kleinkinder, Vorschulkinder und sogar für Schulkinder zu sorgen, aber im allgemeinen haben sie einfach die Mittel nicht, mit ihnen adäquat umzugehen. Die lokalen Schulbehörden lehnen es oft ab, diese Kinder zu akzeptieren, weil sie voraussichtlich nur kurze Zeit dort sein werden. Lassen Schulen sie aber doch zu, dann stellen sie im allgemeinen nicht die speziellen Einrichtungen bereit, die diese Kinder benötigen, und so wird ihr schulisches Lernen weiter unterbrochen.

Für jüngere Kinder ist, da sie Platz zum Herumlaufen und Spielen brauchen, der vorhandene Raum ein Problem. Andere Kinder, besonders die Heranwachsenden, legen Verhaltensweisen an den Tag, bei denen sie die verschiedensten Dinge ausprobieren müssen, und das macht gemeinsames Leben in beengten Verhältnissen zur Hölle. Dabei gehen oft die wenigen Einrichtungsgegenstände kaputt. Heranwachsende Jungen können ebenso gewalttätig sein wie ihre Väter und finden in den heranwachsenden Mädchen oft einen allzu willigen jungen Abklatsch ihrer Mütter. Die Theorie, daß eine gewalttätige Familie eine neue Generation von Gewalttätern erzeugt, kann man in diesen Frauenhäusern leider deutlich beobachten. Viel Zeit, Energie und Geld wird mit Bemühungen aufgebracht, diese Tendenz aufzuheben, um so die Kinder davor zu bewahren, Gewalt weiterzutragen.

Überfüllung ist ein weiteres Problem. In den Zufluchtsstätten sind oft so viele Menschen, daß ein geradezu ohrenbetäubender Lärm herrscht. Es gibt keine Privatsphäre und kaum Raum für Individualität, wenn das auch weniger ein Problem wird, wenn man stärker dafür sorgt, daß der Aufenthalt nur vorübergehend ist. Die meisten Frauenhäuser sind heruntergewirtschaftet, weil sie zu stark belegt sind. Waschmaschinen sind, wenn überhaupt vorhanden, oft kaputt ebenso wie die meisten übrigen Geräte; die halten die häufige Benutzung einfach nicht aus. In einem Frauenhaus, das ich besuchte, waren die Frauen nicht in der Lage, ihre völlig überbelasteten Waschmaschinen zu reparieren, daher »besetzten« sie einen Waschsalon am Ort an mehreren Abenden in der Woche. Sie überredeten den Besitzer dazu, den Salon länger als gewöhnlich offenzuhalten, so daß sie seine regelmäßige Kundschaft nicht störten. Sie hatten so viel Wäsche, daß alle Maschinen in Gang waren. Die Wäsche so zu waschen war effektiver als das ständige Theater mit der Reparatur der eigenen Waschmaschinen und Trockner.

Ein ernstes Problem in den Frauenhäusern sind verbreitet auftretende Krankheiten. Erkältungen, Magenbeschwerden und andere ansteckende Krankheiten verbreiten sich mit Windeseile, weil kranke Bewohnerinnen gewöhnlich nicht isoliert werden können. Frauen und Kinder, deren frühere Isolierung sie vor vielen Kinderkrankheiten geschützt hatte, sind jetzt äußerst anfällig für Windpocken, Masern, Mumps und andere Krankheiten, gegen die sie nicht geimpft sind. Die Finanzen machen es unmöglich, in den Frauenhäusern Ärzte und Schwestern anzustellen, so daß die berufstätigen Ärzte und Schwestern ihre Zeit opfern müssen. So traurig dieses Bild auch erscheinen mag, es ist doch entscheidend wichtig, daß man begreift, daß sowohl in Amerika als auch in England Frauen *lieber* in Frauenhäusern leben als zusammen mit ihren gewalttätigen Männern in ihrem ruhigen, sauberen, geräumigen, gegen Krankheiten gefeiten Zuhause.

Das letzte große Problem bei den Frauenhäusern und anderen Zufluchtsstätten ist das Behandlungsprogramm für Männer. Der gewalttätige Mann wird völlig ignoriert, es sei denn, er verfolgt seine Frau. Wenn er das tut, wird er normalerweise den Polizeibehörden übergeben. Wenn der gewalttätige Mann sein negatives Verhalten aufgäbe, nachdem ihn sein Opfer verlassen hat, würden sich diejenigen, die den mißhandelten Frauen helfen wollen, gar nicht um ihn kümmern. Das scheint aber nicht vorzukommen. Es ist wahrscheinlicher, daß er psychotisch oder schwer depressiv wird oder daß er, was noch schlimmer ist, eine andere Frau findet, die er mißhandeln kann. Bis heute gibt es nicht nur in Frauenhäusern, sondern auch sonst in der Gesellschaft so gut wie keine Einrichtungen für gewalttätige Männer. Sehr wahrscheinlich ist das so, weil ihr

Verhalten bis vor ganz kurzem nicht als anormal betrachtet wurde. Angehörige therapeutischer Berufe wissen noch nicht, wie sie diese Männer behandeln sollen, und es gibt auch keine anderen Einrichtungen, die angemessene Dienstleistungen anbieten könnten. Es ist sehr bedauerlich, wenn auch verständlich, daß diese Männer im allgemeinen keinerlei Behandlung erhalten.

Frauenhäuser haben viele andere Probleme. Sie zu betreiben ist teuer und schwierig. Der Wechsel beim Personal ist hoch, da das Personal typischerweise unterbezahlt und überbeansprucht ist. In vielen Fällen erhält das Personal nur eine geringe Schulung, ehe es seine Arbeit im Frauenhaus aufnimmt. Die meisten Häuser geben den Mitarbeitern mehrere Tage im Monat frei, damit sie sich von dem Streß und der Arbeitslast, die sie bewältigen müssen, wieder erholen können. Die Finanzierung ist ein ständiges Problem. Unterstützende Gruppen verlieren die Begeisterung und halten den Häusern oft nicht die Treue. Ein Frauenhaus am Leben zu erhalten, wenn es endlich seine Pforten geöffnet hat, kostet ungeheure Energie.

Trotz all der mit den Frauenhäusern verbundenen Probleme sind diese doch die Eckpfeiler der Programme für mißhandelte Frauen. Mißhandelte Frauen können mit der äußeren Welt nicht fertig werden, ohne daß sie eine gewisse Hilfe und Intervention erhalten. Mord und Totschlag gehören zu dieser Szene ebenso wie andere entsetzliche Grausamkeiten. Selbst wenn der gewalttätige Mann und die Frau getrennt leben, werden die Frauen gequält und müssen Tragödien erleben. Eine Frau berichtete, daß ihr Haus angezündet wurde von einem wütenden Mann, der bereits ausgezogen war. Eine andere sprach von dem offensichtlichen Mord bzw. Selbstmord ihres Exmannes und seiner jetzigen Verlobten. Eine dritte wurde von ihrem ehemaligen Mann an einer Bushaltestelle schwer verprügelt. Wieder andere sprechen davon, daß ihre Kinder entführt und geschlagen wurden, nachdem sie sich von ihren gewalttätigen Männer getrennt hatten. Die Frauenhäuser helfen den Frauen, sich darauf vorzubereiten, mit diesen Problemen fertigzuwerden, und helfen durch ihre Vermittlung auch anderen Einrichtungen, damit umzugehen.

Wenn die Frauenhäuser und ähnliche hilfreiche Organisationen auch nur ein erster Schritt in die richtige Richtung sind, so sind sie doch viel, viel mehr als je zuvor vorhanden war. Sie bieten den Opfern, deren Kindern und gelegentlich auch den gewalttätigen Männern direkt gewisse Dienstleistungen an. Wichtiger noch, sie treten für die Frauen ein und mobilisieren viele andere Einrichtungen in einer Gemeinde, die diesen Problemfamilien helfen können. Freilich gibt es noch viel zu tun. Doch all die Schwierigkeiten bei der Gründung und beim Betreiben eines Frauenhauses verschwinden, wenn die mißhandelte Frau ihre Opferrolle abschüttelt. Die bisher erzielten Erfolge machen die vielen Probleme überwindbar.

10
Rechtliche und medizinische Alternativen

Wenn man Behandlungsalternativen für mißhandelte Frauen entwirft, dann ist es als erstes natürlich offensichtlich notwendig, der Mißhandlung Einhalt zu gebieten. Jeder, der mit einer mißhandelten Frau arbeitet, muß sofort den Grad an physischer Gefahr einschätzen, dem sie durch ihre gegenwärtigen Lebensumstände ausgesetzt ist. Wenn erst einmal ihre unmittelbare Sicherheit garantiert ist, können weitere Behandlungsalternativen empfohlen werden. Die verschiedenen Behörden, Einrichtungen und Gruppen, die mit mißhandelten Frauen in einer Gemeinde zu tun haben, sollten Schritte unternehmen, die gewährleisten, daß ihre Bemühungen koordiniert werden. Im Notfall muß immer Hilfe zur Verfügung stehen. Selbst wenn eine Frau vorübergehend in Sicherheit ist, kann sich das schnell ändern.

Rechtliche Alternativen

Zu den juristischen Alternativen, die mißhandelte Frauen benötigen, gehören: adäquater Schutz durch die Polizei, Erleichterung der von Opfern körperlicher Angriffe eingeleiteten Strafverfahren, die Möglichkeit, vorübergehend finanzielle Unterstützung zu bekommen, schnelle Scheidungsverfahren, geregelte Besuchsrechte für Kinder, gesetzliche Rechtsverfahren für mißhandelte Frauen als Angeklagte.

Adäquater Schutz durch die Polizei
Mißhandelte Frauen berichten übereinstimmend, daß die Polizei ihnen keinen ausreichenden Schutz vor ihren gewalttätigen Männern bietet. Von den in meinem Forschungsprojekt befragten Frauen haben nur 10 Prozent je die Polizei gerufen. Wie schon an anderer Stelle erwähnt, berichteten diese Frauen, daß sie von der Polizei bestenfalls erwarten konnten, daß sie den gewalttätigen

Mann zur Ruhe brachte, entschied, ob die Frau medizinische Hilfe brauchte oder nicht, und versuchte, ihnen beiden das Versprechen abzunehmen, die Handgreiflichkeiten einzustellen. Sobald die Polizei gegangen war, begannen die gewalttätigen Männer wieder mit den Mißhandlungen. Es dauert nicht lange, bis eine Frau lernt, daß sie nur noch weiter verprügelt wird, wenn sie die Polizei ruft. Daher tut sie es nicht mehr, oder sie stellt sich, wenn die Polizei doch kommt (weil sie oft von einem wohlmeinenden Nachbarn gerufen wird), auf die Seite ihres gewalttätigen Mannes, um so seine Wut zu mildern, wenn die Polizei wieder weg ist. Schätzungsweise wurden von den 10 Prozent der Mißhandlungen, die in meiner Studie berichtet wurden, mindestens die Hälfte nicht offiziell in die Polizeiakten aufgenommen. Wenn nämlich solche Anzeigen angefordert wurden, waren sie nicht vorhanden. Während etwa 90 Prozent der Frauen, die Körperverletzungen bei der Polizei meldeten, tatsächlich Anzeigen unterschrieben, wurde nur weniger als 1 Prozent jemals gerichtlich verfolgt. Es ist Sache des Staatsanwalts zu entscheiden, ob gerichtliche Schritte unternommen werden oder nicht, und diese Fälle werden selten weiterverfolgt, weil die Zahl der Verurteilungen so niedrig ist. Das liegt zweifellos daran, daß – wie bei Vergewaltigungen – das Opfer für gewöhnlich die einzige Zeugin ist. Der Schutz durch die Polizei war für die mißhandelten Frauen in meiner Erhebung ebenso unwirksam wie der, von dem andere mißhandelte Frauen berichteten.

Der Grund, warum die Polizei so unzulänglich ist bei ihrem Umgang mit gewalttätigen Beziehungen, ist nicht ganz klar. Die Polizei sieht ihre Aufgabe darin, die öffentliche Ordnung aufrechtzuerhalten. Die meisten Polizisten meinen jedoch, daß das, was hinter geschlossenen Türen in einer Familie stattfindet, nicht Gegenstand polizeilicher Intervention sein kann, sondern daß es sich dabei vielmehr um *private* Dinge zwischen Mann und Frau handelt. Polizisten sind oft Männer, die gesellschaftlich in dem Glauben erzogen sind, daß ein Mann das Recht hat, seine Frau zu züchtigen. Gerade bei Polizisten wird von einer ungewöhnlich hohen Zahl von Mißhandlungen der Ehefrauen berichtet. Man kann also schwerlich erwarten, daß dieselben Männer die Ehefrauen anderer Männer angemessen schützen können. Morton Bard, der Polizeipsychologe an der City University von New York, hat Polizisten darin geschult, sowohl als Beschützer wie auch als Sozialarbeiter in New York zu fungieren. Es besteht Uneinigkeit darüber, ob die Polizei als wirksamer Mittler auftreten kann, wenn sie bei einem akuten Gewaltakt interveniert. Sicherlich ist es nicht effektiv, wenn gerade eine wütende Auseinandersetzung während der Phase Zwei im Gange ist, mit Vernunftgründen zu argumentieren. Dann ist eine autoritäre Trennung des Paares nötig. Dennoch sind in den Polizeistationen, in denen die Polizisten diese zusätzliche Rolle übernommen haben, die Berichte positiv. Sowohl bei den Polizisten als auch bei den Bürgern ging die Zahl der Todesfälle zurück. Außerdem wird die Polizei seltener noch einmal zum selben Paar gerufen. Die Polizei in Hayward, Kalifornien, hat spezielle Gesprächstherapeuten angestellt, die bei Gewalttakten, bei denen die Polizei gerufen wurde, nachfassen. Auch diese Methode hat sich als erfolgreich erwiesen. In vielen Fällen kommen auch positive Berichte über Zusammenarbeit, wenn Polizeistationen spezielle Büros eingerichtet haben, die mit Frauenzentren oder Krisenzufluchtsstätten eng zusammenarbeiten.

Die mißhandelten Frauen selbst haben Wege vorgeschlagen, wie sich der Polizeieinsatz verbessern ließe. Erstens sollte die Polizei in der Lage sein, den Mann daran zu hindern, weitere sofort einsetzende Gewalttaten zu begehen. Die effektivste Methode, solch einen Schutz zu gewährleisten, besteht darin, daß die Polizei einen Fall von Gewalttätigkeit in der Familie als Körperverletzung behandelt und den Gewalttäter verhaftet. Die Polizei sollte auch die Strafanzeige stellen. Dann ist der Staat, vertreten durch die Polizei, dafür verantwortlich, die Anklage voranzutreiben, wie das bei allen anderen Körperverletzungen der Fall ist, und nicht die mißhandelte Frau. Es ist unrealistisch zu erwarten, daß das Opfer die Strafanzeige stellte und die Anklage weiter betreibt, wenn es vor weiteren Körperverletzungen nicht geschützt wird. Die meisten Polizeibeamten stellen fest, daß sie das Interesse daran verlieren, mißhandelte Frauen zu beschützen, wenn diese wiederholt die Anklage fallenlassen. Sie interpretieren dieses Widerstreben, die Anklage zu betreiben, als einen Wunsch, weiterhin mißhandelt zu werden, und nicht als Angst vor brutaler Bestrafung durch die gewalttätigen Männer dafür, daß die Frauen Klage erhoben haben. Die Behandlung von Mißhandlung als Körperverletzung sollte bei der Polizei für verheiratete und unverheiratete Paare gelten. Die Polizei sollte auch das Recht haben, eine einstweilige Verfügung zu erwirken, die es dem Mann verbietet, die Frau weiterhin zu verletzen, oder durch die er aus seiner Wohnung entfernt werden kann, wie das in vielen Bundesstaaten im Falle von Kindesmißhandlung möglich ist. Schließlich sollte die Verantwortung für die Durchsetzung solcher einstweiligen Verfügungen bei der Polizei liegen. Das ausstellende Gericht, wenn es ein solches gibt, sollte eine Kopie dieser Verfügungen an die Vollstreckungsbehörde schicken, statt zu verlangen, daß diese der Polizei vom Opfer vorgelegt wird. Ein Eintrag im Computerinformationssystem der Polizei ist äußerst wirkungsvoll. Viele Frauen berichten, daß ihre einstweiligen Verfügungen längst zerfetzt sind, wenn die Polizei eintrifft. Daher sollten die Gerichte diese einstweiligen Verfügungen direkt an die lokale Polizeibehörde ausstellen, so daß diese auch die Befugnis hat, die Frauen zu beschützen.

Erleichterung der von Opfern körperlicher Angriffe eingeleiteten Strafverfahren
Sofortige Strafverfolgung ist eine weitere äußerst wirksame Methode, die dem Strafverfolgungssystem zur Verfügung steht, um Gewaltanwendung gegen Frauen zu unterbinden. Leider wird dieses Mittel selten eingesetzt. In meiner Studie haben nur weniger als ein Prozent der Befragten ein Strafverfolgungsverfahren gegen ihre gewalttätigen Männer eingeleitet und durchgeführt. Solch niedrige statistische Zahlen sind überall in Amerika normal. Daß diese Angriffe der gewalttätigen Männer keine rechtlichen Folgen für diese haben, führt nur dazu, daß die Gewalttätigkeiten immer weitergehen. Warum ist das so? Bei unseren Interviews mit Staatsanwälten, Richtern, Rechtsanwälten und den betroffenen Frauen selbst erfuhren wir, daß es dafür mehrere Gründe gibt. Der wichtigste natürlich

ist bereits genannt worden. Die gesellschaftlich akzeptierte Sitte, daß der Mann seine Frau mit Schlägen disziplinieren darf, durchzieht schon die Grundlagen unseres Rechtssystems. Das wird ganz deutlich, wenn man die Verfahren prüft, die nötig sind, um einen Gewalttäter strafrechtlich zu verfolgen.

Es besteht kein Zweifel, daß wirksame Strafverfolgung die Zahl der Gewalttätigkeiten gegen Frauen herabsetzen kann. Angemessene Aufzeichnungen über Gewalttätigkeiten sind besonders wichtig, da Eindrücke und Interpretationen vor Gericht unnütz sind. Jeder, der mit einer mißhandelten Frau zu tun hat, sollte genaue Aufzeichnungen führen, die vor Gericht stichhaltig sind. Im Rahmen meiner Arbeit als Psychologin habe ich andere Angehörige helfender Berufe darin ausgebildet, alle Fälle von Mißhandlung, die sie bei ihren Klienten beobachten, zu dokumentieren. Das kann bedeuten, daß man eine Polaroidkamera in den Behandlungsräumen bereit hält, um Farbaufnahmen von den Blutergüssen der Frauen zu machen. Es kann auch bedeuten, daß man Kleiderfetzen aufbewahrt, die als Beweismittel verwendet werden können. Klare Beschreibungen des genauen Hergangs der berichteten Mißhandlung und der Verletzungen der Frau sind für eine rechtswirksame Strafverfolgung erforderlich. Wirksame Strafverfolgung setzt auch voraus, daß Menschen, die von der Mißhandlung einer Frau wissen, bereit sind, für sie vor Gericht als Zeugen aufzutreten. In vielen Fällen kommen die gewalttätigen Männer ohne Strafe davon, weil niemand die Darstellung der Frau bestätigt. Der Einsatz eines Experten als Zeugen ist in diesen Fällen sehr zu empfehlen. Die Geschichten der mißhandelten Frauen sind oft kaum zu glauben. Die Tatsache, daß sie weiterhin unter solch brutalen Bedingungen lebten, wird in jedem Rechtsverfahren zu ihrem Nachteil verwendet, und Familienmitglieder, die etwas wissen, verweigern oft ihre Unterstützung.

Die Möglichkeit, vorübergehend finanzielle Unterstützung zu bekommen
Es hat viele Kontroversen darüber gegeben, ob in diesen Fällen zivilrechtliche oder strafrechtliche Rechtsmittel anzuwenden sind.

Wenn eine mißhandelte Frau ihren Ehemann strafrechtlich verfolgt und er eine Gefängnisstrafe absitzen oder eine hohe Geldstrafe bezahlen muß, kann auch sie darunter leiden. Wenn sie wirtschaftlich von ihm abhängig ist und er womöglich seine Stellung verliert, dann hat sie keinen Unterhalt. Selbst in den Fällen, wo die Frau finanzielle Mittel zur Verfügung hat, kann eine hohe Geldstrafe die finanziellen Möglichkeiten der Familie überschreiten. Auch die durch Gerichtsverfahren hervorgerufene gesellschaftliche Peinlichkeit, vor allem wenn der Mann für schuldig befunden wird, hält Frauen davon ab, den Weg der Strafverfolgung zu beschreiten. So hat eine Bewegung begonnen, einen Teil der Fälle von Mißhandlung der Ehefrau zu entkriminalisieren, so daß sie vor einem Zivilgericht verhandelt werden können, wo die Strafen nicht so hoch sind. In Pennsylvania ist ein Gesetz, das es ermöglicht, solche Fälle vor Zivilgerichte zu bringen, gut angekommen. Das neue Gesetz erlaubt es einem Zivilrichter, eine Trennungsverfügung, eine Unterlassungsverfügung, Verfügungen über Unterhaltszahlungen bei Getrenntlebenden und einstweilige Verfügungen über das Sorge- und Besuchsrecht auszustellen, und zwar alle gleichzeitig bei Nachweis, daß der Mann seine Frau mißhandelt hat. Wenn auch viele Bürgerrechtler befürchteten, daß die Rechte des Gewalttäters durch die einfache Gewährung solcher Rechtsmittel verletzt werden könnten, ist in den etwa hundert Fällen, die bereits gerichtlich entschieden sind, nicht von irgendwelchen Verletzungen der Rechte des Mannes berichtet worden. In jedem Fall hatte das Gericht die Befugnis, diese Fragen vorläufig bis zu einem Zeitraum von einem Jahr zu entscheiden, ohne daß eine endgültige Scheidungsklage eingereicht werden mußte. Dieses vereinfachte Vorgehen hat die Anwaltskosten gesenkt und hat den Frauen jene rechtliche Abhilfe geboten, die im Bereich ihrer Möglichkeiten liegt. Außerdem verlieren dadurch die Männer nicht so leicht ihre berufliche oder gesellschaftliche Stellung wie durch die Schande, die mit einem Strafverfahren verbunden ist.

Durch solch eine Gesetzgebung wird ein Strafverfahren nicht unmöglich, wenn es angemessen ist. Vielmehr haben dadurch Rechtsanwälte, Staatsanwälte und mißhandelte Frauen eine Wahl zwischen mehreren Rechtswegen.

Alle vorhandenen Daten weisen darauf hin, daß weniger als 25 Prozent der Frauen, denen eine finanzielle Übereinkunft über Unterhalt bei Getrenntleben, einschließlich Unterhaltszahlungen für sie und/oder die Kinder, zugestanden wurde, diese Zahlungen auch erhalten. Die Bundesregierung hat versucht, Unterhaltszahlungen für Kinder einzutreiben, allerdings ohne großen Erfolg. Bei mißhandelten Frauen dürfte der Prozentsatz einer erfolgreichen Eintreibung dieser Gelder noch geringer sein, da die gewalttätigen Männer oft nicht in der Lage sind, genügend Geld zu verdienen, wenn sie erst einmal allein leben, weil sie dann oft emotional und/oder körperlich zusammenbrechen. Oft muß der mißhandelten Frau ein größerer Anteil am gemeinsamen Vermögen zugesprochen werden, um es ihr zu ermöglichen, spätere finanzielle Verpflichtungen zu erfüllen, die ihr aus dem Aufziehen ihrer Kindder entstehen. Bisher wurde das von den Gerichten bei der Verteilung des Vermögens und bei der Festsetzung von Unterhaltszahlungen für die Kinder und für die mißhandelten Frauen nicht in Betracht gezogen.

Mißhandelte Frauen, die vor ihren Ehemännern fliehen, sollten keine etwaigen Klagen wegen böswilligen Verlassens befürchten müssen. Rechtsanwälte brauchen Dokumentationen von allen vorhergenannten Unterstützungsgruppen. Mißhandelte Frauen müssen auch über ihre Rechte bei einem eventuellen Scheidungsprozeß aufgeklärt werden. Viele Frauen kennen die Gesetze über die Aufteilung des Eigentums und über das Sorgerecht für die Kinder nicht. Einige Frauenhäuser und Stellen für Armenrecht in ganz Amerika bieten mißhandelten Frauen ausgezeichnete rechtliche Verteidigung an. Private Anwälte müssen hier mitziehen.

Schnelle Scheidungsverfahren
Auch die gesetzlichen Rechte von mißhandelten Frauen, die in ein Trennungs- und Scheidungsverfahren eintreten, müssen überdacht werden. Die an meiner Untersuchung beteiligten Frauen haben der Meinung Ausdruck verliehen, daß ihre Rechte verletzt wurden, weil sie mißhandelte Frauen waren. In manchen Bundesstaaten, in denen immer noch das Schuldprinzip bei Scheidungen Anwendung findet, werden diese Frauen von ihren Männern oft des böswilligen

Verlassens angeklagt. Die Vermögensaufteilung wird in diesem Fall negativ beeinflußt. Mißhandelte Frauen, die sich scheiden lassen wollen, ehe sie ihre Ehemänner verlassen, finden bei den Stellen für Armenrecht in ihrer Gemeinde oft keine Unterstützung. Diese Stellen werden gewöhnlich von Scheidungsfällen überschwemmt, und daher setzen sie Einkommensgrenzen fest, bei denen vom Gesamteinkommen der Familie ausgegangen wird, um festzustellen, ob ihre Hilfe in Anspruch genommen werden kann. Dieses System stellt eine besondere Härte für die Frau dar, die kein eigenes Einkommen hat, die aber mit einem Mann verheiratet ist, der über ein relativ hohes Einkommen verfügt. Folglich richtet sich die Frage, ob eine Frau sich vor Gericht angemessen vertreten lassen kann, danach, wieviel Geld sie hat. Sie braucht aber nicht nur Geld, um die Scheidung zu bezahlen; sie muß auch wissen, daß dem Rechtsanwalt ihre Interessen am Herzen liegen. Viele Rechtsanwälte verharmlosen die Berichte der Frauen über Mißhandlungen und das Risiko, daß diese Frauen eingehen, wenn sie ihre Ehemänner um Scheidung bitten. Viele der befragten Frauen, die schließlich geschieden wurden, sagten, daß sie zwei oder drei Anwälten ein Mandat erteilt hatten, ehe sie einen fanden, zu dem sie Vertrauen faßten. Diese Situation belastet eine Frau, die ohnehin unter höchster Anspannung lebt, nur noch mehr. In vielen Fällen, so berichteten die Frauen, informieren ihre Rechtsanwälte sie auch nicht über ihre Rechte. Wenn ich eine mißhandelte Frau an einen Scheidungsanwalt verweise, informiere ich ihn immer darüber, daß die Mandantin eine mißhandelte Frau ist und daß sie anfänglich mehr Unterstützung, Information und Rechtsberatung braucht als viele andere scheidungswillige Frauen. Der Anwalt muß auch besondere Sorgfalt walten lassen, was die Sicherheitsbedürfnisse der Frau und der Kinder angeht.

Geregelte Besuchsrechte für Kinder
Sorgerecht und Besuchsrechte sind bei den Scheidungsverhandlungen für gewalttätige Paare von allergrößter Bedeutung. Gewalttätige Männer streiten im allgemeinen um das Sorgerecht. Für manche ist dieser Streit eine Methode, den unvermeidlichen Zerfall der

Familie hinauszuzögern. Andere benützen das Sorgerecht als Waffe, um die Frau daran zu hindern, mit der Scheidung Ernst zu machen. Wieder andere wollen das Sorgerecht für die Kinder wirklich und befürchten, daß sie nach der Scheidung nicht nur die Frau, sondern auch ihre Kinder verlieren. Wenn das Sorgerecht einmal entschieden ist, nützen die gewalttätigen Männer den Berichten der Frauen zufolge ihre Besuchsrechte oft nicht aus. In anderen Fällen kam es jedoch zu Entführungen, vor allem, wenn die Kinder noch sehr klein waren. Wenn eine Frau einem Rechtsanwalt berichtet, daß die Gefahr einer Entführung besteht, muß dieser sofort handeln. Manchmal ist eine vorübergehende Aufhebung der Besuchsrechte oder eine strenge Überwachung angemessen.

Kinder, die in Gewaltakte verwickelt sind, müssen ebenfalls durch einen Anwalt rechtlich vertreten werden. Dies gilt vor allem für Mädchen, die von den gewalttätigen Männern sexuell mißbraucht werden. Die meisten Anwälte fragen nicht nach möglichem sexuellen Mißbrauch, wenn ihre Mandantinnen das nicht erwähnen. Alle Rechtsanwälte, die mit mißhandelten Frauen oder deren Ehemännern zu tun haben, sollten die Rechtmäßigkeit automatischer Besuchsrechte in Frage stellen. Wenn nötig, kann ein Antrag an das Gericht gestellt werden, entweder die Besuchsrechte auszusetzen oder vom Gericht einen Anwalt zu bestellen, der die Kinder vertritt.

Gesetzliche Rechtsverfahren für mißhandelte Frauen als Angeklagte
Ein neuer rechtlicher Sorgenpunkt ist die mißhandelte Frau als Angeklagte. Eine Reihe von Frauen sind vor Gericht gestellt worden, weil sie ihre Peiniger tätlich angegriffen oder getötet haben. In den meisten Fällen tötete die Frau ihren gewalttätigen Mann. Wie bereits erwähnt, war ich an mehreren dieser Fälle beteiligt. In drei Fällen trat ich als sachverständige Zeugin auf, und zwar auf Antrag der Verteidigung, und in mehreren anderen Fällen beriet ich die Verteidigung. In einem Fall von Körperverletzung unterstützte ich den Staatsanwalt bei der Strafverfolgung des Mannes. Alle diese Fälle hatten verschiedene Faktoren gemeinsam. Erstens sagte jede

der Frauen, daß sie davon überzeugt war, der Mann würde sie umbringen. Gewalttätige Angriffe waren in vielen Fällen bereits vorher vorgekommen. Bei dem jeweils letzten Vorfall hatten diese Frauen jedoch eine Veränderung festgestellt, die sie davon überzeugte, daß der Gewalttäter sie diesmal wirklich töten würde. In jedem Fall sagte die Frau aus, sie habe nicht beabsichtigt, den gewalttätigen Mann zu töten, sondern nur ihn daran zu hindern, sie umzubringen. Das war dann auch tatsächlich die Basis für meine Zeugenaussage, in der ich Notwehr zugrunde legte. Keine der Frauen erkannte, daß der Gewalttäter tatsächlich tot war. Ja, noch Monate nach der Tat sprachen diese Frauen immer noch über ihre Männer, als hätten diese noch Kontrolle über ihr Verhalten. Alle berichteten, sie hätten panische Angst vor den Gewalttätern. In ihren Augen waren die Männer allmächtig. Die Frauen hatten das Gefühl, daß es für sie keinen Ort gab, an dem sie sich verbergen konnten. Ganz gleich, wo sie hingingen, ihr gewalttätiger Mann folgte ihnen. In jedem der Fälle war die Gewalttätigkeit des Mannes ganz außerordentlich brutal. Schließlich mußten diese Frauen auf die extremste Form von Gewalt zurückgreifen – nämlich auf den Einsatz einer tödlichen Waffe –, um den Gewalttäter daran zu hindern, sie selbst umzubringen.

Um solchen Frauen legitime Verteidigung zukommen zu lassen, müssen verschiedene rechtliche Fragen geklärt werden. In den meisten Staaten wird Notwehr definiert als der Einsatz der geringsten Gewaltanwendung, um körperlichen Schaden abzuwenden. Nach den Gesetzen über Notwehr hat die Frau, wenn sie nicht wahrhaft glaubt, daß ihr gewalttätiger Mann sie unmittelbar töten wird, nicht das Recht, ihn zu töten. Das Recht in den meisten Bundesstaaten fordert, daß die Frau die geringste Gewalt anwendet, die nötig ist, um ihrem Gewalttäter zu entkommen. Eine zentrale Frage bei diesen Fällen ist, warum sie ihn nicht schon vor dem letzten Angriff verlassen hat, warum sie in der gewalttätigen Situation ausharrte. Wenn nachgewiesen werden kann, daß die psychologische Bindung zwischen der Beklagten und ihrem gewalttätigen Mann damit gleichzusetzen ist, daß sie physisch eingeschränkt war, läßt sich ein Freispruch auf der Grundlage von Notwehr rechtfertigen. In den meisten gewalttätigen Beziehungen sind sowohl der Mann als auch die Frau psychologisch voneinander abhängig. Es muß dem Gericht klargemacht werden, daß die Frau wegen ihrer extremen Abhängigkeit von ihrem gewalttätigen Mann ein Opfer ist. Sie glaubt eben nicht, daß sie eine völlig selbständige Persönlichkeit sein kann. Der Tod ist eine akzeptablere Alternative als Trennung. Auch der gewalttätige Mann würde eher sterben oder seine Frau umbringen, als sie freiwillig verlassen oder zulassen, daß sie von ihm weggeht. Das Center for Constitutional Rights (Zentrum für Verfassungsrechte) in New York City hat eine von Chris Arguedas geleitete Sonderabteilung eingerichtet, die Hilfestellung geben soll bei der Ausarbeitung der Verteidigung von weiblichen Gewaltopfern.

Medizinische Alternativen

Das Krankenhauspersonal in der Notaufnahme sieht die mißhandelten Frauen normalerweise nach einem akuten Gewaltakt der Phase Zwei und beim Übergang zur Phase Drei des liebevollen Verhaltens. Die meisten Ärzte in der Notaufnahme haben nicht die Zeit, die mißhandelte Frau nach der Herkunft ihrer Verletzungen zu fragen. Selbst wenn sie Fragen stellen, tun sie das oft in einer mißtrauischen, unsensiblen, feindseligen oder gleichgültigen Art, die die Frauen nur in die Defensive drängt. Die befragten Frauen berichteten, daß sie den Ärzten, wenn diese nicht einen so hektischen Eindruck gemacht hätten, die Wahrheit erzählt hätten. Doch sie glaubten, die Ärzte hielten ihre Verletzungen nicht für so lebensbedrohlich wie die des Patienten im Untersuchungszimmer nebenan.

Krankenschwestern in der Notaufnahme sehen Frauen, die öfters eingeliefert werden, mit relativ großer Regelmäßigkeit und sind wohl am ehesten in der Lage, mißhandelte Frauen als solche zu identifizieren, vor allem, wenn ihr Bewußtsein dafür geschult wurde. Das Personal am Denver General Hospital, dem Krankenhaus in Denver, das die größte Notaufnahmestation hat, wurde in der Identifizierung und Unterstützung mißhandelter Frauen geschult. Viele der Krankenschwestern berichteten von Vorfällen, bei denen eine schwer verletzte Frau im Wartezimmer saß und ein Mann hereingestürzt kam und sie mit sich in die Nacht hinauszerrte. Daher wurde ein System eingerichtet, bei dem solche Frauen sofort in ein privates Wartezimmer geleitet wurden. Dort steht ihnen eine ausgebildete Sozialarbeiterin so bald wie möglich bei, und die diensthabende Schwester beurteilt die Schwere ihrer Verletzungen. Dies wird jetzt bei allen Frauen, die in die Notaufnahme kommen – allein oder in Begleitung eines Mannes –, routinemäßig so gehandhabt. Jede verletzte Frau, die in Begleitung eines Mannes wartet, wird aufmerksam beobachtet, um festzustellen, ob es sich um Mißhandlung handeln könnte. Wenn eine Schwester den Verdacht auf Mißhandlung hat, wird die Karteikarte der Frau mit einem Reiter versehen, um die anderen Mitglieder des Notaufnahmeteams darauf aufmerksam zu machen. Die Frau wird allein untersucht und befragt. Dieses Vorgehen ist ungewöhnlich, da es in den meisten Notaufnahmen erlaubt ist, daß Begleitpersonen bei der Untersuchung anwesend sind. Die Frau wird gefragt, ob die Verletzungen das Ergebnis einer Mißhandlung sind. Wenn sie so direkt damit konfrontiert wird, ist es für sie schwierig, die Mißhandlung zu verheimlichen, es sei denn, sie ist voll panischer Angst. Ob sie nun zugibt, daß sie mißhandelt wird oder nicht, sie bekommt die Telefonnummer der nächsten Hilfseinrichtung, gewöhnlich einer Stelle, die mit weiblichen Opfern zu tun hat. Mir sind schon Frauen begegnet, die solch eine Telefonnummer ein halbes Jahr oder länger versteckt aufbewahrt haben, ehe sie anriefen. Wenn die verletzte Frau zugibt, daß sie mißhandelt wurde, werden alle Einzelheiten des Gewaltakts und die volle Beschreibung ihrer Verletzungen auf ihrer Karteikarte eingetragen. Später kann diese Karte als wertvolles Beweismaterial vor Gericht dienen.

Wann immer das möglich ist, sollte eine mißhandelte Frau im Krankenhaus stationär aufgenommen werden. Gewöhnlich ist sie physisch und psychisch völlig erschöpft. Ein stationärer Aufenthalt beschleunigt nicht nur ihren Gesundungsprozeß, sondern sie hat dadurch auch vorübergehend einen Zufluchtsort. Während des Krankenhausaufenthalts sind sowohl die Frau als auch der Mann gezwungen, sich mit den Folgen der Gewalttätigkeit zu konfrontieren. Wenn sie versuchen, die Verletzungen der Frau herunterzuspielen oder ganz zu leugnen, wie das so oft der Fall ist, dann hindert sie die stationäre Aufnahme daran. Selbst wenn eine solche stationäre Aufnahme nicht möglich ist, sollte das Krankenhauspersonal dem Paar nachdrücklich klarmachen, wie schwer die Verletzungen der Frau sind. Im Krankenhaus hat die mißhandelte Frau Zeit, nachzudenken und vielleicht eine Entscheidung zu treffen, welchen Weg sie einschlagen will. Zwar kehren die meisten Frauen nach dem Krankenhausaufenthalt wieder nach Hause zurück, aber für viele ist er der erste Schritt zur Selbständigkeit. Wo möglich, sollte das Krankenhauspersonal die Frau dazu ermutigen, in ein Sanatorium zu gehen, um sich weiter zu erholen. Oft hören mißhandelte Frauen auf Angehörige der helfenden Berufe, wenn deren Rat vernünftig erscheint.

Die in der Notaufnahme behandelten Verletzungen der Frauen lassen sich in verschiedene Kategorien einteilen. Die erste sind schwere, blutende Wunden. Wunden, die genäht werden müssen, vor allem am Kopf und im Gesicht, sind häufig. Wunden im Gesicht bluten oft sehr stark, und hier muß man inmmer mit der Möglichkeit eines Schocks rechnen. Die zweite Kategorie sind innere Verletzungen, die zu inneren Blutungen und Funktionsstörungen bei Organen führen. Die befragten Frauen berichteten von Milz-, Nieren- und Lungenverletzungen. Zu einer dritten Kategorie gehören Knochenbrüche: Gebrochene Wirbel, Schädel und Becken sowie Kiefer-, Arm- und Beinbrüche wurden behandelt. Frauen mit Rippen-, Schlüsselbein- und Beckenverletzungen kommen oft erst nach mehreren Tagen zur Behandlung. Erst wenn der durch die Brüche verursachte Schmerz nicht nachläßt, begeben sich die Frauen in ärztliche Behandlung. Oft zeigen Röntgenaufnahmen, daß Knochen nicht richtig zusammengewachsen sind, weil ärztliche Versorgung fehlte. (Ich habe mir sagen lassen, daß auf dem Röntgenbild zu sehen ist, ob ein Knochenbruch durch einen normalen Unfall oder durch Verdrehung wie bei Armbrüchen zustande gekommen ist.) Eine vierte Kategorie sind Verbrennungen. Frauen kommen mit Verbrennungen durch Zigaretten, durch heiße Haushaltsgeräte, Herde, Bügeleisen, durch Säure, kochend heiße Flüssigkeiten und ähnliches zur Behandlung in die Notaufnahme. Die meisten Frauen, die dorthin kommen, haben mehrere Verletzungen. Das Übermaß, das für die Phase zwei des akuten Gewaltaktes so typisch ist, tritt nur allzu deutlich zutage: Der Gewalttäter hört bei der ersten sichtbaren Verletzung nicht auf; er macht weiter, bis er seine Wut ausgetobt hat.

Eine weitere Kategorie umfaßt Frauen, die mit weniger sichtbaren physischen Verletzungen in die Notaufnahme kommen. Sie kommen oft mit akuten Angstanfällen, die zu Herzjagen, Hyperventilation, Weinkrämpfen und ähnlichem führen. Andere kommen mit einer großen Zahl psychophysiologischer Beschwerden, die die diagnostischen Fähigkeiten des behandelnden Arztes auf eine schwere Probe stellen. Zwar ziehen viele Notaufnahmeärzte routinemäßig Psychotherapeuten zur Behandlung hinzu, die mit den Frauen sprechen, deren Verletzungen offenbar sowohl psychische als auch physische Ursachen haben, doch fragen sie oft nicht nach, ob die Frau ein Opfer von Mißhandlungen ist. Eine einfühlsame Befragung kann die wahre Lebenssituation der Frau aufdecken. Es ist wichtig, festzustellen, ob solche Frauen suizidgefährdet sind, ehe Barbiturate oder Beruhigungsmittel verabreicht werden. Zum Glück geben die meisten Ärzte in der Notaufnahme nur geringe Dosen dieser Mittel. Doch gaben viele der befragten Frauen an, daß sie bei verschiedenen Besuchen in der Notaufnahme genügend solche Medikamente sammeln konnten, um sich umzubringen, wenn es wirklich zu schlimm würde. Eine Studie von Ann Flitcraft, einer Ärztin an der Notaufnahmestation der Medizinischen Fakultät von Yale, zeigt die Gefahren solch wahlloser Verabreichung von Medikamenten. Eine sofortige Überweisung an psychotherapeutische Einrichtungen, wo es spezielle Dienste für mißhandelte Frauen gibt, wäre für diese Frauen die hilfreichste Alternative.

Privatärzte und -kliniken
Privatärzte und -kliniken bekommen nicht so viele mißhandelte Frauen nach einem akuten Mißhandlungsfall der Phase zwei zu Gesicht wie Krankenhäuser. Viele Frauen sagen, sie schämten sich zu

sehr oder hätten zuviel Angst, sich einem Hausarzt anzuvertrauen, und sie bevorzugten die Anonymität der Notaufnahme großer Krankenhäuser. Privatärzte sehen mißhandelte Frauen normalerweise während der Phase eins des Spannungsaufbaus. Wenn die Spannung allmählich mehr Ängste verursacht, wollen Frauen Medikamente gegen Rückenschmerzen oder andere Streßsymptome zur Beruhigung, um schlafen zu können. Elaine Hilberman berichtet von einer Gruppe mißhandelter Frauen auf dem Lande, die unter großer persönlicher Gefahr ein großes Ambulatorium aufsuchten, ohne daß ihre gewalttätigen Männer davon wußten. Sie erhielten unterstützende Gesprächstherapie und Medikamente, die die Streßsymptome abbauten und den Schlaf förderten.

Viele mißhandelte Frauen fallen den Ärzten während der Schwangerschaft auf. Gewöhnlich unterziehen sie sich während dieser Zeit gynäkologischen Routineuntersuchungen und begegnen dabei regelmäßig den Schwestern und Ärzten einer Klinik. Das ist eine gute Gelegenheit für Angehörige helfender Berufe, die Frau über verdächtige Blutergüsse zu befragen und positive Alternativen zu empfehlen.

Betriebsärzte und -psychologen

Betriebsärzte und -psychologen sind eine weitere Einrichtung unserer Gesellschaft, die helfen kann, der mißhandelten Frau Sicherheit und Unterstützung zu geben. Viele gewalttätige Männer sind den Kollegen und Kolleginnen ihrer Frauen wohl bekannt. Der Mann hält sich oft ohne Grund im Büro der Frau auf, wo er ihr gewöhnlich keine Schwierigkeiten macht, bis das Endstadium der Phase eins erreicht ist. Die Frau wendet sich manchmal an den Betriebsarzt oder -psychologen, ohne daß der gewalttätige Mann das weiß. Angstzustände und mangelnder Schlaf beeinträchtigen oft ihre Leistungsfähigkeit. Wenn sie krankgeschrieben wird, verwendet sie oft ihre Zeit darauf, die Spannungen, die sich allmählich aufgebaut haben, wieder abzubauen. Für gewöhnlich kommt sie nach einem akuten Gewaltakt mehrere Tage nicht zur Arbeit. Wenn sie verletzt worden ist, wartet sie so lange, bis sie ihre blauen Flecken mit Make-up überdecken kann. Oft geht sie zum Betriebsarzt, um sich auf gebrochene Knochen, vor allem Rippen, untersuchen zu lassen – Verletzungen, bei denen sie die Behandlung mehrere Tage hinauszögern kann, bis die Schmerzen schlimmer werden. Manche Großfirmen haben Programme für die bei ihnen angestellten mißhandelten Frauen. Ein Betriebsarzt zum Beispiel, der sich mit dem Mißhandlungssyndrom bei Frauen beschäftigt hat, schreibt eine solche Frau arbeitsunfähig, wenn ihr medizinischer Zustand das erforderlich macht, und schlägt ihr Überweisungsmöglichkeiten für eine psychotherapeutische Behandlung vor. Die Frau kann arbeitsunfähig bleiben bei vollem Lohn und Deckung aller ärztlichen Kosten, bis ihr Psychologe der Meinung ist, daß sie wieder zu ihrer Arbeit zurückkehren kann. Diese Art Programm garantiert den mißhandelten Frauen ihren Arbeitsplatz und gibt ihnen gleichzeitig Zeit, mit ihren Krisen fertigzuwerden, und außerdem die Möglichkeit, kurzzeitig unterzutauchen. Viele mißhandelte Frauen werden als Hypochonder betrachtet, weil sie so oft zum Arzt gehen, doch sie haben ja nur wenige andere Möglichkeiten, professionelle Hilfe zu erhalten. Sie betrachten es als ein geringeres Risiko, den Arzt wegen physischer Beschwerden aufzusuchen, als sich an einen Psychologen oder Psychotherapeuten zu wenden.

11
Psychotherapie

In einem Land wie Amerika, wo der Psychotherapie eine gewisse Hochachtung entgegengebracht wird, dürfte es wohl kaum überraschen, daß mißhandelte Frauen und deren Familien die Dienste von Psychotherapeuten in Anspruch genommen haben. Doch wie die Angehörigen anderer helfender Berufe konnten auch Psychotherapeuten (einschließlich Psychiatern, Psychologen, Sozialarbeitern und Krankenschwestern in psychiatrischen Kliniken) den mißhandelten Frauen nur unzureichende Hilfe bieten. Die befragten Frauen berichteten, daß sich die meisten Therapeuten direkt oder indirekt (meist durch Ausklammerung des Themas) weigern, auf akute Gewaltakte spezifisch einzugehen. Statt dessen konzentrieren sich die Therapeuten auf die psychischen Konsequenzen solcher Gewaltakte. Man kann davon ausgehen, daß Frauen, die wiederholt mißhandelt wurden, genügend psychische Störungen aufweisen, um einen Therapeuten voll und ganz zu beschäftigen. Viele der befragten Therapeuten gaben zu, daß sie nicht merkten, daß ihre Klientinnen über lange Zeiträume hinweg brutal mißhandelt wurden. Das gilt vor allem dann, wenn die Folgen der Mißhandlungen nicht allzu schwer sind. Psychotherapeuten glauben aufgrund ihrer Ausbildung, daß die Opfer den Angriff oft provozieren. Nirgends zeigt sich diese Ansicht deutlicher als in ihrem Umgang mit den katastrophalen psychischen Auswirkungen von Gewaltverbrechen gegen Frauen. Psychotherapeuten haben oft unwillentlich zum Verlust der Selbstachtung bei den Frauen beigetragen, indem sie das verabredete Stillschweigen mitmachen, mit dem die Gewaltakte umgeben sind, und indem sie sich auf das »provozierende« Verhalten der Frauen konzentrierten, wenn solche Vorfälle in den Therapiesitzungen zur Sprache kamen. Es ist also kein Wunder, daß die meisten Frauen das Gefühl hatten, das Einschalten eines Psychotherapeuten helfe ihnen nicht.

Mißhandelte Frauen haben berichtet, daß sie behandelt wurden, als seien sie »verrückt«. Sie haben erzählt, daß sie sich um psychotherapeutische Behandlung für ihre gewalttätigen Männer bemühten, nur um dann zu hören, daß es *ihr* Problem sei. Viele Frauen wurden gegen ihren Willen in eine Klinik eingewiesen. Andere sprachen davon, daß sie freiwillig in eine psychiatrische Klinik gingen, um wenigstens vorübergehend aus der Mißhandlungssituation herauszukommen. In einigen Fällen bekamen die Frauen so viele Schockbehandlungen, daß ihr Gedächtnis auf Dauer geschädigt wurde. Bei anderen Frauen lautete die Diagnose auf paranoide Schizophrenie, wobei sich diese Diagnose auf ihren Argwohn stützte und auf ihr mangelndes Vertrauen zu Menschen, von denen sie glaubten, sie könnten ihren gewalttätigen Männern vielleicht etwas Falsches sagen. In geradezu paranoider Weise vertuschten sie ihre Handlungen, schrieben geheime Botschaften auf winzige Zettelchen, die sie dann versteckten, und machten sich ständig Gedanken darüber, wie sie das Verhalten anderer manipulieren konnten, damit der gewalttätige Mann nicht wütend wurde. Wie schon früher erwähnt, haben diese Frauen nur selten die Tatsache zur Sprache gebracht, daß sie zu Hause brutal geschlagen wurden. In den Fällen, wo die Frauen davon berichteten, daß sie in ihrer Therapie über die Gewalttätigkeiten sprachen, war es stets das Ziel der Therapeuten, herauszufinden, was die Frauen taten, um solch ein gewalttätiges Verhalten zu provozieren. Es wurde von der Annahme ausgegangen, die Frauen müßten geschlagen werden, um ihre angeblichen Sünden zu büßen. Andere in meinem Sample berichteten, sie seien wegen schwerer Depressionen behandelt worden, die sie zweifellos vor dem ständigen Streß schützten, dem sie in ihrem unberechenbaren Leben ausgesetzt waren. Bei viel zu vielen Frauen wurde der berechtigte Zorn, der sie vielleicht zum Handeln motiviert hätte, durch eine unkritische Verabreichung von Beruhigungsmitteln herabgedämpft. Die akuten Streßreaktionen dieser Frauen wurden als schwere emotionale Störungen diagnostiziert, und zwar wahrscheinlich deshalb, weil die Lebenssituation von den behandelnden Psychotherapeuten nicht ausreichend in Betracht gezogen wurde.

Viele Bewältigungsstrategien, die sich die mißhandelten Frauen zu eigen gemacht hatten, um weiteren Gewalttätigkeiten zu entgehen, wurden als Beweis für schwere Persönlichkeitsstörungen gesehen. Diese Frauen leiden unter situationsbedingten emotionalen

Problemen, die dadurch ausgelöst wurden, daß sie zum Opfer werden. Sie wählen die Mißhandlung nicht, weil sie einen Persönlichkeitsdefekt haben, sondern sie entwickelten Verhaltensstörungen, weil sie in Gewaltsituationen leben. Die Mittel, die mir für eine weitere systematische Erforschung der Persönlichkeit mißhandelter Frauen zur Verfügung stehen, wurden mir 1978 vom National Institute of Mental Health gewährt. Ziel dieses Projektes war und ist eine Einschätzung der Stärken und der Schwächen mißhandelter Frauen im Vergleich zu Frauen, die nicht in gewalttätigen Beziehungen leben. Es steht zu hoffen, daß die Daten, wenn sie einmal vorliegen, mit den irrigen Vorstellungen und falschen Informationen, durch die manche Psychotherapeuten an ihren Auffassungen festhalten konnten, aufräumen werden. Andere Therapeuten erzielen aber jetzt schon gute Resultate bei ihrer Arbeit mit mißhandelten Frauen und deren Familien, indem sie die neuen Informationen, die wir allmählich zusammentragen, benützen. Weil Frauen jetzt ihre Geschichten erzählen und weil man ihnen jetzt Glauben schenkt, werden in diesem Bereich Fortschritte erzielt.

Als Psychologin und Psychotherapeutin ist mir schmerzlich bewußt, wie unzureichend meine eigene Ausbildung und die meiner Kollegen war, wenn es darum geht, gewalttätige Familienbeziehungen zu verstehen und zu behandeln. Erst in den letzten zehn Jahren haben wir angefangen, uns mit dem Problem der Behandlung von Kindesmißhandlungen auseinanderzusetzen. Wir lernen zwar allmählich, psychotherapeutische Hilfe für Vergewaltigungsopfer zur Verfügung zu stellen, aber wir haben immer noch sehr begrenzte Methoden, die uns helfen, das Verhalten des Vergewaltigers zu verändern. Das gilt auch für mißhandelte Frauen und deren Familien. Wir lernen langsam, den mißhandelten Frauen auf psychotherapeutischem Wege zu helfen, aber darüber, wie die Kinder oder die gewalttätigen Männer zu behandeln sind, wissen wir viel weniger.

Für mißhandelte Frauen, und manchmal auch für deren Familien, gibt es zwei Arten der Behandlung. Die erste ist unterstützende Beratung durch paraprofessionelle oder nichtprofessionelle Personen, die in spezifischen Beratungsmethoden zur Arbeit mit gewalttätigen Familien ausgebildet sind. Die zweite ist professionelle Psychotherapie durch Psychotherapeuten. In beiden Fällen ist eine zusätzliche Ausbildung in den neuesten Methoden nötig, um den Mißhandelten Frauen eine angemessene Therapie bieten zu können.

Ich empfehle mit großem Nachdruck, daß im Augenblick nur Therapeut*innen* mißhandelte Frauen behandeln. Mißhandelte Frauen sind mit Vergewaltigungsopfern insofern vergleichbar, als sie leichter Zugang finden zu einer Therapeutin, die darin geschult ist, die Auswirkungen einer solchen Opfersituation zu verstehen. Diese Frauen müssen es lernen, anderen Frauen, die in ihrem Beruf kompetent und stark sind, zu vertrauen. Das Rollenmodell, das solch eine Therapeutin der mißhandelten Frau liefert, erleichtert die Therapie. Außerdem können Frauen anderen Frauen intime Probleme in einer Weise mitteilen, die dem therapeutischen Fortschritt ebenfalls förderlich ist. Es ist zwar nicht unmöglich, dies auch einem Mann gegenüber zu tun, doch dauert eine Behandlung durch einen Therapeuten länger. Es ist auch zweckmäßig, die zusätzliche Komplikation zu vermeiden, die dadurch entsteht, daß sich die mißhandelten Frauen dem Therapeuten gegenüber verführerisch oder manipulierend verhalten, wie sie das meistens gewohnt sind. Ich würde also einer mißhandelten Frau, die einen Psychotherapeuten sucht, empfehlen, unbedingt eine Therapeutin in Betracht zu ziehen, die in modernen Methoden für die Arbeit mit mißhandelten Frauen geschult ist. Es ist durchaus zulässig, einen zur Wahl stehenden Psychotherapeuten bzw. eine Therapeutin zu fragen, welche Wertvorstellungen und welche Ausbildung er bzw. sie in diesem Bereich hat.

In der Psychotherapie wird im allgemeinen Wert darauf gelegt, die Familie intakt zu halten, wann immer das möglich ist. Bei der Arbeit mit mißhandelten Frauen jedoch müssen die Psychotherapeuten eine Auflösung der Familie fördern. Die Hauptschwierigkeit bei der therapeutischen Arbeit mit mißhandelten Frauen liegt darin, daß die meisten möchten, daß der Therapeut den gewalttätigen Mann daran hindert, sie zu mißhandeln, daß sie aber die Beziehung keinesfalls aufgeben wollen. Die Frauen sind von ihren Männern ebenso abhängig wie die Männer von ihnen. Die Beziehung wird symbiotisch. Keiner kann mehr ohne den anderen auskommen. Dadurch entsteht eine Art gegenseitiger sozialer Bindung zwischen den beiden, die nur sehr schwer zu lösen ist. Psychotherapeutische Ansätze, die die erfolgreichen Bewältigungsstrategien der Frau stärken und ihr gleichzeitig helfen, das Gefühl der Machtlosigkeit zu überwinden, sind in dieser Beziehung äußerst effektiv. Begleitende Psychotherapie hat sich während der Phase der Trennung und Scheidung als sehr erfolgreich erwiesen. Nur selten begeben sich mißhandelte Frauen, die solch eine Therapie hatten, noch einmal in eine gewalttätige Beziehung. Die einzelnen Therapien mögen in Methoden und Umfang verschieden sein, das Ziel jedoch ist immer dasselbe. Im Mittelpunkt steht das gegenwärtige Verhalten, wenn es auch manchmal hilfreich sein kann, die Vergangenheit zu erforschen, um gegenwärtige Probleme zu interpretieren. Es ist wichtig, die ambivalenten Gefühle der mißhandelten Frauen zu klären. Dabei geht es um Themen wie Liebe und Haß, Wut und Passivität, Zornesausbrüche und panische Angst, Bleiben oder Gehen, Allmacht und Ohnmacht, Sicherheit und Panik und manches andere. Als effektivster therapeutischer Ansatz hat sich eine Kombination aus verhaltensorientierter, auf das Gewinnen neuer Einsichten abzielender, feministischer Therapie erwiesen. Die Therapieformen, die Angaben zufolge bis jetzt am erfolgreichsten waren, sind Krisenintervention, Einzeltherapie, Gruppentherapie und in einer begrenzten Anzahl von Fällen auch Paartherapie.

Krisenintervention

Kriseninterventionsmethoden lassen sich häufig sehr gut einsetzen nach einem akuten Gewaltakt, da sie sich auf einen spezifischen kritischen Vorfall konzentrieren. Die mißhandelten Frauen und ihre gewalttätigen Männer sind dann gewöhnlich so betroffen über ihre mangelnde Selbstbeherrschung, daß sie ihr Verhalten verstehen und ändern möchten. Ziel ist es, dem Klienten beizubringen, wie eventuelle zukünftige Krisen gelöst werden können, indem man die Konfliktlösungsstrategien auf die gegenwärtige Krise anwendet, solange die Motivation noch sehr stark ist. Das ist der Zeitraum, in dem es den Frauen gelingt, die gewalttätigen Männer zu einer Psychotherapie zu überreden. Auch der Mann hat Angst vor der unkontrollierbaren Wut, die er eben erlebt hat. Wenn man Krisenintervention bei mißhandelten Frauen einsetzt, ist es wichtig, die Frauen als »mißhandelt« zu bezeichnen, denn die Leugnung der Realität ist ein typischer Bewältigungsmechanismus, der sie daran hindert, tätig zu werden. Die Einzelheiten, die die Frau von dem Gewaltakt berichtet, sollten dokumentiert werden. Wenn Blutergüsse zu sehen sind, sollten auch diese dokumentiert werden. Wie schon an früherer Stelle erwähnt, ist es zweckmäßig, Polaroid-Farbaufnahmen von den Blutergüssen zu machen für den Fall, daß die Frau sie für einen Gerichtsprozeß braucht. Die befragten Frauen berichteten, daß es ihnen leichter fiel, einem Krisentherapeuten die Einzelheiten des Erlebnisses zu schildern, wenn dieser spezifische Fragen stellte und angesichts der grausigen Einzelheiten offenbar nicht zimperlich war.

Bei der Befragung des gewalttätigen Mannes müssen sich Krisentherapeuten in die Schwierigkeit einfühlen können, die er hat, wenn es darum geht, die Einzelheiten des Vorfalls zu schildern. Aus meiner Arbeit mit gewalttätigen Männern weiß ich, daß es ihnen sehr schwerfällt, über etwas anderes zu sprechen als darüber, was die Frauen taten, um solch eine Mißhandlung zu verdienen. Sie mußten ihr gewalttätiges Verhalten offensichtlich dadurch rechtfertigen, daß sie sich auf die Einzelheiten des Vorfalls konzentrierten, die zum Verlust ihrer Selbstbeherrschung führten. Die meisten rechtfertigen sich für ihre Gewalttätigkeit damit, daß sie sagen, die Frauen hätten sie verdient. Manche beharren darauf, ihre Brutalität sei gerechtfertigt gewesen, weil es ihre Rolle sei, der Frau eine Lektion zu erteilen. Krisentherapeuten müssen auf die pseudorationalen Argumente des Gewalttäters hinweisen, indem sie betonen, daß sein Verhalten, was immer der Auslöser gewesen sein mag, schreckliche Konsequenzen hatte. Psychotherapeutische Soforthilfemaßnahmen sollten eingesetzt werden, um dem Gewalttäter Mittel an die Hand zu geben, seine Wut zu beherrschen. Manchmal sind dabei Hypnose, Entspannungstraining und Biofeedback nützlich.

Frauen und Männer sollten getrennte Sitzungen haben, es sei

denn, der Therapeut meint, weitere Mißhandlungen seien unwahrscheinlich. Dann ist eine gewisse Zeit in einer gemeinsamen Sitzung zulässig, aber das ist selten. Anfänglich sollte der Therapeut nicht mit großem Vertrauen rechnen. Die Geschichten der mißhandelten Frauen in diesem Sample zeigen, daß sie wenig Grund haben, einem Therapeuten zu vertrauen. Für ein Gespräch mit einer mißhandelten Frau im Rahmen einer Krisenintervention sollte der Therapeut mindestens zwei bis drei Stunden rechnen. Wenn diese Frauen erst einmal anfangen, ihre Geschichten zu erzählen, brauchen sie die Zeit, um alles mitzuteilen. Oft haben sie sich so lange zurückgehalten, daß sie, wenn sie jemanden finden, der wirklich Interesse an ihnen hat, erst wieder aufhören, wenn die ganze Geschichte heraus ist. Das widerspricht früheren Ansichten, man solle in einer ersten Sitzung ein Zuviel an Mitteilung verhindern, da der Klient sonst vielleicht unglücklich darüber sein könnte, daß er die Kontrolle verloren hat. Die Männer zum Sprechen zu bewegen ist anfänglich schwieriger. Es kann sein, daß sie mehrere Sitzungen brauchen, bis sie ihre Geschichte bereitwillig mitteilen. Es ist wichtig, der mißhandelten Frau und ihrem gewalttätigen Mann zu helfen, konsequent Änderungen herbeizuführen, wann immer das möglich ist. Es ist jedoch noch wichtiger, Verständnis zu haben für die ambivalente Haltung der Frau, sofort definitive Veränderungen in ihrem Leben herbeizuführen, und diese Ambivalenz auch zu akzeptieren. Manche Frauen können das zwar, die meisten aber brauchen mehr Zeit. So ist also Kriseninterventionstherapie, die ihrem Wesen nach intensiv und kurzfristig ist, für die mißhandelten Frauen nur ein Anfang im psychotherapeutischen Prozeß.

Einzeltherapie

Die Einzeltherapie, die ihrem Wesen nach langfristig angelegt ist, kann für die mißhandelte Frau ein außerordentlich nützliches therapeutisches Instrument sein. Das unmittelbare Anliegen ist es, den Gewalttätigkeiten ein Ende zu setzen, doch das langfristige Ziel ist finanzielle und psychische Interdependenz, d. h. die Fähigkeit, innerhalb einer Beziehung sowohl unabhängiges als auch abhängiges Verhalten an den Tag zu legen, je nachdem, was angemessen ist. In einer interdependenten Beziehung kann jeder der beiden Partner Stärke zeigen (Unabhängigkeit), an die sich der andere anlehnen kann (Abhängigkeit), während der Unabhängige gleichzeitig in bezug auf andere Bedürfnisse vom anderen abhängig sein kann. Die meisten Menschen bewerten Unabhängigkeit positiv und akzeptieren nicht, daß auch Abhängigkeit ein psychisch gesundes Verhalten sein kann, vorausgesetzt es herrscht Achtung und Vertrauen in einer Beziehung. In solch interdependenten Beziehungen gibt es eine Wechselseitigkeit, die eher auf Flexibilität beruht als auf festen Rollen. Der Begriff Interdependenz wird zwar im allgemeinen auf den Bereich der Emotionen angewandt, er läßt sich aber auch auf den finanziellen Status übertragen. In einer interdependenten Beziehung braucht die Frau eine berufliche Ausbildung, die es ihr ermöglicht, zu jedem gegebenen Zeitpunkt finanziell unabhängig zu sein. Das gibt ihr dann die Freiheit, sich wirklich für eine Beziehung zu entscheiden, statt des Gefühls, daß das ihre einzige Alternative ist. Die meisten Beziehungen, in denen mißhandelte Frauen leben, sind nicht auf diese Weise interdependent. Vielmehr wird die Frau zum Opfer wegen ihrer extremen Abhängigkeit von ihrem gewalttätigen Mann. Sie glaubt nicht, daß sie vollständig unabhängig sein kann.

Interessanterweise glaubt auch der gewalttätige Mann, daß er nicht allein bestehen kann. Zwischen dem Paar gibt es offensichtlich eine Bindung, die sich etwa so beschreiben läßt: »Wir schaffen es vielleicht nicht gemeinsam, aber allein werden wir ganz bestimmt untergehen.« Es ist typisch, daß beide Partner Traditionalisten sind, die vor den mit einer Scheidung verbundenen religiösen, sozialen, emotionalen und finanziellen Auswirkungen Angst haben. Wie wir in den vorangegangenen Kapiteln gesehen haben, ist der Tod eine akzeptablere Alternative. Es ist von größter Bedeutung, diese Überzeugung zu kennen, wenn man mit solch einem Paar arbeitet. Die Frau sieht den Tod als den einzigen Ausweg aus ihrer Situation, und zwar sowohl den Tod ihres gewalttätigen Mannes als auch ihren eigenen. Der Gewalttäter würde ebenfalls lieber sterben oder die

Frau töten, als sie freiwillig zu verlassen – oder zuzulassen, daß sie sich von ihm trennt. Da die beste Lösung für die mißhandelte Frau, wie wir wissen, darin besteht, aus der gewalttätigen Beziehung herauszukommen, entsteht ein ungeheures Dilemma. Für den gewalttätigen Mann nämlich ist es das beste, wenn er in einer warmherzigen, tragenden Familienbeziehung lebt. Wenn die Frau ihn verläßt, ist die Wahrscheinlichkeit, daß er geistig krank wird oder Selbstmord begeht, außerordentlich groß. Für ihn ist es viel schwieriger zu lernen, unabhängig zu sein, als für die Frau. Für einen Psychotherapeuten, der mit dem Mann und der Frau arbeitet, wird das zu einem sehr problematischen Dilemma. Daher ist es unbedingt erforderlich, daß bei der Einzeltherapie die Frau bei einem Therapeuten in Behandlung ist und der Mann bei einem anderen, denn was therapeutisch gesehen für sie gut ist, ist es für ihn vielleicht gerade nicht.

Viele Frauen in meiner Untersuchung gaben an, daß sie sich in der ersten Phase des Gewaltzyklus auf die Suche nach einem Therapeuten machten. Das ist etwas anderes, als wenn sie sich nach einem akuten Gewaltakt, der ja am Ende der Phase zwei gemäß der Zyklustheorie steht, um Krisenintervention bemühen. Die Frauen gaben an, daß sie die steigende Spannung spürten und das Gefühl hatten, daß der bevorstehende Gewaltakt unvermeidlich war. Sie kamen in die Therapie in dem Glauben, wenn es ihnen gelänge, ihr provokatives Verhalten abzulegen, dann würden ihre Männer sich immer wie die Mustergatten der Phase drei benehmen. Sie baten den Therapeuten, ihnen neue Methoden beizubrignen, das gewalttätige Verhalten zu bewältigen. Ihr Ziel war es, den Mißhandlungen dadurch ein Ende zu setzen, daß sie selbst das Verhalten der gewalttätigen Männer unter Kontrolle bekamen. Doch ich habe ja bereits erklärt, daß diese Taktik nicht funktionieren konnte. Mißhandelte Frauen, die in Therapie gehen, tun das oft, indem sie ein großes persönliches Risiko eingehen. Anfänglich wagen sie es nicht, ihren Männern zu sagen, daß sie in Therapie sind, wenn auch die meisten Frauen in meinem Projekt es ihnen letzten Endes doch erzählt haben. Manchmal geben sie dem Therapeuten einen falschen Namen, und sie erfinden Ausreden, um über die Zeit, in der sie ihre Therapiesitzungen haben, Rechenschaft ablegen zu können.

Es ist wichtig, daß die Psychotherapeutin einsieht, daß die mißhandelte Frau zu solch einem Doppelspiel greifen muß. Dadurch, daß die Therapeutin die Geheimnistuerei akzeptiert und das Geheimnis wahrt, gibt sie der mißhandelten Frau klar zu erkennen, daß sie sie nicht einer größeren Gefahr aussetzen will. Sie zeigt der mißhandelten Frau auch, daß sie wirklich glaubt, daß diese in Gefahr ist, und daß sie Achtung hat vor der eigenen Stärke der Frau, die angemessenen Überlebensstrategien anzuwenden. Für Therapeutinnen, die in einem Psychotherapiezentrum oder in einer anderen Klinik arbeiten, ist es wichtig, daß sie in den normalen bürokratischen Ablauf eingreifen, um das Recht der Frau auf Geheimhaltung jederzeit zu schützen. Das kann bedeuten, daß das computerisierte Abrechnungsverfahren geändert werden muß, so daß die Frau entweder bar oder in einer anderen ihr angenehmen Form bezahlen kann, statt die Rechnungen an ihre Adresse geschickt zu bekommen. Manchmal muß die Therapeutin viel Phantasie für Manipulationen aufbringen, um die individuellen Rechte ihrer Klientin zu schützen.

Bonnie war ein gutes Beispiel dafür, wie wichtig der Beistand einer Therapeutin ist. Als sie zum erstenmal zu mir in psychotherapeutische Behandlung kam, gab sie einen anderen Namen an. Es gehört zu meiner Praxis als feministische Psychotherapeutin, daß ich für die erste Sitzung nichts verlange. (Eine Reihe feministischer Therapeutinnen sind zu der Ansicht gekommen, daß das ein Weg ist, Frauen dazu zu ermutigen, therapeutische Hilfe in Anspruch zu nehmen. Es gibt sowohl der Klientin als auch der Therapeutin die Möglichkeit zu beurteilen, ob die Aufnahme einer psychotherapeutischen Beziehung vorteilhaft wäre oder nicht.) Bonnie war Anfang Vierzig und war von ihrem Hausarzt an mich überwiesen worden als letzte Möglichkeit, ehe sie sich einem diagnostischen Eingriff unterziehen sollte. Sie war zwar nie physisch mißhandelt worden, doch hielt man die psychischen Mißhandlungen, die sie erlitt, für den Grund ihrer physiologischen Beschwerden.

»Ich weiß eigentlich nicht genau, warum ich hier bin«, sagte Bonnie in dieser ersten Sitzung, während sie nervös die Hände rang. »Ich

glaube, es ist wichtig, daß Sie wissen, daß ich Ihnen nicht sagen kann, wer ich wirklich bin, weil ich Angst habe, daß mein Mann das herausfindet. Ich weiß, daß Sie mit mißhandelten Frauen arbeiten, und ich bin sicher, daß ich eine mißhandelte Frau bin, auch wenn er mich nie geschlagen hat. Aber ich weiß einfach, daß er dazu in der Lage ist«, sagte sie mit zitternder Stimme. »Ich weiß, wenn ich es zu weit treibe, wird er mich schlagen.«

Ich sagte Bonnie, es sei ganz in Ordnung, mir bis zum Ende unserer ersten Sitzung nicht zu sagen, wer sie war. Dann allerdings, erklärte ich ihr, müßte ich ihren Namen wissen und wie ich mich im Notfall mit ihr in Verbindung setzen könnte. »Nein«, sagte sie mit Nachdruck, »Sie können sich nicht mit mir in Verbindung setzen.« Ich wandte ein, daß ich nicht wollte, daß sie zu einer Sitzung kam, wenn ich durch einen Notfall verhindert war. »Das macht nichts«, sagte Bonnie. »Dieses Risiko gehe ich ein. Wenn Sie nicht da sind, warte ich eine Weile, und dann hinterlasse ich Ihnen eine Nachricht und gehe wieder nach Hause.« »Aber kann ich Sie denn nicht unter irgendeinem verabredeten Zeichen anrufen?« fragte ich. »Nein«, sagte Bonnie. »Wenn das Telefon klingelt, müßte ich eine Geschichte erfinden, wer dran war. Er darf es nie erfahren. Und er könnte auch vom anderen Apparat aus mithören, oder meine Tochter könnte etwas hören, und sie könnte das benutzen und bei einer Auseinandersetzung alles verraten oder so. Nein«, sagte sie noch einmal, »Sie können mich auf gar keinen Fall anrufen.«

Ich beschloß, Bonnies Wünsche zu respektieren und bis zum Ende unserer ersten Stunde nicht mehr davon zu sprechen. Bonnie begann eine Geschichte zu erzählen, die denen anderer mißhandelter Frauen glich. Sie erzählte, sie habe ihren Mann in jungen Jahren geheiratet, nachdem sie traditionell erzogen worden war und erwartete, daß alle Männer sie als Papas kleines Mädchen behandeln würden. Auch die Rolle als Mutter, Hausfrau und Gefährtin ihres Mannes akzeptierte sie voll und ganz. Es war seine Pflicht, genügend Geld für den Unterhalt der Familie zu verdienen, während es ihre Pflicht war, ihr Heim in Ordnung zu halten. Den ersten Hinweis darauf, daß ihre Ehe vielleicht nicht die Erfüllung ihres Traums vom Glück werden könnte, wie sie es erwartet hatte, erhielt sie, als sie weiterhin zur Arbeit ging, während ihr Mann seine Ausbildung abschloß. Bonnie wurde der Untreue mit jedem ihrer Kollegen in der Arbeit bezichtigt. Sobald sie konnte, gab sie die Arbeit auf und blieb zu Hause. Nun gehörte es zu ihren Pflichten, ihrem Mann vormittags den Kaffee ins Büro zu bringen, mittags das Essen auf dem Tisch zu haben, wenn er nach Hause kam, die Buchführung für sein Büro zu machen und anderes mehr. Solange sie alles gut machte, waren seine Wutausbrüche nicht so häufig. Doch war sie nie in der Lage, sie ganz zu vermeiden. »Das Leben lief glatt«, sagte sie, »wenn ich mich immer an seine Anweisungen hielt.« In dem Augenblick aber, wo sie Eigeninitiative ergriff, begann er sie zu beschimpfen, entzog ihr seine Zuwendung und benahm sich gemein. Im Laufe des ersten Gesprächs wurde klar, daß Bonnie panische Angst davor hatte, daß jemand anderer aus Versehen das grausame Verhalten ihres Mannes ihr gegenüber auslösen könnte. »Ich verberge vieles vor ihm«, sagte Bonnie, »weil ich nie weiß, wie er reagiert. Manchmal macht es ihm überhaupt nichts aus, und dann wieder kann er mir etwas sehr übelnehmen. Was ich überhaupt nicht ertragen kann, ist, wenn er mir immer und immer wieder vorhält, daß ich etwas falsch gemacht habe. Wenn ich ihm erzählen würde, daß ich zu Ihnen zur Therapie komme, dann könnte er wahrscheinlich sagen, daß ich total verrückt bin, und daß es immer meine Schuld ist, wenn er die Beherrschung verliert. Das kann ich nicht. Ich will einfach nicht, daß er es weiß.«

Nach diesem ersten Informationsgespräch erklärte ich mich bereit, Bonnie anzunehmen. Sie ging zum Teil einen Kompromiß ein, indem sie mir sagte, wer sie war und wie ich sie im Notfall erreichen konnte. Wir klügelten ein kompliziertes System aus, das ich zu benützen versprach, wenn ich sie erreichen mußte. Sie bat mich, am Ende jeder Sitzung bar bezahlen zu dürfen, eine Regelung, der ich zustimmte. Im Verlauf der Behandlung, nachdem ich beobachtet hatte, wie sie aus den verschiedenen Fächern ihrer Handtasche einzelne Dollarnoten hervorholte, erzählte sie mir, daß sie alles verstecken müsse, um sich vor Entdeckung zu schützen. Wenn ihr Mann sähe, daß sie innerhalb einer Woche so viele Dollar angesammelt hatte, würde er sie ausfragen, wofür sie diese denn ausge-

ben wolle. Es war einfacher, seinen Fragen aus dem Weg zu gehen, und so wurde ihr seltsames Verhalten verständlich.

Nachdem Bonnie mehrere Monate in meine Sitzungen gekommen war und jedesmal damit anfing, welche Manipulationen sie vornehmen und welche Lügen sie oft erzählen mußte, um unsere gemeinsame Zeit herauszuschlagen, ohne daß jemand etwas davon erfuhr, konfrontierte ich sie mit der Frage, warum sie jetzt ihrem Mann nicht erzähle, daß sie eine Therapie mache. Es war klar, daß ihr Hausarzt eine Psychotherapie empfohlen hatte, um den Streß abzubauen, der seiner Meinung nach einen Teil ihrer physischen Beschwerden verursachte. So hatte sie also eine gute Ausrede, wenn sie die Mißhandlungen ihm gegenüber nicht erwähnen wollte. Bonnie erwiderte: »Lieber lüge ich und erfinde Geschichten, wohin ich gehe, als daß ich ihm erzähle, daß ich in Psychotherapie bin. Wenn ich ihm das erzählen würde, würde er nach jeder Sitzung wissen wollen, was ich Ihnen erzählt habe. Ich möchte nicht lügen und Geschichten erfinden über das, was wir besprechen. Diese Zeit gehört mir. Das ist meine Privatangelegenheit. Er hat kein Recht, mich danach zu fragen. Und vielleicht zwingt er mich auch dazu, ihm zu sagen, worüber wir wirklich sprechen. Lieber mache ich mir die Mühe und erfinde etwas, um zu vertuschen, wo ich in dieser Zeit war, als daß ich etwas über den Inhalt unserer Gespräche erfinde. Das ist viel leichter für mich.«

Ich konnte Bonnies Bedürfnis nach Geheimhaltung hundertprozentig verstehen. Meine Achtung für ihre Fähigkeit, zu Hause den Status quo aufrechtzuerhalten, während sie gleichzeitig bestrebt war, ihr eigenes emotionales Wohlbefinden zu stärken, war sehr wichtig für sie. Während ich dies schreibe, lebt Bonnie noch bei ihrem Ehemann. Sie ist nicht mehr in Therapie. Ich weiß nicht, ob die Gewalttätigkeiten zugenommen oder abgenommen haben, aber ich weiß, daß Bonnies Fähigkeit, selbständig etwas zu unternehmen, ohne von der panischen Angst gelähmt zu werden, sie könnte damit einen akuten Gewaltakt auslösen, durch die Therapie gestärkt wurde. Sie hat wichtige Entscheidungen getroffen, was eine Erbschaft betrifft, die sie machen wird. Durch die Therapie konnte sie auch zulassen, daß ihre Tochter ihr eigenes Leben führt, ohne für das

Wohlergehen ihrer Mutter verantwortlich zu sein, und Bonnie hat eine bessere Meinung von sich selbst. Diese Fortschritte mögen klein erscheinen, doch im Leben einer mißhandelten Frau können sie von ungeheurer Bedeutung sein.

Die mißhandelte Frau, die sich während der ersten Phase des Gewaltzyklus in Therapie begibt, versucht gewöhnlich mit ihren Gefühlen der Schuld, der Angst und der Wut fertig zu werden. Die Therapeutin kann ihr helfen, den Schuldgefühlen Ausdruck zu verleihen, indem sie die Frau die einzelnen Situationen des Gewaltakts beschreiben läßt, bei denen sie ihr eigenes gewalttätiges Verhalten nicht beherrschen konnte. Dabei erweist sich der feministische Ansatz, bei dem versucht wird, die persönlichen Probleme der Frau von den Problemen abzugrenzen, die sie mit anderen zum Opfer gewordenen Frauen gemeinsam hat, als äußerst wirkungsvoll. Es ist wichtig, zu bestätigen, daß die Gesellschaft ihr nicht angemessen helfen kann, aber auch zu betonen, daß hier Änderungen möglich sind. Die Beherrschung der Angst kann erreicht werden durch Entspannungstraining, Hypnose oder durch die Empfehlung, die mißhandelte Frau solle einem Fitneß-Center beitreten, um ein positives Körpergefühl zu bekommen. Der eine Bereich, über den die Frau vollständige Kontrolle hat, ist ihr Körper. Gewöhnlich hat sie ein mangelhaftes Körperbewußtsein entwickelt, um den Schmerz der Mißhandlungen nicht wirklich zu spüren. Daher ist es wichtig für sie, durch Körperübungen allmählich Selbstachtung und ein Gefühl der Stärke aufzubauen. Es ist auch wichtig, der mißhandelten Frau zu helfen, ihre Wut zu erkennen und zu beherrschen. Sie sollte dazu ermutigt werden, die Wut jedesmal, wenn sie auftritt, zu spüren, statt sie zu unterdrücken und sie dann auf einmal loszulassen und damit vielleicht einen akuten Gewaltakt auszulösen. Es muß klar betont werden, daß es eine Sache ist, Wut zu spüren, und eine andere, ihr Ausdruck zu verleihen. Es bringt der mißhandelten Frau nichts, ihre Wut zu spüren und sie dann ihrem gewalttätigen Mann gegenüber zum Ausdruck zu bringen. Im allgemeinen handelt sie sich damit nur wieder eine Mißhandlung ein. Vielmehr muß man ihr beibringen, ihre Wut zu spüren, sie zu beherrschen und sie zu benützen, um sich aus der gewalttätigen Situation herauszukatapultieren.

In der Einzeltherapie wird erforscht, welche realen Alternativen es im Augenblick gibt und welche zukünftigen Ziele angesteuert werden können. Die mißhandelte Frau muß die konkreten Schritte, die sie machen kann, um ihre Lage zu verbessern, erkennen. Wie die in Kapitel 2 besprochenen Hunde von Seligman muß man sie jedoch viele Male den Fluchtweg entlangschleppen, ehe man von ihr erwarten kann, daß sie ihn allein geht. Wenn die Therapeutin dazu rät, den Rechtsweg zu beschreiten, muß sie bereit sein, die mißhandelte Frau während des Verfahrens zu beraten. Intervention bei anderen Helfern und Zusammenarbeit mit diesen sind weitere wichtige Gesichtspunkte bei der Einzeltherapie. Das kann bedeuten, daß man sich mit einem Rechtanwalt, dem Bezirksstaatsanwalt, einem Sozialarbeiter, einem Rehabilitations- oder Berufsberater oder anderen Menschen in Verbindung setzt, die daran beteiligt sein können, der mißhandelten Frau zu helfen, ihre Lage zu verbessern. Wenn sich die Frau dafür entscheidet, vor Gericht zu gehen, kann die Psychotherapeutin sie begleiten oder anbieten, zu ihren Gunsten auszusagen. Dies sind wichtige Aufgaben, die eine Einzeltherapeutin, abgesehen davon, daß sie den Therapieprozeß vorantreibt, übernehmen kann.

Wenn es das Ziel der mißhandelten Frau ist, auch nur vorübergehend bei ihrem gewalttätigen Mann zu bleiben, dann gewinnt die Stärkung ihrer Selbständigkeit als Therapieziel an Bedeutung. Berufsmöglichkeiten müssen erforscht werden. Das Positive im Leben der mißhandelten Frau zu verstärken ist wichtig, wobei allmähliche Schritte von einem Minimum zu einem Maximum an Selbständigkeit zu vollziehen sind. Manchmal werden nur langsam Fortschritte gemacht, und man braucht viel Geduld. Die Einzeltherapie konzentriert sich auf die Gegenwart, kann aber auf die Vergangenheit zurückgreifen, um ein besseres Verständns für die augenblickliche Situation zu erhalten. Die Therapie ist eher handlungsorientiert als analytisch. Unstrukturierte Psychoanalyse ist zu riskant. Die befragten Frauen gaben alle an, daß ihnen Psychoanalyse nicht half, ihre Gewaltsituation zu lösen. Ja, in vielen Fällen diente Selbstanalyse, auf die im Rahmen der Psychoanalyse großes Gewicht gelegt wird, nur dazu, daß die Mißhandlungen sich fortsetzen konnten. Im Laufe der Therapie sind andere, begleitende Therapien zu empfehlen, wie zum Beispiel Selbstbehauptungstraining, Elterntherapie, Berufsberatung und Paartherapie.

Gruppentherapie

Die Gruppentherapie, eine weitere Therapieform für mißhandelte Frauen, hat einige Vorteile gegenüber der Einzeltherapie. Mißhandelte Frauen sind gewöhnlich isoliert und begegnen nur selten anderen mißhandelten Frauen. Sie haben kaum Freundinnen, denen sie sich anvertrauen können. Eine Gruppe, die sich nur aus mißhandelten Frauen zusammensetzt, kann also eine äußerst wertvolle therapeutische Erfahrung sein. In solch einer Gruppe verbinden sich die besten Seiten der Gruppen für Bewußtseinserweiterung mit den Sachkenntnissen von (vorzugsweise) zwei Therapeutinnen, die mit Gruppenprozessen vertraut sind. Für private Therapeutinnen ist es schwierig, Gruppen für mißhandelte Frauen anzubieten, weil die Therapeutinnen normalerweise nicht genügend mißhandelte Frauen haben, um eine Gruppe zu bilden. Doch führen jetzt eine Reihe von Stellen Frauengruppen für Opfer durch. Die glücklichste Zusammensetzung sind gewöhnlich sechs bis zwölf Frauen und zwei Therapeutinnen. Oft ist es auch nötig, die Möglichkeit für Einzelsitzungen zu schaffen, wenn Krisen bei den Gruppenmitgliedern auftreten. Das ist einer der Gründe, warum zwei Therapeutinnen in der Gruppe zusammenarbeiten sollten. Frauen haben beschrieben, wie sie ein Gefühl der Stärke von allen anderen Gruppenmitgliedern bezogen, das auf Einzeltherapiebasis viel schwerer zu vermitteln ist. Die Therapie ist handlungsorientiert mit dem Schwerpunkt auf der Veränderung des Verhaltens. Es werden Gruppennormen aufgestellt, die eine Verhaltensänderung unumgänglich machen, wenn sich die mißhandelten Frauen noch von den anderen Gruppenmitgliedern unterstützt fühlen wollen.

Es hat sich herausgestellt, daß bei der Arbeit mit mißhandelten

Frauen zwei Arten von Gruppen notwendig sind: Eine Gruppe der ersten Stufe und eine der zweiten Stufe, wobei in jeder dieser Gruppen anderen Therapiemethoden eingesetzt und andere Ziele angestrebt werden. Die Gruppen der ersten Stufe sind eher krisenorientiert und betreffen im allgemeinen Frauen, die dabei sind, ihre Beziehung zu ihrem gewalttätigen Mann zu lösen. Es können in dieser Gruppe also Frauen sein, die ihr Heim bereits verlassen haben. Andere sind vielleicht erst im Begriff, diesen Schritt zu tun. Gruppen der ersten Stufe treffen sich normalerweise einmal wöchentlich über einen Zeitraum von mehreren Monaten hinweg. Die Gruppenmitglieder unterstützen sich emotional und tauschen Informationen aus. Es kommt häufig vor, daß ein Mitglied einem neu hinzukommenden bei Strafrechtsverfahren und bei den Sozialämtern behilflich ist, ja manchmal auch bei so banalen Dingen wie der Suche nach einer neuen Wohnung und dem Umzug. Gruppenmitglieder werden dazu ermutigt, Telefonnummern auszutauschen und einander zu helfen. In einer Gruppe, mit der ich zu tun habe, rufen sich die Frauen gegenseitig an und besprechen miteinander, ob ihr augenblickliches Problem so groß ist, daß ein Anruf im psychotherapeutischen Zentrum gerechtfertigt ist. Solch ein gemeinsames Abklären ermutigt mißhandelte Frauen dazu, die ihnen zur Verfügung stehenden Einrichtungen besser zu nutzen. Die Gruppentherapeutinnen übernehmen eine aggressive Rolle, indem sie die Frauen zum Handeln auffordern, wenn das angezeigt ist.

In einer Gruppe in Seattle ist eine Rechtsberatungsabteilung eingerichtet worden, die weiblichen Opfern hilft, den Rechtsweg zu beschreiten. Das ist nötig, um den mißhandelten Frauen zu helfen, die durch ihre Angst bewirkte Lähmung zu überwinden. Wenn Frauen sehen, wie andere Frauen erfolgreich Änderungen vornehmen, dann werden sie eher versuchen, das ebenfalls zu tun. Das gilt unabhängig davon, ob sich die Gruppe auf ambulanter Basis in einem kommunalen psychotherapeutischen Zentrum trifft oder ob sie in einem Frauenhilfszentrum oder einer Zufluchtsstätte für mißhandelte Frauen stattfindet.

Gruppen der zweiten Stufe ähneln eher vielen anderen Therapiegruppen für Frauen. Hier konzentriert sich die Therapie darauf, ein neues Leben aufzubauen. Psychologische Themen, wie der Einfluß der frühen Kindheit, werden ebenso behandelt wie praktische Probleme, zum Beispiel wie man wieder Vertrauen zu Männern findet. Für mißhandelte Frauen sind die Hauptschwerpunkte ihre Beziehungen zu Männern und Frauen. Sie haben kein Vertrauen zu Männern, ja sie haben Angst vor ihnen, und doch suchen sie verzweifelt ihre Gesellschaft. Wenn sie die Einsamkeit überfällt, dann erscheint ihnen ihr gewalttätiger Mann gar nicht mehr in so schlechtem Licht. In der Gruppe tauscht man sich über die Schwierigkeiten des Alleinelebens aus. Auch das Problem der alleinerziehenden Mutter wird zu einem wichtigen Therapiebereich. Die Beziehungen zu Frauen sind ebenfalls gestört und müssen geklärt werden. Mißhandelte Frauen haben vor jeder Art Konflikt Angst. Daher geben sie lieber eine Freundschaft auf, als daß sie sich mit jemandem auseinandersetzen. Häufig investieren sie viel in eine Freundschaft, ärgern sich dann, wenn sie meinen, ausgenützt zu werden, und dann kommt die Wut in ihnen hoch. Statt ihren Gefühlen langsam Ausdruck zu verleihen oder ihre Rechte zu behaupten, sammeln sie die Wut an, und dann explodieren sie, oder sie brechen die Beziehung ganz ab. Intensive Gefühle in einer Beziehung sind für sie problematisch. All diese Themen werden in einer guten Therapiegruppe der Stufe zwei direkt behandelt.

Seit ganz kurzer Zeit gibt es Versuche von Therapeuten, in einigen psychotherapeutischen Zentren Gruppentherapie für gewalttätige Männer anzubieten. Die Therapiemethoden befinden sich noch in der Experimentierphase, aber die Psychotherapeuten berichten von aufregenden Ergebnissen. Eine der signifikantesten Veränderungen besteht darin, daß die Männer, die an der Gruppentherapie teilnehmen, während der Behandlung weniger leicht depressiv, selbstmordgefährdet oder psychotisch werden. Und das ist so, obwohl die Männer mit der sicheren Erwartung in die Therapie gingen, ihre Frauen würden sie dann nicht verlassen. In den Fällen, in denen die Frauen in einer Gruppe waren und die Männer in einer anderen, erhielt jeder der beiden Partner soviel Therapie, daß sie die symbiotische Bindung lösen und neue Beziehungen aufbauen konnten, in denen sie keine Gewalt anwendeten.

Oft sind Psychotherapeuten, die solche Gruppen leiten, einer gewissen Gefahr ausgesetzt. Manche Gewalttäter haben tatsächlich ihre Wut an den Therapeuten ausgelassen. In Seattle wurde eine Gruppe einmal mehrere Stunden von einem Patienten mit einem Messer bedroht. Ein anderer Patient fuhr mit seinem Wagen durch die Eingangstür eines Frauenhauses, und es wurde von anderen angsteinflößenden Drohungen berichtet. Vielleicht einer der entsetzlichsten Vorfälle ereignete sich während einer Gruppentherapiesitzung in einem psychotherapeutischen Zentrum, an dem ich Fachärztin bin.

Die Hälfte der Zeit war etwa vorbei, als die Frauen von durchdringenden Schreien unterbrochen wurden. Einige Sekunden lang versuchten sie, sie zu ignorieren, bis klar wurde, daß niemand sonst reagierte. Die Frauen zeigten sichtlich Anzeichen von Angst, die größer war, als bei einer Durchschnittsgruppe zu erwarten gewesen wäre. Eine Frau saß völlig erstarrt da. Eine andere hielt sich die Ohren zu und begann, vor- und zurückzuschaukeln. Einige fingen an, schnell und unzusammenhängend zu reden. Die Therapeutinnen erkannten, daß sie etwas tun mußten, ehe sie mit der Sitzung fortfahren konnten. Sie gingen zum Fenster und schauten in die Richtung, aus der die Schreie kamen. Zu ihrem Entsetzen war auf dem Gehsteig unter ihnen, zwischen dem Zentrum und der Polizeistation, ein Mann, der eine Frau schlug. Sie starrten alle schweigend auf die Szene, bis eine der Therapeutinnen vorschlug, die Polizei zu rufen. Als so das Schweigen gebrochen war, begann jede der Frauen in der Gruppe eine andere Alternative herauszuschreien. »Gehen wir doch runter und machen wir dem Ganzen ein Ende«, sagte eine Frau. »Nein«, sagte eine andere, »dann bringt er uns auch um.« »Ich finde, wir sollten aus dem Fenster schreien«, schlug eine dritte vor. Eine vierte machte sich Sorgen, was mit den Kindern war, die sich gleichzeitig nebenan trafen. »Könnte unseren Kindern das was ausmachen?« fragte sie sich laut. Während der ersten Augenblicke des Zwischenfalls war niemand ganz sicher, was am besten zu tun sei. Während die Polizei angerufen wurde, saßen die anderen Frauen unentschlossen da. Ehe der Vorfall der Polizei gemeldet wurde, lie-

fen mehrere Frauen und eine Therapeutin die Treppe hinunter, weil sie dachten, sie könnten der Mißhandlung vielleicht Einhalt gebieten. Die Therapeutin erkannte aber klugerweise, wie vergeblich solch ein Eingreifen war und welche gefährlichen Folgen es möglicherweise für ihre Klientinnen haben konnte. Nach dem Anruf bei der Polizei konnte man erwarten, daß eine sofortige Intervention stattfinden würde. Zu aller Entsetzen schien eine Ewigkeit zu vergehen, bis die Polizei auf die Meldung reagierte. Während dieser Zeit stöhnten die Frauen, redeten unzusammenhängend, weinten und äußerten laut ihre Angst um die Frau, die da mißhandelt wurde. In gewisser Weise waren sie alle diese Frau, und sie spürten wieder ihre Ohnmacht, Wut und Frustration.

Psychotherapeutinnen, die mit mißhandelten Frauen arbeiten, müssen bereit sein, mit dieser Art von Trauma umzugehen. Berichte davon, wie gewalttätige Männer gegen die Türen der mißhandelten Frauen schlagen, ihre Kinder entführen, sie mit Schußwaffen bedrohen und Selbstmord begehen, sind tägliche Probleme, mit denen man sich in der Gruppentherapie konfrontieren muß. Das gilt vor allem für die Gruppen der Stufe eins.

In Gruppen der Stufe zwei sind diese unmittelbaren Krisen seltener. In diesen Gruppen lernen die Frauen, sich ein neues Leben ohne Einmischung seitens ihrer gewalttätigen Männer aufzubauen. Wenn die Notsituationen im Leben der mißhandelten Frauen erst einmal abnehmen, müssen sie lernen, mit den Problemen der alleinstehenden Frau fertig zu werden. Sie müssen lernen, sich mit dem Alleinsein abzufinden, ohne in schwere Depressionen zu verfallen. Sie müssen ihr Leben so strukturieren, daß es ihnen ein Maximum an Befriedigung bietet. Sie brauchen ungeheuer viel Unterstützung, um mit Kindern fertig zu werden, die emotional schwer geschädigt sind, und sie müssen lernen, wieder Vertrauen zu Männern zu fassen. Sich mit Männern zu treffen und auszugehen ist ein wichtiges Thema bei der Arbeit mit Gruppen der Stufe zwei. Auch auf neue Freundschaften mit Männern und Frauen wird Wert gelegt. Viele mißhandelte Frauen müssen die interpersonale Kompetenz, die sie verloren haben, erst wieder lernen. Eine Hauptaufgabe bei der Gruppentherapie der Stufe zwei ist die Änderung falscher Verhaltensmuster und das Ablegen unnötiger Erwartungshaltungen. Die Arbeit mit Frauen in einer solchen Gruppe ist normalerweise sehr befriedigend. Das Hauptziel der psychotherapeutischen Intervention ist es, die Selbstachtung der Frau zu stärken und ihr zu helfen, ihre Fertigkeiten zu entwickeln, so daß sie sich selbst schützen kann und nie wieder eine gewalttätige Beziehung eingeht.

Paartherapie

Die Paartherapie ist der Ansatz, von dem sich die meisten Psychotherapeuten, Helfer, mißhandelten Frauen und gewalttätigen Männer erhoffen, daß dadurch alles besser wird. Vor allem die mißhandelten Frauen haben das Gefühl, daß ihre Männer ihr gewalttätiges Verhalten einstellen, wenn es gelingt, die Männer zur Teilnahme an einer Therapie zu bewegen. Diese Annahme bewahrheitet sich nicht notwendigerweise. Nur sehr wenige traditionelle Methoden der Paartherapie lassen sich auf gewalttätige Paare anwenden. Bei vielen dieser Methoden geht es darum, den Paaren beizubringen, wie sie sich besser und fairer auseinandersetzen können. Ich halte überhaupt nichts von solchen Methoden, denn gewalttätige Paare müssen keine neuen Methoden der Auseinandersetzung lernen. Sie müssen vielmehr lernen, ihre Wut zu beherrschen. Es müssen also vor allem Methoden der Vermeidung von Auseinandersetzungen vermittelt werden. Eine weitere Schwierigkeit bei der traditionellen Paartherapie ist die Tatsache, daß es auch ihr Ziel ist, dazu beizutragen, daß die Beziehung besser wird. Die Bedürfnisse des einzelnen werden dem Fortbestehen der Beziehung untergeordnet. Bei gewalttätigen Paaren ist aber dieses Fortbestehen der Beziehung sekundär. Das Ziel ist es, jeden der Partner so zu stärken, daß er in der Lage ist, eine neue, gesündere Beziehung aufzubauen. Der Erfolg ist erzielt, wenn die beiden Partner gestärkt sind, auch wenn die Beziehung selbst nicht weiterbestehen kann.

Aus der Erkenntnis heraus, daß für die Paartherapie neue Behandlungsmethoden entwickelt werden müssen, haben mein verstorbener Mann, der Psychologe Dr. Morton Flax, und ich ein Verfahren entwickelt, durch das wir mit Erfolg die Schwere der Gewalttakte begrenzen konnten, wenn es auch bisher noch nicht möglich war, sie ganz zu eliminieren. Dieses Verfahren beruht auf der Zyklustheorie und geht von dem Ansatz eines verhaltensorientierten Kommunikationstrainings aus. Die meisten Paare, die in einer gewalttätigen Beziehung leben, können sehr schlecht miteinander kommunizieren. Ihre verbale und nonverbale Kommunikation ist durch Verzerrung und Fehlinterpretation stark gestört. Jeder macht ununterbrochen Annahmen über das Verhalten des anderen, die durchaus unzutreffend sein können. In der Beziehung bestehen ungewöhnlich starke symbiotische Abhängigkeitsbindungen, die erst gelöst werden müssen, ehe neue Kommunikationsmuster aufgebaut werden können. Es ist daher wichtiger, an den beiden Partnern innerhalb der Beziehung zu arbeiten als an der Beziehung selbst. Das Ziel ist letzten Endes Interdependenz für beide.

Unser Behandlungsverfahren beginnt damit, daß wir klar sagen, daß das Paar in Psychotherapie kommt, weil der Mann gewalttätig ist und die Frau mißhandelt wird. Diese deutliche Benennung trägt dazu bei, der Leugnung der Schwere der Gewalttätigkeit, die das Paar erlebt, entgegenzuwirken. Ein Therapeut und eine Therapeutin müssen jeweils mit dem Mann bzw. der Frau arbeiten. Anfänglich arbeiten der Mann und die Frau getrennt, und das Paar lebt auch getrennt. Nach einer kurzen Zeit dürfen die beiden auf Rat ihrer jeweiligen Therapeuten wieder zusammenziehen, und sie beginnen mit gemeinsamen Therapiesitzungen. Diese gemeinsamen Sitzungen werden gelegentlich, wenn das angezeigt erscheint, ergänzt durch Einzeltherapie. Die Themen, die bei der Therapie zur Sprache kommen, sind die Stärkung des einzelnen, so daß die Beziehung frei von jeglicher Gewaltanwendung wird. Wir beginnen damit, daß wir dem Paar ein Signal beibringen, das verwendet wird, wenn einer von beiden spürt, wie die Spannung während der ersten Phase des Gewaltzyklus steigt. Oft kostet es viel Arbeit, den Paaren beizubringen, bei sich selbst die Anzeichen zu erkennen. Wenn sie einmal gelernt haben, bereits minimale Spannung zu spüren, können wir damit beginnen, den Spannungsaufbau, der einen akuten Gewaltakt auslöst, zu verhindern. Wir haben mit großem Erfolg ein Handzeichen in Form eines kleinen »c« verwendet und gleichzeitig ein verbales Signal. So gibt also ein Partner dem anderen ein Signal, indem er ein verabredetes Wort oder einen Satz sagt (in den meisten Fällen wählten unsere Paare »Walker-Flax« als verbale Mahnung) und gleichzeitig das kleine »c« zeigt. Abgesehen davon, daß das verabredete Zeichen ein neutraler Stimulus ist, der bedeutet »Hör sofort auf mit dem, was du tust, weil es mich in Wut bringt«, hindert es die Hände des gewalttätigen Mannes daran, die Frau anzurühren, und das verbale Signal verhindert, daß drohende Worte geäußert werden. Wir bringen unseren Klienten bei, daß sie, sobald sie das Signal erhalten, sofort mit dem kränkenden Verhalten aufhören und für eine verabredete Zeit nicht darüber diskutieren. Sperrzeiten von einer halben Stunde sind gewöhnlich am besten. Wenn es jedoch länger dauert, bis sich die Wut gelegt hat, erlauben wir eine weitere Sperrzeit, ehe die Diskussion beginnt. Manchmal geht es bei der ersten Diskussion darum, eine längere Sperrzeit auszuhandeln. Wenn das Paar nicht in der Lage ist, den Vorfall zu besprechen, ohne daß wieder Wut aufkommt, sind der Mann und die Frau angewiesen, den Vorfall aufzuschreiben und ihn in die nächste Therapiesitzung zu bringen, wo wir dann zu viert die Situation analysieren und das Problem gemeinsam lösen.

Zu Beginn der Paartherapie müssen die Therapeuten die Kontrolle über das Verhalten des gewalttätigen Mannes und der mißhandelten Frau übernehmen. Beide müssen sich verpflichten, keinerlei Gewalt anzuwenden, ohne vorher zu versuchen, den Therapeuten zu erreichen. Wir haben es so eingerichtet, daß sich die Paare anfangs täglich telefonisch bei uns melden und über ihr Verhalten den Tag über berichten. Im Laufe der Behandlung wird der tägliche Kontakt reduziert. Anfangs jedoch dient er dazu, beiden zu helfen, ihre Wut unter Kontrolle zu halten. Er verhindert, daß die Frau die Situation leugnet und ihre Reaktion während der Phase eins des Spannungsaufbaus ignoriert, und er bringt dem Mann bei, daß er Alternativen zu seinem gewalttätigen Verhalten hat und gewalttätige Reaktionen verhindern kann.

Während der Paartherapie lernen die Paare, einander um das zu bitten, was sie voneinander wollen, ohne durch oft irrtümliche Annahmen eingeengt zu sein. Sie lernen ihre eigenen Verhaltensmuster in dem nur ihnen eigenen Gewaltzyklus zu erkennen, so daß sie sich der Gefahrenpunkte bewußt werden können. Sie werden nach und nach dazu gebracht, freiwillig ein oder mehrere Dinge füreinander zu tun, die wir Verfahren zur Situationsbewältigung durch Verstärkung bei sich bietender Gelegeneheit nennen. Natürliche positive Verstärkungsfaktoren werden bekräftigt. In der Therapie wird das Positive gestärkt und das Negative sozusagen seziert, um weitere Explosionen in Zukunft zu verhindern. Durchspielen von Verhaltensmustern, Psychodrama, Modellernen und Rollenspiel sind Methoden, die wir einsetzen. Wir verwenden Spiegel, Audio- und Videokassetten, um die Diskrepanz zwischen verbalem und nonverbalem Verhalten zu demonstrieren.

Solch eine Therapie ist zeitaufwendig, teuer und sehr anstrengend sowohl für das Paar als auch für die Therapeuten. Anfangs wird das Paar sehr abhängig von den Therapeuten, damit weitere Gewaltakte verhindert werden können. In dem Maße, wie die Abhängigkeit geringer wird, nimmt auch die Möglichkeit neuer Explosionen ab. Es war uns als Therapeuten nicht möglich, mehr als zwei solcher Paare gleichzeitig in Behandlung zu haben. Wegen der hohen Kosten konnten wir diese Art der Paartherapie auch nicht in psychotherapeutischen Zentren und anderen Kliniken als Programm einführen. Daher sind die Anwendungsmöglichkeiten begrenzt.

Auch wenn diese Art der Therapie ihre Probleme hat, die Paare profitieren doch davon. Sie kommen regelmäßig, und ihr Leben wird besser. Die Frauen arbeiten nicht so schnell auf die Unabhängigkeit zu wie die in der Einzel- oder Gruppentherapie, aber sie verlieren die lähmende Angst, und sie lernen es, ihrer Wut auf konstruktivere Weise Ausdruck zu verleihen. Die Männer lernen es, bestimmter aufzutreten und direkt um das zu bitten, was sie möchten, ohne die Frauen bedrohen zu müssen, wenn diese sie nicht zufriedenstellen. Sie kommen auch besser mit ihren periodisch auftretenden Depressionen zurecht. So schwierig die Paartherapie auch ist, sie ist doch eine durchaus brauchbare Alternative für mißhandelte Frauen und ihre Partner. Sie sollte jedoch nur in den Fällen eingesetzt werden, wo beide darauf bestehen, die Beziehung zu erhalten.

Einstellungen und Wertvorstellungen der Therapeuten

Mißhandelte Frauen und ihre gewalttätigen Männer sind erst vor kurzem als Zielgruppe für Psychotherapie ausgemacht worden. Die hier besprochenen Therapieformen stehen noch ganz am Anfang. Das Ziel ist es, letztendlich die Interdependenz zu fördern, so daß psychische und physische Mißhandlungen aufhören. Das wirksamste Mittel zur Erreichung dieses Zieles ist die Trennung des Paares. Aber auch andere Behandlungsalternativen schaffen Erleichterung. In der Psychotherapie beginnt man jetzt, sich mit den Auswirkungen zu befassen, die mit der Übernahme der Opferrolle verbunden sind. Neben einer guten psychotherapeutischen Ausbildung speziell in der Arbeit mit mißhandelten Frauen und deren Familien gehören zu den normalen Qualifikationen, die erforderlich sind, um angemessen therapieren zu können, spezifische Einstellungen und Wertvorstellungen. Es ist notwendig, daß solche Therapeuten und Therapeutinnen

1. Frauen unterstützen, die zum Opfer geworden sind;
2. die irrigen Klischeevorstellungen über gewalttätige Beziehungen nicht akzeptieren;
3. Verständnis haben für die natürlichen tragenden Systeme in der Gemeinschaft;
4. willens sind, dazu beizutragen, ein neues tragendes System aufzubauen;
5. bereit sind, Klienten, die im Umgang mit der Bürokratie hilflos sind, beizustehen;
6. mit anderen Angehörigen helfender Berufe zusammenarbeiten;
7. ihre eigene Angst vor Gewalt bearbeiten;
8. erkennen, wie Institutionen die Opferrolle der Frau unterdrücken und dadurch verstärken;

9. bereit sind, Rollenmodelle für ihre Klientinnen zu sein;
10. bereit sind, sich mit komplizierten Fällen zu befassen;
11. die Arbeit zu schätzen wissen, die Kräfte ohne offiziell anerkannte Ausbildung leisten;
12. in der Lage sind, klar zu beschreiben, wie sie ihrer eigenen Wut Luft machen;
13. die Wut ihrer Klientinnen ertragen;
14. Horrorgeschichten und grauenhafte Vorfälle ertragen;
15. ihre Klientinnen ihre Themen bearbeiten lassen, ohne sie zu drängen;
16. zulassen, daß ihre Klientinnen in eine gewalttätige Beziehung zurückkehren, ohne auf sie wütend zu werden;
17. an die Fähigkeit des Menschen, sich zu ändern und zu wachsen, glauben und Achtung davor haben.

Es liegen Erkenntnisse vor, die zeigen, daß Frauen oft keine angemessene Psychotherapie bekommen aufgrund sexistischer Einstellungen von Psychotherapeuten. Dr. Phyllis Chesler hat in ihrem Buch *Women and Madness* (Frauen und Wahnsinn; auf deutsch nicht erschienen, Anm. d. Übers.) begonnen, solche Praktiken im einzelnen aufzuzeigen. Die American Psychological Association (APA, Amerikanische Psychologische Gesellschaft) hat verschiedene Studien vorgelegt, in denen das Vorhandensein solcher sexistischer Einstellungen dokumentiert wird, und hat Änderungen in der Ausbildung von Psychotherapeuten empfohlen, um die negativen Folgen, die solche Vorurteile haben können, zu beseitigen. Ich selbst habe an einem Projekt teilgenommen, das von Psychologen, die in der Gesprächstherapie tätig sind, finanziert wurde, um Normen auszuarbeiten, die für eine effektive Beratung und Therapie von Frauen nötig sind. Außerdem bin ich Vorsitzende einer Sondergruppe innerhalb der Frauengruppe der APA (APA Division 35, Psychology of Women), die sich im Augenblick damit befaßt, unser Wissen in den Lehrplan einzubringen, damit alle Psychotherapeuten in ihrer Ausbildung lernen, mit Frauen zu arbeiten. Psychologen müssen jetzt jedes Jahr eine unterschiedliche Zahl von Stunden in Fortbildungskursen nachweisen, um ihre Zulassung als Psychotherapeuten verlängern zu können. Andere Angehörige der therapeutischen Berufe müssen das auch tun. Diese Vorschrift bedeutet, daß bereits zugelassene Therapeuten die Gelegenheit haben, neue Methoden aus feministischer Sicht zu lernen, die sie in die Lage versetzen, die Art der Psychotherapie anzubieten, die ich in diesem Kapitel skizziert habe. In Ausbildung befindliche Psychotherapeuten haben die Möglichkeit, das Problem der mißhandelten Frauen während ihrer Ausbildung zu studieren. Zwar ist diese Ausbildung noch nicht sehr weit verbreitet, doch ich bin zuversichtlich, daß sich die jetzt einsetzenden Bestrebungen ausdehnen werden, so daß die mißhandelten Frauen und deren Familien die Art von Psychotherapie erhalten, durch die die Gewalt aus ihrem Leben verschwindet und die verhindert, daß in Zukunft wieder Gewalt auftritt.

12
Die neue Welt von morgen

In diesem Teil des Buches wollte ich ursprünglich Pläne für eine zukünftige Gesellschaft entwerfen, in der es keine Mißhandlungen mehr gibt. Nachdem ich soviel Zeit damit verbracht habe, die Brutalität und ihre schrecklichen Auswirkungen auf das Leben der Menschen zu beschreiben, wollte ich mit einem optimistischen Ausblick schließen. Nun, da ich an diesem Punkt angelangt bin, erkenne ich, daß die Aufgabe, die neue Welt von morgen zu planen, eine ungeheure ist. Ich kann hier nur einige wenige Anregungen bieten, die vielleicht als erste Schritte auf dem Weg zu diesem Ziel dienen können.

Mein Hauptanliegen gilt der Beziehung zwischen Eltern, Kindern und der Kleinfamilie. Wenn ich vor einem Publikum über meine bisherigen Erkenntnisse über gewalttätige Familien spreche, wird mir eine Frage immer wieder gestellt: »Was wird aus der Familie, wenn wir die Art institutioneller Abhilfe schaffen, die Sie vorschlagen?« Darauf habe ich keine spezifischen Antworten, doch ich sage dann, daß sich die traditionelle Familie ändern muß. Unsere Erwartungen, daß die Familie eine Zuflucht und eine Oase des Friedens vor den Belastungen der Außenwelt bietet, werden offensichtlich nicht erfüllt. Ob die Familie jemals solch einen Ruhepunkt bot, kann ich nicht sagen. Es ist jedoch klar, daß sie das heute nicht mehr kann. Statt eine Zuflucht zu bieten, gibt es heute nach meiner Schätzung in jeder zweiten Familie Gewalt. Diese Gewalt wird fast immer der Frau vom Mann angetan. In einer kleinen Anzahl von Fällen ist es die Frau, von der die Gewalt ausgeht. Ich könnte mir aber vorstellen, daß in den meisten dieser Fälle, wie ich das schon an anderer Stelle gesagt habe, die Gewalttätigkeit der Frau als Vergeltungsmaßnahme zu verstehen ist. Das heißt also, daß unser Traum von der glücklichen Familie nicht mit der Realität des tatsächlichen Familienlebens übereinstimmt.

Ich vermute, daß die Ursache für diese Situation nicht in der Familie als Institution zu suchen ist, sondern vielmehr im Untergang der Großfamilie und im Entstehen der Kleinfamilie. Die Streßfaktoren und die Belastungen, mit denen ein Mann und eine Frau und ihre 2,25 Kinder in der heutigen amerikanischen Gesellschaft fertigwerden müssen, sind für die meisten eine Überbeanspruchung. Die Großfamilie konnte ein tragendes soziales System bieten, das die Anwendung von Gewalt als Alternative in Situationen, in denen es schwierig wurde, verhinderte. Spezialisten, die sich mit der Erforschung der Familie befassen, haben festgestellt, daß sich durch die Anwesenheit eines weiteren Familienmitglieds das Ausmaß an Gewalt sofort reduziert. Daher ist die Natur der Familie, nicht ihre Beseitigung, weiter zu erforschen. Vielleicht können kleinere tragende Systeme den Verlust der Großfamilie ersetzen. Doch diese Systeme können nur Erfolg haben, wenn die historisch gewachsenen gesellschaftlichen Stereotype, aufgrund derer Mißhandlung der Ehefrau zulässig ist, über Bord geworfen werden. Die Frauenfeindlichkeit in der Gesellschaft, vor allem die Erniedrigung und Ausbeutung der Frauen, muß sich ändern. Statt dessen brauchen wir eine feministische Perspektive, in der Kooperation zwischen Menschen betont wird.

Auch Beziehungen zwischen Eltern und ihren Kindern müssen weiter erforscht werden. Mich macht es betroffen, daß wir unseren Kindern, wenn wir sie schlagen, um sie zu korrigieren, beibringen, daß es möglich ist, jemanden zu lieben und ihm gleichzeitig physisch weh zu tun, und das im Namen der Disziplin. Wir müssen Wege finden, unsere Kinder zu bestrafen, ohne ihnen diesen Eindruck zu vermitteln. Aufgrund der Theorie des sozialen Lernens wissen wir, daß man Kindern Verhalten am besten dadurch beibringen kann, daß man ihnen positive Anreize gibt, solches Verhalten zu wiederholen. Wir müssen Wege finden, unseren Kindern zu vermitteln, was akzeptables Verhalten ist, statt unsere Bemühungen darauf zu richten, nichtangepaßtes Verhalten zu bestrafen, wie wir das jetzt tun. Obwohl wir wissen, daß durch Bestrafung Verhalten nur vorübergehend unterdrückt wird und daß das Verhalten verstärkt auftritt, wenn die Bestrafung aufhört, halten wir doch hartnäckig daran fest, diese negative Disziplinierung in unseren Familien und Schulen anzuwenden. Wir müssen es lernen, bei Kindern das Schwergewicht auf positives Verhalten zu legen und das negative Verhalten zu ignorieren, ohne auf gewalttätige Maßnahmen zurückzugreifen.

Für ein Zeichen der Hoffnung halte ich die neuen Elternbildungskurse, die im Augenblick in psychotherapeutischen Zentren, im YWCA (CVJF, Christlicher Verein Junger Frauen), in von der Kirche finanzierten Gruppierungen und in sonstigen kommunalen Stellen angeboten werden. Solche Kurse werden jetzt auch an öffentlichen Schulen eingeführt, damit die Eltern von morgen systematisch positive Erziehungsmethoden lernen. Es wundert mich immer, daß ich über zehn Jahre damit verbracht habe, mich zur Psychotherapeutin auszubilden, aber bis jetzt noch nie irgendeine formelle Ausbildung als Mutter hatte. Vermutlich habe ich doch viel mehr Einfluß auf das Leben unserer sechs Kinder als auf das Leben irgendeines meiner Klienten oder meiner Klientinnen. Jetzt, da wir wissen, welches Verhalten gute Eltern auszeichnet und welches schlechte, müssen wir dieses Wissen systematisch an die zukünftigen Eltern weitergeben. Ich hoffe zuversichtlich, daß diese neuen Elternbildungskurse das Ausmaß unangemessener Gewalttätigkeit gegenüber Kindern verringern werden.

Auch mit der Erziehung nach Geschlechtsrollen-Klischees muß aufgeräumt werden. Jungen und Mädchen müssen dazu angehalten werden, die bestmöglichen Menschen zu werden, ohne Rücksicht auf sie einengende stereotype Männer- oder Frauenrollen. Aufgrund meiner Forschungen habe ich keinen Zweifel daran, daß die Wurzeln für Kindesmißhandlung, Mißhandlung der Ehefrau, Vergewaltigung, Inzest und andere Formen der Gewaltanwendung sowohl in familiärer als auch gesellschaftlicher Dissonanz zu suchen sind.

Eine weitere Frage, die mir immer wieder gestellt wird, lautet: »Wie kann man einen potentiellen Gewalttäter erkennen?« Auch auf diese Frage kann ich nur antworten, daß ich es eigentlich nicht weiß. Bestenfalls kann ich einige Merkmale nennen, die auf einen potentiellen Gewalttäter hinweisen:

1. Berichtet ein Mann, daß er in seiner Kindheit körperlich oder seelisch mißhandelt wurde?

2. Wurde die Mutter eines Mannes von ihrem Ehemann mißhandelt?
3. Ist bekannt, daß der Mann sich anderen gegenüber gewalttätig zeigte?
4. Spielt er mit Schußwaffen herum und benützt er sie, um sich vor anderen zu schützen?
5. Verliert er häufig und unnötig schnell die Beherrschung?
6. Läßt er seine Wut eher an Gegenständen als an Menschen aus?
7. Trinkt er exzessiv?
8. Ist er extrem eifersüchtig, wenn Sie nicht bei ihm sind? Ist er eifersüchtig auf andere Menschen, die in Ihrem Leben eine Rolle spielen?
9. Erwartet er, daß Sie alle freie Zeit mit ihm verbringen oder ihn stets davon unterrichten, wo Sie gerade sind?
10. Wird er wütend, wenn Sie nicht auf seinen Rat hören?
11. Hat er anscheinend eine gespaltene Persönlichkeit?
12. Legt er in seiner Grausamkeit oder seiner Freundlichkeit ein gewisses Übermaß an den Tag?
13. Bekommen Sie Angst, wenn er auf Sie wütend wird? Wird es zu einem wichtigen Teil Ihres Verhaltens, ihn *nicht* wütend zu machen?
14. Hat er starre Vorstellungen davon, was Menschen tun sollten, und sind diese Vorstellungen von Klischees über männliche und weibliche Geschlechterrollen bestimmt?
15. Haben Sie das Gefühl, mißhandelt zu werden? Wenn ja, dann ist die Wahrscheinlichkeit groß, daß Sie eine mißhandelte Frau sind, und dann sollten Sie schnellstens Hilfe suchen.

Diese Hinweise sind sicher keine definitiven Zeichen dafür, daß ein Mann gewalttätig ist, sondern nur dafür, daß er es werden kann. Weitere Forschung ist nötig, damit wir verstehen, was sie bedeuten. Ein Großteil der Informationen, die wir haben, stammt von bereits als mißhandelt identifizierten Frauen und Gewalttätern. Wir wissen, daß sie alle einen Teil dieser Merkmale haben. Es mag Männer geben, die diese Züge aufweisen und doch keine Gewalttäter sind. Sollte jemand dies lesen und zu letzterer Kategorie gehören, wäre es wichtig, daß er sich mit mir in Verbindung setzt, und zwar unter der Adresse Colorado Women's College, Montview Boulevard and Quebec Street, Denver, Colorado 80220, c/o Battered Woman Research Center, damit wir von seinen Erfahrungen lernen können.

Ein wichtiges Thema bei der Erörterung einer gewaltfreien Zukunft ist die Unterstützung für diejenigen, die heute in einer gewalttätigen Beziehung leben. Ich bin überzeugt, daß es bei dieser Art Gewaltanwendung einen Generationenzyklus gibt, und wenn wir Gewaltanwendung in der nächsten Generation verhindern wollen, müssen wir heute damit aufhören. Ich gehe von der Theorie aus, daß es sich bei solch gewalttätigem Verhalten um gelerntes Verhalten handelt und nicht um angeborene aggressive Tendenzen. Daher kommt es nicht darauf an, die Aggressionen in Bahnen zu lenken, wo sie legitim zum Ausdruck gebracht werden können, vielmehr liegt mir daran, Möglichkeiten zu finden, Gewalttätigkeit ganz und gar zu eliminieren. Das bedeutet, daß wir das Ausmaß der Gewalt, die wir in unserem täglichen Leben erfahren, unter Kontrolle halten müssen. Gewalt im Fernsehen ist dabei ein solcher Aspekt. Die Befreiung der männlichen Geschlechterrolle vom Macho-Bild ist ein anderer. Wie ich schon früher ausgeführt habe, bedeutet das Beobachten von Gewalt nicht unbedingt, daß jemand gewalttätig wird. Dahinter steckt eine wesentlich subtilere Interaktion. Wer Gewalt erlebt hat, akzeptiert gewalttätiges Handeln eher als Norm. Daher dürfen wir überhaupt keine Form von Gewalt dulden, damit sich die nächste Generation nicht an solche Situationen gewöhnt.

Frauen, die mißhandelt werden, brauchen ein sie tragendes soziales System, das ihnen hilft, die schädlichen Wirkungen, die sie erleiden, weil sie zum Opfer geworden sind, wieder aufzulösen. Eine weitere Frage, die mir immer gestellt wird, wenn ich in größerem Rahmen spreche, lautet: »Wie kann ich eine Gruppe finden, die mir hilft, mit der gewalttätigen Beziehung, in der ich lebe, fertigzuwerden?« Es ist schwer, auf diese Frage eine spezifische Antwort zu geben, da die Hilfseinrichtungen für mißhandelte Frauen überall in Amerika und anderswo täglich mehr werden. Daher ist jede Liste von Einrichtungen zum Zeitpunkt, da dieses Buch veröffentlicht wird, bereits überholt.

In vielen Städten gibt es einen Buchladen, der das volle Sortiment feministisch orientierter Bücher führt. Jede Frau dort weiß ebenfalls, wie kommunale Einrichtungen für mißhandelte Frauen zu erreichen sind. Ein Problem, das viele Frauen davon abhält, wertvolle Unterstützung in Anspruch zu nehmen, besteht darin, daß viele mißhandelte Frauen sich scheuen, Feministinnen um Hilfe zu bitten. Sie betrachten sich selbst als eher traditionell eingestellt und sind sich nicht sicher, ob sie mit den feministischen Zielen übereinstimmen. Es ist wichtig, festzustllen, daß nach all den Erfahrungen, die ich mit diesen feministischen Gruppen gemacht habe, diese nicht darauf bestehen, daß sich Frauen einen feministischen Standpunkt zu eigen machen, damit ihnen geholfen wird. Vielmehr sind sie bestrebt, die Frau zu akzeptieren, wie immer auch ihre Anschauungen sein mögen, und ihr zu helfen, die Wahlmöglichkeiten zu begreifen, die sie hat, und sie dann, nachdem sie eine Wahl getroffen hat, zu unterstützen.

Schwieriger ist es, eine spezialisierte Psychotherapeutin auf privater Basis zu finden. Wenn Sie sich mit der Psychologischen Gesellschaft Ihres Bundesstaates oder anderen berufsständischen Organisationen in diesem Bereich in Verbindung setzen und nach einer feministisch orientierten Therapeutin fragen oder einer, die eine Ausbildung hat für die Arbeit mit Opfern von Vergewaltigungen oder anderen Gewalttaten, können Sie wohl die Hilfe finden, die Sie brauchen. Lassen Sie sich nicht auf eine Psychotherapie bei Therapeuten ein, die Ihnen sagen, Sie hätten die Angriffe selbst ausgelöst. Es ist klar, daß solche Therapeuten ihr Bewußtsein noch nicht so geschult haben, daß sie mit mißhandelten Frauen arbeiten können. Solch eine Therapie kann mehr schaden als nützen.

Wenn Sie Anspruch haben auf Sozialhilfe oder finanzielle Unterstützung für von Ihnen noch abhängige Kinder, scheuen Sie sich nicht, diese in Anspruch zu nehmen. Viel zu viele Frauen in meinem Sample haben davon berichtet, daß es ihnen peinlich war, Sozialhilfe, Essensmarken oder Unterstützung für die von ihnen abhängigen Kinder zu beantragen. Alle zur Verfügung stehenden Einrichtungen sollten ausgenützt werden, solange die mißhandelte Frau sie braucht. Meiner Erfahrung nach müssen die meisten mißhandelten

Frauen nicht über lange Zeiträume hinweg staatlich unterstützt werden. Meistens sind diese Frauen schnell bereit, sich umschulen zu lassen. Viele haben bereits eine Berufsausbildung und brauchen nur Zeit, um wieder auf die Füße zu kommen und eine Stelle zu finden.

Auch die Inanspruchnahme adäquater Rechtsberatung ist ein wesentlicher Schritt für die mißhandelte Frau. Häufig hat sie Angst vor der Drohung ihres Mannes, er werde das Sorgerecht für die Kinder erkämpfen, er werde sie jeglichen Anspruchs auf ihren Anteil am gemeinsamen Eigentum berauben und ihr jegliche finanzielle Unterstützung entziehen. Gute Rechtsberatung wird klären, welche Rechte sie hat, ehe sie diese ungewollt ihrem gewalttätigen Mann überläßt. Wenn auch vom Gericht nicht zu verlangen ist, daß es in einem Ehestreit Recht spricht, so wird ein guter Anwalt der Klientin doch zeigen, wie diese den größten Teil des ihr Zustehenden bekommt. Sie lernt es, dem Anwalt oder der Anwältin zu vertrauen, daß er oder sie ihr helfen werden, durch die Bürokratie des Rechtsapparates hindurchzufinden. Eine gute feministische Anwältin zu finden, ohne die Hilfe der obengenannten Organisationen in Anspruch zu nehmen, kann schwierig sein. Mit mir befreundete Juristen raten, daß Sie die Stelle für Armenrecht in Ihrer Stadt anrufen und sich direkt mit der Anwältin dort verbinden lassen, die Ehestreitsachen oder Kindesmißhandlungen bearbeitet, um sich telefonisch beraten zu lassen. Geben Sie zunächst keine Informationen, aufgrund derer entschieden werden kann, ob Sie zur Inanspruchnahme der Dienste dieser Organisation berechtigt sind. Die meisten nehmen nur sehr arme Frauen an aufgrund von Einkommensbeschränkungen, bei denen das Einkommen des Mannes mit berücksichtigt wird, selbst wenn eine Scheidung ansteht, nach der die Frau mittellos ist. Wenn Sie die Anwältin dann am Telefon haben, bitten Sie um die Namen mehrerer Anwälte/Anwältinnen, die Ihren Fall übernehmen könnten.

In meiner Phantasiewelt wären die Polizei, die Christliche Vereinigung Junger Frauen, religiöse Gruppierungen, die Notaufnahme im Krankenhaus und andere kommunale Einrichtungen in der Lage, mißhandelten Frauen Hilfe zu leisten. Alle diese Einrichtungen würden uneingeschränkt und vorurteilsfrei helfen. Ja, keine Frau müßte sich überhaupt Sorgen darum machen, ob ihr geholfen würde oder nicht. Man brauchte einfach nur um Hilfe zu bitten, und sie würde gewährt, manchmal sogar, ohne daß die Frauen darum bitten müßten. Die Mitarbeiter von Wohltätigkeitsvereinen, die Familie, die Freunde, sie alle würden Hilfseinrichtungen empfehlen, von deren Existenz jeder wüßte. In dieser Phantasiewelt gäbe es eine Selbsthilfegruppe ganz ähnlich den ›Anonymen Alkoholikern‹, den ›Alleinerziehenden ohne Partner‹, den ›Anonymen Eltern‹, die den mißhandelten Frauen oder ihren Kindern Hilfe zur Selbsthilfe böten. Die National Association of Human Rights Workers (Nationalverband der im Dienste der Menschenrechtskommission Tätigen) ist im Augenblick dabei, die Einrichtung eines solchen Projekts zu erörtern. Überall werden plötzlich Krisentelefone eingerichtet. In der neuen Welt von morgen wären diese Krisentelefone rund um die Uhr besetzt, nicht nur von neun bis fünf. Ich hoffe, ja ich bin zuversichtlich, daß ein solches neues Morgen für die mißhandelten Frauen, die Sie an ihren Geschichten teilhaben ließen, schon angebrochen ist.

Hilfseinrichtungen

Seit Jahren gibt es überall in der Bundesrepublik Deutschland »Frauenhäuser«, die Frauen in Bedrängnis Unterkunft, erste Unterstützung, Rat und Hilfe bieten. Sie finden hier mit ihren Kindern Aufnahme. Neue Frauenhäuser entstehen an vielen Orten, auch in den neuen Bundesländern. Das Handbuch »Frauenhäuser in der Bundesrepublik Deutschland«, das laufend aktualisiert wird, enthält alle Adressen der deutschen Frauenhäuser. Es ist zu beziehen über den »Verein zum Schutz mißhandelter Frauen und Kinder Niedersachsen, e. V.«, Marienstraße 63, 30171 Hannover.

Der Piper Verlag
Dezember 1993

Serie Piper

FRAUEN

Rosalind Miles
Weltgeschichte der Frau

1473

Carol Gilligan
Die andere Stimme
Lebenskonflikte und Moral der Frau

838

Duygu Asena
Die Frau hat keinen Namen
Eine Türkin entdeckt die Folgen des kleinen Unterschieds

1485

Franziska Stalmann
Die Schule macht die Mädchen dumm
Die Probleme mit der Koedukation

1323

Sibylle Plogstedt
Barbara Degen
Nein heißt nein!
DGB-Ratgeber gegen sexuelle Belästigung am Arbeitsplatz

1696

Sandra S. Kahn
Scheiden tut weh – wenn Frauen nicht loslassen können
Das Ex-Frau-Syndrom

1738

SERIE PIPER

FRAUEN

1330

1476

1226

Die Journalistin Sibylle Plogstedt ist – wie viele Kinder der Nachkriegsgeneration – ohne Vater bei der Mutter aufgewachsen. Jahre nach dem Tod des ihr völlig fremden Mannes rekonstruiert sie – aus Bildern, Dokumenten und den Erzählungen ihrer Halbbrüder – das Bild ihres Vaters, den sie nun nicht mehr idealisieren muß.

Iris Galey war 14, als sie das schreckliche Geheimnis preisgab: Zwei Tage später erschießt sich ihr Vater, der sie jahrelang sexuell mißbraucht hatte. 40 Jahre danach macht sie uns zu Zeugen einer verratenen Kindheit, die wie ein Alptraum ihr späteres Leben zeichnet. Iris Galey ist heute in der Inzest-Survivers-Bewegung mit großem Engagement tätig.

Was läuft in den 90er Jahren schief in der Liebe und warum? In Shere Hites neuem Report ist in allen Berichten eines unübersehbar: Im Gefühlsbereich gibt es noch keine Gleichberechtigung! Nach Meinung der Autorinnen hat dennoch der Mythos vom »weiblichen Masochismus« ausgedient: Frauen lieben – aber nicht um jeden Preis. Sie schließen Kompromisse – aber keine faulen...

SERIE PIPER

FRAUEN

1387

1422

1773

Zwei Drittel aller Psychopharmaka werden von Frauen genommen – und viele von ihnen werden unmerklich und ohne jede Vorwarnung tablettensüchtig. Um Wege aus der Sucht geht es in diesem umfassenden Aufklärungsbuch zum Tablettenmißbrauch bei Frauen.

Sieben Frauen alkoholabhängiger Männer berichten über ihren Alltag, ihre Ängste und Hoffnungen. Ein hilfreiches Buch für Frauen, die im gleichen Teufelskreis stehen.

Mit 21 wurde Jill Saward bei einem Raubüberfall sexuell brutal mißbraucht. Ihre Peiniger kamen mit milden Strafen davon. Dies ist eines der wenigen veröffentlichten persönlichen Zeugnisse eines Vergewaltigungsopfers.

Familienwelten:

Bücher, die Einsichten in neue Gestaltungsmöglichkeiten des Zusammenlebens in Familien geben.

303 Seiten. Kt.

336 Seiten. Kt.

256 Seiten. Kt.

PIPER

252 Seiten. Kart.

Diese provozierende Streitschrift wirft einen frischen, originellen Blick auf die wütenden, enttäuschten, überforderten Frauen von heute und untersucht deren Flucht vor der Verantwortung für sich selbst. Frauen sind nicht nur die edlen, unschuldigen Opfer männlichen Machtwahns, wie ihnen oft weisgemacht wird. Sie allein müssen fertigwerden mit ihrem Hunger nach Harmonie, Anerkennung und Unterwerfung und mit ihrer Sucht, es allen recht zu machen.

Dieses Buch spiegelt nicht nur die turbulente Gefühlswelt der heutigen Frauen wider, sondern trägt auch explosive Gedanken in die Diskussion um Mutterschaftswahn, Abtreibung, weibliche Manipulation, Karriere, Frauenfreundschaften und Kinder. Es wendet sich an alle Frauen, die noch Unzufriedenheit mit einem Rollenverständnis empfinden können, das gleichzeitig Übersättigung und extremen Mangel in sich trägt. Auch Männer wird es zur Auseinandersetzung mit sich selbst und ihrem Frauenbild anregen.

PIPER